KB071540

★우리 아이 인성교육을 위한★

아들러의

# 긍정 훈육법

★우리 아이 인성교육을 위한★

아들러의

# 긍정 훈육법

제인 넬슨 · 린 로트 · 스테판 그렌 공저 | 박예진 역

학지사

"문제아동은 없다. 다만 낙담한 아이만 있을 뿐이다."

급속한 경제성장과 사회 발전에도 불구하고 우리나라의 행복지수는 OECD 국가 중 하위권에 속한다. 우리 모두가 발 빠른 경제 발전이 행복을 위한 최선의 지름길임을 확신하면서 달려왔지만, 그 결과는 씁쓸하기 그지없다. '자살률 세계 1위 국가'라는 오명 속에 청소년 자살률 또한 가파르게 증가하고 있다. 청소년 자살률은 가정불화, 우울, 비관 및 성적 저하 등이 주원인으로 꼽힌다. 가정불화는 부모의 가치관과 자녀의 기대가 부딪혀 갈등으로 나타나며, 이는 학교폭력으로 이어지기도 한다. 늘어나는 학교폭력과 가출을 방지하기 위해서는 단기적인 처방 외에도 장기적인 관점에서 인간의 존엄성과 존재의 가치를 보장하며, 자존감과 자주성을 함양하고, 타인을 존중하고 배려하여 상호 존중하는 공동체의 일원으로 우리 아이들을 키워야 한다. 우리에게 필요한 것은 바로 인성교육인 것이다.

아들러 심리학은 어떻게 부모가 아이들을 올바르게 기르고 선생님이 학생들을 바르게 훈육할지에 대해 지대한 관심을 가져 왔다. 인간은 어릴수록 개인적, 주관적으로 환경을 이해하고 즉각적, 객관적인 경험에 근거하여 접근한다는 것이 아들러(Alfred Adler)의 개인심리학의 믿음이다. 성인이나 청소년은 이미 구축한 신념이나 목표를 바꾸기 쉽지 않지만 어린아이들은 일단 새로운 형태의 상호작용 패턴이 자신에게 긍정적이라 판단되면 이러한 경험을 근거로 새로운 목표와 태도를 형성하여 자라고 성장한다. 아이들은 자신이 누구인지, 제도와 규칙에 어떻게 적응할지를 어린 시절의 경험을 통해 배우고 이 과정에서 세상을 바라보는 시각을 구축한다. 어렸을 때부터 서로 협력하고 조화를 이루었던 경험은 아이들이 세계관을 구축하고, 집단에 소속되고, 집단을 위해 공헌하고자 하는 동기가 된다.

또한 어린아이의 세계관은 어른에 비해 더 빨리, 더욱 쉽게 구축되고 형성된다. 이러한 점에서 유년기는 사회적인 관심을 최대로 이끌어 내는 데 가장 적절한 시기다. 영·유아기에 어딘가에 소속되고 싶어 하는 감정은 자기의 가치(value), 타당성(adequacy), 능숙함(competence), 그리고 유용성(usefulness) 등 자의식을 형성하는 데 도움이 될 뿐만 아니라 신뢰(trust), 체면과 품위(face and dignity), 협력(cooperation)이라는 타인과의 관계에 기초한 개념의 정립에도 도움을 준다. 주변 친구들에게 더 많은 관심과 존중을 받을수록 개인의 자의식뿐만 아니라 사회적인 관심도 높아진다. 이것이 아이들의 실패를 줄인다는 것을 의미하지는 않는다. 아이들은 실패를 경험함으로써 스스로 문제를 극복할 수 있는 힘을 기르게 되고 교훈을 얻는다. 나아가 그가 성장하여 가입하는 그룹이 많아지고 관계를 맺는 조직이 많아질수록 더욱 단단한 근간, 즉 긍정적인 인간관계를 형성하고 더욱 창조적이고 생산적인 삶을 영위하며 어려움과 갈등을 현명하게 극복할 수 있는 삶의 기초를 다질 수 있는 것이다.

아들러 이론의 핵심은 '인간은 사회적 존재'라는 사실이다. 인간의 행동은 개인이 가진 사회적인 중요성으로 완전히 이해될 수 있고 이것이 바로 인간의 사회적인 욕구, 즉 아들러가 말하는 '사회적 관심(gemeinschaftsgerichte: Social interest)'과 연결되는 것이다. 공동체성(Common Sense)은 가장 기초적인 조직인 가족 구도(Family Constellation)에서 형성된다. 알프레드 아들러와 아들러학파인 루돌프 드레이커스(Rudolf Dreikurs)는 "문제아동은 없으며, 다만 낙담한 아이만이 있을 뿐"이라면서 무지한 부모가 대물림으로 똑같이 낙담한 환경을 만드는 것을 벗어나기 위해 가족을 위한 교육심리(Educational Psychology) 체계를 구축하였다.

아들러심리학파의 일원으로 일곱 자녀의 어머니이면서 교육심리학자인 제인 넬슨(Jane Nelson) 박사는 22명의 손주를 돌보면서 18편이 넘는 저서를 출간했다. 현재 47개국에서 활용되는 '긍정 훈육법(Positive Discipline)'의 창시자이기도 하다. 10년간 초등학교에서 상담교사로도 활동한 바 있는 그녀가 쓴 이 책은 가정과 학교 현장에서 유용한 개념과 다양한 방법론, 실제 사례로 구성되어 있다.

생활 속에서 늘 마주치는 상황을 해결하게 도와주는 다양한 기법과 훈육 도우미는 각자 처한 상황에서 누구나 손쉽게 적용할 수 있다. '처벌로 다스려야 바르게 가르친다.'는 인식을 깨고 단기적이기보다는 장기적 관점에서 아이를 바라보며, 아이의 독특한 고유성과 존재감을 인정하면서도 단호한 훈육을 위한 다양한 기법과 사례를 제공한다. 이는 아이가 살아가는 데 근원적으로 필요한 삶의 자세와 방법을 가르쳐 줄 것이다. 문제해결을 위한 다양한 임상 경험이 담긴 이 책은 아이를 완벽하게 양육하고자 하나 좌절과 포기를 거듭하는 부모의 자존감 또한 높여 줄 것이다. 아이는 스스로 선택하고 그에 따른 결과에 순응하고 인내하며 실패에서 배우고 책임감 있게 성장하는 사회적 존재로서 인성과 리더십을 길러 갈 것이다.

늦잠을 자는 아이, 스마트폰으로 게임을 하며 늦게까지 자지 않는 아이, 다른 아이를 괴롭히거나 맞고 돌아오는 아이, 게을러서 방을 치우지 않고 잘 씻지 않는 아이, 자신이 할 일을 하지 않고 미루는 아이, 친구들과의 관계가 어려운 아이 등 아이의 모습은 각양각색이다. 부모라면 다 한 번쯤은 자녀와의 힘겨루기로 분노조절이 되지 않았던 경험이 있을 것이다. 이러한 문제는 나에게만 있는 것이 아니라 세계의 부모들이 매일 마주하고 있는 일이다.

아이에게 협력, 책임감, 문제해결 능력을 키워 주면서도, 서로 상처 주지 않고 체벌하지 않는 효과적인 방법이 있다면 아이 있는 부모는 누구라도 선호할 것이다. 부모라면 누구나 지금까지 자녀를 키우는 동안 순간순간 대처하는 방법을 몰라 여기저기 물어보고 이러저러한 방법을 모두 활용해 봐도 부족함을 느껴본 경험이 있을 것이다. 이책은 자녀를 키우면서 일어날 수 있는 다양한 상황을 소개하고 그 상황에 효과적인 문제해결 방법과 실제 사례를 소개하였다. 연령대별로 각기 다른 해결법을 제시하고 부모의 행동을 통해 배워 나가는 자녀의 모습 또한 함께 제시하여 폭넓은 활용을 돕고 있다. 이미 발생한 문제에 대응하는 방법 외에도 미래에 겪을 수도 있는 일을 대비하여 제시한 예방책도 매우 유용할 것이다. 각 주제별로 양육에 요긴한 사례 개념 설명과 '훈육 도우미'라는 실제 적용 사례를 더해 가정에서 긍정 훈육법을 실천하는 데 보탬이 되도록 구성했다. 이 모든 방법은 부모, 자녀 모두를 상호 존중하며 아이가 건강한 인성을 갖춘 사람으로 성장하도록 도와줄 것이다.

자신감 있는 부모, 개성이 있으면서도 자존감이 높은 아이, 형제간의 좋은 유대관계

형성, 가족 간의 신뢰 등은 긍정 훈육법을 통해 가능해질 것이다. 사랑의 공동체 안에서 아이가 행복한 인간, 건강한 사회의 일원으로 성장하며 삶의 태도와 기술을 함양하기 원하는 분들에게 세계적으로 검증되고 활용되고 있는 이 책을 자신 있게 소개한다.

샌디에이고에서

제인 넬슨

이 책의 첫 번째 장은 스물일곱 가지 '긍정 훈육법의 원칙과 기술'들로 구성되어 있다. 두 번째 장에서는 우리가 생각할 수 있는 모든 종류의 아이 행동에 대해 올바르게 대응하는 방법을 알아볼 것이다.

아마도 당신은 실제 겪고 있는 문제에 대한 해답을 빨리 얻기 위해 해당 문제와 관련된 내용을 바로 찾아보고 싶을 것이다. 첫 번째 장을 건너뛰고자 하는 유혹을 뿌리치기 힘들겠지만 반드시 첫 번째 장을 먼저 읽을 것을 권하는 바다. 그러면 두 번째 장에서 배울 수 있는 훈육 기술에 대해 더욱 많은 것을 알게 될 것이다.

(심지어 실생활과 직접 관련이 없는 얘기라 할지라도) 이 책에 담겨 있는 모든 내용을 숙지한다면, 당신은 양육에서 발생할 수 있는 모든 상황에 적절하게 대응할 수 있는 지혜와 창의성을 갖출 것이라 확신한다. 더불어 이 책은 당신의 자녀가 용기와 자신감을 가지고 바른 인성을 가진 인격체로서 삶의 기술을 습득하는 데 필요한 양육 지식을 제공해 줄 것으로 믿어 의심치 않는다. 각 주제들은 부모들이 실생활에서 경험하는 문제 상황을 예방할 수 있는 방법을 포함하고 있다. 각 주제를 꼼꼼히 읽어 나아간다면 실제 문제가 발생하기 전에 미리 해결 방안을 생각할 기회를 갖게 될 것이다.

만약 당신이 어떠한 문제에 부딪히게 된다면 한 가지 제안, 또는 여러 가지 제안의 복합적인 활용 방안 중 자신에게 맞는 것을 고르면 된다. 제안사항을 있는 그대로 활용하기보다는 자신의 상황에 맞게 적절히 변용할 것을 권한다. 가능하다면 자녀들을 문제해결에 참여하게 하라. 이 책이 제안하고 있는 아이디어를 자녀와 '함께' 읽고, 모두가 적절한 방법이라 생각하는 것을 선택하는 과정은 재미있고 유익할 것이다. 자녀와 함께하는 것은 협력과 삶의 기술을 학습할 수 있는 좋은 기회다. 자녀들은 모두 각자의 개성을 갖고 있는 존재이며 관계는 끊임없이 변하기 때문에 부모는 유연하면서도 동시에 사려 깊어야 한다.

만약 당신이 양육을 할 때 도저히 진정할 수 없고, 객관적일 수 없다고 판단될 때 이 책은 공정하면서도 현명한 친구가 되어 줄 것이다. 때때로 이 책을 읽는 것만으로도 자신을 조금 진정시킬 수 있는 시간을 벌 수 있을 것이다. 당신이 이성을 찾았을 때만이 비로소 문제 상황에 조금 덜 엮이게 되고 나아가 합리적이고 부드럽게 문제에 접근할 수 있을 것이다.

이 책을 통해 배울 양육 기술을 배우자와 함께 공유하자. 부모가 동일한 양육과 훈육을 진행할 경우 학습의 효과는 더욱 커진다. 부모 중 한쪽이 '양육의 지혜를 지키는 수호자'가 될 때, 다른 한 명이 방관자적인 자세를 갖지 않도록 주의한다. 아이를 키우는 데는 부모 모두가 힘을 합쳐야 할 상황이 수백 가지는 존재한다.

마음속에 더 큰 그림을 그리자. 양육의 장기적인 목표는 아이들이 바른 인성의 소유자로 건강한 자존감을 형성하고 긍정적인 삶의 기술을 습득하며 가족과 사회 구성원들을 존중하도록 돕는 것에 있음을 명심하자. 이 책에 담겨 있는 모든 '긍정 훈육법과 훈육 도구'와 제안은 바로 이러한 목표를 위한 것들이다.

# 차 례

## 제1부  긍정 훈육법이란 무엇인가 _ 17

# 긍정 훈육법이란
# 무엇인가

부모라면 한번쯤은 자녀와의 힘겨루기로 분노 조절이 되지 않았던 경험이 있을 것이다. 이러한 문제는 나만 있을 줄 알고 수치심을 느꼈으나 나만의 문제가 아니라 아이를 키우는 부모라면 누구나가 겪게 되는 일이다.

아이에게 체벌하지 않고, 행동을 교정할 수 있을까? 아이에게 협력, 책임감, 문제해결 능력을 키워 주면서도 서로 상처 주지 않고 체벌하지 않는 효과적인 방법이 있을 수 있다면 아이 있는 부모는 누구라도 선호할 것이다. 부모라면 누구나 지금까지 자녀를 키우는 동안 순간순간 대처하는 방법을 몰라 여기저기 물어보고 이러저러한 방법을 모두 활용해 보아도 부족함을 느껴 본 경험이 있을 것이다. 좋은 부모 역할을 하려고 해도, 어떠한 기준을 가지고 양육하여야 하는지가 늘 혼란스럽다.

부모로서 당신은 매우 중요한 역할이 있다. 당신은 자녀들이 가족과의 소속감, 연결을 느끼며 성장할 수 있게 할 단 하나의 존재다. 당신은 자녀들에게 인격체로서 스스로 사회적 유능감을 느끼며, 삶의 기술을 가르칠 수 있고 각각의 아이들이 자신은 충분한 애정을 받는 존재라 여기도록 해야 한다. 또한 당신은 자녀들이 자신은 특별하고 유일하며, 중요한 존재라고 확신할 수 있도록 하는 방법을 발견해야 한다. 당신은 자녀들을 안전하게 보호하면서 바른 인성을 갖추게 양육할 수 있을까?

이러한 의무를 어떻게 이행할 수 있을까? 그 해답은 바로 '훈육'에 있다. 아마 일부는 '훈육'을 '체벌을 통해 아이의 행동을 통제하는 것'이라 생각할지도 모르겠다. 하지만 '긍정 훈육법'이란 절대 체벌과 통제를 의미하지 않는다는 것을 분명히 짚고 넘어가고자 한다. 긍정 훈육법이란 바른 인성을 위한 교육 및 훈련, 감정 조절, 삶에 유용한 자세 및 기술, 문제해결에 집중하는 것을 의미한다. 또한 긍정 훈육법은 건설적이고, 훈육의 대상을 격려하며 매우 확정적이고 유익하고 애정이 가득하며 동시에 낙관적이다. 자녀는 부모로부터의 일방적인 지시를 따르지 않으므로 부모들은 자녀에게 자신감을 심어 줄 수 있는 방법을 연구할 필요가 있다.

**긍정 훈육법**은 탄생부터 죽음에 이르기까지의 인간의 전 생애와 함께한다. 물론 긍정 훈육법을 사용하기에 너무 이른 시기, 너무 늦은 시기란 존재하지 않는다. 이는 긍정 훈육법이 상호 존중(부모는 자녀를, 자녀는 부모를 서로 존중하고 배려하는 상태)에 기반하기 때문이다. 만약 아이들에 대한 부모의 요구가 부모의 필요가 아닌 아이들의 필요에 온전히 집중하고 있다면 이는 완전한 의미의 '상호 존중'이라 할 수 없다. 더불어 이러한 양육은 아이들의 의존적인 특성과 용기의 결여를 초래하기 마련이다. 반대로 부모의 충고가 아이들의 필요가 아닌 부모의 그것에 온전히 집중되어 있을 경우 또한 '상호 존중'이라 부를 수 없으며 이러한 양육은 저항과 반항, 가출, 폭력, 문제행동 등의 결과를 초래한다.

긍정 훈육법을 사용할 경우 주안점은 부드러움과 단호함을 균형적으로 사용하는 것이다. 이는 부모로서 자기 자신과 아이에게 존경심을 갖는 것이기도 하다. 긍정 훈육법은 회의적이지도, 가혹하지도 않기 때문에 그것을 사용하는 가정에 희망을 가져다 줄 것이며, 삶의 기술을 향상시켜 주고 나아가 사랑과 애정을 가득하게 만들어 줄 것이다.

훈육 방법이 다양할수록 아이에게 가르칠 수 있는 내용은 더욱 풍부해지기 마련이다. 이 책의 첫 번째 장은 당신이 긍정 훈육법의 스물다섯 가지 기본 원칙을 올바로 이해하게끔 돕기 위한 내용으로 구성되어 있다. 이 스물다섯 가지 훈육 방법은 이 책 전체를 통해 차례로 언급될 것이기에 처음 이 책을 읽는 사람은 자신이 원하는 특정 부분을 찾아서 읽기보다는 처음부터 꼼꼼히 읽어 나가길 권하는 바다.

## 1. 아이들이 중요한 가족구성원으로서 의미와 소속감을 느끼게 하라

아이들이 중요한 가족구성원으로서 의미와 소속감을 느끼게 한다. 아이들의 최고 목표는 소속감과 존재감이다. 이것은 모든 사람의 기본 욕구다. 누구나 자신이 중요하다고 생각을 하는 집단에서 의미 있는 사람으로 자신의 힘을 드러내고 인정받으려고 하는 것은 기본적인 본능이다. 아이들은 자신이 관심받고 주목을 받는다고 느낄 때 자신감을 갖는다. 아이들은 자신이 사랑과 특별함을 느끼지 못할 때, 정상적인 방식이 아닌 과도하게 관심을 끌면서, 힘겨루기를 하면서 자신의 중요함을 드러내려 한다. 아이들의 행동은 의도를 갖는다. 그 의도를 알고 동기 부여를 한다. 우리는 알게 모르게 아이의 잘못된 방식으로 자신의 소속감을 확인하려는 행동을 강화시킨다. 아이가 긍정적인 방법으로 소속감을 느끼도록 '자신은 그대로가 괜찮은 아이'라는 것을 스스로 느끼게 해야 한다.

## 2. 부드럽고도 단호하게 대하라

많은 부모가 죄책감으로 괴로워한다. 이러한 죄책감의 원인은 그들이 갖고 있는 과도한 통제("나는 너의 보스야.") 또는 지나친 관대함("나는 지나치게 관대한 사람이야.")에 기인한다. 몇몇 부모는 이러한 양극단에 있는 통제와 관대함 사이에서 우왕좌왕하며 일관되지 못한 모습을 보이기도 한다. 하지만 **긍정 훈육법**을 사용하는 부모는 다르다. 그들은 단호함과 부드러움을 동시에 사용한다. 다음 중 스스로 생각하는 자신의 양육 스타일은 어떤 것인가?

- 보스: 부모로서 당신이 집안의 모든 힘을 갖고 있으며 당신이 부모이기 때문에 자녀는 당신의 말에 무조건 복종해야 한다.
- 지나치게 관대한 사람: 자녀가 이 세상의 중심이며 따라서 그들이 모든 힘을 가져야 한다.
- 부드러우면서도 단호하게 행동하는 사람: 자녀는 가족 구성원일 뿐 세상의 중심은 아니다. 아이들이 하나의 인격체임을 분명히 인식하고, 따라서 아이들 각자의 정신을 해치지 않는 범주를 설정하고 아이들이 각자의 고유한 인격을 형성하게 돕는다.

여전히 자신이 어떤 스타일에 속하는지 불분명한가? 그렇다면 더 읽어 보자. '보스'와 '지나치게 관대한 사람'은 상황에 앞서서 주도적으로 행동하기보다는 자녀의 행동에 대응하기 급급하다. 이는 그들이 어떤 상황이 벌어질 때까지 기다린다는 것, 그리고 그 순간에 맞는 행동을 뒤늦게 취한다는 것을 의미한다. 반면 '부드러우면서도 단호하게' 행동하는 부모는 직접적인 행동을 취하기 전에 앞서 몇 걸음 물러나 일단 상황을 살핀다. 그들은 아이의 요청에 무조건적으로 "그래!" 또는 "안 돼."라고 대답하기보다는 먼저 아이가 하는 행동이 무엇을 의미하는지 파악하려 애쓴다. '보스'형 부모는 일차적인 훈육 수단으로 체벌을 선택하기 마련이며, 이를 위해 아이의 행동에서 무언가 잘못된 점이나 비난할 거리를 찾는다. 이와 달리 '부드러우면서도 단호하게' 행동하는 부모는 비난할 거리를 찾기보다는 문제의 해결책을 강구하며, 변화를 만들어야 하고, 변화를 만들 수 있는 일차적인 존재는 아이가 아닌 바로 부모임을 깨닫는다. 이들은 아주 작은 분야일지라도 그 안에서 스스로를 변화시켜 아이들에게 긍정적인 영향을 주려고 노력한다.

'지나치게 관대한' 부모의 경우 그들이 해야만 하는 것, 할 수 있는 것, 하고자 하는 것에 집중하는 데 모든 에너지를 소비한다. 그들은 그들이 하는 행동에 대해 아이에게 미안해 하는 경향이 있으며 자신의 행동을 자녀가 그대로 배우질 않길 바란다. 만약 이것이 당신의 양육 스타일이라면, 당신이 가정을 이끌어 간다고 말하기보단 아이들이 당신을 양육하고 있다는 표현이 더 적당할 것이다. 당신은 매우 과잉보호적이며 아이들의 학습하고 성장하는 능력에 대한 신뢰가 매우 부족한 상태다. 이러한 유형에 속하는 부모의 경우 아이들이 '나는 매우 유능한 사람이야.'라는 믿음을 형성할 만한 많은 기회를 박탈하는 것이 현실이다. 죄책감은 당신의 변명이다.

당신이 **긍정 훈육법**을 적절히 활용할 때, 당신은 '부드러우면서도 단호한' 부모가 될 수 있으며 당신의 삶에서 '죄책감'을 영원히 사라지게 할 수 있을 것이다. 나아가 당신 스스로, 또는 아이에게 실수를 있는 그대로 수용하고 인간은 때때로 불완전한 존재일 수 있음을 받아들이게 하며, 무언가를 계속해서 시도해 볼 수 있는 기회를 제공할 수 있게 될 것이다. 왜? 그것은 당신이 실수는 인간의 존재를 완성하는 좋은 가르침임을 스스로 깨닫게 되기 때문이다.

부드러우면서도 단호하게 아이를 양육하는 것은 점진적인 과정이다. 당신이 갖고 있는 강점, 나아가 당신의 가족이 갖고 있는 강점을 떠올려 보라. 그 후에는 당신이 더욱 계발하고 싶은 부분에 대해 생각해 보고 한 번에 하나씩 해당 문제에 집중하도록 하자. 이 과정에서 중요한 것은 너무 많은 일을 한꺼번에 벌여 자신과 아이들을 당황스럽게 만들지 않는 것이다.


## 3. 스스로 결정하도록 기다려 주라

긍정 훈육법의 핵심은 다른 사람을 통제하거나 변하게 하는 것이 아니라 자기 자신을 통제하고 변화시키는 방법을 학습하는 데 있다. 만약 당신이 아이들을 통제하는 데 긴 시간을 할애해 왔다면 당신은 스스로의 행동을 통제하고 아이가 무엇을 하게 하도록 강요하는 대신 스스로 어떤 일을 함으로써 문제를 해결할 수 있는 가능성을 전혀 고려해 보지 않았을 것이다.

일단 스스로의 행동을 변화시키는 것에 온 신경을 집중하면 당신은 곧 행동이란 스스로 뱉은 말을 수반하는 것임을 깨달을 것이며 당신이 결심한 것을 그대로 이행해야만 한다는 것을 알 수 있을 것이다. 당신이 어떠한 걱정거리에도 휘둘리지 않기 위한 최선의 방법은 말을 입 밖으로 내뱉기 전에 충분히 생각하는 것이다. 당신이 의도하지 않은 바를 이야기하며 문제에 휘말리기보다는 한 발짝 물러서서 자신이 하려는 말에 충분한 주의를 기울여라. 이러한 방법은 당신이 소소한 문제에 관여하게 되는 상황을 최소화하고 진정으로 중요한 하나의 문제에 집중할 수 있게 해 줄 것이다.

다음은 '스스로 결정하도록 기다려 주기'의 다양한 사례다.

- 11개월 된 아이의 기저귀를 갈기 위해 고군분투하던 엄마는 아이와 투닥거리를 멈추기로 결심했다. 대신 그녀는 "엄마는 네 도움이 필요해. 네가 기저귀를 갈 준비가 충분히 되어 자리에 눕기 전까지 엄마는 그냥 기다릴게."라고 말했다. 그날 이후로 아이와 다투게 될 때마다 그녀는 그 즉시 싸움을 멈추고 아무런 말도 하지 않은 채 아이가 칭얼거리는 것을 멈출 때까지 그저 기다렸다. 그리고 아이가 칭얼거림을 멈추고 나면 그녀는 아이에게 돌아가 기저귀를 갈아 주었다. 아이가 이러한 과정을 이해하고 스스로 진정하기까지는 오랜 시간이 걸리지 않았다. 그녀는 아이에게 화를 내지 않고 오히려 차분하게 기다려 아이와의 기싸움을 효과적으로 줄일 수 있었다.

- 또 다른 엄마의 사례를 살펴보자. 그녀는 언제나 아이들에게 똑같은 소리를 반복한다는 사실과 아이들 중 누구도 그녀의 말에 귀 기울이지 않는다는 사실을 알게 되었다. 고심한 끝에 그녀는 아이들에게 그들이 자신의 말에 충분한 주의를 기울일 때 단 한 번만 이야기할 것이라고 얘기했다. 궁금한 점이 있다면 기꺼이 설명해 줄 것이지만 한 번 했던 말을 그대로 반복해서 말해 주지 않을 것임을 분명히 설명해 주었다. 더 이상 아이들에게 소리치거나 똑같은 말을 반복하지 않게 되자 아이들은 엄마의 말에 집중하기 시작했다. 형제들 중 한 명이 엄마의 말을 듣지 못했다면 다른 형제에게 질문하기도 했다.

- 한 아버지는 아이들이 잠들기 직전까지 숙제를 미뤄 두고 잠자리에 들기 바로 직전에야 그에게 숙제를 도와줄 것을 부탁한다는 사실을 알게 되었다. 그는 아이들을 불러 세우고 아빠가 숙제를 도와줄 수 있는 시간은 저녁 일곱 시에서 아홉 시 사이임을 분명하게 전달했다. 그리고 한 아이가 저녁 아홉 시 반에 시험 준비를 위한 공부를 도와달라고 말했을 때 그는 아이에게 "네가 아빠의 도움이 필요한 건 알겠어. 물론 아빠도 지금이 일곱 시에서 아홉 시 사이였다면 기꺼이 도와주었을 거야. 하지만 지금은 네 스스로의 힘으로 해야겠구나." 하고 친절하게 설명해 주었다. 부모들이 아이에게 미안함을 느끼거나 기회를 한 번 더 주어야겠다고 생각하기는 쉽다. 하지만 당신이 스스로 입 밖으로 꺼낸 약속을 그대로 이행하여 문제를 해결할 수 있는 경우 더욱 긍정적인 효과를 기대할 수 있다. 당신이 스스로 한 말을 지킴으로

써 아이는 오롯이 자신의 행동을 통해서만 교훈을 배우게 될 것이기 때문이다. 한 가지 분명히 기억해야 하는 것은 이러한 행동이 효과를 내기 위해서는 잔소리, 다시 한 번 상기시키기, 설교하기를 배제해야 한다는 사실이다. 말한 것은 그대로 지켜야 한다.

• 많은 부모가 운전할 때 아이들이 뒷좌석에서 다툴 경우 가장 안전한 방법은 차를 갓길에 세우고 아이들이 진정할 때까지 기다리는 것이라는 사실을 배워 왔다. 장을 보는 동안 아이들이 투덜거리고 성질을 부리기 시작할 때 부모가 자녀들을 차에 앉게 하여 이를 피할 수 있다. 부모가 말할 수 있는 것은 "우리는 네가 출발할 준비가 될 때까지 기다릴 거야."가 전부다.

물론 부모로서 당신은 자녀들을 키울 때 말한 그대로 지키는 것보다는 한 번 더 아이와 자기 자신에게 설명하고 반복하여 상기시키는 것에 더 큰 유혹을 느낄지 모른다. 부드러우면서도 동시에 단호하게 행동하는 부모는 자녀가 얼마나 훌륭한 존재인지, 관심 있는 주제와 관련한 해답을 찾는 방법, 또는 어떻게 인생이 흘러가는지에 관해 말을 최대한 아낀다.


## 4. 말한 대로 실행하라

말한 대로 실행하는 것은 아이에 대한 불만과 갈등을 줄이면서 아이에게 중요한 삶의 기술을 가르쳐 줄 수 있는 훈육 방법이다. 또한 아이가 엄마의 말에 귀 기울이고 협조할 수 있게 도와주는 매우 효과적인 방법이다. 실행으로 보여 준다는 것은 당신이 매우 주도적인 부모가 된다는 것이다.

말한 대로 실행하기에 앞서 당신은 문제의 중간에 끼어드는 대신 문제의 패턴을 찾아내고 중요한 쟁점만을 선택하고 문제해결에 초점을 맞춘다. 상황을 개선할 준비가 되면 다음 방법대로 해 본다.

① 문제해결에 초점을 맞춘다.

② 아이의 감정을 인정하고 아이가 원하는 것을 주고 싶다는 마음을 표현한다("우리는 네가 원하는 것을 줄 수 있으면 좋겠어.").

③ 아이에게 하지 말아야 할 것을 말하는 대신 해야 하는 것을 말한다.

④ 아이와 함께 해결 방법을 모색한다.

⑤ 엄마의 감정을 표현하고 아이가 선택할 수 있는 행동의 허용 범위를 설정한다.

⑥ 실천을 행동으로 보여 준다.


예린이 사례는 말한 대로 실행하기의 좋은 예를 보여 준다. 예린이는 엄마가 통화를 하려 할 때마다 엄마를 괴롭혔다. 엄마가 통화하는 사람과 잠시 통화를 할 수 있게 허락해 주어도 예린이는 더 오래 통화하게 해 달라고 고집을 부렸고 허락되지 않을 때면 엄마를 꼬집고, 물고, 때렸다. 엄마는 같은 문제가 반복되자 문제해결에 초점을 맞추기로 결정했다. 그녀는 행동으로 보여 줄 수 있는 몇 가지 사항에 대해 생각해 보았다. 그녀는 예린이에게 말했다. "엄마는 네가 엄마의 관심을 받고 싶어 하고 우리 집에 전화하는 사람들과 통화하고 싶어 한다는 걸 알아. 너를 이해하고 엄마도 네가 원하는 만큼 통화하게 해 주고 싶지만 항상 그럴 수 있는 건 아니야."

그리고 엄마는 편하게 통화할 수 있도록 예린이가 그녀를 도와줄 수 있는 방법에 대해 물어봤다. 예린이는 "나는 통화하고 싶고 엄마가 나와 놀아주는 대신 통화하는 것이 싫어요."라고 말했다. 엄마는 다시 한 번 "엄마도 네 기분을 이해하지만 이렇게 하도록 하자. 엄마가 전화를 받았을 때 네가 통화할 수 있는 사람이라면 너에게 말해 줄게. 네가 통화할 수 없는 사람이라면 엄마가 통화를 끝낼 때까지 색칠 공부나 레고 놀이를 하고 있어 줘. 기다리기 어려울 수 있다는 건 알지만 엄마는 네가 해 낼 수 있고 엄마가 통화를 할 수 있도록 도와줄 수 있다고 생각해. 너랑 놀자고 엄마를 방해하면 엄마는 통화에 집중할 수 없어서 속상해."

그리고 엄마는 허용 범위를 설정하여 예린이에게 앞으로 정확히 무슨 일이 일어날지 말해 주었다. "예린아, 엄마는 네가 기다리는 게 매우 어렵다는 걸 알아. 하지만 엄마는 편안하게 통화를 하고 싶어. 만일 네가 엄마를 물고 때려서 통화를 방해하면 엄마는 밖에서 통화를 마치고 올 거야."

다음번에 전화가 왔을 때, 엄마는 예린이에게 말한 그대로 실행했다. 그녀는 상대에게 잠시만 기다려 달라고 말한 후 예린이에게 그녀가 받을 수 있는 전화가 아니라는 것을 말해 주었다. 그녀는 예린이를 레고가 있는 곳으로 데려다 주었고 다시 통화를 시작했다. 예린이가 통화를 하고 싶다고 소리치며 달려 왔을 때 엄마는 문을 잠그고 밖으로 나가서 전화를 받았다. 아이는 무엇을 배울까? 예린이는 엄마가 말한 대로 실행한다는 것과 엄마가 엄마 자신과 예린이를 존중한다는 것을 배운다. 그녀는 자신이 협조적일 수 있고 책임감을 가질 수 있다는 것을 배운다. 그녀는 불만을 갖는 것은 괜찮지만 항상 그녀가 원하는 대로 할 수 없다는 사실을 배운다. 그녀는 주고받는 법을 배운다.

많은 부모가 엉덩이를 때리는 것이 더 쉽고 효과적인 방법이라고 말할 것이다. 체벌은 순간의 문제는 해결할지는 모르지만 아이에게 아무런 교훈도 주지 못할 뿐만 아니라 폭력적이고 모욕적이다. 체벌을 당한 아이는 죄책감이나 분노를 느낀다. 죄책감을 느낀다면 아이는 '나는 나빠.'라는 믿음을 갖게 될 수 있다. 분노를 느끼는 아이는 '되갚아줄 거야.'라는 생각을 할 수 있다. 아이가 이런 생각을 한다는 걸 안다면 해결이 빠르다는 이유만으로 체벌을 하기 원하는 부모는 없을 것이다.

## 5. 체벌이 해결책은 아니다. 장기적으로 행동수정이 되도록 하라

체벌하였을 때 자녀들에게 어떤 결과가 생기는가? 체벌은 아이의 감정에 더욱 상처를 주고, 반감을 갖게 하며 공포감을 조성한다. 그런데도 왜 아직도 많은 부모가 가혹하고 폭력적인 체벌을 할까? 이유는 이 방법이 효과가 있고 아이가 올바르지 않은 행동을 하도록 방치하는 대신 부모로서 무언가를 해야 한다고 생각하기 때문이다. 체벌을 통하여 부모는 자신의 분노와 불안을 표출하며, 체벌을 하며 일시적인 힘을 느끼기도 한다. 체벌은 단기적으로는 효과가 있을 수 있지만, 장기적으로는 더욱 부정적인 결과를 초래한다.

자녀는 부모가 화를 냈다고 생각하면, 더욱 행실이 악화되기도 한다. 긍정 훈육을 하는 부모는 평정심을 잃지 않으며 밑마음의 처벌이 아닌, 사랑을 가지고 훈육하기 전에 아이가 연결되어 있음을 느낄 수 있도록 한다. 자녀가 연결됨을 느끼게 한 후에 장기적 관점에서 행동을 수정하도록 해야 한다.

긍정 훈육법에는 체벌이 포함되지 않는다. 왜 그럴까? 수백 개의 연구 결과가 보여 주듯이 체벌은 긍정적인 결과를 가져다주는 가장 효율적인 방법이 아니다. 반대로 체벌은 상처를 주고, 타인의 감정을 상하게 하고 공포를 동기요인으로 사용한다.

그렇다면 왜 아직도 많은 부모가 가혹하고 폭력적인 체벌을 실천할까? 이유는 간단하다. 이 방법이 효과가 있고 아이가 올바르지 않은 행동을 하도록 방치하는 대신 부모로서 무언가를 한다고 생각하기 때문이다. 체벌을 통해 부모는 자신의 분노와 불만을 표출한다. 몇몇 부모는 익숙한 과거 경험과 훈육에 대한 지식 및 기술 부족 때문에 체벌을 사용한다. 그들은 엉덩이를 때리거나, 외출을 금지하거나, 아이의 권리를 앗아가는 것이 아이를 훈육하는 가장 좋은 방법이라고 생각한다. 그들은 아이가 고통을 통해서 배울 수 있다고 믿고 있다.

많은 부모가 아이를 통제하기 위해 체벌을 사용한다. 특히 체벌이 일시적으로 문제를 해결할 때 부모는 체벌을 통한 힘을 느낀다. 그들은 관대한 부모가 되지 않는 유일한 방법은 체벌이라고 생각한다. 하지만 이러한 부모들이 객관적으로 그들의 행동을 관찰한다면 같은 행동에 대해 반복적인 체벌을 하고 있다는 것을 깨달을 것이다. 이는 체벌이 실질적인 문제를 해결하지 않는다는 사실을 잘 보여 준다. 당신이 이러한 부모라면 이 책을 통해 가혹하지 않지만 관대하지 않은 효과적인 훈육 방법을 배울 수 있을 것이다.

어떤 부모들은 언제나 익숙한 방법을 먼저 선택하는 인간의 본성 때문에 체벌을 사용한다. 새로운 방법을 익힐 때까지 익숙한 버릇을 고친다는 건 거의 불가능하다. 금연이나 다이어트를 시도해 본 적이 있는가? 인간의 머리는 공백을 견디기 힘들어한다. 그렇기 때문에 익숙한 행동을 멈추고 공백기를 갖는 것보다 새로운 방법을 시도하는 것이 더 좋다.

체계적인 교육은 분노와 부정적인 에너지 소모를 통해 이루어지기 어렵다. 당신이 화가 났다고 생각하면 아이의 행실은 더 악화될 것이다. 효과적인 훈육은 이성과 사랑을 필요로 한다(부드러우면서도 단호함을 갖는 동시에). 아이에게 특정 행동이 당신을 화나게 했다고 말하는 것은 괜찮지만 소리를 지르고 화를 내면서 체벌한다면 오히려 역효과를 낼 수 있다. 체벌은 특정 행동을 지적하는 것과는 차이가 있다.

이 책은 체벌을 대체할 수 있는 여러 가지 긍정 훈육법을 제시할 것이다. 긍정 훈육법은 아이에게 자신의 행동이 타인에게 영향을 미친다는 것을 알려 주고 만일 아이의 행동이 타인의 감정을 상하게 한다면 그 행동을 멈추도록 어른들이 도와줄 것이라는 걸 가르치는 데 초점을 맞추고 있다. 또한 아이는 주어진 상황에 대해 특정 감정을 갖는 것이 자신의 필요를 만족시키는 방법이 아니라는 것을 배우게 된다. 다음은 몇 가지 상황에서의 예를 보여 준다.

- 아이가 주스를 흘린다. 체벌하는 부모는 소리를 지르고, 때리고, 화가 나서 아이의 주스를 빼앗는다. 하지만 당신은 당신과 아이를 위한 수건을 가지고 와서 함께 정리하자고 말한다.
- 아이가 애완견을 너무 거칠게 대한다. 체벌하는 부모는 야단을 치고, 다투고, 잔소리를 하고, 겁을 주고, 소리를 지른다. 하지만 당신은 아이와 애완견을 떼어 놓은 후 "네가 강아지를 좀 더 다정하게 대할 수 있을 때 다시 놀게 해 줄게."라고 말한다.
- 아이가 맡은 일을 하는 것을 잊었다. 체벌하는 부모는 야단을 치고 아이를 구속하지만 해야 할 일은 처리되지 않은 채로 남아 있다. 하지만 당신은 아이를 불러서 눈을 맞추고 "네가 맡은 일을 할 시간이야."라고 말한다. 아이가 나중에 하겠다고 한다면 "나는 네가 약속을 잘 지켰으면 좋겠어. 지금이 그 일을 할 시간이야."라고 말한다.
- 유아기의 아이가 당신을 때린다. 체벌하는 부모는 아이를 때리거나, 소리 지르거나, 협박한다. 하지만 당신은 아이의 손을 잡고 부드럽게 당신을 쓰다듬으며 말한

다. "부드럽게 토닥토닥 쓰다듬어 줘."

- 아이가 장난감을 너무 거칠게 다룬다. 체벌하는 부모는 아이에게 "너는 아기 같아. 너는 이기적이야. 너는 칠칠맞지 못해."라고 말하며 감정적인 모욕을 주고 이러한 모욕을 통해 아이가 다음번에는 더 잘할 수 있길 바란다. 하지만 당신은 장난감을 안전한 곳으로 옮기고 "네가 좀 더 부드럽게 장난감을 다룰 준비가 되었을 때 나에게 말해 줘."라고 말한다. 아이가 준비됐다고 말해 놓고 다시 거칠게 장난감을 다룬다면 장난감을 빼앗은 뒤 "내가 다시 줄 준비가 되었을 때 너에게 말해 줄게."라고 말한다.

긍정 훈육법을 실천하는 부모는 문제가 알아서 해결되길 기다리지 않는다. 그들은 상냥함과 평정심을 잃지 않으면서 아이와 자기 자신을 존중하는 동시에 아이가 주어진 상황에 적절하게 대처할 수 있도록 적극적인 도움을 준다.


## 6. 소통 기술을 개선하라

부모는 정보를 주는 역할을 하기도 하지만 부모의 가장 큰 역할은 아이가 스스로 생각하도록 도와주는 것이다. 이 역할을 수행하기 위해 당신은 새로운 귀를 통해 듣는 방법을 배워야 한다. 경청은 부모가 배울 수 있는 가장 어려운 소통 기술이다. 다음은 아이가 스스로 생각하도록 도와주는 동시에 당신의 경청 능력을 향상시켜 줄 몇 가지 팁이다.

### '호기심' 질문하기

너무 많은 부모가 아이에게 무슨 일이 일어났는지, 어떤 계기로 그 일이 일어났는지, 그 일에 대해서 어떤 감정을 가져야 하는지, 그리고 아이가 그 일을 어떻게 대처해야 하는지 말해 준다. 과도한 정보제공은 아이의 지혜, 판단력, 추리력 및 책임감 발달을 막고 실수에서 배움의 기회를 보는 재능을 사용하지 못하게 한다. 아이에게 무엇이, 어떻게,

왜 일어났는지 말해 주는 것은 그들에게 무엇을 생각해야 하는지 알려 주는 것이지 어떻게 생각해야 하는지를 알려 주는 것이 아니다. 사회적 압력, 추종, 집단이 가득한 이 사회에서 아이에게 단순히 무엇을 생각해야 하는지 알려 주는 것은 매우 위험한 행위다. 아이는 비판적 사고를 하는 대신 자신에게 방향을 제시해 줄 다음 전문가를 찾으려 할 것이기 때문이다.

꼭 기억해야 할 것은 '왜, 무엇을, 어떻게'라는 질문은 당신이 순수하게 아이의 생각과 감정에 관심이 있을 때만 사용해야 한다는 것이다. 당신이 아이들의 말에 귀 기울일 준비가 될 때까지 질문을 삼간다.

아이에게 "무슨 일이 일어났니?" "그 일이 왜 일어났다고 생각하니?" "어떤 기분이 드니?" "그 일에서 얻은 정보를 다음번에 어떻게 사용할 수 있을까?"라는 질문을 하여 아이의 사고력과 판단력 발달을 도울 수 있다.

다음은 여덟 살 아이가 자전거를 도둑맞았을 때 그녀의 엄마가 잔소리 대신 아이에게 질문을 하는 상황을 설명하는 예시다.

서연이는 울면서 집에 돌아왔다.

서연이: 엄마, 제 자전거를 못 찾겠어요. 누군가 훔쳐간 게 틀림없어요.

엄    마: 정말 안됐구나. 얼마나 속상한지 엄마도 알 것 같네. 무슨 일이 일어났는지 말해 줄 수 있니?

서연이: 슬기 집 마당에 자전거를 세워 뒀는데 사라졌어요. 자전거를 훔치는 사람들이 정말 미워요. 그들은 정말 나빴어요.

엄    마: 맞아. 우리가 세상 사람들을 착하게 만들 수 없다는 게 참 안타깝구나.

서연이: 맞아요!

엄    마: 이번 일은 어쩔 수 없지만 네 물건을 지키기 위해 앞으로 네가 할 수 있는 일이 무엇이 있을까?

서연이: 이제 제 물건들을 밖에 두지 말아야겠어요.

엄    마: 이번 일을 통해 많은 걸 배운 것 같구나. 그럼 네가 새 자전거를 갖기 위해 해

야 할 일과 이런 일이 다시 일어나지 않도록 어떻게 자전거를 다룰지에 대해 나중에 이야기해 보자꾸나.

서연이: 지금 이야기하면 안 될까요?

엄　마: 지금은 우리 둘 다 너무 흥분한 것 같아. 언제쯤 우리가 차분히 이야기할 수 있을 것 같니?

서연이: 내일은 어때요?

엄　마: 좋아. 그럼 내일 이야기하자.

　아이가 당신에게 무언가를 말할 때 당신은 자신을 방어하거나, 설명하거나, 아이가 어떻게 느끼고 문제를 해결해야 하는지 훈계하고 싶은 마음이 들 수 있다. 이때 당신은 중간에 끼어들어 주도권을 잡는 대신 이것을 아이가 곰곰이 생각하고 자신의 감정을 마주할 수 있도록 도와줄 수 있는 좋은 기회라고 생각해야 한다. 아이에게 "그것에 대해 더 자세히 말해 줄 수 있니? 예를 들어 주겠니? 그것에 대해서 더 하고 싶은 말이 있니?"라고 물어봄으로써 아이가 더 깊은 생각을 할 수 있게 도와줄 수 있다. 아이가 더 이상 할 말이 없을 때까지 "더 하고 싶은 말이 있니?"라고 수차례 질문하는 것이 좋다. 그 이후에는 당신의 본능을 믿어 본다. 아이는 부모가 자신의 말에 귀 기울였다는 사실과 자신이 심각하게 받아들여졌다는 사실만으로도 충분히 기분이 나아졌을 수 있다. 여기에 추가로 "문제를 해결할 수 있는 방법을 생각하는 데 내 도움이 필요하니?"라는 질문을 할 수도 있다. 하지만 아이가 당신의 도움을 필요로 하지 않는다면 스스로 해결할 수 있게 해 준다.

## 반사적 경청 연습하기

　아이에게 자신의 부모가 자신의 말을 경청한다고 느끼고 스스로 생각할 수 있게 하는 또 다른 방법은 반사적 경청이다. 당신의 역할은 아이가 하는 말을 그대로 반사하는 것이다. 앵무새처럼 들리지 않기 위해서 아이가 사용하는 단어를 조금 바꿔 사용하는 것이 좋지만 아이가 하는 말과 최대한 비슷하게 말해야 한다. 예를 들어, 아이가 "나는 라희가 싫어요."라고 말한다. 그러면 "네가 네 절친을 싫어한다고?"라고 물어본다. 아이는 "네, 왜냐하면 라희는 내가 없는 곳에서 내 흉을 봐요."라고 말한다. 그럼 당신은 다시 "라희가 네 앞에서 하지 않을 말을 다른 친구들 앞에서 한다고?"라고 물어본다. 아이는 "네."라고 답한다.

이 시점에서 "네가 엄마에게 네 마음을 말해 주어서 다행이다."라고 말하며 아이를 껴안아 줄 수 있다. 이 방법은 아이의 상황을 해결하려고 하거나 아이가 친구를 용서하고 다시 사이 좋게 지내야 한다고 훈계를 하는 것보다 더욱 효과적이다. 판단하는 대신 아이가 자신의 감정을 표현하게 하여 스스로 배울 수 있게 도와줄 수 있다. 앞의 예시 속 아이는 엄마와 포옹을 하고 다음날 친구와 화해했다.

## 감정에 이름 붙이기

아이의 감정과 정서 지능을 발달시키기 위해서는 아이의 감정을 설명하거나 고치려고 노력하는 대신 우선 아이의 감정에 귀 기울여야 한다. 그러면 아이는 감정을 느껴도 괜찮다는 사실을 깨닫고는 그것을 표현할 것이다. 만일 아이가 감정을 말로 표현하는 대신 행동으로 표현한다거나 화가 난 이유를 말하는 대신 분노발작을 일으킨다면 당신은 감정에 이름을 붙여 아이가 감정을 파악하도록 도와줄 수 있다.

감정 단어를 사용하는 것은 감정을 가르치는 좋은 방법이다. 일반적으로 감정은 행복, 고통, 편안함, 두려움, 배고픔, 피곤함, 분노, 슬픔, 연약함, 절망감, 짜증, 부끄러움, 수치심과 기쁨 같이 하나의 단어로 설명할 수 있다. 감정 단어를 사용하는 방법은 다음과 같다. 아이는 퍼즐 조각이 맞지 않아 짜증이 난 상태다. 아이는 조각을 집어 던지고 울기 시작한다. 당신은 "퍼즐이 어려워서 속상하구나. 퍼즐 조각이 쉽게 맞지 않으면 기분이 좋지 않지?"라고 말한다. 아이는 속상함을 행동으로 표현하지만 자신이 속상함이라는 감정을 느끼고 있다는 사실과 감정에 이름이 있다는 사실, 그리고 감정을 느끼는 것이 괜찮다는 사실을 알지 못한다. 감정에 이름을 붙임으로써 당신은 아이에게 감정 단어를 가르친다. 당신은 더 나아가서 아이에게 퍼즐을 맞추는 데 도움이 필요한지 물어보거나 다시 도전해 보는 건 어떤지 물어볼 수 있다. 또는 아이가 속상함을 느끼도록 내버려 두면서 "네가 기분이 나아졌을 때 다시 도전해 보고 싶어질지도 몰라."라고 말할 수 있다.

또한 당신은 같은 방법으로 당신의 감정을 아이와 나눌 수 있다. 자녀의 감정에 공감하며 수용하면서 자녀와 소통한다. 아이들의 감정을 억압하고, 억눌러서 한꺼번에 분노와 화로 발작하게 하는 것이 아니라 아이의 감정에 귀를 기울이고, 느끼게 하며, 그것에 대응하도록 하는 것이다. 감정 단어를 사용하는 것은 감정을 가르치는 좋은 방법이다. 행복, 고통, 편안함, 두려움, 슬픔, 억울함, 절망감, 짜증남, 부러움, 불안 등의 감정은 누구나 느낄 수 있는 자연스러운 감정이다. 부모가 감정을 표현하지 못하게 하고, 고치게 한다면 아이는 갑자기 화를 표출하면서 자신의 감정을 통제하지 못하고 긍정적으로 감정에 대처하지 못한다.

아이가 조립하는 장난감을 가지고 놀다 자신의 뜻대로 조립이 되지 않자, 장난감을 던지면서 소리를 지른다. 이럴 때면, 혼을 내며 소리를 지르는 것이 아니라 "장난감 조립이 제대로 되지 않아서 속상하구나. 엄마도 윤호가 속상해하는 것을 보니 마음이 좋지 않네. 내가 도와줄 일이 있을까?" 한다면, 아이는 엄마가 자신의 기분을 알아준다는 것을 알며, 자신의 감정이 속상하다는 것을 확인하며, 점점 표현을 하게 된다. 또한 엄마도 같은 방법으로 감정을 나눌 수 있게 된다. 먼저 자녀의 감정에 공감을 하고, 그대로 읽어 주며 엄마의 의견도 솔직하게 표현하는 소통 방법을 훈련한다.

## 7. 자신에 대한 적정한 기대 수준을 설정하라

아이가 집에 돌아오는 순간 당신의 시간은 더 이상 당신의 것이 아니라는 생각을 해본 적이 있는가? 요즈음 부모들은 아이의 삶에 사사건건 간섭하려 한다. 아이가 참여하는 학교 활동에서 최고이길 바라고 건강한 자존감을 갖길 바라는 동시에 인생의 착오와 고난에서 자유롭길 바란다. 또한 많은 부모가 한부모거나 일하는 부모이거나 일하는 한 부모다. 그들은 이혼과 재혼의 결과로 아이를 여러 가정환경에서 양육하기도 한다. 부모님과 함께 살고 있는 부모도 있다. 현대사회는 부모에게 너무 과도한 책임감을 요구한다.

그렇기 때문에 당신은 자신을 돌보아야 하고 실행 가능한 적정한 기대 수준을 설정해야 한다. 당신의 집은 그림처럼 아름다운 집이 아니어도 된다. 정성을 들인 저녁 식사를 할 시간이 없을 수 있다. 테니스나 골프 같은 여가생활은 아이가 조금 더 자랄 때까지 미뤄 두어야 할지도 모른다. 사랑, 관심, 교육 같은 아이의 기본적인 필요를 채워 주기 위해서 시간을 할애하는 동시에 당신의 생활방식을 고수하려 한다면 당신은 이전처럼 일을 빠르고 효율적으로 끝낼 수 없을 것이다. 당신의 삶에 여유를 주자. 이전에는 한 시간이면 끝낼 수 있던 일을 처리하기 위해 일주일이 걸릴지도 모르지만 그것은 지극히 정상적인 일이다. 사용할 수 있는 일손은 최대한 활용한다. 아이 없이 일을 처리할 수 있도록 잠시 어린이집에 보낸다. 삶의 기본적인 일에는 가족이 함께 개입할 수 있는 방법을 구상한다. 가족 모두가 역할을 맡도록 교육한다.

아이의 안전에 대해 고민하지 않아도 되도록 집안의 법칙을 정해 놓는다. 특정 활동은 집의 특정 장소에서만 할 수 있도록 제안하는 것도 좋은 방법이다. 밥은 식탁에서만 먹고, 색연필은 책상에서만 사용하고, 공놀이는 밖에서 하고 그 밖의 활동적인 놀이는 거실에서만 하게 하는 것이다.

예산에 대해서도 현실적으로 생각해야 한다. 아이의 필요와 욕구를 구분하자. 아이를 만족시키기 위해서 브랜드 옷을 구매하거나 호화로운 리조트에서 휴가를 보낼 필요는 없다. 아이는 저축하는 방법을 배우고 자신이 정말 원하는 걸 스스로 구매하게 될 것이다. 텔레비전, 자동차, 스마트폰, 컴퓨터 등은 아이가 태어날 때부터 가져야 할 권리가 있는 것들이 아니다. 너무 많은 물건은 오히려 아이에게 물질만능주의사상을 심어 주고 '물건' 없이 만족하는 방법을 알지 못하게 만든다.

## 8. 가족회의를 하라

당신이 가족과 함께 삶의 계획을 실행할 수 있는 가장 좋은 방법은 가족회의를 하는 것이다. 가족 구성원들은 함께 문제를 해결하는 방법을 배우면서 그들의 소통 능력, 협동심, 배려, 창의력과 감정표현 능력을 향상시킬 수 있고 가족과 즐거운 시간을 보내는 방법을 배울 수 있다. 가족은 일주일에 한 번, 같은 시간에 모여 회의를 가져야 한다(어떤 가족은 이 특별한 시간을 '가족회의'라고 하고 어떤 가족은 이 시간을 대화 시간이나 특별한 시간이라고 하는데, 이는 재혼가정일 경우 아이들이 가족이라는 단어를 받아들이는 데 어려움을 겪기 때문이다). 이 시간은 가족이 함께 모여 머릿속에 떠오르는 모든 생각을 나누는 시간이다. 대부분의 가족회의는 진행 순서가 있다. 가족 구성원들은 서로에게 공감하고, 지난 일들에 대해 얘기하고, 문제를 해결하며 계획을 세우고 함께 활동적인 놀이를 한다. 이 시간 동안 가족 구성원들은 감정을 공유하고, 서로를 칭찬하고, 대화를 나눈다.

텔레비전이나 휴대전화 같은 방해요소가 없는지 확인하자. 탁상에 둘러앉거나 거실에 모인다. 가족 중 한 명이 참석하길 원치 않는다면 그 일원을 제외하고 가족회의를 시작하고 언제든지 다시 참석할 수 있다는 것을 알려 준다. 15분에서 30분 사이로 회의 시간을 정한다. 마무리되지 않은 사항은 다음 회의 때 이야기하면 된다.

한 주 동안 계획표를 붙여 놓는다. 모두가 발견하고 의견을 적을 수 있도록 냉장고에 붙여 놓는 것이 가장 좋다. 다음 회의 때 다룰 대화 주제를 상기시키는 용도로 계획표를 사용한다. 계획표는 모두가 참석하여 문제를 해결할 수 있을 때까지 주제에 대한 토론을 연기시키는 용도로도 사용할 수 있다.

모두가 긍정적인 말을 듣고 나눌 수 있도록 모든 가족회의는 칭찬과 감사로 시작한다. 구성원의 나이와 능력에 따라 회의의 리더를 정하고 리더는 합의점을 종이에 적는다. 칭찬이 끝나면 사회자는 계획표에 쓰인 것들을 읽고 모든 구성원이 대화를 통해 존중과 배려를 표현하는 연습을 할 수 있게 도와준다. 이것은 한 사람당 두 차례씩 계획표에 쓰인 주제에 대해 방해받지 않고 자신의 의견과 감정을 나누는 방법을 통해 쉽게 할 수 있다. 주제에 대해 할 말이 없다면 "패스할게요."라고 말하면 된다. 아이들은 자신의 의견을 나누고, 경청하고, 해결방안을 제시함으로써 자신의 의견을 표현하고 타인을 배려하고 존중하며 문제해결 능력을 발달시킬 수 있다.

가족의 모든 일원이 동의해야만 제시된 해결 방법이 실행될 수 있다. 모두가 동의하지 않는다면 더 나은 방안을 제시할 때까지 부모가 결정을 내린다. 어떤 문제들은 합의점이 나올 때까지 몇 주 동안 토론이 이루어져야 한다. 브레인스토밍(평가 없이 제시된 방안을 모두 적는 것)은 선택의 폭을 늘려 준다. 완벽한 방안을 찾기보단 가족 구성원들이 단기간 동안 시도해 볼 수 있는 방안을 시도하게 하는 것이 좋다. 시도된 방안을 통해 무엇을 느끼고 배웠는지 상의해 볼 수 있는 시간을 정한다.

가족회의는 서로의 책임을 묻는 대신 모두가 문제해결에 초점을 맞출 때 가장 효과가 높다. 가족회의에서는 누구도 궁지에 몰려서는 안 된다. 대신 서로를 경청하고 존중해야 한다. 문제에 대해 이야기가 아니더라도 편안한 대화를 나눔으로써 가족의 협동심과 화합을 향상시킬 수 있다.

## 9. 제한된 선택권을 제안하라

적절한 상황이 주어질 때마다 아이에게 두 가지 선택권 중 하나를 선택할 수 있는 기회를 준다. 여기서 고려해야 할 것은 적절함과 수용 가능성이다. 아이가 어리다면 선택권이 많은 경우 적절하게 사용되지 않는다. 아이에게 양치를 하고 싶은지 하고 싶지 않은지, 학교를 가고 싶은지 가고 싶지 않은지, 누군가를 다치게 하고 싶은지 하고 싶지 않은지 등의 선택권을 주는 것은 적절하지 않다. 수용 가능하다는 말은 당신이 아이가 어떤 선택을 하든 받아들일 수 있다는 것을 뜻한다. '저축을 하는 것 vs. 모으지 않고 쓰는 것' '스스로 피아노를 배우는 방법 vs. 개인 레슨을 받는 방법' '취침 시간을 10시로 정하는 것 vs. 10시 30분으로 정하는 것' '입은 옷을 빨래 바구니에 넣는 것 vs. 다시 입는 것'과 같이 당신이 받아들일 수 있는 선택권을 준다. 아이가 저축을 하지 않거나 입은 옷을 다시 입길 원치 않는 부모는 애초에 이런 선택권을 주지 않는 것이 좋다.

어린아이들은 제한된 선택권이 주어진 질문에 잘 대답한다. 당신이 "우리가 횡단보도를 건널 때 내 오른손을 잡고 싶니 왼손을 잡고 싶니? 네가 선택해."라고 말한다면 당신은 가르치고 보호하는 동시에 아이로 하여금 권한을 갖게 할 수 있다. 여기서 "네가 선택해."라고 말하는 것은 더 좋은 결과를 가져다줄 수 있다.

아이가 자라면서 선택의 폭을 넓히거나 아이가 권한을 선택할 수 있도록 허락해 주어야 한다. 예를 들어, 십대 아이에게는 "내가 통금시간을 정하는 것이 좋니 아니면 네가 결정하는 것이 좋니?"라고 질문할 수 있다. 대부분의 부모는 십대 아이의 의견을 듣거나 대화를 시작하기 전에 통금 시간을 통보한다. 이 방법은 비존중적일 뿐만 아니라 반항심을 불러일으킨다. 당신과 아이가 통금 시간을 정하는 것에 대해 합의점을 찾기 어렵다면 주 단위로 몇 가지 시간을 정해 놓고 시도해 볼 수 있다.

## 10. 허용 범위의 기준을 정하라

부모는 어린아이에게는 허용할 수 있는 범위를 정해 주고 십대 아이에게는 허용 기준을 정하는 과정에 참여하게 해야 한다. 당신의 역할은 한계를 정하는 것이다. 아이가 어릴 때 허용의 범위는 더욱 한정적이다. 아이가 나이가 들어갈수록 허용 범위는 넓어지고 아이는 허용 범위를 정하는 과정에 참여할 수 있다. 당신은 부모로서 언제 허용 범위를 넓힐지 결정해야 한다. 아이는 행동이나 대화를 통해 당신이 언제 그 결정을 내려야 할지 도와줄 것이다. 이 책에서 소개한 소통 기술을 연습하고 정기적으로 가족회의를 연다면 아이는 자신이 더 많은 자유를 가질 자격이 있고 상호 존중적인 허용 범위를 함께 정할 준비가 되어 있다는 것을 보여 줄 것이다.

아이를 관찰하다 보면 아이가 반복적으로 정해진 허용 범위를 넘어서는 행동을 한다는 것을 알 수 있을 것이다. 대부분의 경우 이런 현상은 당신이 준비되기 전에 아이가 더 많은 책임감을 가질 준비가 되었다는 것을 의미한다. 예를 들어, 아들에게 횡단보도를 건널 때 항상 엄마의 손을 잡고 양쪽을 확인한 후 건너라고 가르쳤던 엄마는 어느 날 엄마의 도움 없이 길을 건널 수 있다고 말하는 아이를 발견한다. 엄마는 손을 놓을 준비가 되어 있지 않지만 아이는 건너편에서 친구들과 놀기로 했고 혼자의 힘으로 차를 확인할 수 있다고 주장한다. 불안한 엄마는 허락해 주지만 나무 뒤에 숨어 아이를 언제라도 구해 줄 준비를 한다. 물론 잘 숙련된 아이는 쉽고 안전하게 스스로 횡단보도를 건넌다.

긍정 훈육법을 사용하는 부모들은 자연적인 결과와 규칙적인 일상을 바탕으로 허용 범위를 정한다. 자연적인 결과는 매우 간단하며 훈육에 매우 효과적이다. 자연적인 결과는 자연적으로 일어난다. 비가 내리는 날 밖에 있으면 젖는다. 젖었을 때 당신은 '집에 가서 우비나 우산을 가져와야겠다.'라고 생각한다. 당신이 생각하기 전에 타인이 말해 줄 필요가 없다. 자연적인 결과에 대해 잔소리를 하는 것은 아이가 지배와 상기와 잔소리가 없으면 일을 제대로 하지 못하게 만든다. 자연적인 과정에 끼어드는 것은 아이가 선택의 결과에서 배울 수 있는 기회를 앗아가는 것이다.

아이가 방해 받지 않았을 때 자연적인 과정에서 어떤 행동을 하는지 보기 위해서는 행동하기 전에 기다리고 관찰해야 한다. 자연적인 결과는 큰 위험을 가지고 오지 않기 때문에 결과를 확인한 후에 행동을 해도 늦지 않다. 아이가 물에 좀 젖는다고 폐렴으로 죽진 않을 것이다. 아이가 젖은 후에 큰 반응을 보이지 않는다면 "애야, 비가 오면 우비를 입어야 하니까 안에 들어가서 우비를 가져오는 게 좋겠구나."라고 말해도 좋다. 더 효과적인 방법은 "계속 젖지 않으려면 어떻게 해야 할까?"라고 말하는 것이다. 이것은 아이가 스스로 생각하고 정답을 생각해 냈을 때 자기 자신을 책임지고 있다는 느낌을 받게 한다. 부모가 아이의 선택을 통제하고 바꾸려 하고 체벌하고자 하는 마음만 억누른다면 아이는 스스로 배울 수 있다.

때로는 아이에게 삶의 기술과 지혜를 가르치기에 자연적인 결과가 너무 위험하고 적합하지 않을 수 있다. 이러한 상황에서는 해결을 위한 논리적 결과가 더 적합하다. 여기서 조심해야 할 것은 많은 부모가 체벌을 결과라고 부르며 논리적인 결과를 완전히 오해하고 있다는 것이다. 체벌은 아이가 실수를 하고 당신이 아이가 고통을 통해 배워야 한다고 느끼기 때문에 하는 행동이다. 하지만 논리적 결과의 핵심은 아이가 현재나 과거가 아닌 미래에서 배우게 하는 것이다. 자신의 행동의 결과를 경험하게 허락하는 것은 아이가 귀중한 삶의 지혜를 배울 수 있는 기회다. 아이는 실수를 하는 것이 괜찮다는 것을 배우고 다시 시도해 본다.

당신이 본격적으로 논리적 결과를 사용하기로 마음먹고 행동으로 옮긴다면 당신은 대부분의 경우 죄책감과 안타까움을 느낄 것이다. 아이보다 더 고통스러울지도 모른다. 하지만 그것은 논리적 결과를 제대로 사용하고 있다는 신호다. 만일 아이가 계속 준비물을 챙기는 것을 잊어버리고 당신이 가져다주길 기대한다면 "네가 준비물을 챙기지 못했다니 안타깝구나. 하지만 오늘 난 너에게 준비물을 가져다줄 시간이 없어. 친구들에게 빌려 보렴."이라고 말해 보자. 당신은 아이가 수업 준비를 못 할 것 같아서 걱정하겠지만 사실 아이는 친구들에게 도움을 청하여 자신의 당면 문제를 해결하고 수업에 무리 없이 참여할 수 있다.

논리적 결과는 아이가 자신의 선택과 행동을 통해 배울 수 있게 도와준다. 예를 들어, 엄마는 청소년 아들에게 부모의 물건을 사용해도 좋지만 원상태로 반납하라고 말했다. 하지만 아들은 약속을 지키지 않았고 엄마는 훈계를 하고, 마지막 기회라고 호통치고, 눈감아 주고, 잔소리를 하는 대신 "네가 엄마의 물건을 쓰고 원래대로 돌려줄 수 있을 때 다시 사용해도 좋아."라고 말하며 다시 빌려주지 않았다. 아이는 자신의 행동의 결과를 경험하고 약속의 중요성을 느끼게 되었다. 많은 부모가 아이가 처한 상황에서 아이를 구해 줄 수 없다는 것이 가혹하고 불공평하다고 생각한다. 특히 아이가 꼭 부모의 차를 사용해야 하는 중요한 약속이 있을 때 말이다. 하지만 수고를 해서라도 아이를 약속 장소에 데려다 주거나, 친구와 함께 타고 가라고 말하거나, 자전거를 타게 하는 게 차라리 더 낫다. 작은 불편함을 통해 아이가 수년간 겪을 수 있는 문제를 해결할 수 있다. 이런 경험을 하지 않으면 아이는 결코 자신의 행동의 결과를 알 수 없다.

당신과 아이가 함께 문제를 해결하기 위하여 논리적 결과를 적용하는 방법을 효과적으로 사용한다. 아이에게 무엇이 가장 좋은 해결 방법인지 물어보고 (논리적 결과보다는 해결 방법이라는 단어가 더 적절하다) 가장 적합한 해결책에 둘 다 동의하는 것이 당신이 임의로 혼자 결과를 정하는 것보다 더욱 효과적이다. 다음 예는 집안에서 공놀이를 하는 것에 대해 질문을 하여 아빠가 논리적 결과 (혹은 해결 방법) 설정에 아이를 참여시키는 과정이다.

아빠가 물어본다. "네가 계속 거실에서 공놀이를 하면 어떤 문제가 일어날 수 있을까?" 아이는 잠시 동안 생각하다가 몇 가지 문제점을 제시한다. "물건을 망가트릴 수 있어요. 아빠가 저한테 화가 날지도 몰라요. 강아지를 너무 들뜨게 할 수도 있어요. 너무 시끄러울 수 있어요. 신이 날 수도 있어요."

다시 아빠가 물어본다. "어떻게 하면 이 문제점들을 해결할 수 있을까?"

아이는 스펀지 공이 아닌 이상 공놀이는 집 밖에서 하는 것이 좋다는 이야기를 했다. 거실에서 벗어나는 방법 또한 제시했다.

아빠는 "네가 공놀이를 할 때 지키겠다고 한 약속을 지키지 않았을 때 우리는 어떻게 할까?"라고 물어본다.

아이는 아빠가 밖에서 공놀이를 끝내게 자신을 내보내거나 다른 날 공놀이를 하도록 공을 가져가는 것에 동의했다.

아이가 해결 방법을 제시하는 과정에 참여했기 때문에 아이는 부모가 약속을 정할 때 매우 협조적이었다. 배우기 위해 아이가 고통스러울 필요가 없다. 사례 속 아빠가 그랬듯이 인정으로 아이를 대해도 괜찮다.

여덟 살 재완이는 수영장에서 노는 대신 10분 동안 풀밭에 앉아 있어야 했기 때문에 화가 났다. 사전에 재완이는 수영장에서 뛰어다니고 물속으로 사람들을 빠트리는 행동을 하는 사람은 풀밭에 앉아 있어야 한다는 것에 동의했지만 여전히 화가 나 있었다. 재완이 아빠는 그에게로 다가와 말했다. "기다리기 어렵다는 건 알지만 곧 다시 수영장으로 들어갈 수 있어. 기다리는 동안 레모네이드 한 잔 가져다줄까?" 재완이는 슬픈 표정으로 "괜찮아요."라고 말했지만 곧바로 레모네이드 대신 오렌지를 가져다줄 수 있는지 물어봤다.

여기서 기억해야 할 점은 한 번에 한 가지 문제에만 집중하라는 것이다. 가족의 다른 일원에게 그들의 생각을 물어본다. 그들이 제시하는 방법이 적절하지 않다면 제한된 선택을 사용한다. 예를 들어, 아이가 "그 일을 아예 하고 싶지 않아요."라고 말한다면 "아침 식사하기 전에 하거나 저녁 식사하기 전에 해야 해. 아예 하지 않는 건 선택할 수 없어."라고 말하면서 아이에게 제한된 선택권을 준다.

## 11. 일과를 정하라

부모가 아이와 허용할 수 있는 범위를 설정하는 가장 좋은 방법은 일과를 정하는 것이다. 여기서 문제는 가끔 당신이 정하는 일과는 당신이 원하는 것들로 이루어져 있지 않다는 것이다. 하루에 두 시간씩 어린아이를 재우기 위해 노력하지 않는가? 아이를 학교에 보내기 위해 잔소리, 달래기, 챙기기, 소리 지르기로 아침 시간을 다 소비하지 않는가? 분한 마음으로 모든 집안일을 도맡아 하고 있진 않는가? 이것이 당신의 일과라면 아마 당신은 가족 구성원의 더 많은 협조와 자발성과 창조성이 포함된 새로운 일과를 정하고 싶을 것이다. **긍정 훈육법**에 따른 일과는 힘겨루기를 없애고 가족의 모든 구성원에게 가정에 기여하는 방법을 알려 준다.

규칙적인 일과를 정하는 것은 가족의 장기적인 관점에서 이득이 된다. 장기적 관점에서 이득이란 안전, 편안한 환경, 믿음과 아이들의 바른 인성을 위한 삶의 기술을 뜻한다. 아이는 현재 상황이 필요로 하는 것에 초점을 맞출 수 있는 기회를 갖게 된다. 해야 하는 일을 하는 것을 이해하는 것이다. 아이는 자신의 행동에 대한 책임감과 할 수 있다는 믿음과 가족과의 협력을 배운다.

아이는 주어진 일과를 즐기고 호의적인 반응을 보인다. 아이가 어릴수록 일과를 정하는 것은 아이에게 더 큰 편안함을 준다. 이야기 시간 전에 과자와 우유를 먹는 것이 익숙한 유치원 아이가 이야기 시간 후에 갖는 간식 시간에 적응하는 과정을 생각해 보자. 일과에 적응한 아이에게 부모는 계속해서 도움을 요청할 필요가 없다.

가장 먼저 당신은 아이가 매일매일 해야 하는 일과를 정한다. 예를 들어, 아이는 먼저 잠옷을 입고, 이야기 시간을 갖고, 부모와 포옹을 하고 잠에 든다. 이것은 당신이 아이 옆에 누워 아이가 잠드는 걸 볼 때까지 아이가 잠들 수 없다는 걸 알게 하는 것과는 매우 다르다. 상냥하고 단호한 마음으로 임한다면 당신이 정한 일과는 아이가 더 자라서 자신의 허용 범위를 넘으려 할 때까지 아이에게 적용될 것이다. 당신이 정한 일과를 더 이상 사용할 수 없을 때는 잠자리 다툼, 아침 다툼, 식사 다툼, 숙제 다툼, 여행 다툼 등을 막을 수 있는 일과를 정하기 위해 아이와 함께 의논해 볼 수 있다. 가령 당신은 두 살 아이에게 "자기 전에 해야 할 것들이 뭐가 있을까?"라고 물어볼 수 있다. 만일 아이가 생각하는 것을 어려워한다면 "양치를 하는 건 어때?"라고 물어볼 수 있다. 간식, 목욕, 잠옷 입기, 양치, 내일 입을 옷 정하기(이것은 아침 다툼도 막을 수 있다), 이야기 시간, 포옹 등을 포함한 일과 명단을 다 마쳤다면 아이가 순서를 정할 수 있도록 도움을 주어라. 잠들기 전 해야 하는 일과를 정리한 표를 만들고 아이가 각각의 일과를 처리하는 모습을 찍어서 아이가 표에 사진을 붙일 수 있게 한다. 아이는 일과표에 붙여진 자기 모습을 보는 것을 매우 좋아한다.

이제 일과표는 아이의 상사가 된다. 많은 경우 아이는 열정적으로 자신의 일과를 따를 것이다. 만일 아이가 잊어버린다면 당신은 "다음 일과는 뭐지?"라고 말할 수 있다. 아이는 당신이 해야 할 일을 말해 주는 것보다 자신이 당신에게 말해 줄 때 더욱 협조적일 것이다. 마지막으로 상냥하고 단호한 태도를 갖고 일과를 행동으로 옮긴다. 일과표를 따르거나 "우리의 약속이 뭐였지?"라고 물어본다. 눈감아 주거나 훈계하는 행동을 삼간다.

좋은 일과를 정하는 또 다른 방법은 마감 시간을 정하는 것이다. 일과를 정할 때 일과를 끝내는 데 필요한 시간을 계산하여 마감 시간을 정한다. 예를 들어, 당신이 일요일 두 시까지 집 청소를 끝내고 가족 산책을 나가고 싶다면 어떤 일들을 끝내야 하는지, 얼마나 걸리는지, 몇 시에 시작해서 몇 시에 끝내야 하는지를 생각한다. 대부분의 일과가 가족 모두가 협조해야 가능하다는 걸 알게 될 것이다. 일과는 부모가 없는 동안 아이가 일을 할 때보다 가족 구성원 모두가 함께 일할 때 가장 효과적으로 실천된다.

다음은 일과표에 대한 몇 가지 예다.

## 〈일과 정하기〉

### 집 청소

매주 시간을 정해 함께 집을 청소한다. 가족의 각 일원은 하나 혹은 두 개의 방을 선택하거나 하나 혹은 두 개의 역할을 맡을 수 있다. 역할은 먼지 청소, 청소기 돌리기 혹은 싱크대 청소하기 등이 있다. 모두가 함께 일하는 것에 적응하면 가족은 한 시간 내에 집을 청소할 수 있을 것이다.

### 식사 계획과 준비

한 사람은 요리를 하고, 한 사람은 돕고, 한 사람은 식탁을 정리하고, 한 사람은 설거지를 한다. 가족회의 동안 각 식사 때 자신이 어떤 일을 할지 정할 수 있게 한다. 또한 식사 표를 만들어 각 식사 때 자신이 무엇을 준비할지 적게 한다. 표는 주 메뉴, 야채, 샐러드 및 디저트를 포함할 수 있다. 식료품 목록을 만들 때도 이 표를 사용하여 모든 재료가 준비되게 한다.

### 장 보기

구매해야 하는 식료품 목록을 만든다. 가족의 모든 구성원이 필요한 물건을 고를 수 있게 한다. 마트에 함께 가서 각자 목록에 적힌 물품을 가져올 수 있게 한다. 계산대에서 만나서 함께 구매하고, 물건을 같이 들고 귀가한 후 물건 정리까지 함께 끝낸다.

### 양 치

어린아이는 양치할 때 당신의 도움이 필요하다. 아이와 함께 양치하고 치실을 사용하는 방법을 알려 주자. 아이가 자랄수록 일과표에 등교 전 양치와 취침 전 양치를 더하는 것이 좋다. 취침 전 다같이 양치를 하는 일과를 갖는 가족도 있다. 아이가 양치를 거부한다면 잔소리를 하는 대신 정기적으로 치과를 방문하여 충치를 예방한다. 스티커 모으기와 상 주기는 아이가 상 없이는 해야 할 일을 하지 않게 만든다. 또한 아이는 자신에게 주어진 일을 하는 것을 좋아하기 때문에 상을 주는 것은 매우 불필요한 방법이다. 치과 의사들은 아이에게 치 위생에 대해 설명해 주면서 당신을 도와줄 것이다.

앞에 다룬 몇 가지 예시는 몇몇 가족의 일과를 보여 준다. 처음에는 일과가 제대로 이루어지지 않을 수 있지만 이는 매우 현실적인 현상이다. 특정 방식으로 행동하던 아이는 부모가 말한 대로 행동한다는 것을 알게 될 때까지 시간이 필요하다. 아무리 좋은 변화라도 변화에 저항하는 것은 인간의 본성이다. 이 사실을 이해한다면 아이의 저항이 끝날 때까지 정해진 일과를 편안한 마음으로 계속 유지해 나갈 수 있을 것이다.

## 12. 아이들을 똑바로 이해하라

**긍정 훈육법**은 아이가 어떤 생각을 하고 있는지 알려 준다. 아이의 생각에 동의할 필요는 없지만 아이의 생각을 읽어 무엇이 아이를 움직이는지 알 수 있다.

'아이는 어떤 감정을 느낄까?' 아이의 머릿속에 실제로 어떤 일이 일어나는지 이해하기 위해 이 질문을 스스로 자주 하길 바란다. 딸이 갓 태어난 동생에게 질투심을 느낀다고 말하면 그 감정에서 벗어나게 설득하는 대신 그녀의 감정을 심각하게 받아들여 주자. 아이가 인생에서 원하는 것이 뭘까? 아이의 가치와 희망과 꿈은 무엇일까? 당신이 원하는 것이 아니라 아이가 무엇을 원할지 생각해 보자. 아이의 세상으로 들어가 아이의 입장을 이해하고 존중하려고 노력해 보자. 당신의 가치와 희망과 꿈을 아이에게 주입하는 대신 아이가 누구인지 궁금해한다.

생각해 보아야 할 또 다른 질문이 있다. 당신은 아이에 대한 믿음이 있는가? 아이가 인생의 어려움에서 배우고 성장할 수 있는 잠재력을 가진 훌륭한 사람이라고 생각하는가? 아이에 대한 믿음이 있다면 체벌과 통제를 멈추기가 더 수월해질 것이다. 또한 사회적 압박에 대처하는 방법 같은 어른이 없을 때 필요한 삶의 기술을 배울 수 있도록 아이를 지지할 수 있을 것이다.

## 13. 실수를 받아들이라

당신이 아이일 때 실수는 어떤 것이라고 배웠는가? 다음과 같은 메시지를 받지 않았는가? 실수는 나쁘다. 너는 실수하지 말아야 한다. 실수하면 너는 멍청하고, 나쁘고, 모자라고 실패한 사람이다. 거짓말을 해서라도 네가 실수를 했다는 사실을 숨겨라. 우리는 이것을 '실수에 대한 말도 안 되는 생각'이라고 부른다. 이러한 생각은 자부심을 망가트릴 뿐만 아니라 우울과 좌절을 불러일으킨다. 좌절감은 배움과 성장을 방해한다.

실수를 한 사람들은 많은 경우 실수를 숨기기 위해 자신을 구덩이로 몰아간다. 그들은 자신이 실수를 인정하고, 사과하고, 자신이 만들어 낸 문제를 해결하면 사람들이 생각보다 쉽게 용서한다는 사실을 이해하지 못한다. 실수를 숨기면 문제를 해결할 수 없고 실수를 통해 얻는 교훈도 없다. 때문에 당신은 계속 고립된다. 실수를 예방하려는 노력은 당신을 긴장하고 두렵게 만든다. 옛말에 '좋은 결정은 경험에서 오고 경험은 섣부른 결정에서 온다.'는 말이 있다.

당신은 아이에게 이런 실수에 대한 말도 안 되는 생각을 바꿀 수 있는 기회를 줄 수 있다. 아이에게 살아 있는 한 모든 사람은 계속 실수를 할 것이라고 말한다. 이것은 사실이고 실수를 배움의 기회라고 삼는 것이 적절하지 못한 행동으로 생각하는 것보다 훨씬 낫다. 아이가 실수를 타인의 소중한 도움을 받을 수 있는 기회로 여기도록 가르친다. 그럼 아이는 자신의 실수에 대해서도 책임감을 갖고 싶어 할 것이다. 이것은 아이가 실수를 나쁜 것이라고 생각하지 않기 때문에 가능하다. 책임감을 기르는 건 실수를 배움의 기회로 사용하기 위해 꼭 필요한 과정이다.

때로 실수 뒤에는 배상이 따르거나 배상이 가능하지 않을 때는 사과가 필요하다. 아이에게 실수보다 실수에 대한 대처가 더 중요하다는 것을 가르쳐 주자. 누구나 실수할 수 있지만 안정적인 사람은 "내가 실수했고 정말 미안하다."라고 말한다. 아이가 실수에 대처하고 싶어 한다면 만회의 'Three R's'가 도움을 줄 수 있다.

- 인정(Recognize): 남을 탓하는 대신 책임감을 가지고 실수를 인정한다.
- 화해(Reconcile): 당신이 기분을 상하게 하고 아프게 한 사람들에게 사과를 하고 화해한다.
- 해결(Resolve): 해결책을 함께 생각해 보면서 해결 가능한 문제를 풀어 나간다.

실수를 했다면 만회의 'Three R's를 사용하여 아이와 함께 문제를 해결해 볼 수 있다. 당신이 실수를 했을 때도 아이에게 말하길 주저하지 마라. 아이는 당신을 쉽게 용서할 것이며 당신의 모습에서 많은 것을 배울 것이다.


## 14. 긍정적 타임아웃을 가지라

'긍정적 타임아웃'의 시간은 요즘 부모 사이에서 가장 유행하는 훈육 방법 중 하나다. 그들은 엄한 목소리로 "네 방에 가서 네가 무슨 행동을 했는지 생각해 봐."라고 말한다. 이 방법을 사용하는 부모들은 아이가 죄책감, 수치심과 고통을 통해 미래에는 같은 행동을 반복하지 않을 것이라고 생각한다. 하지만 아이는 기분이 좋을 때 더 잘한다. 체벌적인 생각의 시간을 통해 아이의 기분을 상하게 하면서 아이가 더 나은 행동을 하길 기대하긴 어렵다. 체벌적인 생각의 시간은 도리어 아이가 자기 자신과 부모에 대해 안 좋은 감

정을 갖게 한다. 그래서 '나는 좋은 사람이 아니야.'라는 생각을 불러일으키거나 '내가 보여 주겠어. 다음에는 걸리지 않도록 더 조심할 거야.'라는 생각을 하게 만들 수 있다.

한편으로 긍정적 타임아웃의 시간은 체벌적이고 수치스러운 생각의 시간과 달리 아이에게 힘을 북돋아 주는 경험이 될 수 있다. 또한 이는 귀중한 삶의 기술을 가르치는 데 도움이 될 수 있다. 우리는 후회할 말을 하거나 행동하기 전에 진정할 시간을 갖는 것이 도움이 된다는 것을 알고 있다. 흥분을 가라앉히기 위해 열을 세거나 숨을 들이쉬라는 옛말도 있다. 아이가 잠시 진정하고 기분이 나아지면 하던 일을 다시 시도해 볼 수 있게 하려는 것이 당신의 목적이라면 긍정적 타임아웃은 유익한 방법이다. 기분이 나아져야 행동도 개선된다. 긍정적인 타임아웃은 아이에게 진정할 시간을 제공한다. 아이를 진정시키는 공간을 준비할 땐 아이의 도움이 필요하다. 쿠션, 음악, 인형, 책 등이 필요할 수 있다. 그리고 아이가 생각의 시간을 갖는 공간에 다른 이름을 붙이도록 한다(지금까지 주어졌던 타임아웃 시간이 아이에게 부정적으로 받아들여졌을 수 있기 때문이다). 몇몇 아이는 이 공간을 '진정하는 공간' 혹은 '행복해지는 공간'이라고 부른다.

이 공간을 사용하는 방법은 다음과 같다. 아이가 감당이 되지 않는 행동을 한다면 "행복해지는 공간에 가는 것이 너에게 도움이 될까?"라고 물어보자. 아이가 너무 화가 나서 싫다고 대답한다면 "내가 같이 갈까?"(아마 당신도 아이만큼이나 생각의 시간이 필요할 것이다. 당신이 먼저 생각의 시간을 갖는 것도 좋은 방법이다)라고 물어보라. 아이가 여전히 싫다고 대답한다면 "그래, 그럼 나 먼저 가 있을게."라고 말하면 된다. 그런 다음 당신이 먼저 '행복해지는 공간'으로 간다. 이는 아이에게 좋은 본보기가 될 수 있다.

몇몇 아이는 타이머를 타임아웃의 장소로 가져가는 것을 좋아한다. 아이는 화가 났을 때 기분이 나아질 때까지 얼마나 걸릴지 결정할 수 있기 때문에 타이머를 맞춰 놓는다. 타이머는 정리 시간, 놀이 시간, 숙제 시간 등을 정하는 데도 사용할 수 있다. 타이머를 맞춤으로써 아이는 자신이 하는 활동에 걸리는 시간을 정할 수 있기 때문에 일종의 권력을 느낀다. 또한 당신이 생각의 시간이 필요할 때 아이의 타이머를 빌릴 수 있다.

긍정적인 타임아웃은 유일하거나 최고의 훈육 방법이 아니다. 아이에게 두 가지 중 하나를 선택하게 하여 생각의 시간을 더욱 효율적으로 사용할 수 있다. "지금 네가 기분이 좋아지는 자리로 가는 것이 너에게 도움이 될까 아니면 이 문제를 시간표에 적어 놓는 것이 도움이 될까?"라고 물어볼 수 있다. 한 가지 추가 주의사항이 있다. 네 살 미만의 아이에게 긍정적인 타임아웃의 시간은 대부분의 경우 적절하지 않다.

## 15. 아이들을 모두 한 배에 태우라

자녀가 한 명 이상이라면 형제간 다툼과 이로 인해 감정이 상하는 것은 다반사다. 이를 막기 위한 가장 편리한 방법은 아이들을 통틀어 부르는 것이다. 어른들은 아이들을 모두 한 배에 태우는 대신 한 아이만 정해서 혼내는 경우가 많다. 하지만 다툼이나 문제를 어떤 아이가 시작했는지 판단하기란 어려운 일이다. 첫째 아이가 둘째 아이를 때리고 있는 장면을 보았지만 둘째 아이가 첫째 아이의 화를 돋웠을지도 모른다. 그렇기 때문에 누가 싸움을 시작했는지 알아내려 하기보단 "얘들아, 너희가 계속 싸울 거라면 밖에 나가거나 다른 방으로 가렴."이라고 말해 보자. 만일 아이들이 누가 자동차 앞자리에 앉을 것인지에 대해 싸운다면 "얘들아, 너희가 누가 어디 앉을 건지 정할 때까지 아무도 앞자리에 앉지 못해. 정하는 건 나중에 너희들 시간에 해."라고 말할 수 있다. 아이들이 "그건 공평하지 않아요. 나는 아무 잘못도 하지 않았다고요." 혹은 "엄마, 이건 내 잘못이 아니라 지호 잘못이에요."라고 말한다면, "나는 싸움을 멈추려는 것이지 잘못을 가려내려는 게 아니야. 도움이 된다면 나중에 너희가 이 문제에 대해 얘기할 때 함께 있어 줄게."라고 말한다.

어른들은 아이들에 대한 편견을 가지고 있으며 아이들의 문제해결 능력을 과소평가한다. 어른들이 아이들의 문제를 해결하려고 할 때 아이들은 상황을 확대 해석한다. 반면 아이들은 효과적이고 효율적으로 문제를 해결하는 방법을 알고 있다. 아이는 항상 어른이 사용하는 방법을 사용하지 않지만 아이는 어른보다 문제를 해결하는 기술을 더 많이 알고 있다. 이웃 간에 다툼이 일어났던 때를 생각해 보자. 어른들이 싸우는 동안 이미 화해하고 놀고 있는 아이들을 보았을 것이다. 아이가 자신의 문제를 스스로 해결할 수 있는 기회를 주자. 많은 부모는 자신만이 좋은 생각을 가지고 있고 모든 것을 고칠 수 있다고 생각한다. 아이에게 어떻게 해야 할지 물어보고 아이의 창의적인 해결책을 듣는 연습을 해 보자.

아이들이 누가 게임기를 사용할지를 두고 싸우고 있었다. 아빠는 "너희가 다투지 않고 게임기를 나누어 사용할 방법을 생각해 낼 때까지 게임기를 가져갈 거야. 너희가 방법을 생각해 내면 아빠에게 알려 주렴. 그때 다시 사용할 수 있게 해 줄게."라고 말했다. 처음에 아이들은 투덜거렸지만 나중에 아이들은 "아빠, 방법을 생각해 냈어요. 태민이는 월요일과 수요일에 게임기를 사용할 거고 저는 화요일과 목요일에 사용할 거예요. 금요일은 아무도 사용하지 않기로 했어요. 우리 모두 동의했고요."라고 말했다.

만일 아이들이 다시 약속을 지키지 않는다면 아빠는 "그럼 그리면서 놀아. 게임기 나눠 사용하기 계획이 잘 지켜지지 않고 있는 것 같구나. 다시 지킬 준비가 되면 아빠에게 말해 주렴. 그때 다시 사용해도 좋아."라고 말하면 된다.

## 16. 말보다 행동에 귀 기울이라

사람들을 이해하고 싶다면, 그들의 말보다 행동에 집중한다. 사람은 두 개의 혀가 있다. 입 안에 있는 혀(말)와 신발 안에 있는 혀(행동). 그들의 행동은 그들의 말과 다를 수 있다. 사람들은 말로는 좋은 의도를 표할 수 있지만 행동은 그들의 진심을 말해 준다. 그렇기 때문에 부모는 자신의 말과 행동이 일치하도록 노력하면서 아이에게 일관성을 보여 주어야 한다. 세탁 바구니에 담지 않은 옷은 세탁하지 않겠다고 말해 놓고 아이가 다음 날 더러운 옷을 입고 갈까 걱정이 돼서 아이 방에 있는 더러운 옷을 가져간다면 말과 행동이 일치하지 않는 것이다. 아이는 부모의 말이 다른 것을 의미하는 것을 빠르게 습득한다. 아이는 당신의 행동이 일치하지 않을 때 당신의 말을 무시할 것이다. 반대로 아이의 말보다 행동에 집중하여 아이가 어떤 아이인지에 대한 확신을 갖는 것도 중요하다. 예를 들어, 아이가 밖에 나가 놀기 전에 방을 치우겠다고 했지만 치우지 않고 놀러 나갔다면 아이는 자신의 말대로 하지 않았다. 이런 일이 있으면 상당수의 부모가 "제 아이를 믿을 수 없어요."라고 말한다. 아이가 말로는 방을 치우겠다고 하면서도 행동은 자신이 원하는 대로 한다고 확신하면 아이가 밖에 나가기 전에 방을 확인할 수 있다. 알프레드 아들러(Alfred Adler)는 언제나 말이 아닌 행동에 초점을 맞추라고 말했다. 사람들은 자주 말한 것과는 다른 행동을 한다. 행동 안에 답이 있다. 행동은 말보다 더 큰 소리를 낸다.

당신은 말과 행동을 일치시켜 건강한 소통을 할 수 있다. 말과 행동이 일치하면 당신과 타인에게 모두 존중과 확신을 표할 수 있다. 말과 행동이 일치하지 않으면 당신은 대화를 통해 정확한 메시지를 전달할 수 없다.


## 17. 약속을 삼가라

무조건 지킬 자신이 없다면 약속을 만들지 마라. "내일 엄마랑 쇼핑 가자."라고 말하는 대신 당신이 쇼핑을 갈 준비가 되었을 때 아이에게 "쇼핑 갈 거야. 엄마랑 같이 갈래?"라고 물어보자.

아이에게 무언가를 고려해 보겠다고 말한 뒤 잊어버리는 건 아이에게 큰 상실감을 준다. 그렇게 말하는 대신 아이에게 아직 정확히 답할 준비가 되어 있지 않다고 말한다. 그러면 아이는 그 사항을 일과표에 적어 놓고 가족회의 때 얘기하거나 당신이 정한 시간에 당신과 다시 상의해 보고 싶어 할 것이다. 당신이 약속한 사항을 꼼꼼히 확인해 보지 않은 상태에서 약속을 하거나 배우자와 상의 없이 약속을 하는 건 당신을 궁지에 몰아넣을 뿐만 아니라 아이의 원망을 얻는다.

만일 아이가 당신에게 지키지 못할 약속을 한다면 "나는 너와 약속을 하고 싶지 않아. 약속을 하는 대신 네가 준비되었을 때 보여 주면 우리 함께 기뻐하도록 하자."라고 말한다.

# 18. 행동의 숨은 의도를 알아차려라

모든 사람의 가장 기본적인 욕구는 의미와 소속감이다. 모든 사람은 어딘가에 속하고 중요하다고 여겨지기 위해 노력한다. 만일 아이가 사랑과 소속감을 느끼지 못한다고 생각한다면 아이는 사랑 받기 위해 노력하거나 타인을 낮추기 위해 폭력을 사용할 것이다. 때로는 아이가 소속감을 느끼고 무언가를 제대로 하는 것이 불가능한 것이라고 생각하고 노력하길 포기하기도 한다. 아이는 자신이 사랑과 특별함을 느끼지 못할 때 하는 행동을 소속감과 중요성을 찾는 방법이라고 오해하고 있다. 우리는 이것을 '잘못된 행동의 네 가지 목표(Misbehavior)'라고 부르며 이는 다음 항목을 포함한다.

① 과도한 관심 끌기
② 힘의 오용
③ 보복하기
④ 자포자기

이러한 네 가지 행동은 숨겨진 의도를 기반으로 하고 있기 때문에 아이는 자신의 행동이 잘못되었다는 것을 인지하지 못한다. 상실감 때문에 아이가 특정 행동을 한다는 것을 이해하면 아이를 위로할 방법을 생각해 낼 수 있을 것이다. 행동만을 보는 것이 아니라 행동 뒤에 숨겨진 의도를 보는 것이 훨씬 효과적이다.

낙담한 아이에게 용기를 북돋아주기 위해서는 문제 행동이 아닌 행동의 동기에 집중해야 한다. 행동의 숨은 의도를 알아내는 가장 좋은 방법은 아이의 행동에 대한 당신의 감정적 반응을 확인하는 것이다. 만일 아이의 행동에 대한 당신의 감정이 짜증, 죄책감 혹은 걱정이라면 아이는 과도한 관심을 원할 것이다. 그의 행동은 성가시지만 그 안에 숨겨진 메시지는 "나를 알아봐 주세요. 나도 참여하게 해 주세요."다. 하루에 몇 번씩 아이를 안아 주자. 둘 만의 시간을 규칙적으로 가지자. 모두를 만족시킬 수 있는 관심을 갖는 방법을 아이와 함께 생각해 보자.

아이가 관심을 달라고 조른다면 무시한다. 아이의 요구가 당신을 성가시게 한다는 것을 아이에게 알려 주고 관심을 얻기 위해 해야 할 일은 조르는 것이 아니라 물어보는 것이라고 알려 주어라. 아이가 관심이 필요할 때 "엄마 저는 관심이 필요해요. 엄마가 나를 안아 주고, 나와 함께 놀아 주고 나와 이야기를 나눴으면 좋겠어요."라고 말한다면 당신은 주저하지 않고 아이에게 관심을 줄 수 있을 것이다.

당신이 아이의 행동에 분노와 짜증을 느낀다면 아이는 힘을 오용하는 의도를 가지고 있는 것이다. 아이의 행동은 반항적이지만 그 안에 숨겨진 의미는 "내가 할 수 있어요. 선택권을 주세요."다. 당신이 만들어 낸 힘겨루기에 대해 책임감을 가지고 "엄마가 너무 엄마 맘대로만 했던 것 같아. 네가 왜 반항을 할 수밖에 없었는지 알겠다."라고 말하면서 생각을 나누어라. 당신과 아이가 둘 다 진정했을 때 해결 방법을 찾기 위해 함께 노력해 보자. 이 방법은 힘의 오용과 반항 대신 모두가 이득을 볼 수 있는 상황을 만드는 데 도움이 될 것이다.

당신이 상처를 받았거나 실망 혹은 싫증을 느낀다면 아이의 숨겨진 의도는 보복일 것이다. 당신과 타인에게 상처를 주는 아이 자신 또한 상처투성이다. 아이의 숨겨진 메시지는 "나는 상처받았어요. 내 감정을 확인해 주세요."다. 아이에게 어떤 마음의 상처가 있는지 확인해 보자. 당신의 행동 중 아이에게 상처가 될 만한 일이 없었는지 생각해 보거나(무의식적으로 한 행동일지라도) 상처를 받은 또 다른 사람이 있다면 그의 생각을 공감하며 들어주어라. 아이의 기분이 나아지도록 도와주어라. 아이의 감정을 상하게 하거나 아이를 거부하는 대신 긍정적인 방법으로 아이가 소속감과 자신이 한 일과 존재에 대해 의미를 느낄 수 있도록 행동한다.

당신이 절망하고 무기력할 때 아이는 자포자기 상태다. 아이가 보내는 숨겨진 메시지는 "나를 포기하지 마세요. 어떻게 해야 하는지 조금이라도 알려 주세요."다. 절망이 당신을 집어삼키게 내버려두지 마라. 아이가 성공할 수 있는 작은 일을 만들어 주어라. 훈련의 시간을 가져라. 아이에게 아이가 배우고 성장할 수 있다는 걸 믿는다고 반복적으로 말하라. 이런 과정을 통해 당신은 긍정적이고 활동적으로 아이에게 용기를 북돋아줄 수 있을 것이고 아이는 용기와 희망을 가지고 성장해 나갈 것이다.

## 19. 칭찬과 상 대신 격려를 하라

아들러리안 심리학자이자 『도전하는 아이들(Children: The Challenge)』의 저자인 루돌프 드레이커스(Rudolph Dreikurs)는 "식물이 물을 필요로 하듯이 아이들은 격려를 필요로 한다."라고 말했다. 격려는 아이들에게 자신이 자신 자체만으로 충분하다는 사실을 보여 주는 일종의 애정이다. 격려는 자신의 행동이 자신의 존재와는 무관하다는 사실을 가르친다. 격려는 아이가 특별함을 평가 받지 않고도 소중한 존재라는 것을 깨닫게 한다. 격려를 통해서 당신은 아이에게 실수가 부끄러워할 행동이 아닌 배움과 성장의 기회라는 것을 가르친다. 격려를 받은 아이는 자기애와 소속감을 느낀다.

칭찬과 격려는 다르다. 올바른 행동을 하는 아이를 칭찬하고 그들에게 상을 주기는

쉽지만 올바르지 않은 행동을 하고 자신감이 부족하여 격려가 필요한 아이에게는 무슨 말을 해야 할까? 그럴 때는 이렇게 말해 보자. "넌 정말 최선을 다했어." "네가 이 일을 감당할 수 있다고 믿어." "너는 정말 훌륭한 문제해결사야. 나는 네가 이 문제에 대한 해결책도 생각해 낼 수 있다고 믿어."

칭찬과 상은 아이가 자신의 내적 지혜와 자기평가를 신뢰하는 대신 타인의 외적 평가에 의존하게 한다. "나는 네가 정말 자랑스러워."라고 말하는 대신 "너는 네 자신이 정말 자랑스럽겠구나."라고 격려한다. "백 점을 받았으니 상을 줄게."라고 말하는 대신 "너는 정말 열심히 공부했어. 너는 백 점을 받을 자격이 있어."라고 격려한다.

칭찬과 상에 익숙해진 아이는 "나는 다른 사람이 괜찮다고 할 때만 괜찮아."라고 믿게 된다. 또한 실수를 통해 배우는 대신 실수를 회피한다. 이와 다르게 격려에 익숙해진 아이들은 자신과 올바른 판단을 내릴 수 있는 자신의 능력을 믿는다.

아이에게 격려 노트를 적어줄 수도 있다. 몇몇 가정에서는 가족의 구성원들이 돌아가

면서 격려할 만한 일을 생각한다. 일주일에 두 번 정도는 가족의 일원들에게 전할 칭찬의 말을 준비하는 것 또한 그들의 역할이다. 격려받는 아이는 자신에 대한 소중함과 소속감을 갖게 된다.

## 20. 안 된다고 말하라

안 된다고 말해도 괜찮다. 물론 항상 안 된다고만 하는 것은 문제이지만 긴 설명 없이 아이에게 안 된다고 말하는 것을 불편해하는 부모들도 있다. 아이가 간식 시간이 몸에 좋은 간식을 먹는 시간이라는 것을 알면서도 아이스크림을 요구한다면 안 된다고 말해도 괜찮다. 아이가 "채이 엄마는 아이스크림을 간식으로 먹게 허락해 주시는 걸요."라고 말한다면 "그래, 채이도 아이스크림 좋아하지? 그런데 아이스크림만 먹으면 몸이 울거든, 우리 다른 간식도 번갈아 가면서 먹으면 어떨까?"라고 말한다.

"엄마, 한 번만요. 엄마는 너무 엄격해요."

"네가 먹고 싶다는 것은 이해해. 그러나 안 된다는 말의 의미를 이해하길 바란다."

"알겠어요."

대부분의 아이는 부모가 진심으로 안 된다고 말하고 있다는 걸 알아차린다. 아이들은 부모의 특정한 목소리 톤이나 표정을 인지하거나 부모가 셋을 세기 시작할 때 사태의 심각성을 깨닫는다. 아이는 아이이기 때문에 부모의 생각을 바꾸기 위해 노력한다. 하지만 당신은 확실하게 안 된다고 말해 상황에 대처할 수 있다.

한 엄마는 그녀가 안 된다고 말하는 이유를 아이에게 설득해야겠다고 생각했다. 하지만 이것은 도리어 아이가 그녀를 설득할 더 좋은 이유를 생각해 낼 수 있게 도왔다. 어느 날 그녀는 친절하지만 단호하게 말해야 한다는 사실을 기억했고 "애야, 나는 너를 사랑해. 그리고 답변은 '안 돼'야." 그녀의 딸은 "나는 엄마를 믿을 수 없어요."라고 말했지만 미소를 지으며 걸어갔다. 아이는 그녀의 엄마가 진심으로 안 된다고 말하고 있다는 사실과 그녀가 사랑 받고 있다는 사실을 알게 된 것이다.

## 21. 유머감각을 사용하라

　부모의 양육 태도는 아이가 성장할수록 점점 더 진지해지곤 한다. 갓난아기와 유아기에 있는 아이를 볼 때 어떤 기분이 드는지 생각해 보자. 아이가 하는 모든 행동이 귀엽고 사랑스러울 것이다. 아이에게도 진심을 담아 "귀여워라!"라고 말할 수 있는지 생각해 보자.

　아이를 갓난아기를 바라보는 눈을 갖고 바라보면 그들의 행동은 하나의 관점이 된다. 아이의 행동을 그 나이에 맞는 행동이라고 생각하면 평소에는 짜증스러운 행동이 귀엽게 보이기 시작한다. 음식을 얼굴에 잔뜩 묻히고 먹는 아기는 귀엽다. 그렇다면 십대 자녀의 방을 십대의 '귀여움'으로 받아들이는 건 어떨까?

　아이들의 옷차림을 생각해 보자. 그들의 옷차림은 당신이나 당신의 양육 방법을 반영하는 것이 아니라 아이의 성격을 표현한다. 아이가 세 살일 때는 영웅처럼 옷을 입고 싶어 할 것이고 일곱 살 때는 야구선구, 열다섯 살 때는 헐렁한 바지를 유니폼처럼 입고 다닐 것이다.

　때로 부모들은 유머감각을 사용하는 방법을 잊어버리거나 아이들과 있는 상황에서 유머를 찾지 못한다. 매사에 심각할 필요는 없다. 집안일을 잘 하지 않는 아이에게 신문에 아이에 대한 기사가 있다고 말해 보자. 당신은 자녀의 인터뷰 내용을 읽는 흉내를 내며 아이가 설거지를 하는 것을 참 좋아하며 부모가 자신에게 집안일을 주는 것이 참 좋다고 대답했다고 말해 보자. 별자리 운세를 볼 때도 아이들의 별자리 운세에 "오늘 나는 부모님을 다섯 번 안아 드릴 것이다."라고 적혀 있다고 말해 보자.

　아이를 무시하거나 조종하려는 목적이 아니라면 별명 또한 유머감각을 살릴 수 있는 재미있는 방법이다. 아이의 행동이나 성향을 바탕으로 재미있는 별명을 지어 주자. 시작한 일을 마무리 하는 데 어려움을 겪는 아이에게 시작-중간-끝 계획을 소개시켜 주자. 그리고 그들이 시작은 훌륭하게 하고 중간은 꽤 괜찮게 해내지만 지난 몇 년 동안 끝을 보여 준 적이 없다고 알려 주자. 나중에 당신은 "끝은 어떻게 되어 가니?"라고 물어볼 수 있다. 아이는 부모가 유머러스하게 그들의 다름을 인정하며 독특함에 대한 농담을 던지는 것을 좋아한다.


## 22. 자신의 삶을 살라


너무 많은 부모가 아이를 통해 자신의 삶을 산다. 그들이 해내지 못한 것을 아이가 해내길 바라거나 그들이 해낸 만큼 아이가 해내길 바란다. 그들은 인간으로서 아이가 느끼는 감정과 욕구를 존중하지 않는다. 칼릴 지브란(Kahlil Gibran)은 그의 책 『예언자(The Prophet)』를 통해 다음과 같은 명언을 남겼다.


그대의 아이는 그대의 아이가 아니다.

그들은 스스로 자신의 삶을 열망하는 큰 생명의 아들과 딸들이다.

그들이 비록 그대들을 통해 태어났지만 그대들로부터 온 것은 아니다.

그러므로 그들이 그대들과 함께 지낸다 하여도 그대들에게 속한 것은 아니다.

그대는 아이들에게 그대의 사랑은 주되 그대의 생각까지 주려고 하지는 마라.

왜냐하면 아이들은 그들 자신만의 사명을 가지고 태어났기에.

그대는 아이들에게 몸이 거처할 집은 줄 수 있으나 영혼의 거처까지는 줄 수 없으리니,

왜냐하면 아이들의 영혼은 그대들이 꿈에서라도 가 볼 수 없는 내일의 집 속에 살고 있으므로.

그대들이 아이처럼 되려고 하는 것은 좋으나 아이를 그대들처럼 만들려고 하지는 마라.

삶이란 나아가는 것이며 어제와 함께 머무르는 것이 아니기에.


자신의 삶을 찾고 산다는 건 아이가 그들의 꿈을 좇을 수 있게 도와주는 동시에 당신의 꿈을 좇는 것이다. 그렇다고 아이를 방치하거나 방임해서는 안 된다. 이 책은 아이를 가르치고 훈육하는 방법을 가르쳐 준다. 당신이 자신의 삶을 살 때 비로소 아이를 양육할 준비가 될 것이다. 왜냐하면 당신은 아이들에게 의존하지 않을 것이기 때문이다.

좋은 부모는 자신의 삶에 긍지를 가지고 자신의 삶을 사랑하며 자녀에게도 당당한 부모다. 부족한 자신을 자녀에게서 보상받으려는 노력 대신 자신의 행동에 솔직하고 부모도 실수를 할 수 있다는 인간적인 면을 그대로 자녀에게 보여 주며 인정하는 것이다.

자녀는 부모가 행복한 삶을 사는 모습과 사회에서 당당하게 자신의 역할과 책임을 다하는 것을 보면서 그 역할을 학습하며 배운다. 행복한 자녀로 양육하고 싶다면 행복한 부모, 자신의 삶을 살라.

## 23. 섣부르게 판단하지 말라

우리 사회는 아이의 나쁜 행실에 ADHD, ODD(반항장애), 분리불안장애, 고집 센 아이, 우울증 등의 이름을 붙이며 정신적 · 행동적 문제로 판단하는 경향이 있다. 무서운 것은 이러한 증상에 대한 약물이 존재한다는 것이다. 하지만 대부분의 이런 행동은 지극히 정상이다. 예를 들어, 사람들이 ODD라고 판단하는 행동은 권위적인 부모 밑에서 자란 아이가 보이는 자연스러운 반응이다. 지나친 권위가 사랑에서 비롯되었더라도 아이는 자신이 필요한 소속감, 존재감과 문제해결 능력을 배우지 못한다. 대부분의 경우 부모가 긍정적인 훈육을 하기 시작하면 아이들의 문제는 해결된다.

## 24. 믿음을 가지라

아이를 믿는다는 건 아이가 언제나 올바른 선택을 할 것이라고 믿는 것이 아니다. 아이의 온전한 존재를 믿는 것이다. 이 말은 아이가 자신의 나이에 맞는 행동을 할 것이라는 말이다. 그들은 약속한 것과는 다르게 밥그릇을 치우지 않거나 자신의 방을 치우지 않을 것이다. 약속을 지키지 않는 것에 대해서 화를 내거나 비인격적으로 아이를 대하는 대신 이 결과를 예상하고 존중적인 양육 방법을 택한다. 당신과 아이가 실수를 통해 교훈을 얻도록 서로를 도와줄 수 있다고 믿어라.

아이를 믿는다는 건 아이가 스스로 모든 걸 해낼 수 있다고 생각하는 것이 아니다. 아이는 여전히 당신의 사랑과 지지와 도움이 필요하다. 하지만 당신에게 믿음이 있다면 당신은 통제하거나 체벌할 필요가 없다. 믿음을 가짐으로써 협력하여 문제해결, 말한 대로 행동하기, 가족회의와 호기심 질문하기 같은 훌륭한 방법을 사용하여 훈육할 수 있는 인내심을 얻게 된다. 큰 그림을 바라보고 아이가 계속 성장하고 있다는 사실을 기억함으로써 당신은 아이에 대한 믿음을 가질 수 있다.

## 25. 사랑의 메시지를 전달하라

사랑의 메시지를 전달하는 것은 당신이 아이에게 줄 수 있는 최고의 선물이다. 당신이 아이에 대해 느끼는 감정은 그들의 의견 형성에 큰 영향을 미친다. 아이가 사랑 받고 있음을 느끼고 소속감과 존재감을 갖게 되면 그들은 행복하고 능력 있는 사회의 일원이 될 잠재력을 갖게 된다. 당신의 사랑의 메시지가 전달될 때 아이는 당신에게 긍정적인 영향을 받는다. 아이가 사랑 받고 있다고 느끼게 하는 가장 간단한 방법은 사랑한다고 말하는 것이다. 하루에도 몇 번씩 사랑한다는 말과 포옹과 뽀뽀를 한다. 둘만의 특별한 시간을 정한다. 아이는 엄마와의 시간과 아빠와의 시간이 모두 필요하다. 어린아이와는 하루에 한 번씩 개인적인 시간을 갖는 것이 중요하다. 아이가 더 성장하면 둘만의 시간은 주간 활동이 될 수 있다. 이 시간 동안에는 당신과 아이가 둘 다 즐길 수 있는 활동을 한다. 다른 아이가 방해를 한다면 나가 주길 부탁한다.

아이들과 놀아 주는 걸 잊지 마라. 거실에서 가벼운 난투극을 벌이거나, 공원에 가거나, 음식을 만들거나, 게임을 한다. 재미를 위한 시간이라는 것을 기억한다. 너무 진지하게 시간을 보내는 대신 가족과 추억을 쌓아라. 가족이 즐겁기 위해서 너무 많은 시간을 할애하거나 많은 돈을 쓸 필요는 없다. 필요한 것은 헌신과 놀고자 하는 의지다.

긍정 훈육법으로 양육한 우리 자녀는 다음의 능력과 기술을 갖게 된다.


- 자신에 대한 긍정적인 인식으로 긍정적 자아상과 자신감을 갖게 된다. 자신에 대한 유능감으로 자신감을 갖게 되며, 긍정적 자아상을 갖게 된다.
- 자신이 삶의 주인이라는 자기 주도성과 타인에 대한 배려와 책임감을 갖게 된다. 나를 존중하고 타인을 존중하며, 상호존중하는 건전한 사회인으로 양육하게 된다.
- 자기 관찰 및 통제능력으로 인내심, 감정적으로 조정하는 능력과 자제력을 갖게 된다.
- 자신의 문제를 처리할 수 있는 비판적(Critical) 사고 및 스스로 선택하며, 결과에서 배우면서 터득하는 문제를 해결하는 능력을 키운다.
- 미래에 대한 호기심과 창의성(Creativity)으로 유머감각을 키우고, 신나고 재미있게 자신의 일을 즐긴다.
- 공동체에서의 협력(Collaboration), 팀워크, 리더십으로 예의 바른 인성의 아이가 된다.
- 열린 마음으로 의사소통(Communication)하는 아이가 된다.


긍정 훈육법은 아이에게 소속감과 존재감을 느끼게 하며 주인의식을 갖게 되어 사회적인 관심을 가지게 한다. 사람들이란 사회를 구성하는 구성원이라고 가정하기 때문에 우리가 자기 자신을 인식하는 것은 자신이 가진 사회적인 요건을 인식하는 것과 동일하다고 여긴다. 아들러 이론에 따르면 사람이 일차적으로 느끼는 욕구는 사회적 집단에 속하고자 하는 소속욕구다. 유아기에 인간이 속할 수 있는 집단은 가족이다. 인간이 점차 자라며 여러 영역에서 활동하면서 그들이 속하게 되는 집단의 수도 늘어난다. 인간이 궁극적으로 지향하는 소속집단은 인류사회 전체이며, 이는 개인이 인식하는 스스로의 인간다움을 확장하기 위함이다. 다른 사람들과 동질성을 느끼고, 어딘가에 소속되었다는 느낌을 지속적으로 받기 위해 타인에게 관심을 가지게 되며, 타인과 함께 공존함을 느끼는 공동체감이 형성된다.

제 **2** 부

# 생활 속 긍정 훈육법

# 1 입 양

제 딸에게 입양 사실을 언제 알려야 할까요? 더불어 언젠가 아이가 친부모를 만나고 싶어할 때 마음이 아프지 않으려면 저는 무엇을 해야 할까요? 어떤 방법이 있을까요?

## 👆 당신 자신과 자녀 그리고 상황 이해하기

부모는 여러 이유로 자녀의 입양을 결정할 수 있다. 이는 개인적인 이유에서 비롯되기도 하고 사회적인 추세에 따른 것일 수도 있다. 하지만 입양을 결정하는 대부분의 이유는 그들이 스스로의 힘만으로는 자녀를 가질 수 없기 때문이다. 이들 중 대부분은 임신 능력을 잃었거나(불임) 또는 배우자를 잃거나 심지어 키우던 아이를 잃는 등의 다양한 상실의 경험을 겪는다. 이러한 상실 경험은 입양을 결정하는 중요한 문제다. 입양된 아이들은 자신이 친부모에게 버려진 존재라고 생각하게 되며, 누군가에게 거절당했다고 느낀다. 또한 자신이 갖고 있는 결함 때문에 버려졌다고 생각하게 되며 이로 인해 수치심을 갖게 된다.

부모로서 당신이 입양과 관련된 예측 가능하고 비(非)병리학적인 이슈들을 감당할 준비가 되었다면 당신은 당신만의 방식대로 이미 자녀와 부모가 모두 이길 수 있는 '윈-윈' 상황을 구축하고 있는 것이다. 더불어 당신의 (입양된) 자녀가 느끼는 모순과 복합적인 감정을 있는 그대로 받아들이는 자세는 양육에 많은 도움이 된다. 일부 입양 자녀들은 각자의 부모에 의해 선택된 존재라는 사실에서 스스로를 특별한 존재라 여기지만, 그렇지 못한 아이들은 그들이 부모의 성에 차지 않기 때문에 부모가 자신이 입양된 사실을 밝히고 위안을 삼는 것이라 여기고 만다. 입양된 아이들은 평생을 자신의 정체성을 두고 고민한다. 하지만 그들만 특별히 그러는 것이 아니라는 사실을 깨달아야 한다. 모든 인간은 평생의 시간을 자신의 정체성을 형성하는 데 사용한다. 공유된 가족 문화를 만들고, 입양된 자녀를 향한 당신의 애정과 관심을 활용하면 그 어떠한 문제도 극복할 수 있을 것이다.

## ✌ 실전! 생활 속 긍정 훈육법

① 딸에게 입양 사실을 감추지 마라. 딸이 입양이라는 개념을 충분히 이해하기 전에 딸에게 입양 사실을 설명해 준다. 또한 딸이 적당한 나이가 되기 전까지는 다음과 같은 말로 충분히 설명해 줄 수 있다. "너 같은 딸을 입양해서 얼마나 행복한지 몰라. 우리는 너를 매우 원했단다." 그녀가 입양을 제대로 이해하기 시작할 무렵에는 이 같은 말을 더는 하지 않아도 될 것이다. 한 가지 더 명심할 것은 당신이 상상하는 것 이상으로 당신의 자녀는 빨리 이해하기 때문에 별 문제가 없다면 입양 사실을 최대한 빨리 이야기해 주어야 한다는 사실이다.

② 만약 당신의 딸이 잘못된 행동을 한다고 해서 그 원인으로 입양을 꼽거나 입양한 사실을 유감으로 생각하지 말기 바란다.

③ 당신의 자녀가 "엄마, 아빠가 미워요. 진짜 부모님을 찾아 갈 거예요!"라고 말한다고 해서 이를 너무 심각하게 받아들이지 않는다. 이러한 행동은 입양하지 않은 아이에게서도 비슷하게 나타나며 이러한 아이들은 "나는 엄마 아빠가 미워요! 다른 사람이 내 엄마 아빠였으면 좋겠어요!"라는 말을 한다. 아마 많은 엄마, 아빠가 자신의 가정에서는 이러한 일이 절대 벌어지지 않을 것이라 믿고 있겠지만 현실은 다르다. 이러한 일이 현실로 일어났을 때, 아이의 말과 행동을 개인적인 것으로 받아들인다면 아마 당신은 너무 큰 상처를 받을 것이다.

④ 감정을 인정하고 있는 그대로 받아들인다. "화가 났구나. 그래, 마음껏 화를 내렴. 진짜 엄마에 대해서 더 많이 알고 싶구나. 엄마와 형, 동생이랑 닮지 않았다는 사실 때문에 불행하구나. 네가 이런 기분이 드는 건 지극히 정상이란다. 하지만 이것만은 알아줬으면 좋겠구나. 엄마, 아빠는 있는 그대로의 너를 정말 사랑한단다."

⑤ 만약 딸이 당신에게 와서 이웃집 아이나 학교 친구들에게 입양 사실로 인해 놀림을 받았다고 말한다면 '호기심 유발 질문법'을 사용하기 전에 아이의 말에 충분히 감정이입을 하여 경청해야 한다. 이를 통해 아이는 자신이 경험한 것을 올바르게 이해할 수 있게 된다. 이제 이렇게 질문해 보자. "무슨 일이 있었니?" "기분이 어땠니?" "그러한 행동에 대해 어떤 생각을 했니?" "왜 친구들이 너에게 그런 말을 했다고 생각하니?" "너를 놀린 친구는 또 누가 있니?" 다음번에 이와 비슷한 일이 일어나면 어떻게 대응해야 하는지에 대해 아이와 충분히 연습한다(예: 역할극, 브레인스토밍, 해결 방법 찾기 등).

⑥ 만약 한 아이가 입양을 이유로 특별한 대우를 받는다고 생각하고 다른 아이가 이를 불만스럽게 여긴다면 두 아이가 서로 다른 방법을 통해 가족 구성원이 될 수 있었으며 두 아이 모두 부모에게는 소중한 존재, 사랑하는 대상, 특별한 아이라는 것을 이해시킨다. 이와 더불어 "우리 가족은 모두 희진이를 좋아하잖니." 또는 "우리는 모두 영화를 좋아하지."와 같은 말을 통해 온 가족이 모두 갖고 있는 공통점을

강조하는 것이 좋다.

## 🐰 문제를 예방하는 좋은 습관 기르는 법

① 입양에 관련된 문제가 심각해지기 전에 미리 발생 가능한 문제들에 관해 토론해 보자. "입양된 아이의 대부분이 친부모를 찾길 원한다는 기사를 읽은 적이 있어. 너는 이것에 관해 어떻게 생각하니? 왜 입양된 아이가 그렇게 하고 싶어한다고 생각해? 이것에 관한 네 계획은 무엇이니?" 질문한 이후에는 아이가 하는 말에 귀를 기울인다. 아이에게 특정한 말이나 생각, 느낌, 계획을 끄집어내기 위한 시도를 자제한다.

② 만약 아이가 생부, 생모를 만나길 원한다면 어떠한 도움이든 제공할 것임을 아이에게 말해 준다. 아이의 이러한 행동에 대해 질투하거나 어떠한 무례함도 느끼지 않고 이를 있는 그대로 이해할 것임을 분명히 한다. 아이의 성장 과정이 담겨 있는 앨범이나 성적표, 동영상 등을 미리 준비하여 아이가 친부모와 만날 경우 이를 함께 공유할 수 있게끔 한다.

③ 당신의 딸은 친부모가 특정한 상황에 처했기에 자신을 입양 보낼 수밖에 없었으며, 입양의 이유가 자신에게 어떠한 문제가 있기 때문이 아니라는 걸 알기 원할 수도 있다. 그녀에게 당신은 아이를 위한 선택을 할 수밖에 없었고, 아이를 위한 계획을 세웠던 그녀의 친부모에게 감사한다고 이야기해 준다. 그리고 당신이 원했던 바로 그 아이를 키울 수 있도록 기회를 얻어 매우 기쁘다는 사실을 인지시켜 준다. 이러한 과정을 아이의 각 성장 단계에 걸쳐 지속적으로 반복한다.

④ 아이들은 낳아 준 부모가 누구인가에 관계없이 연령대별, 성장 단계별로 비슷한 행동을 취하기 마련이며, 아이들은 누구나 부모의 관심을 끌기 위해 투쟁한다는 사실을 스스로 깨달아야 한다.

⑤ 입양된 아이에게 애정을 느끼기 위해서는 충분한 시간이 필요하다. 각각의 자녀들에 대해 느끼는 감정이 다를 수 있다는 사실을 인정한다. 이것은 생물학적으로 관

계를 맺고 있는 가정에서는 흔한 일이다.

⑥ '형제들의 날'을 정해 입양을 통해 형제의 정을 쌓게 된 날을 기념한다. 실제로 '네가 우리 집에 온 날'을 지정하여 법적인 가족이 된 날을 기념하는 부모도 있다.

## 🖐 아이들이 배울 수 있는 삶의 기술

입양을 경험한 아이들은 자신이 느끼는 감정과 생각을 탐구하고 나아가 뿌리에 관한 자체적인 결론을 내리는 데 필요한 애정을 경험하길 원한다. 그들은 거절에 대한 공포 없이 다시 누군가에게서 사랑 받는 방법을 배우게 되며, 이를 통해 문제가 되는 상황은 모두 해결되고 인생의 즐거움이 이어진다.

## 🖐 양육 포인트

① 자신을 낳아 준 생부, 생모에 대해 궁금해하는 것은 아이들이 '만약 다른 부모님 (부유하고 유명한 부모) 밑에서 자란다면 어떨까?'를 생각하는 것과 비슷한 것이다. 입양된 아이가 보이는 이러한 양상은 너무 심각하지 않은 수준에서는 자연스럽게 흘러가기 마련이다. 하지만 아이가 자신의 입양에 관해 고심하는 등 상황이 심각한 수준이 된다면 차라리 허심탄회하게 아이를 낳아 준 부모와 연락을 하고 지내는 등의 방법이 도움이 될 수 있다.

② 만약 아이가 자신의 입양 사실을 너무 심각하게 받아들인다면, 아이의 입장에서는 양 부모 중 어느 한쪽을 택하는 것보다 두 명의 아빠, 두 명의 엄마에게 모두 사랑을 주고받는 것이 더 쉬운 일일 것임을 기억한다. 아이에게도 이 사실을 알린다. 만약 이러한 상황에 대해 실망한다면 자신의 불만을 마음껏 표현할 수 있음을 아이에게 알린다.

## 훈 육 도 우 미

"엄마가 정말 싫어요. 내 눈 앞에서 사라졌으면 좋겠어요. 어차피 내 진짜 엄마도 아니 잖아요. 날 입양한 엄마일 뿐이에요." 일곱 살 된 하진이는 주먹을 쥐고, 발을 구르고, 눈 물을 흘리며 엄마에게 가슴 아픈 말을 쏘아댔다. 엄마는 아이를 침대로 데려가려고 안간힘 을 썼다.

아이가 겨우 잠든 것을 확인하고 엄마는 하진이 아빠와 눈물의 대화를 나누었다. "언젠가 입양 때문에 우리를 원망할 날이 올 줄 알았어요." 엄마는 말했다.

다행히 하진이 아빠는 친자녀인 지민이의 어린 시절에 대해 잘 기억하고 있었다. 그는 "지민이가 하진이 나이일 때 기억 안 나? 친구네 엄마를 자기 엄마로 만들겠다고 말했었잖 아. 자신을 입양된 아이라고 생각했던 것도 기억나는군. 당신이 너무 상황을 심각하게 받아 들이고 있는 것 같아. 나는 하진이가 입양된 아이라서 저런 말을 하는 게 아니라고 생각해. 하진이 또래 아이들은 화가 나면 저런 식으로 말하는 것 같아."라고 결론지었다.

# 용돈

만약 아이들이 집안일을 도와줬을 경우, 아이에게 용돈을 주어야만 할까요?

## ☝ 당신 자신과 자녀 그리고 상황 이해하기

용돈은 아이에게 돈에 대해 매우 가치 있는 경험을 쌓을 수 있는 많은 기회를 제공해 준다. 아이들이 돈을 버는 것, 저축하는 것, 자금을 스스로 관리하는 것에 대해 더 많이 알면 알수록 그들이 성장했을 때 성질을 부리거나, 구걸하거나, 물건을 훔치거나, 누군가로부터 절대로 갚을 수 없을 정도의 돈을 빌리는 등 돈과 관련된 문제를 경험할 가능성이 낮아진다. 당신이 아이의 손에 쥐어 줄 수 있는 용돈의 양은 순전히 당신의 자금 사정에 달려 있다. 만약 용돈을 체벌이나 보상과 같은 부정적인 양육 수단으로 사용할 경우 이는 부모와 자녀 사이의 권력 다툼, 보복, 조종하기 등의 좋지 않은 결과를 초래한다. 반면 아이들이 정기적으로 일정한 용돈을 받게 될 경우 그들은 긍정적인 학습의 효과를 누리게 되며 이를 통해 삶의 기술 중 하나를 습득하게 된다. 집안일(가사)은 반드시 용돈과는 별개로 취급되어야 하며 집안일을 도와주었다고 해서 용돈을 주는 등 집안일과 용돈을 연결시켜서는 안 된다.

# ✌ 실전! 생활 속 긍정 훈육법

① 만약 아이가 용돈이 떨어져 힘들어해도 금전적으로 도와주지 않는다. 더불어 아이가 돈과 관련된 문제를 겪은 이후에 용돈을 지원해 달라고 했을 때, 부모는 위엄과 존경심을 잃지 않으면서 이를 거절하는 방법을 배운다. "그래, 용돈은 이미 다 썼고 너에게 지금이 얼마나 힘든 시간일지 잘 알아. 하지만 용돈은 정한 대로 토요일에 줄 거야."라고 말해 본다.

② 문제를 고치려고 노력하지 말고 그저 아이가 처한 상황에 감정이입해 보라. 그러면 아마 당신은 아이에게 "게임을 하러 가기 위해 필요한 돈을 남겨 두지 않아 실망한 것 같구나."와 같은 말을 하게 될 것이다.

③ 아이의 용돈과 관련하여 당신에게 맡겨진 역할은 '예산 상담가'가 되는 것이다. 이러한 최소한의 역할 역시 아이가 도움을 요청하기 전까지는 자제한다.

④ 이미 발생한 사건을 아이가 있는 그대로 경험하고 그러한 사건이 발생한 원인이 무엇인지, 경험을 통해 배운 교훈에는 어떤 것들이 있는지, 그러한 교훈들이 향후 어떤 정보로 활용될 수 있는지에 집중한다. 이러한 방법은 오직 자신의 선택으로 인한 결과를 그들이 직접 경험하길 원할 때, 또한 자녀가 갖고 있는 인식에 관해 당신이 진정으로 궁금해할 때만 효과가 있다. 경험이라는 이름으로 자녀에게 설교하려고 하면 이러한 효과는 그 즉시 사라진다.

⑤ 아이가 용돈이 다 떨어졌을 경우 당신은 당장 쓸 수 있는 돈을 빌려 주고 향후 그 돈을 어떻게 갚아 나갈 것인지에 관해 토론하는 방법을 선택할 수도 있다(엄밀히 말하자면 이 방법은 아이들을 문제 상황에서 구해 주는 것과는 차이가 있다). 이 방법을 선택했을 경우 아이에게 앞으로는 어떻게 용돈을 사용해야 하는지를 보여 주고 용돈을 다 갚을 때까지 용돈을 공제하여 주는 것에 동의하게 한다. 이때 중요한 것은 빌려주는 돈의 양을 적당히 조정하여 아이가 다음 한 주 동안 자신의 용돈으로 생활할 수 있게끔 해야 한다는 것이다. 또 다른 현실 가능성 있는 방법으로는 스스로

용돈을 벌어서 쓰거나 빌린 돈을 갚을 수 있는 몇 가지의 특별한 일거리를 만들어 보도록 하는 것이다. 아이가 이전에 빌린 돈을 다 갚을 때까지 절대로 돈을 빌려 주지 않는다.

⑥아이의 잘못된 행동을 예방하거나 수정하기 위한 목적으로 용돈을 없애거나 줄이는 방법 등을 절대로 사용하지 않는다.


## ✌ 문제를 예방하는 좋은 습관 기르는 법

①가족회의 시간을 활용하여 아이의 용돈에 관해 주기적으로 토론해 본다. 이때, 당신이 과거에 겪었던 용돈과 관련된 실수 경험이나 이를 통해 배울 수 있었던 교훈을 이야기해 준다(중요한 것은 이 과정이 설교나 훈계가 되어서는 안 된다는 것이다). 혼자만 말하는 것이 아니라 가족회의에 참가한 모든 사람이 함께 자신의 이야기를 나눌 수 있게 한다. 즐거움을 통해 아이가 교훈을 느낄 수 있어야 한다.

②두 살에서 네 살 정도 연령대의 아이를 둔 부모라면 아이에게 처음부터 너무 많은 돈을 쥐어 주기보다는 500원, 1000원, 그리고 돼지저금통을 준다. 매년 주는 용돈의 양을 조금씩 늘린다. 이 과정을 통해 아이들은 자신의 돼지저금통에 동전을 넣는 것을 좋아하게 될 것이고 자신도 모르는 사이에 용돈을 저금하는 습관을 들일 것이다.

③자녀가 네 살에서 여섯 살이 되면, 아이가 지금까지 돼지저금통에 저축한 돈을 아이와 함께 은행으로 갖고 가 통장을 만들어 준다. 한 달 혹은 세 달에 한 번은 아이와 함께 은행에 가서 돈을 입금해 본다. 자신의 통장에 돈이 차곡차곡 쌓이는 모습을 보는 것은 아이에게 즐거움과 교훈을 줄 것이다(이 과정은 자녀뿐만 아니라 아직 자신의 예산을 제대로 관리하지 못하는 부모에게도 역시 유익한 과정이 될 것이다).

④아이에게 용돈을 모아서 사고 싶은 것들의 목록을 만들어 보게 한다. 각각의 항목을 구입하는 데 필요한 용돈을 따로 모을 수 있게 한다. 아이와 함께 장을 보러 갔

을 때 아이가 "엄마, 저 이거 사도 돼요?"라고 묻는다면, "그것도 사고 싶은 목록에 적을 거니?"라고 질문한다. 이때, 아이가 필요한 돈의 반을 저축하면 당신이 나머지 반을 제공해 줄 수 있다. 부드러우면서도 단호한 방법으로 아이와 쇼핑을 할 때마다 벌이는 한바탕 소란이 얼마나 잠잠해질 수 있는지 직접 경험한다면 아마 깜짝 놀랄 것이다.

⑤ 여섯 살에서 열네 살의 자녀를 둔 부모라면 자녀와 함께 얼마만큼의 용돈이 필요한지, 용돈 중 얼마를 저축할 것인지, 점심을 사먹거나 친구들과 즐거운 시간을 보내는 데 얼마를 사용할 것인지 등을 계획하는 시간을 보낸다. 용돈을 모아 좋은 일에 쓰거나 필요한 곳에 기부하도록 아이를 격려할 수 있다.

⑥ "용돈은 일주일에 한 번, 가족회의 시간에 줄 거야. 만약 다음 주 용돈을 받기 전에 용돈을 다 쓰면 너도 무언가 깨닫겠지. 용돈 없이 나가서 놀거나 쓸 돈을 스스로 벌기 위해 아르바이트 자리라도 알아봐야 할 걸!"과 같은 가이드라인을 만든다.

⑦ 아이가 타당한 근거와 설득력 있는 발표를 통해 자신이 받는 용돈을 올릴 수 있는 주기적인 기회를 제공한다(일 년에 한 번 또는 육 개월에 한 번). 아이의 생일마다 용돈을 올려 주는 가정도 있다. 자녀에게 친구들이 얼마의 용돈을 받으며 어떻게 사용하는지에 대해 미리 살펴보게 조언한다.

⑧ 열네 살에서 열여덟 살의 자녀를 둔 부모라면 의복비를 따로 책정하여 아이가 스스로 계획을 세울 수 있게 한다. 어려서부터 용돈을 스스로 관리하는 습관을 들인 아이라면 의복비도 수월하게 관리할 것이다. 처음에는 직접 돈으로 주기보다는 아이에게 옷을 사는 데 드는 총 비용을 말해 보게 한다. 그리고 의복비를 합친 총 용돈에서 그들이 쓰고자 하는 의복비를 제한 돈을 용돈으로 지급한다. 이 과정을 통해 아이는 몇 벌 안 되는 옷을 사는 데 너무 많은 돈을 지출한다는 사실과 어차피 새로 산 옷을 다 수납할 수 있는 공간이 충분하지 않다는 사실을 금방 배울 것이

다. 의복비는 매달, 분기, 반기별로 줄 수 있다.

## ✋ 아이들이 배울 수 있는 삶의 기술

아이들에게 용돈을 주기 시작하면 그들은 돈을 어떻게 벌 수 있는지, 빚을 지지 않기 위해서는 어떻게 돈을 써야 하는지, 어떻게 하면 적재적소에 돈을 쓸 수 있는지, 어떻게 하면 자신에게 중요한 것을 구입하기 위해 저축할 수 있는지를 배울 것이다. 뿐만 아니라 스스로 자금을 관리하고 재정을 효율적으로 운영하는 방법을 학습하여 자신의 경제력에 확신을 갖게 된다. 아이들은 돈과 관련된 효과적인 (또는 비효율적인) 결정을 통해 스스로 어떤 일을 판단하는 능력을 계발하게 되며 자신의 선택으로 인한 결과를 통해 배운다. 나아가 그들은 자신의 삶을 위해 사용할 수 있는 기술인 '예산'이라는 개념의 학습과 정해진 예산하에 자신의 생활을 통제하는 습관을 기르게 될 것이다.

## ✋ 양육 포인트

① 용돈을 체벌이나 보상의 일환으로 활용하는 것은 매우 근시안적인 방법이다. 용돈을 주는 것은 아이가 돈의 개념을 학습하고 나아가 삶의 기술을 터득할 수 있게 하는 장기적인 훈육 방법이 되어야만 한다.

② 만약 당신이 예산을 관리하는 데 미숙하다면 먼저 부모로서 당신이 돈을 관리하는 데 익숙해질 수 있는 방법을 찾아야만 한다. 또한 부모의 경제력하에 자녀에게 적절하게 용돈을 주는 것에 대해 자녀와 이야기하며, 자녀도 부모의 입장을 이해하도록 돕는다. 용돈을 전혀 주지 않아서 더 부작용이 나올 수도 있다. 당신이 돈에 대해 풍부한 지식과 경험을 가지고 있어야만 아이를 효과적으로 가르칠 수 있다.

한 아빠는 자신의 경험을 나누었다. "아이가 제게 와서 '아빠, 브랜드 청바지가 필요해요.' 라고 말하면 저는 '얘야, 들어봐. 아빠는 너의 몸을 보호해 줄 옷을 사 주려고 일을 하는 거지, 너를 꾸며 주려고 일을 하는 게 아니야. 3만 원이면 청바지를 사기에 충분한 돈이라고 생각해. 네게 필요한 건 단정함이고 네가 원하는 건 스타일이야. 아빠는 요즘 돈에 여유가 있는 편이 아니야. 그러니 이 둘의 차이를 메우려면 너도 돈을 보태도록 해.' 라고 말하는 법을 배웠습니다."

일전에는 저렴한 비용이어서 아이들에게 청바지를 입혔지만 이제 부모들은 아이들이 멋스러움으로 청바지를 입기 때문에 거금을 사용하게 되었다.

일곱 살 된 한 아이의 아빠는 지갑과 옷장에서 돈이 사라지는 것을 깨달았다. 그의 아이는 돈이 들어 있는 통을 가지고 와서 자신이 발견했다고 말했다. 아빠는 화가 났고 왜 아이가 돈을 훔쳤는지 이해할 수 없었다.

아이의 엄마와 의논하던 중 부모는 아이가 3만 원을 모으면 새 자전거를 사 주겠다고 한 약속을 기억했다. 아이의 용돈은 일주일에 500원이었기 때문에 아이는 자전거를 갖기 위해서는 엄청나게 오랜 시간을 기다려야 한다는 사실을 알게 되었다. 아이는 창의력을 발휘하여 더 빨리 자전거를 갖는 방법을 생각해 낸 것이었다.

부모는 일곱 살 된 아이가 도둑질에 익숙해지는 것을 원치 않았기 때문에 용돈을 저축하는 것만으로는 자전거 사기가 어려우며 가사일을 돕거나 다른 방법으로 저축을 하도록 방법을 이야기했다. 그들은 아이에게 매주 용돈의 반을 자전거를 위해 저축하고, 다른 것으로도 모아서 1만 원을 모으면, 부모가 2만 원을 보태 주기로 동의했다. 그들은 함께 달력을 보며 언제 아이가 자전거를 얻을 수 있는지 계획하게 하였고, 부모는 아이에게 그보다 더 빨리 자전거를 갖고 싶다면 부엌에 적혀 있는 집안일을 하라고 알려 주었다. 아이는 저축과 가사일에 도움을 주었고 도둑질은 다신 일어나지 않았다.

# 3 공격적인 아이

제 아이는 매사에 분노를 참지 못하고 화가 났을 때는 매우 공격적으로 행동해요. 동생을 때리고, 언성을 높이고, 장난감을 발로 차거나 던집니다. 아이의 담임선생님 역시 아이의 이러한 행동을 걱정하세요. 제가 어떡하면 좋을까요?

## ☝ 당신 자신과 자녀 그리고 상황 이해하기

느낌을 표현하는 것과 감정을 드러내는 것[마치 '분노발작(Temper Tantrum)과 같은 것] 사이에는 엄청난 차이가 있다. 사람이 느끼는 분노란 원하는 것을 갖지 못할 때, 또는 주어진 상황에서 스스로가 무능력하다고 느껴질 때 뒤따르는 감정 상태를 의미한다. 분노는 상처받은 마음을 감추기 위해 생겨나기도 한다. 부모, 친구나 다른 아이들의 말이나 행동으로 인해 당황하거나 마주한 특정한 사건, 그들 자신, 자기 자신에게 화를 내는 사람들에게 아이들은 분노한다. 그 누구도 자신에게 관심을 가져주지 않거나 자신의 필요를 고려하지 않을 때도 분노할 수 있다. 보통의 아이들은 자신이 느끼는 분노의 감정에 대해 아주 적당한 이유를 갖고 있으며 심지어 그 이유가 무엇인지 구체적으로는 알지 못하더라도 자신이 갖고 있는 분노의 감정에 관해 그럴듯한 이유를 하나씩 가지려 한다. 자녀가 누군가에 의해 흔들리거나, 통제당하거나, 스스로의 의사결정을 박탈당한다면 아마도 그들은 분노하게 될 것이다. 과잉보호의 대상이 되는 아이 역시 때때로 분노를 느낀다. 부모가 아이들을 육체적이나 정신적으로 학대해도 아이는 분노할 가능성이 크다. 나아가 부모가 자신에게 공격적으로 행동하는 등의 방법으로 분노를 표현하면 아이 역시 화를 내게 된다. 아이들이 표현하는 분노에 대해 부모는 종종 더 큰 분노와 협박으로 이를 통제하려 하여 상황을 더욱 안 좋게 만드는 경향이 있다. 만약 당신이나 당신의 자녀가 분노를 느낀다면 그 이면에는 힘을 쟁취하기 위한 투쟁이 지속되고 있는 것임을 파악해야 한다. 이때 중요한 것은 힘겨루기에서 최대한 빨리 벗어나 협력을 모색하는 것이다.

## ✌ 실전! 생활 속 긍정 훈육법

① "굉장히 화가 많이 났구나? 화를 내는 것은 좋지만, 너를 화가 나게 한 사람(또는 사건)에 관해 행동보다는 말로 표현해 줄 수 있겠니?"라고 질문하여 아이가 느끼는 분노를 규명한다. 그 후에 아이가 하는 말을 듣고 "화를 내서는 안 돼."라고 말하는 대신 아이의 분노에 관심을 표명한다.

② 때때로 아이들은 흥분했을 때는 자신이 느끼는 분노에 관해 설명하는 것을 어려워한다. 이때 아이에게 잠시 숨을 고를 시간을 가져도 좋다고 말한 후 아이가 준비가 다 되면 이야기를 하게 한다.

③ "언니가 늦게까지 잠을 자지 않는 것을 보고 너도 그렇게 하고 싶어서 화가 났구나. 너도 언니만큼 크면 그렇게 할 수 있단다." 등의 방법을 통해 아이들이 갖고 싶어 하는 것, 원하는 상황에 대해 이야기하여 자녀의 분노를 누그러뜨릴 수 있다.

④ 자녀가 서로 다툴 경우 한쪽 편을 택하는 것은 아이들의 분노를 자극할 수 있다. 이러한 행동으로 자녀와의 싸움을 유발하지 않는다. 대신 "얘들아, 지금 이 일을 해결하기에는 너희 모두 너무 화가 난 것 같아. 조금 시간을 두고 화를 식히든지, 아니면 지금 엄마 눈에 안 보이는 곳에서 해결하든지, 아니면 여기서 마무리 짓도

록 해. 엄마가 다른 곳으로 갈게."라고 말해 아이들을 운명공동체로 묶는다.

⑤ 만약 자녀와 말다툼을 하게 된다면 그들의 말을 되받아치기보다는 마지막으로 발언할 기회를 주거나 아무 말 하지 않고 안아 준다. 그들이 해야 하는 일을 일러 주기보다는 그들의 의견을 물어본다. 만약 말다툼의 이면에 힘겨루기가 자리하고 있음을 인지한다면 일단 싸움을 멈추고 "엄마(아빠)는 너를 통제하려고 이러는 게 아니야. 하지만 네가 조금은 엄마(아빠)를 도와줬으면 좋겠어. 일단 우리 모두 마음을 가라앉히고 무엇을 함께 할 수 있는지 알아볼까?"라고 말한다.

⑥ 만약 아이가 거칠게 행동하여 누군가를 상처 입힌다면, 그(녀)가 화난 이유는 충분히 이해하지만 그렇다고 해서 다른 사람들에게 상처를 주는 것까지 용인하지 않을 것임을 분명히 말한다. 아이가 어리다면 아이를 해당 상황에서 분리시키고 한쪽에 앉힌 이후에 그(녀)를 화나게 하는 상황에 대해 함께 이야기를 나눈다. 아이가 말귀를 알아들을 나이라면 "엄마(아빠)는 너를 사랑한단다. 그러니 네가 이야기할 준비가 되면 엄마(아빠)에게 오렴."이라고 얘기한 이후에 자리를 뜬다. 이후에 아이가 함께 앉기를 원하면 함께 앉아 문제가 되는 상황에 대해 이야기를 나눈다.

⑦ 공격적인 행동에 공격적인 행동으로 대응하는 것을 멈춘다. 이러한 대응은 힘겨루기를 유발할 뿐만 아니라 당신이 아이들로 하여금 달성하고자 하는 바를 성취하지 못하도록 할 것이다.

## 🐰 문제를 예방하는 좋은 습관 기르는 법

① 당신을 화나게 하는 상황에 대해 고민해 보자. 자녀의 학업 또는 교우 관계, 아이의 옷차림 등의 문제에 너무 많은 관심을 갖고 있지는 않은가? 아이들이 따를 수 있는 일과를 정해 주기보다는 그때그때의 기분에 따라 잔소리를 하지는 않는가? 아이가 자발적으로 문제에 집중할 수 있게 하기보다는 체벌을 사용하지 않는가? 요청을 하기보다는 결정을 내리지 않는가? 아이들은 "와서 식탁을 차리렴." 이라는 말보다 "이제 저녁 먹을 시간이야." 라는 말에 더욱 잘 반응한다.

② 정기적인 가족회의를 기획하여 아이들이 자신을 괴롭히는 문제에 대해 이야기를 하고, 다른 사람의 의견을 듣고, 모든 사람이 존중할 만한 해결 방안을 도출할 수 있는 시간이 존재함을 알게끔 한다.

③ 나이가 어린아이에게는 그들이 해야 할 일을 언급하기보다는 제한적인 선택사항을 제공한다.

④ 하루의 일과표를 만드는 데 아이들이 참여하도록 유도하여 당신이 정한 것이 아닌 함께 만든 일과표를 지키게 한다. 아이들은 "저녁 식사 이후에는 무엇을 해야 하지?" 라는 질문을 들을 때 스스로가 더욱 권한이 있는 사람이라 인식한다.

⑤ 아이의 기분이 좋아 보일 때, 아이에게 이따금씩 화가 난 사람처럼 보인다고 말하고 자신의 분노가 다른 사람에게 해가 되지 않아야 함을 설명한다. 화가 날 때는 베개를 주먹으로 때리거나 좋아하는 노래를 듣거나 스스로를 진정시킬 수 있는 장소를 찾아 분노를 삭일 것을 제안한다. 만약 아이의 나이가 충분히 들었다면 자신의 분노에 관해 글을 쓰거나 그림을 그리도록 하는 것도 도움이 된다.

⑥ 만약 한부모 가정이라면 아이에게 또 다른 부모에 관해 경멸적인 언사를 하는 것은 자제한다. 이러한 행동은 아이에게 다른 부모에 관한 부정적인 인식을 심어 줄 뿐이며 결국 옳지 못한 결과를 초래할 것이다. 나아가 이러한 행동은 자녀가 공격적인 부모에게 보복하고자 더욱 공격적으로 행동하게 만드는 결과를 낳을 수 있다.

⑦ 부모로서 당신이 느끼는 분노에 대해 아이가 느끼고 받아들이도록 한다. "엄마는 지금 화가 났어."라고 말하는 것을 연습한다. 그러한 감정을 있는 그대로 드러내기보다는 언어를 통해 올바르게 외부로 표현하는 것을 자녀에게 보여 준다.

⑧ 당신 스스로가 느끼는 분노를 올바르게 통제하는 방법을 보여 준다. 감정적인 진솔함(Emotional Honesty)을 사용한다. "나는 _____ 때문에 화가 났기 때문에 _____를 할 거야." 아이에게 올바른 방법으로 분노를 통제할 수 있음을 몸소 시범 보인다.

⑨ 폭력적인 장면으로 도배된 TV 프로그램을 시청하는 것을 제한한다. 아이들이 보는 영화가 무엇인지 모니터링한다. 아이들이 즐기는 오락이나 음악에 내재된 폭력성에 관해 아이들과 이야기 나누는 시간을 갖는다. 당신의 생각을 분명히 전달하면서 동시에 아이들의 말에 귀를 기울인다.


## 🖐 아이들이 배울 수 있는 삶의 기술

아이들은 자신이 느끼는 감정이 자신이 취하는 행동과 별개의 것임을 인지하게 될 것이다. 이는 '분노를 느끼는 것은 인간이기에 당연한 감정이지만 화가 났다고 해서 다른 사람에게 경솔하게 행동하거나 상처를 주는 것은 용인될 수 없다.'는 생각으로 발전할 것이다. 이를 통해 아이들은 자신의 행동과 삶을 스스로 통제할 수 있다는 것을 깨달을 것이다. 사람은 누구나 자신이 무기력해지는 상황을 꺼린다. 특히 아이들은 그들이 필요로 하는 것을 위한 힘겨루기 없이, 어떤 목표를 위해 공헌하고 성공적으로 그것을 성취하는 방법에 관해 알게 되는 것을 더욱 선호한다.


## 🖐 양육 포인트

① 누군가를 공격하는 것과 자신이 가진 권리를 행사하는 것 사이에는 분명한 차이가

있으며, 이를 아이들에게 인식시키는 것은 매우 중요하다. 아이들에게 그들이 원하는 것을 분명히 주장할 것을 가르친다. 그리고 실제로 그들이 하는 주장에 귀를 기울여 준다. 자녀들에게 그 누구도 짓밟지 않고 원하는 바를 성취할 수 있음을 가르친다.

② 아이가 달성할 수 있는 목표를 너무 높게 잡지 마라. 때때로 남자아이들은 당신의 생각보다 더 거칠고 무례한 행동을 하기도 하며, 여자아이들은 자신의 생각을 있는 그대로 표현하는 것에 대해 어려움을 느낀다. 아이에게 그들이 갖는 생각은 지극히 당연한 것이며, 단지 생각(감정)과 행동은 별개의 것임을 가르친다.

③ 모든 분노가 표현되는 것은 아니다. 아이들이 표현하는 분노 외에 그들에게 내재되어 있는 분노가 있을 수 있다. 이를 파악하기 위해 가족에게 방치되기를 바라거나 수동적인 공격 성향 또는 인터넷 중독과 같은 행동을 잘 관찰한다.

### 훈 육  도 우 미

나는 마트를 돌아다니다가 '아이와 아이의 감정에 대처하는 옳지 않은 방법'이라는 세미나가 열리고 있는 것을 확인하고 발길을 멈췄다. 열네 살 된 아이는 딱 보기에도 변성기를 겪고 있었고 부정적인 감정이 솟구치는 것 같았다. 아빠로 보이는 남자는 아이에게 "왜 화가 났니? 화가 날 이유가 없는데 왜 그러는 거야?"라고 언성을 높였다.

그 순간 저는 아이와 대화를 나누고 아빠의 질문에 진솔하게 답해 주고 싶었다. 아이는 이렇게 말하고 싶었을 것이다.

"값싼 점심 식사 때문에 인스턴트 식품 내의 탄수화물과 지방을 너무 많이 섭취했고, 화장실에 갈 시간도 없었는데 몇 시간씩 가만히 수업을 들으면서 움직일 시간이 없으니 섭취한 열량 때문에 짜증이 치밀어오르고, 학교에서는 선생님께서 '앉아, 조용히 해, 창문을 닫지 않으면 벌점을 줄 거야.'라고 말하고, 버스에서 내려서 먹은 콜라에 들어 있는 설탕과 카페인은 시상하부로 타고 들어가 불안을 가중시키고, 사춘기를 겪으면서 엄청난 양의 테스토스테론은 분비되는데 하루 종일 어른들의 기대치에 부응해야 한다는 부담감에 짜증과 적개

심이 들고, 나는 이걸 다 감당해 낼 수가 없어서 화가 나요!"

이것을 생각하고 말로 표현하기에 열네 살은 너무 어리기 때문에 아이는 대신 "그냥요." 라고 답했다.

아빠는 소리쳤다. "'그냥요.'가 무슨 뜻이니?"

아이는 "저도 몰라요."라고 답하고 더 이상 말을 하지 않았다.

아이는 아빠가 문제를 신중하게 탐색하고 효과적으로 해결하고자 하는 마음이 없다는 것을 깨달았다. 아빠는 이러한 문제를 갖고 있다는 이유만으로 아이가 자신을 멍청하고 무능한 사람이라고 생각하게 하고 있었다.

감정은 매우 복잡하고 이해하기 어려운 것이다. 앞에 적힌 사항은 모두 우리의 감정에 영향을 미칠 수 있다. 우리가 깨닫지 못하고 있을 때도 말이다.

열여섯 살 된 아이는 엄마와 상담사를 찾았다. 엄마는 아이의 분노 조절 문제를 걱정했다. 아이는 곧 운전면허를 딸 예정인데 엄마는 아이가 이 문제를 해결하지 않으면 다른 운전자들에게 분노를 표출할 것 같다고 말했다.

상담사는 아이에게 무엇이 그를 화나게 하는지 물어보았다. 아이는 자신이 하겠다고 약속한 일도 엄마가 미리 대신 해 버리는 것에 화가 난다고 말했다. 엄마는 이에 대해 아이가 할 것 같지 않아서 자신이 대신 하는 것이라고 설명했다. 아이는 폭발해서 탁자를 주먹으로 치며 소리쳤다. "엄마는 나를 믿지 않아요. 내가 하겠다고 했잖아요. 왜 나를 믿지 않으세요?"

엄마는 심각하게 생각하고 있지 않던 일에 대해 아이가 불같이 화를 내는 모습을 보고 놀라움을 감추지 못했다. 아이가 얼마나 화가 났는지 깨달은 후 엄마는 "우리 모두 만족할 수 있는 해결 방법이 없을까? 나는 일이 처리되지 않는 것이 싫고 너는 내가 잔소리하는 것이 싫잖니."라고 물어보았다.

상담사는 아이가 해야 할 일을 기억하고 있는지 확인하고 싶을 때마다 비언어적 사인을 사용하는 것을 제안했다. 아이는 엄마가 일을 대신 하지 않는다면 확인 차원에서 시킨 일을 할 예정인지 물어보는 것은 괜찮다고 말했다.

때로 우리는 우리의 행동이 아이들을 무시하고 그들의 분노를 초래하고 있다는 사실을 알지 못한다. 우리가 아이들에게 먼저 화가 난 이유를 물어보고, 그들의 말에 귀 기울인다면 대부분의 경우 그들은 많은 것을 말해 줄 것이다.

# 4 주의력결핍장애

아들의 담임선생님께서 말씀하시길 아이에게 주의력결핍장애가 있는 것 같다고 합니다. 제 아들이 수업 중에 앉았다 일어섰다를 반복하며, 한 가지에 집중하는 것을 매우 어려워한다고 했어요. 저는 아이의 그러한 행동이 집에서도 반복된다는 사실을 알게 되었습니다. 아이는 무언가에 집중하는 걸 어려워했고, 자신이 시작한 일들을 잘 마무리하지 못했어요. 학교 상담 선생님은 치료가 필요하다고 말했지만 저는 제 아이에게 정신병과 관련된 약을 먹이고 싶지 않습니다. 제가 선택할 수 있는 다른 방법이 있을까요?

## ☝ 당신 자신과 자녀 그리고 상황 이해하기

주의력결핍장애는 신경학적 질환이라는 것이 일반적인 견해다. 특정한 사물이나 행동에 관한 통제력을 유지하기 힘들기 때문에 충동적으로 행동하는 것이다. 우리의 연구는 ADD 또는 ADHD 증상을 보이는 아동이 너무 말이 많거나 직접적인 행동을 취하는 데는 소극적인 부모 밑에서 성장한 배경이 한 원인이 되었을 거라는 사실을 밝혀냈다. 아이를 둔 이 땅의 모든 부모가 아이와의 대화에 충분한 주의를 기울이는 것은 우리의 소망이기도 하다.

다른 아이들에 비해 무언가에 비교적 오래 집중할 수 있는 아이도 물론 있다. 다른 아

82

이들에 비해 무언가에 더 많은 에너지를 쏟는 아이도 있다. 외향적인 아이도 있는 반면 내성적인 아이도 있다. '활동항진증'을 유발할 가능성이 있는 설탕을 과다섭취하는 아이도 있다. 일부 부모와 교사들은 아이들을 '미쳐' 버리게 만들 수 있는 교육과 훈육 방법을 사용하기도 한다. 아이들은 사회적으로 수용할 수 있는 행동과 기술을 배울 필요가 있지만 현실은 그렇지 않으며, 모든 아이가 '좋은 아이'에게 요구되는 기대를 충족시키지는 못한다.

질병 모델은 아이들의 행동을 올바로 이해할 수 있는 하나의 방법이다. 우리는 이를 다른 방법으로 공유해 보고자 한다. 물론 우리가 취급하는 이러한 방법이 매우 논란이 많은 것이며, 따라서 당신이 우리의 이론과는 다른 이론들을 알아보기를 원할 수 있다는 것을 충분히 알고 있다. 당신이 명심해야 할 것은 단 하나다. 만약 당신이 아이들의 ADHD와 관련된 주제의 글을 접했을 때에는 치료제의 심각한 부작용과 관련된 가장 최근의 모든 연구를 포함하여 이를 고려해야 한다는 것이다. 다음 제안 중 몇 가지를 시도해 보고 아이의 ADHD가 어느 정도까지 완화되는지, 아이의 너무 짧은 주의집중 시간과 문제행동이 얼마나 고쳐지는지 두 눈으로 확인하기 바란다.

## ✌ 실전! 생활 속 긍정 훈육법

① ADD(Attention Deficit Disorder) 또는 ADHD(Attention Deficit Hyperactivity Disorder)라는 용어 사용에 주의한다. 왜냐하면 이들 용어는 아이들이 겪고 있는 이러한 증상을 너무 포괄적으로 묶어 버리기 때문이다. 아이들을 특정 단어로 표현하고 이름 지어 버리는 행위는 자제한다. 아이들을 특정 단어로 특징지어 버리는 것은 아이들이 실제로 그렇게 되어 버리는 '자기충족예언'의 일종이다. 실제로 그렇게 되어 버렸을 때는 이미 후회하기에 늦어 버린다.

② 아이들과 함께 일의 우선순위를 정하고 함께 진정으로 무언가를 즐길 수 있는 특별한 시간을 보내 본다. 그것이 크든 작든 아이들이 해 낸 것을 알아차려 주고 격

려해 준다. 이를 통해 아이들이 어떤 일에 충분한 관심을 갖도록 이끌어 주자.

③ 아이의 연령대와 지적 수준에서 기대되는 일에 반하더라도 아이가 실제로 하는 일에 근거하여 필요하다 판단되면 기꺼이 아이를 도와준다. 자녀가 유치원에 다니는 순간까지도 신발 끈 묶는 방법을 헷갈려 한다면 아이가 충분히 준비가 될 때까지(비록 그 순간이 다른 아이들에 비해 늦다고 하더라도) 밸크로로 된 신발을 신긴다. 당신의 자녀가 '일반적'이지 않다는 이유로 체벌하지 않아야 한다.

④ 컴퓨터로 글을 쓰는 데 어려움을 겪는 아이는 자신의 페이스대로 글쓰기를 학습하거나 우회하여 이를 배우게 한다. 손으로 그림을 그리거나 글을 쓰기 어려워하는 아이나 철자를 학습하는 데 어려움을 겪는 아이의 경우 때때로 컴퓨터 작업에 특출한 재능을 보이는 경우가 있다. 당신의 자녀가 시계를 사용하기 전에 해시계를 활용하여 시간을 읽는 방법을 학습할 것이라 기대하는가? 우리는 그렇게 생각하지 않는다. 이러한 자녀를 둔 부모는 자녀가 연필이나 펜 대신에 컴퓨터를 통해 무언가를 달성하고 이를 통해 아이가 성취감을 느낄 수 있는 기회를 주고 학습에 더 집중하도록 한다.

⑤ 반드시 아이가 당신에게 충분한 주의를 기울이고 있을 때에 한해 단 한 번만 이야기한다. 만약 아이가 집중하고 있지 않다고 여겨지면 가볍게 테이블을 두드리거나, 아이의 어깨에 손을 얹거나, 아이의 주의를 환기시킬 수 있는 한 단어를 활용하는 등의 간단하면서도 공손한 방법을 취한다.

⑥ 각 자녀들이 갖고 있는 특성을 무시하고 있지는 않은지, 아이의 특성 대신 부모로서 당신이 갖고 있는 기준에 아이를 맞추려고 하지는 않는지 충분한 주의를 기울인다.

# ✌ 문제를 예방하는 좋은 습관 기르는 법

① 아이의 어긋난 행동(misbehavior)을 최소화하고 최고의 노력을 이끌기 위해 긍정적인 훈육 방법들을 활용한다. 부모교육 그룹 활동에 참가하여 이 책에 담겨 있는 주제들을 읽고 연습하고 복습한다. 긍정적인 훈육의 길에서 벗어나지 않으려는 노력이 필요하며, 더불어 보상과 체벌에 근거한 그 어떤 조언에도 귀 기울여서는 안 된다.

② 부모로서 당신이 가장 먼저 해야 하는 것은 바로 자기 행동에 집중하는 것이다. 이것은 이제까지의 자신을 비난하라는 것이 아니다. 단지 당신이 취하고 있는 행동 하나 하나에 주의를 기울이는 것을 의미한다. 혹시 당신은 자녀에게 무언가를 가르치고 그들을 격려하는 데 필요한 충분한 시간과 관심을 둘 수 없을 만큼 바쁘지는 않은가? 아이가 스스로 어떤 해결책을 발견하게 두기보다는 어떤 행동을 요구해 오지는 않았는가? 부엌에 너무 많은 설탕을 보관하지는 않았는가? 아이에게 너무 많이, 그리고 자주 '패스트푸드'를 먹이지는 않았는가? 아이에게 너무 많은 잔소리를 했지만 직접 행동으로 뭔가를 보이는 데는 소극적이지 않았는가? 아이가 갖고 있는 특성이나 강점에 감사하기보다는 상황에 따라 애정을 주지는 않았는가? 만약 당신이 이 같은 행동을 반복해 오고 있다면, 지금 이 자리에서 이러한 행동을 변화시킬 것인지 스스로 선택해 볼 수 있다. 이러한 행동을 변화시킨다면 당신은 아마 자녀의 달라진 행동에 놀랄 것이다.

③ 어긋난 행동 이면에 자리하고 있는 삐뚤어진 '신념'을 올바로 이해하고 향후에는 아이가 더 이상 어긋난 행동을 하지 않도록 올바로 격려하기 위해 '잘못된 목표와 숨은 의도'를 활용한다(제1부 '긍정 훈육법이란 무엇인가'를 참고한다).

④ 아이 스스로가 자신의 주의집중 시간과 행동을 통제할 수 있게 옆에서 지원을 아끼지 않는다. 그리고 이를 위해 충분한 공간과 시간을 제공한다. 간단하면서도 일관된 일과표를 아이와 함께 만들고 이를 그대로 지키도록 해 본다. 아이에게 특정

상황에서 필요한 물품들을 어떻게 정리하는지 가르쳐 준다. 집 밖에서 사용하는 신발이나 코트, 가방, 도시락 가방 등의 물건을 잊어버리지 않도록 현관문 옆에 작은 공간을 마련해 본다. 달력과 시계, 타이머를 활용하여 시간을 관리하는 방법을 가르쳐 주자. 물 흘리는 것을 최소화하는 짧고, 뚱뚱하며, 중간 정도 무게의 컵과 같은 특별한 물건들을 아이에게 제공한다.

⑤ 아이가 어떤 방법으로 학습하는 것을 좋아하는지 알아보기 위해 놀이터에서 아이의 행동을 관찰한다. 혹시 아이가 매우 활발하게 뛰어노는가? 신체적인 접촉을 선호하지는 않는가? 짧은 활동에 매우 집중하지는 않는가? 이러한 질문을 통해 모은 정보를 활용하여 아이의 강점과 선호도를 반영한 학습 방법을 만들어 보자.

⑥ 움직임의 순서 기억하기 등 신체적·정신적인 집중이 필요한 활동을 활용하여 아이의 집중력을 향상시킨다(아이 혼자 하는 것이 아니라 함께할 수 있는 활동을 한다면 효과는 더욱 커진다). 에어로빅이나 춤, 무술, 운동 등을 추천한다. 이들 활동을 통해 아이에게 적성과 즐거움을 선물하자.

⑦ 아이가 무언가에 집중력을 잃지 않게끔 하는 전략을 스스로 학습할 수 있도록 도와준다. 개인교사나 자율학습시간 등의 커뮤니티나 학교에서 사용하는 여러 자료를 활용하도록 격려한다. 담임교사나 수업과 관련하여 아이가 갖고 있는 고민거리에 귀 기울이고, 나아가 자습과 같이 그러한 고민을 해결할 방안을 함께 고민해 본다. 자녀의 자존감과 자녀와의 유대감은 아이의 학업보다 더욱 중요한 것이다.

⑧ 학교에서 활용할 수 있는 또 다른 학습 기회를 적극적으로 찾아본다. 평소 아이가 좋아하는 선생님의 교육을 그대로 따르거나 그(녀)와 함께 아이와 관련된 문제들을 상의한다. 아이의 올바른 발달에 가장 도움이 되는 교사 스타일은 매우 사려 깊고 유연하면서도 일의 순서를 올바로 파악하고 있는 사람이다. 만약 아이의 필요와 잘 부합하지 않는 스타일의 교사나 학교 정책을 발견한다면 아이가 갖고 있는 특성이 이들에게 거부되기 전에 부모로서 할 수 있는 최대한을 해 준다.

⑨ 만약 아이의 학교생활에 문제가 발생했다면 무엇을 해야 할지 자녀 스스로 결정하게 한다. 학부모-교사-학생 모두가 참가하는 회의를 개최하여 비처벌적인 방법

을 통해 문제를 해결할 수 있는 방안을 함께 고민해 본다. 문제에 휘말리지 않고 자리를 떠나 교실을 몇 바퀴 돌 수 있다면 그것이 가장 좋은 방법이라고 생각하는 아이도 있을 것이다. 또 어떤 아이는 혼자서 곰곰이 생각해 볼 수 있는 조용한 공간을 마련해 줄 것을 요구할 수도 있다.

⑩ 당신의 시간과 에너지를 사용할 곳의 우선순위를 정하라. 너무 꽉 차거나 혹은 타당한 일과라 여겨지지 않은 것들이 포함된 활동 스케줄은 이내 재앙을 불러올 것이다.

## ✿ 아이들이 배울 수 있는 삶의 기술

아이들은 그들이 삶의 기술을 학습하는 데 필요한 도움과 요구를 충분히 고려해 주는 어른이 있다는 사실을 깨달을 것이다. 이를 통해 아이들은 자신의 삶을 통제할 수 있다는 기분이 들 것이다. 스스로를 자신의 행동으로 인한 피해자라 생각하기보다는 각자의 행동을 통제할 계획을 세울 것이다. 더불어 스스로를 자신만의 독특함을 지닌 개성 있는 존재로 인식하게 될 것이다.

## ✿ 양육 포인트

① 부모로서 당신이 갖고 있는 모든 시간과 노력을 아이에게만 투자하여 자기 자신과 아이를 무시하지 않도록 주의한다. 자신만을 위한 시간을 계획하고 가족 구성원들과 함께 특별한 시간을 보내 본다.

② ADHD라고 명명되는 특징을 갖고 있는 대부분의 아이는 어른이 되기 전까지 자신의 '과잉 행동'을 성공적인 직업으로 발전시킬 수 있는 많은 방법과 마주하게 될 것임을 기억하라.

## 훈육 도우미

　　은서의 선생님은 아이들의 특별한 재능을 존중하고 아이들에게 꼬리표를 붙이지 않는 훌륭한 선생님이다. 그녀의 교실 뒤편에는 찰흙이 놓인 책상이 준비되어 있다. 아이들은 수업 중 가만히 있지 못하겠으면 교실 뒤로 가서 찰흙을 가지고 놀 수 있다. 그리고 그녀는 아이들이 집중하지 못하는 것 같으면 함께 일어나 이 분 동안 '꿈틀꿈틀 춤'을 춘다. 또한 그녀는 교실에 칸막이 책상을 몇 개 준비하여 집중하고 싶은 아이들이 사용할 수 있게 한다. 그녀는 특별한 재능을 가진 아이들이 다른 아이들을 가르쳐 줄 수 있게 한다. 예를 들어, 활동적인 아이는 체육 시간을 이끌고 수학을 잘하는 아이는 수학에 도움이 필요한 아이를 도와준다. 그녀의 제자들은 모두 자신의 특별함을 잘 이해하고 있다.

# 5 베이비시팅

올해로 다섯 살이 되는 제 아이는 한 번도 베이비시터의 손에 맡겨진 적이 없습니다. 그런 저에게 제 친구들은 베이비시터를 이용해 보라고 자꾸 압박합니다. 그들은 제가 아들에게 부모 외의 어른들에게 익숙해질 기회를 박탈해 해를 끼치고 있다고 하더군요. 제 생각에 제 아들은 어린 시절을 엄마인 저와 함께 보낼 때 더욱 안전하다고 느낄 것 같은데 말이죠.

## ☝ 당신 자신과 자녀 그리고 상황 이해하기

기회가 된다면 주기적으로 아이에게 떨어져 있는 것이 아이의 발달에는 도움이 된다. 이러한 상황은 아이에게 때때로 부모와 떨어져 지내는 시간에 익숙해질 기회를 제공해 주기 때문이다. 아이에게는 부모와 떨어져 몇 가지 걱정스러운 상황을 경험하는 것이 매우 자연스러운 것이지만 그들이 짧은 시간 동안 부모와 분리를 연습할 시간을 충분히 갖는다면 이러한 걱정거리는 사라진다. 아이들은 부모와 떨어져 있는 상황을 통제할 수 있음을 알게 될 때 비로소 용기와 자립심을 기른다. 아이의 곁을 한시도 떠나지 않으려 하는 '과잉보호' 성향의 부모 곁에서 아이는 스스로 용기와 자립심을 키울 수 있는 기회를 박탈당한다. 특히 유아기의 자녀를 둔 부모에게는 아이를 기르는 것이 매우 진을 빼는 일이 될 것이다. 반면 아이에게 부모와 떨어져 무언가를 할 수 있는 시간과 기회를 제공해 주는 것은 부모 중 한쪽이 혼자만의 시간을 보내거나 부부가 함께 다정한 시간을 보내도록 해 줄 것이다.


## ✌ 실전! 생활 속 긍정 훈육법

① 아이의 탄생과 함께 조금씩 아이와 떨어져 있는 시간을 연습한다. 첫 단계는 몇 시간 정도 아이의 곁을 떠나거나 집을 비우는 동안 아이가 아기 침대에서 엄마나 아빠 혹은 친척과 함께 시간을 보내는 것으로 시작한다.

② 아이가 태어난 지 한 달이 되기 전까지 아이와 함께 친구나 친척집을 몇 시간 정도 방문한다. 우려와는 달리 아이는 새로운 환경에 금방 적응할 것이다. 아이가 가장 좋아하는 담요나 동물 인형을 함께 가져간다. 친구(친척) 집에서도 아이와 떨어져서 시간을 보내 본다.

③ 서로의 아이를 바꾸어 돌보길 원하는 친구나 이웃을 찾아본다.

④ 태어난 지 세 달 정도 된 아이를 둔 부모는 하루 정도 아이를 경력이 많은 전문 보육인의 손에 맡겨 본다. 처음 몇 달간은 오후 시간을 활용하여 두세 시간 정도, 그리고 아이의 나이와 익숙해지는 정도를 고려하여 아이와 떨어져 보내는 시간을 조금씩 늘려 나가는 것이다. 보육 서비스를 이용할 때는 보육인 1인당 맡는 아이의 수가 적은 곳을 선택한다. 또한 갓난아기와 아이를 모두 돌보는 곳을 선택하는 것이 좋다. 왜냐하면 아기들은 자기보다 나이가 많은 아이를 바라보는 것을 좋아하고, 아이들은 아기들을 돌보는 것을 좋아하기 때문이다.

⑤ 우리의 오랜 경험상 열세 살에서 열네 살 정도의 십대는 종종 최고의 베이비시터가 될 수 있다. 이 정도 나이대에 속하는 아이의 경우 자신의 행동에 책임을 질 만큼 성숙하긴 하지만 보통 자신과 반대되는 성(性)을 갖고 있는 아이보다 동성 친구에게 더 많은 관심을 갖고 있다. 물론 예외도 있지만. 십대 베이비시터에게는 비교

적 엄격한 규율을 설정해야 한다. 가령 아이가 잠들기 전까지는 친구와 통화하는 것을 금지하는 것이나 아이와 함께 책을 읽거나 야외에서 노는 시간을 정하는 것, 어지럽혀진 집 치우기 등이 그 예다. 당신이 몇 시까지 집에 올 수 있는지, 몇 시까지 아이를 돌봐야 할 책임이 있는지 분명히 하는 것이 좋다.

⑥ 베이비시터가 집에 도착했을 때 꺼내 놓을 수 있는 특별한 게임이나 장난감 바구니를 미리 준비한다. 아이에게 함께 하고 싶은 게임, 같이 갖고 놀고 싶은 장난감, 읽고 싶은 책이 있는지 물어본다.

⑦ 집을 떠나려 할 때 아이가 매달리거나 울음을 터뜨릴 수도 있으니 사전에 당신이 취할 수 있는 행동을 찾아본다.


## ✌ 문제를 예방하는 좋은 습관 기르는 법

① 아이를 돌보는 것에 익숙한 친구, 이웃, 학교 관계자들에게 아이를 돌보아 줄 것을 부탁해 본다. 당신이 집에 있는 동안 그들에게 아이와 함께 밖에 나가서 시간을 보내도록 요청한다. 당신이 목욕을 하고 밀린 집안일을 하고 책을 읽는 동안 그들은 아이와 함께 놀아 줄 것이다.

② 최근 많은 젊은 부부는 이웃이나 미취학 아동 학부모 모임의 멤버들과 함께 '아이 돌보미 연합'을 결성하기도 한다. 이들은 돌아가며 서로의 아이를 대신 돌봐 준다.

③ 자녀가 네 살 이상이 되면 베이비시터와 함께 무엇을 할 것인지 스스로 결정하게 한다. 어떤 게임을 하고 싶은지, 어떤 책을 읽고 싶은지, 팝콘 파티를 하고 싶지는 않은지, 쿠키를 먹고 싶지는 않은지 스스로 결정하게 하는 것이다. 부모인 당신과 베이비시터 모두가 동의하는 취침 시간을 정하고 각 상황에서 각자가 어떤 역할을 맡아야 하는지 역할극을 해 본다.

④ 아이가 성장하는 동안 최소한 2주에 한 번은 부부만의 외출 시간을 유지한다. 이는 부부와 아이 모두에게 도움이 될 것이다.

## 🖐 아이들이 배울 수 있는 삶의 기술

이러한 양육 방법을 통해 아이들은 부모가 자신과 떨어져 지내는 시간을 좋아한다고 해서 결코 그들을 사랑하지 않는 것이 아니라는 사실을 배울 것이다. 그리고 이따금씩 부모와 떨어져 시간을 보내게 될 때 혼자서 즐겁게 시간을 보낼 수 있는 방법을 배울 것이다. 마지막으로 아이들은 자신과 부모가 서로 떨어져서 시간을 보내는 데 있어 속임수는 아무런 도움도 되지 않는다는 사실을 배울 것이다.

## 🖐 양육 포인트

① 만약 아이가 베이비시터를 싫어하거나 어린이집에 들어가는 것을 무서워한다면 이러한 행동을 취하는 원인을 밝혀내거나 베이비시터를 바꾸고 아이가 어떻게 반응하는지 과정을 살펴보는 것이 꼭 필요하다. 아이와 맞지 않는 사람, 장소는 분명히 존재하며, 이 경우 이들을 바꾸는 것이 효과적이다.

② 만약 부부가 둘 다 직업을 갖고 있고 아이에게 더 확장된 보육 환경을 제공하고 싶다면 아이를 위한 식사를 제공하고, 아이가 마음껏 뛰어 놀 수 있는 환경을 갖추고 있으며, 낮잠 시간, 배변 시간 등 규칙적인 일과표를 갖추고 있는 어린이집을 찾는다. 이러한 곳일수록 아이를 TV 앞에 방치할 가능성이 낮다. 아이와 함께 해당 어린이집을 방문하고 아이의 일과에 관해 충분히 대화를 나누며 그들이 즐길 수 있는 환경을 충분히 제공하는지 확인한다. 아이가 집에 돌아오면 하던 집안일을 즉시 멈추고 아이와 함께 이야기하는 시간을 갖는다.

③ 올바른 베이비시터를 결정하는 가장 좋은 방법은 성별을 따지기보다는 그 사람에게서 느껴지는 느낌(부모와 아이 모두)을 고려하는 것이다. 아이와 자신을 충분히 존중하는 사람이라면 그 사람이 여성이든 남성이든 훌륭한 베이비시터가 될 수 있다. 누구를 고용해야 할지 감이 잡히지 않는다면 지역 대리점을 활용한다.

④ 베이비시터의 주된 업무는 아이와 함께하는 것이지 집을 치우고 설거지를 하는 것이 아니다. 만약 자녀가 충분히 행복해한다면 베이버시터에게 집안을 정리하라고 압박하거나 강요하지 않는다.

## 훈 육 도 우 미

한 워킹 맘은 네 살 아이를 어린이집에 맡기기 시작했다. 어린이집 보육교사는 아이가 요구가 너무 많고, 어린이집에 있는 세 시간 동안 유아용 의자에 조용히 앉아 있질 못한다고 불평했다. 엄마는 그곳이 아이를 맡기기에 적합한 곳이 아니라는 사실을 깨달았고 다른 어린이집을 물색했다. 그녀는 아이를 자주 안아 주고 이불 위에서 자유롭게 뒹굴면서 유아용 장난감을 가지고 놀게 해 주는 어린이집을 찾을 수 있었다.

도영이와 우영이는 엄마가 출근할 시간만을 기다렸다. 그들의 베이비시터는 정말 재미있는 사람이었고 엄마에게 그녀를 빨리 불러달라고 애원했다. 베이비시터는 여러 가면을 가지고 있었고, 그것들을 사용해서 아이들과 연극을 하고 게임을 했다. 아이들에게 재미있고 창의적인 베이비시터보다 더 좋은 친구는 없다.

# $6$ 버릇없는 아이

일전에 저는 딸에게 어지럽혀 놓은 신발을 정리해 줄 것을 요청했습니다. 그러자 딸아이는 "엄마가 하지 그래요? 엄마는 내 '엄마' 잖아요."라고 대답하더군요. 저는 아이의 그러한 태도를 두 눈으로 보고도 믿을 수 없었습니다. 아이가 왜 이렇게 무례하게 행동하게 되었을까요? 더 중요한 질문은, 제가 어떻게 해야 할까요? 저는 딸아이의 그러한 행동을 더 이상 묵인하고 넘어갈 수 없습니다. 하지만 한편으로 아이를 다그치면 아이가 더 삐뚤어질까 걱정입니다.

## 👆 당신 자신과 자녀 그리고 상황 이해하기

아이의 무례한 말대답과 행동에는 여러 이유가 있을 수 있다. 때때로 (특히 십대 바로 직전이나 십대의) 아이는 그저 자신이 갖고 있는 힘을 시험해 보기 위해 이러한 행동을 하기도 한다. 반면 상대방에게 부당한 대우를 받았으며 따라서 앙갚음을 해야 한다고 생각하는 경우도 있다(이러한 앙갚음은 주로 일방적으로 명령하고 통제하는 부모를 향한다). 그저 일반적인 반응으로 무례한 말과 행동을 하거나 일진이 나쁜 날이었기 때문일 수도 있다. 아이가 무례한 태도를 취하는 또 다른 원인으로는 그들이 상대방을 존중하고 배려하는 말하기나 행동에 대해 충분한 교육을 받지 못했기 때문일 수도 있다.

# 🐰 실전! 생활 속 긍정 훈육법

① 최대한 편안하고 침착한 목소리로 아이에게 "엄마가 만약 너에게 항상 네가 말하는 것처럼 말해 왔다면 정말 미안해. 사과할게. 엄마는 너에게 상처를 주거나, 너로 인해 상처받고 싶지 않아. 우리가 다시 시작할 수 있을까?"라고 말한다.

② 마음속으로 10초를 세거나 긍정적인 생각의 시간을 가짐으로써 아이의 무례한 언행을 되받아치는 악순환을 반복하지 않는다. "엄마에게 그렇게 무례하게 굴면 안 되지, 인마." 등의 발언을 삼간다.

③ 아이의 무례한 행동을 통해 특정한 정보를 파악한다(아이의 말과 행동을 통해 무언가가 잘못되었음을 알 수 있다). 그리고 두 사람 모두 이성을 찾고 진정한 이후에 발견한 사항에 관해 이야기를 나눈다. 아이와 함께 '힘겨루기'에 관한 이야기를 나눌 수 있는 적당한 시간과 장소를 결정한다.

④ 아이의 무례한 언행에 초점을 맞추기보다는 아이의 감정에 주의를 기울인다. "너는 지금 매우 화가 났구나. 하지만 엄마 역시 네가 그렇게 말하면 매우 화가 난단다. 우리 둘 다 조금 진정할 수 있는 시간을 갖자. 그리고 네 마음이 풀리면 그때 이것에 관해 이야기해 보자. 그때 엄마는 네가 왜 이렇게 화가 났는지, 흥분했는지 다 들어줄게."와 같이 말해 준다.

⑤ '아이를 통제'하고자 하는 목적으로 체벌을 하지 않는다. 두 사람 모두가 진정하면 부모로서 당신은 자신과 자녀 모두에게 도움이 될 만한 방법을 찾을 수 있을 것이다.

⑥ 서로의 감정을 공유한다. "네가 그런 방식으로 말하면 엄마는 매우 상처받는단다. 네가 무엇을 원하는지, 지금 어떤 기분이 드는지 말할 준비가 되면 그때 함께 이야기를 나눠 보자."와 같이 말해 본다. 또는 "엄마가 네 기분을 먼저 상하게 한 게 분명하네. 왜냐하면 엄마는 지금 네 말에 상처를 받았거든."이라고 말하는 것도 좋은 대화 방법이다.

⑦ 아이에게 일방적으로 요구하지 않는다. 아이가 무엇을 해야 하는가를 먼저 생각하기 전에 당신이 무엇을 할 것인가를 생각한다. 아이의 행동을 통제하기보단 스스로의 행동을 먼저 통제한다. 아이의 잘못된 행동에 즉각적으로 대응하기보다는 일단 진정이 될 때까지 그 상황을 벗어난다. 진정이 되면 다시 아이에게 돌아가 "지금 엄마와 얘기할 수 있겠니?"라고 먼저 물어본다. 이번에는 미리 아이의 행동에 어떻게 대응할 것인지 딸에게 알려 준다. "만약 이번에도 전처럼 버릇없이 말한다면 엄마는 즉시 이 방을 나가 우리 둘 모두가 기분이 괜찮아질 때까지 기다릴 거야. 우리가 다시 서로를 사랑하고 존중할 수 있을 때 이야기를 나눌 거란다."

⑧ 유머러스한 화법을 활용한다. "뭔가 잘못된 걸 들은 거 같은데? '엄마, 저는 지금 그 일을 하기엔 너무 바빠요. 엄마가 제 대신 신발을 정리해 주시면 안 되나요?'라고 말하고 싶은 거지?"

⑨ 그렇게 많이 흥분하거나 화가 나지 않았다면 아이를 한 번 안아 본다. 때때로 아이는 바로 그 순간에 당신이 안아 주는 것을 받아들이기 힘들어할지 모른다. 만약 그렇다면 아이와 당신 모두 서로를 충분히 사랑하고 배려할 준비가 되었을 때 다시 한 번 아이를 안아 본다.

## ✌ 문제를 예방하는 좋은 습관 기르는 법

① 먼저 스스로 과거에 심하고 무례하게 아이에게 싫어하는 점을 표현하려 하지 않았는지 돌아보는 시간을 갖는다. 아이를 너무 많이 통제하거나 혹은 아이를 너무 회의적인 시각으로 바라보아 아이와 힘을 겨뤄야만 하는 상황을 조성하지는 않았는가?

② 아이에게 무례한 요구를 하여 아이를 흥분시키지 않는다. 대신 가족회의 시간을 활용하여 아이와 함께 일과표를 작성하거나 일의 순서를 맞춰 본다.

③ "지금 당장 신발 정리해!"라고 말하지 말고 "지금 네 신발이 어때?"와 같은 화법

을 사용한다. 일방적으로 이야기하기보다는 요청하는 것이 얼마나 많은 변화를 가져오는지 알면 아마 놀랄 것이다.

④ 일단 아이와 당신 모두가 진정하고 나면 당신이 아이를 매우 사랑하고 있음을, 그리고 이미 발생한 사건에 대해 모두가 수용할 만한 해결 방법을 함께 찾고 싶음을 말해 준다. 각자의 행동에 책임감을 갖고 함께 해결 방안을 찾도록 노력한다.

⑤ 만약 당신이 먼저 아이에게 무례하게 행동했다면, 먼저 사과한다. "네가 신발을 정리하길 원하는 마음에 엄마가 먼저 너에게 무례하게 행동했구나. 만약 엄마가 너에게 그렇게 말하지 않았다면 어땠을 것 같니?"라고 물어본다. 그리고 당신의 그러한 언행이 절대 아이를 무시해서가 아니며 앞으로는 두 사람 모두를 존중할 수 있는 방법으로 행동할 것임을 분명히 밝힌다.

⑥ 정기적인 가족회의 시간을 가져 가족 구성원 모두가 상호 존중하는 방법으로 행동하는 방법을 배우게 하며, 동시에 발생한 문제에 대해 함께 해결책을 마련한다.


## 🖐 아이들이 배울 수 있는 삶의 기술

이러한 양육 방법을 통해 아이들은 부모가 잘못된 상호작용에 대해 스스로의 책임을 통감하고 있다는 사실을 알게 된다. 그들은 무례한 말대답은 아무 효과가 없으며 상호 존중적인 대화 방법을 통해서라면 충분히 문제를 해결할 수 있음을 배울 것이다.


## 🖐 양육 포인트

① 많은 부모가 자녀가 취한 잘못된 행동에 대해 교훈을 주기 위해 '한계를 설정'하거나 더 심한 통제를 가하는 방법을 선택하곤 한다. 하지만 이러한 부모의 태도는 상황을 더욱 악화시킬 뿐만 아니라 아이에게 그 어떤 교훈도 주지 못함을 명심해

야 한다.

② 아이의 무례한 언행으로 문제가 발생했다면 이 상황은 대응이 아닌 행동하기에 가장 적절한 순간이다. 아마 자녀가 당신의 감정을 상하게 했을 때 부모로서 당신은 체벌을 통한 보복을 선택하고자 하는 유혹에 빠지기 쉽다. 하지만 이러한 방법은 아이에게 '예의바른 언행'을 가르치기엔 너무 '무례'한 것이다.

③ 실수는 아이와 부모 모두를 한 단계 성장시킬 수 있는 기회라는 것을 다시 한 번 상기하게 한다.

### 훈육 도우미

다음은 한 엄마에게 받은 감사 편지다.

"열여섯 살 된 제 아이가 저에게 와서 '엄마, 청바지를 빨아야 하는데 오늘 빨래하세요? 아니면 제가 학교가기 전에 세탁기를 돌려놓을까요?'라고 물어봤을 때 저는 정말 기뻐서 할 말을 잃었어요. 아이가 저를 존중하고 있다는 것을 느낄 수 있었어요. 가족회의와 차분한 대화가 소리를 지르고 화를 내던 우리 가족의 모습을 바꾸어 놓았어요."

세 살이 좀 넘은 주완이는 길바닥에 모자를 던지며 "이 모자 쓰기 싫어요. 할머니가 주워서 들고 있어요."라고 말했다.

할머니는 아이를 바라보며 "이 길을 지나가는 많은 사람이 저 멋진 모자를 갖고 싶어 할 거야. 모자를 가지고 싶지 않다면 원하는 사람이 가져가게 거기에 두렴."이라고 말했다.

주완이는 충격을 받았고 손을 허리에 얹고 일 분간 생각에 빠졌다. 그리고 모자를 집었다. 할머니는 말했다.

"지금 모자를 쓰고 싶지 않다면 가방에 넣어 둘래? 가방을 열어 줄 수 있어." 주완이는 할머니에게로 다가와 모자를 가방에 넣고 웃으며 달려갔다.

# 7 정신없는 목욕 시간

저희 집에서 목욕 시간은 악몽 그 자체예요. 가장 어린아이는 제가 머리를 감기려 하면 소리를 질러대죠. 열 살 된 큰 아이는 억지로 끌고 가지 않는 한 절대 욕조에 들어 가려 하지 않아요.

## ☝ 당신 자신과 자녀 그리고 상황 이해하기

대다수의 어린 자녀는 목욕하는 것을 싫어한다(억지로 욕조에 아이들을 들어가게 하더 라도 이내 곧 욕조에서 나오려고 발버둥친다). 하지만 이랬던 아이들이 십대가 되면 자연스 럽게 자신을 꾸미는 데 몰두하게 되고, 하루에도 몇 번씩 몸을 씻는다. 젖먹이 아이들 역 시 일회용 물티슈의 발명으로 더 이상 '암모니아 피부염'을 예방하기 위해 하루에 한 번 씩 몸을 씻을 필요가 없어졌다. 대신 어린아이를 둔 부모는 주치의와 충분히 상담하여 얼마나 자주 샤워를 하는 것이 좋을지에 관해 이야기를 나눌 필요가 있다. 특정한 나이 대의 아이들, 특히 이성에 관심을 갖게 되기 전의 어린아이들은 몸 씻는 것을 전혀 좋아 하지 않는다. 이러한 경우 아이에게 압박을 가할수록 상황은 더욱 악화된다. 한 가지 다 행스러운 사실은, 목욕 시간에 발생하는 아이와의 힘겨루기를 예방하기 위한 내용을 배 우는 동안은 아이들이 몸에 붙은 먼지나 얼룩으로 인해 죽지 않을 거라는 것이다.

## ✌ 실전! 생활 속 긍정 훈육법

① 어린아이들은 일과표대로 생활하는 것을 선호한다. 특히 그들이 준수하는 일과표가 자신이 선택하여 만든 경우에는 이러한 경향이 더욱 두드러진다. 아이에게 협력을 구하고 아이를 과정에 참여시키는 것은 협동을 더욱 발전시킬 수 있는 하나의 방법이다. 목욕 시간을 취침과 관련된 일과표에 포함시켜 본다.

② 자신의 의견을 잘 말하지 않는 아이에게는 목욕을 할 것인지 말 것인지를 질문하기보다는 언제, 몇 시에 목욕을 할 것인지 질문한다. 이러한 훈육 방법은 아이들과 힘을 공유하게 할 뿐만 아니라 협력을 이끌어 내도록 도와줄 것이다.

③ 아이들이 목욕할 시간이 되면 단호하면서도 부드러운 태도로 그들이 목욕하는 데 이미 동의했음을 설명하고 다음의 선택사항을 제공한다. "텔레비전이나 비디오 게임, 컴퓨터 같은 집중을 방해하는 것들을 지금 당장 끌 거니? 아니면 그것들을 그대로 두길 원하니?" 목욕하기 전 10분이 남았음을 알려 주는 알람이나 모래시계를 아이들에게 보여 주는 것 또한 많은 도움이 된다. 이 과정을 반복하여 아이들은 힘과 통제를 공유한다.

④ 만약 욕조에서 나가는 것을 거부하는 아이가 있다면 앞으로 15분(또는 20분)만 더 목욕을 할 수 있게 하고 스스로 (또는 당신이) 시간을 재어 약속한 시간이 되었을 때 욕조 물을 빼도록 하는 등 제한된 선택사항을 제공한다.


## ✌ 문제를 예방하는 좋은 습관 기르는 법

① 목욕 시간을 즐겁게 보내게 한다. 아이들이 욕조에서만 갖고 놀 수 있는 특별한 장난감을 준비한다. 특히 물을 머금었다가 내뿜을 수 있는 다양한 장난감은 아이들이 욕조에서 갖고 놀기 적합하다. 충분한 시간을 계획하여 아이가 욕조에서 충분

히 즐거운 시간을 보낼 수 있게 한다. 아이와 함께 욕조에 앉아 욕조가 매우 안전한 장소임을 아이에게 보여 준다.

② 어린아이들은 부모와 함께 목욕하는 것을 좋아한다. 하지만 만약 아이가 자신의 사생활에 대해 처음으로 이야기를 꺼낸다면, 아이 혼자서 목욕을 할 수 있도록 배려해야 한다. 그러한 아이에게 억지로 함께 목욕이나 샤워할 것을 주장하지 않는다.

③ 아이가 당신의 머리를 감기도록 한 이후에 아이의 머리를 감겨 줘 보자. 아이의 눈에 거품물이 들어가지 않도록 주의하고 자극적이지 않은 샴푸를 사용한다. 욕조는 놀 수 있는 장소로 두고 싱크대나 샤워부스에서 머리를 감겨 주는 것을 좋아하는 아이도 있다.

④ 평균 30분 이상 샤워를 하는 십대 아이에게 물 절약과 물 부족 국가에 사는 다른 사람들, 샤워를 해야 하는 다른 가족에 관한 이야기를 해 준다. 아이와 함께 샤워할 시간을 배정하고 이를 지키게 한다.

## ✋ 아이들이 배울 수 있는 삶의 기술

앞에서 말한 훈육 방법을 통해 아이들은 올바른 위생관념과 다른 사람을 존중하는 태도를 배울 것이다. 또한 그들은 일상생활이란 매우 재미있는 것이며 자신을 돌보는 것은 결코 고생스러운 것이 아님을 알게 될 것이다. 마지막으로 아이들은 자신에게는 부모조차 존중해야만 하는 권리가 있다는 것을 배울 것이다.

## ✋ 양육 포인트

① 아이를 억지로 욕조에 밀어 넣어야 하는 등 아이의 목욕 시간이 매우 힘들게 느껴

진다면 스스로 먼저 그 일을 매우 즐거운 시간이 아닌 단순한 집안일로 여기고 있지는 않은지 생각해 본다.

②아이에게 자신이 필요하다고 여겨지면 목욕하도록 권유하고 이러한 약속과 관련하여 아이의 협력을 이끌어 내도록 노력해 본다. 아이는 자신이 매우 더러운 상태일 때 느껴지는 불편과 몸이 깨끗할 때 느껴지는 편안함을 스스로 비교하며 청결에 관해 배울 수 있다.

### 훈육 도우미

장애가 있는 네 살 아이를 입양해서 키우고 있는 엄마는 목욕 시간이 악몽 같다고 말했다. 아이는 몇 개의 단어밖에 말하지 못했지만 수화를 할 줄 알았다. 엄마는 아이를 욕조로 데려가 몇 분간 씻기고, 머리를 말리고, 침대에 눕혔다. 아이는 머리를 말릴 때부터 잠이 들 때까지 울고 발버둥쳤다.

엄마는 자녀의 양육법에 대한 강의에 참석한 뒤 목욕 시간을 스스로 정하여 아이를 존중하고 있지 않았다는 사실을 깨달았다. 그녀는 아이에게 선택권을 주기로 결심했다. 그날 밤 엄마는 아이를 물을 받아 놓은 욕조에 앉히고 나올 준비가 되었을 때 부르라고 말하며 욕실을 나갔다. 이십 분 뒤 엄마는 욕실로 들어와 아이에게 준비가 되었는지 물어보았지만 아이는 손으로 "아니요."라고 말했다. 삼십 분 뒤에 엄마가 들어왔을 때에도 같은 사인을 보냈다. 사십오 분 정도 지나자 아이는 엄마를 불렀고 엄마가 욕실에 들어왔을 때 나가고 싶다는 사인을 보냈다. 이 년 만에 처음으로 아이는 머리를 말리고 침대로 갈 때까지 울지 않았다.

# 8 난장판 취침 시간

저희 아이들은 매일 밤 저희를 아주 미치게 만들어요. 자야 하는 시간인 줄 뻔히 알면서도 물을 마신다거나, 책을 읽어 줬는데도 또 다른 책을 읽어 달라고 하거나 불을 켜거나 커튼을 쳤다 걷었다를 반복한답니다. 화장실에 가고 싶다고 떼를 쓰거나 엄마, 아빠와 함께 자고 싶다고 악을 써요. 그러면 저희는 이번이 마지막이라고 말하고 아이와 함께 저희 침실에 들죠. 한 번은 여덟 살 된 막내가 자기도 형처럼 늦게 자고 싶다고 난리를 피웠던 적도 있고요.

## 👆 당신 자신과 자녀 그리고 상황 이해하기

처음부터 취침 시간을 정확히 지켜 잠자리에 드는 아이는 이 세상 어디에도 없다. 어딘가에 소속되려 하고 그 조직에 적합하게 행동하고자 하는 것은 인간의 기본적인 욕구다. 잠자리에 들기까지 발생하는 아이의 심각한 문제들은 아이와 힘겨루기를 하는 부모로 인해 발생하는 경우가 대부분이다. 일과를 만드는 데 아이를 더욱 많이 참여시킬수록 아이는 조직과 질서에 관해 더 많이 배울 것이다. 아이에게 중요한 것은 가족을 운영하는 것이 아니라 가족을 위해 공헌할 수 있는 무언가를 갖는 것이다. 아이를 잠자리에 들도록 하기 위해 마치 서커스단의 동물처럼 아이의 조련을 받는 부모는 아이가 상황을 통제하도록 하고 있는 것이다.

## ✌ 실전! 생활 속 긍정 훈육법

① 아이가 잠자리에 들어야 하는 시간이 되면 아이 외에 열 가지 일에 관심을 가지기
보다는 그 20~30분을 오롯이 아이와 함께한다. 아이가 더 많은 관심을 원하는 이
유는 단 하나, 당신이 아이에게 충분한 관심을 주지 않기 때문이다.
② 일단 정해진 시간 동안 아이에게 충분한 관심을 쏟으면 그 이후에는 일과표에 나
와 있는 내용을 그대로 지키게 한다. 이러한 행동은 아이에게 당신이 말한 것은 반
드시 그대로 지키는 사람이라 여기게 해 준다. 나아가 아이는 자신의 주장을 분명
히 펼칠 수 있을 때와 그렇지 못할 때를 구분할 수 있게 될 것이다.
③ 아이가 잠자리에 들고 취침과 관련된 일과를 마치고 나면 아이가 잠이 들 때까지
침대에 함께 누워 있는 행동 등은 절대 하지 않는다. 일과표에 정해진 시간이 끝나
면 지체하지 않고 아이의 방을 나온다. 아이가 거는 힘겨루기에 넘어가지 않는다.
만약 취침 시간 이후에 아이가 방을 나오면 아이를 편안하게 안아서 아무 말 하지
않은 채 부드럽고도 단호하게 다시 방에 데려다 준다. 다음에 해야 할 일에 대해
어떠한 설명이나 말도 하지 않는다. 왜냐하면 아이는 이미 무엇을 해야 하는지 알

고 있기 때문이다. 행동은 말보다 더 큰 힘을 갖고 있음을 믿고 아이와 어떠한 논쟁도 벌이지 않은 채 방을 나온다. 당신은 말한 것을 그대로 지키는 존재임을 아이가 제대로 인식할 때까지 이러한 행동을 반복한다. 취침 시간에 아이가 있어야 할 곳은 그들의 방, 그들의 침대다. 만약 한밤중에 부부의 침실에 찾아온다고 해도 친절하게, 그리고 될 수 있는 한 그 즉시 아이를 방에 데리고 가서 뺨에 입을 맞춰 주고 침실로 돌아온다. 당신의 침대는 오직 부부만을 위한 것임을 아이가 분명히 인식할 수 있을 때까지 이 행동을 반복한다.

④ 만약 아이가 교묘한 행동으로 당신을 속이려 한다면 아이가 당신이 말한 것은 반드시 지키는 사람으로 인식하도록 세 번에서 다섯 번 정도 단호하면서도 부드럽게 행동(아무 말 하지 않고 아이를 돌려보내기 등)하는 모습을 보여 준다. 아이들은 쉽게 속일 수 있는 부모 또는 너무 단호하고 부드럽지 않은 부모보다 단호하면서도 부드러운 부모 옆에서 안전함을 느낀다.

⑤ 만약 아이와 힘겨루기 상황에 처해 있거나 아이가 교묘한 언행으로 당신을 속이려 한다면 아이의 옆에 앉아 당신의 실수를 인정한다. 아이에게 아이와 부모인 당신 모두에게 부정적인 취침 습관을 들이게 된 것이 당신의 잘못임을 이야기한다. 이는 아이가 실수는 무언가를 배울 수 있는 훌륭한 기회임을 알 수 있는 적절한 시기이기 때문에 아이와 함께 문제를 해결하여 이를 교육할 수 있다.

⑥ 취침 시간 이후에 아이가 방 밖으로 나오지 못하도록 아이의 방 문에 자물쇠를 거는 부모도 있다. 이러한 행동은 매우 위험할 뿐만 아니라 아이를 굉장히 무시하는 것이다. 당신이 부드러우면서도 단호한 태도를 유지한다면 이러한 조치는 더 이상 필요하지 않게 될 것이다. 젖을 떼는 것은 아이와 부모 모두에게 매우 힘든 일이지만 두 사람 모두의 독립을 위해 분명히 필요한 것임을 기억해야 한다.

## ✌ 문제를 예방하는 좋은 습관 기르는 법

① 취침 시간에 지켜야 할 일과표를 만드는 데 아이를 참여시킨다(만약 아이를 여러 명 둔 부모님이라면 아이들 각자가 자신만의 일과표를 갖도록 해 준다). 잠자리에 들기 전 까지 마무리해야 하는 일들(예: 목욕, 잠옷 갈아입기, 이 닦기, 장난감 정리, 숙제, 다음 날 입을 옷 결정하기, 침실에 들어가기, 이야기 책 읽기, 안아 주기, 뽀뽀)의 목록을 만들 도록 도와준다. 제한된 선택을 활용하여 각 항목을 몇 시에 시작할 것인지, 얼마만 큼의 시간을 보낼 것인지 선택하게 한다. 어린아이들은 일과표에 자신의 사진을 붙이는 것을 좋아할지도 모른다. 완성된 일과표는 각자 방의 문 앞에 붙인다.

② 잠자리와 관련된 일과를 시작해야 할 시간이 되면 아이에게 이제 다른 일을 그만 두고 잠을 자야 할 시간이라고 분명히 말한다. 아이에게 "일과표에서 가장 먼저 해 야 할 일이 뭐지?"라고 질문한다. 이 방법을 통해 아이는 당신과 힘겨루기를 하기 보다는 스스로 충분한 권력을 갖고 있다고 여기게 될 것이다.

③ '시간에 맞춰 잠자리에 들기'와 같은 게임을 하는 것은 아이가 일과표를 자연스럽 게 지킬 수 있도록 할 것이다. 미리 정해진 대로 타이머를 설치해 놓고 타이머가 울리기 전에 일과표에 정해진 일을 모두 마치게 하는 것이다.

④ 잠자리 들기 전 10분간 동화책 읽어 주는 시간이 있음을 설명해 준다. 만약 그들이 잠자리에 들기 전 해야 하는 일들을 모두 마치면 책을 읽어 줄 것이라고 말해 준 다. 만약 정해진 시간 전까지 일과를 모두 마치지 못한다면 책을 읽어 주지 않고 아이를 안아 주고 뽀뽀한 후 방을 나온다.

⑤ 나이가 더 많은 형제가 잠을 자지 않고 늦게까지 깨어 있는 사실을 부당하게 생각 하는 아이가 있다면 화낼 수는 있으나 그렇다고 해서 밤늦게까지 깨어 있는 것이 당연한 것은 아님을 분명히 설명한다.

⑥ 아이가 나이 들어감에 따라 아이의 취침 시간을 정하는 데 아이의 발언권과 할 수 있는 일 또한 점차 늘려 준다.

⑦ 더 나이를 먹으면 저녁 아홉 시 이후에 잠자리에 들 수 있는 시간을 자유롭게 결정하도록 해 준다. 취침 시간이란 각자의 방에 돌아가야 하는 시간이지, 꼭 잠을 자야 하는 시간이 아니다(물론 어린아이는 다르다. 그들에게는 성인 이상의 취침 시간이 필요하다). 만약 아이가 잠을 자야 하는 가족 구성원 그 누구도 방해하지 않는다면, 잠자리에 들 충분한 준비가 될 때까지 책을 읽거나 조용히 놀 수 있게 해 준다. 아이가 너무 늦게 잠자리에 들어 다음날 피곤해 한다면 늦은 취침이 어떤 결과를 초래했는지, 그로 인해 어떠한 일이 발생했는지, 향후에 비슷한 문제를 해결하기 위해 어떤 선택을 취할 수 있는지 스스로 생각해 볼 수 있게 한다. 늦게 잔 탓에 늦잠을 자 학교에 지각한다면 자신의 행동으로 인한 결과를 직접 경험하게 한다.

## 🖐 아이들이 배울 수 있는 삶의 기술

이러한 훈육 방법을 통해 아이들은 자신의 신체가 올바로 작동하는 데 필요한 충분한 수면을 취하기 위해 다른 사람에게 의지하거나 타인을 속이는 대신 자립심을 기르게 된다. 아이들은 부모 또한 혼자만의 시간이 필요한 존재라는 것을 깨닫고 자신과 떨어져 있는 시간을 보장하게 된다. 더불어 부모가 자신을 존중하고 있으며 자신의 교묘한 행동에 속지 않음을 배우게 된다. 마지막으로 원하는 것을 항상 얻을 수는 없으며 그러한 사실이 불만스러운 것은 당연하다는 사실을 배우게 된다.

## 🖐 양육 포인트

① 아이가 내부에서 나오는 목소리(나는 피곤해!)에 귀 기울일 필요가 있음을 가르치는 것이 그들을 억지로 잠자리에 들게 하는 것보다 더 효과적이다. 아이에게 취침 시간임을 일깨우는 것은 당신 혼자만의 시간을 보낼 수 있다는 점에서 스스로를

존중하는 방법이기도 하다.

② 일부 부모는 사랑이라는 이름으로 아이의 부당한 요구를 모두 다 들어준다. 이러한 부모는 자신의 양육 방법이 장기적으로 어떤 결과를 초래할 것인지 간과하고 있는 것이 분명하다. 아이가 원하는 것을 아무 조건 없이 들어주는 것은 결코 아이를 존중하는 방법이 아니다. 아이들은 결핍의 상태에서도 충분히 생존할 수 있으며 이 과정에서 행복함을 느낄 수 있다는 사실을 배울 필요가 있다. 아마 당신이 취침 전뿐만 아니라 하루 일과 중에 아이에게 너무 많은 애정을 주었기 때문에 아이는 잠자리에 드는 데 있어서도 자신의 요구가 수용될 것이라 당연히 여기게 된 것일지도 모른다. 아이는 스스로의 유능함과 자립심을 배워야 한다.

## 훈 육 도 우 미

한 부모는 자신의 경험을 나누었다. "네 살 된 제 아이는 침대에 눕히면 저를 따라 방 밖으로 나왔습니다. 아이를 다시 방으로 데려다 줬을 때 아이는 한 시간 동안 소리를 지르고 발을 구르다가 지쳐 잠이 들었습니다. 그다음 날 아이는 30분 동안 울었습니다. 그리고 삼일 정도 지나자 우는 시간은 10분으로 단축되었습니다." 그 이후 취침 시간은 포옹과 장난과 이야기와 협동으로 가득 찬 즐거운 시간이 되었다.

다른 아빠는 아이를 침대에 눕힐 때 다음 두 가지 질문을 하여 문제를 해결할 수 있었다고 말했다. 그는 아이에게 "오늘 가장 슬펐던 일이 뭐니? 오늘 가장 행복했던 일이 뭐니?"라고 물어보았다. 각 질문을 한 뒤 아빠는 아이의 말을 경청하였고 아이에게 아빠의 하루에 대해서도 이야기해 주었다. 대부분의 경우 대화는 3분 정도 이어졌고 어떤 때는 그 이상이 걸리기도 했다. 그는 "저는 제가 질문을 하고 이야기를 들어주었을 때 아이들이 얼마나 많은 이야기를 나누는지를 보고 놀라움을 감추지 못했어요. 이 시간 동안 느낀 친밀감을 통해 아이는 긴장을 풀고 잠들 준비를 할 수 있었습니다."라고 설명했다.

# 9 야뇨증

올해로 여덟 살이 된 제 아들은 아직 잠잘 때 오줌을 참지 못해요. 저는 아이의 이러한 증상을 치료하기 위해 밤중에 몇 번씩 아이를 깨우는 등 온갖 민간요법을 사용해 봤답니다. 하지만 이러한 방법들은 매우 번거로웠을 뿐만 아니라 아들에게 괴롭고 고통스러운 과정이었습니다. 좋은 방법이 없을까요?

## 당신 자신과 자녀 그리고 상황 이해하기

만약 네 살에서 다섯 살 정도의 아이가 아직도 잠을 잘 때 침대에 오줌을 싼다면 이는 분명 부모 입장에서는 걱정거리가 될 수 있다. 만약 아이가 꾸준히 야뇨증 증상을 보이는 것이 아니라 며칠간은 호전되었다가 다시 오줌을 누는 행동이 불규칙적으로 반복된다면 이는 아이가 가족에게 받는 스트레스 때문일 수도 있다. 이러한 스트레스 요소에는 신체적·성적인 학대가 포함된다. 하지만 가정에 이러한 스트레스 요소가 존재하지 않는다면 아이의 야뇨증은 '잘못된 행동의 네 가지 목적'과 연관되어 있을 가능성이 크다. 집 안에 낯선 아이가 있다거나 부모가 이혼을 하거나 혹은 새로운 곳으로 이사를 하는 등 자신에게 스트레스를 주는 몇 가지 상황을 접했을 때 아이들은 네 가지 잘못된 행동을 선택한다. 반면 아이의 야뇨증이 꾸준히 나타나는 증상이라면 이는 아이의 성숙하지 못한 방광이나 수면 패턴과 같은 아이의 신체 상태와 관련이 있다. 이 경우 가장 먼저 해야 할 것은 건강검진을 통해 아이의 야뇨증이 신체적 문제에 원인이 있는지 혹은 발달 중에 발생할 수 있는 자연스러운 현상인지 확인하는 것이다. 야뇨증은 아이뿐만 아니라 가족에게 매우 당황스럽고 수치스러울 수 있으며, 나아가서는 부모가 아이를 통제하려는 원인으로 발전할 여지가 있다. 다음에 이어질 제안사항을 꼼꼼히 읽어 보자.

## 🐰 실전! 생활 속 긍정 훈육법

① 만약 당신의 가족이 자칫 아이에게 스트레스로 작용할 수 있는 변화(예: 동생의 탄생, 이사, 부모의 이직)를 경험하고 있는 중이라면, 아이의 소속감과 자존감을 키워 주기 위해 함께하는 특별한 시간을 보낸다. 아이가 충분히 안전하다고 느낀다면 야뇨증은 자연스럽게 사라질 것이다.

② 아이의 야뇨증이 발달상의 문제이며 아이가 깨어 있는 동안 방광을 올바로 통제하는 데 어려움을 겪기 때문이라는 주장은 당신의 자녀가 매우 깊이 곯아떨어지거나 혹은 자다가 깨어나는 것을 힘들어 할 경우 매우 위험한 것일 수 있다. 아이가 도움을 요청하는 경우를 제외하고는 절대 잠자는 아이를 깨우지 않는다. 또한 잠자기 전에 물을 마시지는 않았는지, 화장실을 갔다 왔는지 일일이 참견하지 않아야 한다. 대신 아이에게 사람은 방광을 자신의 의지대로 통제하는 데 오랜 시간이 걸리며 시간이 지나면 자연스럽게 통제하게 될 것임을 알게 해 준다.

③ 아이에게 수치심을 주는 등의 방법을 통해 문제를 악화시키지 말고 긍정적인 지원과 이해 및 격려를 통해 아이에게 용기를 주어야 한다. 이를 위해서는 먼저 아이의 시각에서 문제를 바라볼 필요가 있다. 밤에 오줌을 참지 못하는 문제에 대해 아이의 생각을 먼저 물어본다. 이에 더해 아이에게 도움이 필요한지, 아니면 스스로 이 문제를 해결할 것인지 물어본다. 그리고 아이의 대답을 주의 깊게 듣는다.

④ 아이에게 어떤 일을 할 것을 강요하기보다는 부모로서 당신 스스로 무엇을 할 것

인지 결정하길 바란다. 야뇨증을 갖고 있는 아이를 둔 부모는 아이의 침대 매트리스를 비닐로 덮어버리고 싶을지도 모른다. 또는 손쉽게 세탁할 수 있는 주머니를 만들길 바랄지도 모른다. 아이가 밤새 오줌을 쌌을 경우 역한 냄새를 맡기 싫어 아이의 방에서 나올지도 모른다. 한 가지 분명한 것은 당신이 어떤 행동을 취하든 부드러우면서도 단호하게 행동해야 한다는 것이다.

⑤ 문제를 해결하기 위한 선택사항을 아이에게 제공한다. 배뇨를 잠시 동안 미루어 방광을 단련하고 스스로 방광을 통제하는 느낌을 알도록 하는 것, 소변을 보기 위해 취침 중 미리 정해둔 시간에 일어날 것인지 물어보는 것, 알람시계를 구입하고 취침 시간 동안 맞춰 두는 것, 병원 치료를 받는 것이 그것이다.


## ✌ 문제를 예방하는 좋은 습관 기르는 법

① 부모로서 당신이 취하는 행동이 지나친 관심 끌기, 힘의 오용, 앙갚음의 악순환, 자포자기 등을 초래하지는 않은지 살펴본다. 야뇨증을 경험하는 아이의 부모는 대부분 잔소리, 상기시키기, 지시하기, 아이의 방광을 자신이 통제하기 등의 행동으로 문제를 악화시킨다. 이러한 행동을 즉각 멈추자! 대신 아이가 친구와 함께 놀면서 즐거운 시간을 보내게 한다. 더불어 아이를 가족회의에 참여시켜 문제해결에 협력을 구하고 감정을 공유하며 서로의 행동으로 인해 상처받았던 마음을 나눈다. 아이에게 소속감과 공헌을 강화할 수 있는 기회를 제공한다.

② 아이가 너무 어릴 때부터 배변 훈련을 시작하지 않아야 한다. 부모의 욕심은 아이의 야뇨증을 초래하는 하나의 원인이다. 우리는 아이가 24개월에서 30개월 정도가 된 이후의 여름에 배변 훈련을 시작할 것을 권하는 바다. 물론 예외는 있다. 일부 아이는 이 나이가 되기 전에 스스로 배변 훈련을 시작한다. 우리 제안의 요점은 아이가 충분히 준비되지 않았을 때 성급하게 배변 연습을 시작하지 말라는 것이다.

③ 아이에게 세탁기 사용법을 가르친다. 심지어 세 살짜리 아이도 세탁기 다루는 법

을 배우고 활용할 수 있다. 나아가 자녀에게 한밤중 잠자리가 불편하면 옷을 갈아입고 시트를 교체하는 방법을 가르칠 수 있다. 교육 후 충분히 연습한 후라면 취침과 관련된 아이의 어떠한 행동에도 지나친 관심을 보이거나 대신해서 아이를 돌봐주는 행동을 자제한다. 아마 밤새 침대에 오줌을 눈 아이는 다음 날 자신에게서 나는 우스꽝스러운 냄새 때문에 친구들에게 놀림을 받을지도 모른다. 이 경우에도 그냥 그 결과를 스스로 수용하게 한다.

④ 만약 여행을 떠나거나 아이가 외박을 원할 경우에는 기저귀형 팬티를 착용하는 등과 관련하여 아이와 충분히 대화한다.


## 🖐 아이들이 배울 수 있는 삶의 기술

이러한 양육 방법을 통해 아이들은 엄마, 아빠가 자신이 겪고 있는 신체상·발달상의 문제에 관해 자신을 충분히 사랑하고 존중하는 방법으로 대처하고 있음을 배울 것이다. 아이들은 문제를 해결하기 위해 최선을 다할 것이며 자신이 겪고 있는 문제가 스스로를 가치 없는 존재로 만들지 못할 것임을 알게 될 것이다.


## 🖐 양육 포인트

① 배변 활동은 인간의 매우 자연스러운 신체 작용이다. 아이들은 힘겨루기 상황이 아니라 하더라도 어른이 하는 행동을 똑같이 하고 싶어 하며, 자기 자신에게 이기고 지는 것에 매우 민감하다.

② 절대 아이를 다른 집 아이들과 비교하지 않는다. 다른 아이들이 당신의 아이보다 조금 더 일찍 야뇨증을 극복했다 한들 어쩌겠는가? 부모로서 당신이 취할 수 있는 행동은 아무런 조건 없이 그저 있는 그대로의 아이를 사랑하는 것이다.

## 훈 육 도 우 미

다음은 한 가족의 이야기다.

우리는 캠핑을 통해 아이들의 소변을 참을 수 있는 한계를 깨달을 수 있었다. 만일 준수가 화장실에 가고 싶다고 말하면 우리는 적합한 장소를 찾을 때까지 20분 정도의 시간이 있다는 것을 알았다. 만일 수민이가 화장실에 가고 싶다고 하면 우리는 10분 정도 시간이 있다는 것을 알았다. 하지만 준혁이가 화장실에 가고 싶다면 하면 우리는 당장 차를 갓길에 세워야 했다.

준혁이는 십대 초반이 될 때까지 이불에 실례를 하곤 했다. 아이가 열다섯 살이 되었을 때 그는 친구들과 캠핑을 갔다. 준혁이는 이불에 실례를 해서 창피를 당할까 두려워 밤을 지새웠다.

우리는 이것이 발달 과정의 일부라는 사실과 그가 이 사실에 대해 매우 부끄러워한다는 사실을 알고 있었기 때문에 그를 괴롭히지 않았다. 대신 우리는 아이를 이해해 주고 해결 방법을 함께 생각해 보았다. 가장 웃겼던 제안사항은 아이의 발가락에 끈을 묶어 두는 것이었다. 밤중에 화장실을 자주 가는 내게 아이는 화장실을 갈 때마다 끈을 당겨달라고 부탁했다.

결국 우리는 그 문제에 대해 관심을 갖지 않게 되었고 준혁이는 스스로 침대 정리를 완벽하게 했다. 그의 문제는 확실히 해결되었다.

# *10* 깨무는 아이

어떻게 하면 다른 아이들을 깨무는 제 딸아이의 행동을 멈추게 할 수 있을까요? 그녀는 자신이 원하는 것을 그 즉시 갖지 못하거나 무언가 불만스러우면 아무나 깨물어 버립니다.

## ☝ 당신 자신과 자녀 그리고 상황 이해하기

이 말이 도움이 될지 모르겠지만 무언가를 깨무는 아이의 행동은 이가 나기 시작할 무렵의 세 살 언저리 아이에게는 매우 일반적인 것이다. 무언가를 물어뜯는 아이는 부모에게는 당혹스러움을, 물린 아이의 부모에게는 분노를 불러일으킬 수 있지만 대부분의 경우 아이의 이런 행동은 잘못된 행동이라기보단 기술이 부족한 것이다. 물어뜯는 습관이 있는 아이는 사회적인 상황에서 실망감을 경험하는 경우에 이런 행동을 반복하게 되며 자신의 실망과 분노를 올바로 표현하는 다른 방법을 알지 못하는 경우가 많다. 몇몇 아이는 무는 행위를 통해 객체를 올바로 이해하려 한다. "나는 지윤이가 어떤 맛이 나는지 궁금해요."

아이들은 단지 그것을 게임의 일환으로 생각하고 다른 사람을 물려고 한다. 이 경우 아이들이 스스로의 행동을 나쁘다고 느끼거나 어른들이 자신을 혼내는 것처럼 자기도 자신보다 작고 어린아이에게 상처를 주는 것이 괜찮다고 느끼는 등의 문제를 남기지 않도록 하는 것이 중요하다.

## 🐰 실전! 생활 속 긍정 훈육법

① 무언가를 물어뜯는 행동에 대해 아이에게 화를 내거나 처벌하지 않는다. 아이에게 상처를 주는 것은 아이가 다른 사람들에게 상처 주는 행동을 멈추게 하는 데 어떤 도움도 되지 않는다.

② 만약 아이가 다른 아이를 깨문 전력이 있다면 아이 가까이에서 지켜본다. 그리고 누군가를 깨물었을 땐 문제가 발생하기 전에 즉각 제지한다.

③ 다른 아이들과 노는 며칠 동안 아이를 가까이에서 지켜본다. 아이가 어떤 것이든 물 태세라면 아이를 조용한 곳으로 데려와 "사람들을 무는 것은 옳지 않아. 원하는 것이 있으면 이야기하렴." 이라고 말한다. 아마 처음에는 아이가 당신이 하는 말을 제대로 이해하지 못할 것이다. 하지만 곧 당신의 행동을 이해한다. 아이가 아직 말을 하기 전이라면 다른 사람을 무는 것은 옳지 못하다는 것을 설명한 후에 아이의 주의를 다른 곳으로 돌릴 수 있는 제안을 한다. "이번엔 그네를 탈까? 아니면 블록을 갖고 놀래?"

④ 미처 손을 쓰기 전에 아이가 다른 사람을 물었다면 일단 아이를 진정시킨 후 아이와 함께 물린 아이를 편안하게 만들도록 노력한다. 아이를 안고 "봐, 지윤이가 울잖아. 지윤이의 기분을 풀어 주기 위해 우리가 무엇을 해 줄 수 있을까? 물린 데 얼음을 올려 주고 안아 주자." 라고 말한다. 당신이 아이를 대신해서 물린 아이를 안아 주는 이 방법을 많은 사람이 반대할지도 모르겠지만 당신이 취하는 행동은 아이에게 본보기가 될 것이다. 부모로서 당신이 아이 대신 취하는 이러한 행동은 아이에게 다른 사람에게 상처를 주는 대신 그들을 편안하게 만드는 방법을 알려 줄 것이다. 아이는 설교를 통해서는 어떤 것도 배우지 못한다. 또한 체벌을 통해서도

그 어떤 것도 학습하지 못한다. 하지만 이러한 역할 학습을 통해서라면 동정과 연민이 갖고 있는 힘과 다른 사람을 돕는 데서 느낄 수 있는 자부심을 배우게 될 것이다. 아이가 상황을 충분히 이해할 수 있을 만큼 성장하면 아이는 수치심과 고통 대신 동정심과 연민을 기억할 것이다.

⑤ 당신의 자녀에게 물린 아이와 아이의 부모에게 사과한다. 지금 당신이 느끼는 감정에 솔직해진다. "이러한 상황이 저 역시 매우 당황스럽습니다. 제 아이가 앞으로는 어떤 것도 물지 않게 모든 노력을 기울이겠습니다. 그러나 저는 체벌은 그 어떤 문제도 해결할 수 없다고 생각해요." 당신의 자녀와 물린 아이를 모두 진정시키고 난 이후에는 사람들이 서로 사랑을 주고받는 방법에 관해 역할극을 진행한다.

⑥ 만약 당신의 자녀에게 체벌을 가해야만 한다고 생각하는 부모와 마주친 경우라면 당신의 입장을 분명히 전달한다. "저희와는 양육 철학이 분명히 다르시군요. 하지만 상대방의 양육 철학을 존중해야 한다고 생각해요." 상대방을 존중하면서도 동시에 위엄 있게 그 장소를 떠나라. 아이는 다른 사람들의 눈에 비친 당신의 모습보다 더 귀중한 존재다.


## 🐾 문제를 예방하는 좋은 습관 기르는 법

① 아이와 함께 '~인 척하기' 게임을 하자. 당신이 장난감을 갖고 싸우고 있는 친구라 가정하고 이번에는 당신이 아이의 팔을 문다. 무는 행동을 멈추고 "엄마가 물었을 때 어떤 기분이 들었니? 너를 무는 것 대신 엄마가 어떻게 행동했으면 좋겠니?"라고 질문한다. 다시 한 번 똑같은 상황극을 진행하면서 아이가 무는 것 대신 제안했던 방법을 연습하게 한다.

② 아이의 행동을 수정할 수 있는 방법들에 관해 브레인스토밍한다. 만약 아이가 상대방을 무는 것 외에 그 어떤 방법도 찾아내지 못한다면 원하는 것을 이야기하는 방법에 관해 가르쳐 준다. "나는 너에게 화가 났어." "이젠 내 차례야." "내가 다른

장난감을 갖고 올게. 그럼 바꿔서 갖고 놀자."와 같이 말하는 방법이나 주변 어른들에게 상황 중재를 요청하는 방법을 제안해 본다. 그리고 다시 한 번 '~인 체하기' 놀이를 통해 해당 아이디어를 연습한다.

③ 솔직하게 엄마의 감정을 표현한다. "엄마는 네가 다른 사람을 물면 매우 기분이 나빠진단다. 다른 사람이 너로 인해 상처받는 것이 싫기 때문이야. 다른 사람을 무는 거 말고 다른 방법이 없을까?" 또는 "지금 네가 네 주변의 모든 사람을 물어버리려고 하기 때문에 네 옆은 매우 안전하지 않은 것 같아. 네가 너의 화를 표현할 다른 방법을 찾기 전까지 엄마는 다른 곳에 가 있을게."

④ 만약 말을 배우기 전이라면 아이가 스스로의 좌절을 해결할 수 있게 되기 전까지는 가까이에서 아이를 감시한다. 아이가 유치원에 가기 전 혹은 그것보다 빠른 시간 내에 다른 사람을 무는 행동을 멈출 것이라 생각하고 마음을 편하게 가진다.

⑤ 아이를 가까이에서 감시할 때는 아이가 원하는 것이 무엇인지, 달성하려고 하는 목표가 무엇인지 분명하게 이해하려는 노력이 필요하다. 아이가 다른 방법으로 스스로의 분노와 좌절감을 표현하기 전에 자신의 감정을 말로 표현하도록 해야 한다. "엄마가 보기엔 네가 지금 공을 원하는 것 같구나. 하지만 공을 이로 무는 것은 올바르지 못해. 다른 공을 한 번 찾아보자."

⑥ 만약 아이가 이제 막 이가 나기 시작했다면, 그리고 무언가를 씹고 물길 원한다면 동물 인형이나 천, 깨물고 놀 수 있는 장난감을 건넨다. 이밖에 얼린 주스 아이스크림을 주어 물건들을 물어뜯느라 부어 오른 아이의 잇몸을 편안하게 해 준다.


## ✌ 아이들이 배울 수 있는 삶의 기술

앞서 말한 훈육 방법을 통해 아이들은 다른 사람에게 고통을 주는 것이 올바르지 못한 행동임을 배울 것이다. 또한 자신이 어떤 행동을 하든 엄마, 아빠는 항상 자신을 사랑하며 어른들은 자신이 올바른 문제해결 방법을 발견할 수 있게 도와주는 존재라 인식하게 될 것이다. 당신의 자녀는 희생자 또는 친구들을 괴롭히는 사고방식을 발달시키기보다는 다른 사람에게 상처를 주지 않고 문제를 해결할 수 있음을 배우게 될 것이며 이러한 교훈을 학습하는 동안 엄마, 아빠는 자신을 사랑하고 존중해 줄 것이라 믿게 될 것이다.

## 🖐 양육 포인트

① 일부 부모는 다른 아이를 물어뜯은 자녀를 진정시키는 행동은 잘못된 행동에 보상을 주는 것이라 믿을지도 모르겠다. 하지만 절대 그렇지 않다. 아이를 안아 주는 행동은 아이에게 안도감을 줄 순 있지만 아이의 잘못된 행동을 받아들이고 있음을 뜻하지는 않는다. 아이를 안아 주는 행위는 자녀에게 소속감을 심어 줄 뿐만 아니라 아이의 잘못된 행동을 점차 줄여줄 것이다. 또한 다른 사람들로부터 기꺼이 수용될 수 있는 행동에는 어떤 것이 있는지 알게끔 해 줄 것이다.

② 일부 부모는 아이가 타인을 무는 경우 즉각 아이를 혼내어 자신의 행동이 얼마나 잘못된 것인지 알려 주어야 한다고 믿는다. 하지만 세 살에서 네 살 이하의 아이는 동정이나 연민과 같은 모호한 감정을 아직 올바로 이해하지 못한다. 그들은 이제 막 명확한 사례들을 이해하거나 당신이 하는 행동을 그대로 흉내 내는 수준에 다다랐다. 아이가 당신을 물었다고 해서 똑같이 아이를 물거나 혼을 내는 것은 아이가 자신의 행동을 수용 가능한 것이라 여기게 만든다. 심지어 그것이 다른 사람을 아프게 하는 행동임에도 말이다. 아이를 혼내는 것은 보복과 폭력을 양산한다. 당신이 취하는 행동의 장기적인 결과를 판단하라. 당신은 아이에게 보복과 폭력을 가르칠 것인가? 아니면 서로를 존중할 수 있는 해결 방안을 가르치겠는가? 학습에는 시간이 걸린다. 그것이 글자를 읽는 것이든, 차를 운전하는 것이든, 인생을 사는 데 꼭 필요한 사회적인 기술이든 말이다.

　　유선 씨와 남자친구 동건 씨는 유선 씨의 세 살 된 딸 다정이 앞에서 자주 다투었다. 그
리고 둘이 다툴 때마다 다정이는 동건 씨에게 달려와 그를 물었다. 동건 씨는 아이를 혼내
지 않는 유선 씨에게 아이를 응석받이로 키우고 있다고 말했고, 유선 씨는 아이가 둘의 다
툼에 대해 자신의 감정을 표현하고 있다고 생각했다. 유선 씨와 동건 씨가 동의한 사항은
다정이에게 올바른 감정 표현 방법을 가르쳐 주어야 한다는 것이었다. 그들은 아이 앞에서
다투지 않기로 약속했다. 그리고 그들은 다정이가 물려고 할 때 어떤 자세를 취하는지 알았
기 때문에 아이의 행동을 주시하기로 했다. 다정이는 눈을 반짝이며 머리를 뒤로 한껏 젖혔
다가 입을 열고 동건 씨를 향해 돌진했다. 그럴 때마다 엄마는 다정이를 동건 씨에게서 떨
어뜨려 놓고 "사람은 물어도 되는 게 아니야. 무언가를 물고 싶으면 물 수 있는 고무 장난감
을 가져다줄게."라고 말했다. 며칠이 지나자 다정이는 동건 씨를 더 이상 물지 않았다.

# 11 지루함을 참지 못하는 아이

제 아이는 지루한 것을 조금도 참지 못해요. 언제나 자신을 재미있게 해 주길 원하죠.

## ✋ 당신 자신과 자녀 그리고 상황 이해하기

오늘날 우리는 아이들이 스스로의 힘으로 무엇이든 즐길 수 있는 시대를 살고 있다. 텔레비전, 컴퓨터, 게임까지 다양한 즐길 거리는 부모들을 딜레마에 빠지게 만들었다. 아이들은 어린이 방송을 보거나 게임을 하는 등 스스로를 즐겁게 만들기 위해 수동적으로 텔레비전 앞에 앉게 되었다(물론 어린이 방송이 아이들의 교육에 매우 긍정적이며 다양한 게임 역시 눈과 손의 협력 측면에서 생각해 볼 때 긍정적이긴 하지만 아이들의 창의성, 지략, 적절한 두뇌 개발에 제한을 가한다는 점에서는 부정적이다). 아이들이 즐길 수 있는 다양한 요소에 관해 부모가 갖고 있는 또 다른 딜레마는 이들 기기가 아이들이 갖고 있는 문제를 해결해 줄 수 있다고 믿는 것이다. 아이들은 운동, 외부 활동, 취미 그리고 여타의 활동을 즐기는 데 부모의 도움을 필요로 하지만 단순히 게임을 하거나 텔레비전을 볼 때는 도움을 필요로 하지 않으며 오히려 이 순간만큼은 부모의 통제를 벗어나려 한다.

# 🐰 실전! 생활 속 긍정 훈육법

① "네가 갖고 있는 문제를 해결하기 위해 무엇을 해야 할까?"라고 질문해 본다. 만약 자녀가 해당 질문에 대해 "잘 모르겠어요."라고 대답한다면 아이를 대신해서 문제 해결 방법을 가르쳐 주지 않는다. 이 경우에는 "나는 네가 스스로 이 문제를 해결할 수 있을 거라 믿어."라고 말하는 것만으로 충분하다.

② 아이에 대한 공감과 아이를 인정하는 태도를 갖고, 더불어 아이의 행동을 수정하려는 어떠한 행동도 배제한 채 아이의 말에 귀를 기울여라. "그래, 그건 인정할 수 있어. 나도 때때로 지루하니까." 만약 아이가 끊임없이 무언가 자신을 즐겁게 할 거리를 요구한다면 "음" "어"와 같은 애매한 소리를 내며 아이의 요구를 경청하고 이를 인정해 준다. 그렇게 하면 아이는 지루함을 해결하길 바라며 시도했던 부모의 노력에도 싫증을 느끼며 스스로 무언가를 찾을 것이다.

③ 또 다른 방법으로는 "그래 좋아. 아마 너의 몸과 마음은 네가 조용히 지낼 수 있는 시간이 필요할지도 모르겠구나. 조용하게 자신에 대해 생각하는 방법을 배우는 게 어떠니?"라고 말하는 방법이 있다. 이렇게 말하면 아마 아이는 그 즉시 도망치려 할 것이다. 그러나 이 방법은 아이에게 좋은 습관이 될 수 있기 때문에 차분한 시간을 가지고 자신의 행동을 돌아보는 습관을 기르도록 가르쳐 주어야 한다.

④ 텔레비전 시청, 컴퓨터, 게임을 할 수 있는 시간을 제한하여 아이가 전자기기에 의존하거나 수동적으로 행동하는 대신 창의적이고 능동적으로 행동하는 것에 익숙해지도록 이끈다.

⑤ 지루함을 해결하는 데 자기 방을 청소하거나 맛있는 음식을 같이 만드는 활동 등이 얼마나 재미있는지, 그리고 이런 활동이 자신을 얼마나 행복하게 만들 수 있는지 설명해 준다.

## ✌ 문제를 예방하는 좋은 습관 기르는 법

① 가족회의 시간이나 문제해결을 위한 의견 나누는 시간을 활용하여 자녀와 함께 지루할 때 할 수 있는 활동에는 무엇이 있을지 브레인스토밍해 본다. 자녀 각각이 자신이 원하는 활동을 선택할 수 있도록 하고 '지루할 때 할 수 있는 것들' 목록을 만들도록 한다.

② 가족회의 이후에 아이가 지루하다고 불평을 늘어놓는다면 "가서 네가 작성한 목록을 확인해 보렴."이라고 이야기한다.

③ 아이가 지루한 순간에 할 수 있는 일에 관해 스스로 계획을 세우고 나면 당신은 다음 선택권을 아이에게 준다. "너는 지금처럼 계속 지루해 하거나 혹은 무언가를 하는 것 중 하나를 택할 수 있어. 둘 중 무엇이 더 좋을지는 분명히 알 거라고 생각해."


## ✌ 아이들이 배울 수 있는 삶의 기술

훈육 방법을 통해 아이들은 자유 시간을 알차게 채우는 것은 다른 누구도 아닌 스스로 해야 하는 것임을 깨달을 것이다. 아이들은 궁극적으로는 자신을 스스로 돌보는 것과 다른 사람이 아닌 자기 자신을 믿는 것을 생애 초기에 연습할 수 있다. 마지막으로 아이들은 지루함이란 창의성을 이끌어 내는 선도자이며 (만약 부모에게 지루함을 느끼는 것을 허락받는다면) 지루함이 그들을 새롭고 흥미로운 활동으로 이끌 것임을 배울 것이다.

## 🖐 양육 포인트

① 아이는 교묘한 방법으로 당신을 꾀어 자신이 원하는 것을 달성해내고 마는 능력이 뛰어나다. 만약 아이가 원하는 어떤 일을 대신해 주려 할 때가 되면 그러한 일이 아이를 절대 만족시킬 수 없음을 분명하게 깨달아야 한다.

② 아이를 믿어라. 이러한 믿음은 점차 퍼져 나갈 것이다. 아이는 당신의 안내를 따라 스스로에 대한 믿음을 갖게 될 것이다. 집안에서 일어나는 일들에 아이를 관여시키는 것을 두려워하지 말고 아이가 자신의 일과를 스스로 정할 수 있도록 권한을 부여한다. 이러한 방법은 아이의 지루함을 극복하는 데에도 많은 도움이 된다.

③ 아이들은 혼자서 충분히 할 수 있는 컴퓨터 프로그램을 설치하는 데, 특정한 활동을 하는 데, 야외 활동에 참가하는 데 어려움을 느끼거나 어른의 도움이 필요한 경우에도 지루할 수 있다. 부모가 방치하거나 특정한 일을 하는 데 필요한 자원이 부족할 경우 지루해하기도 한다. 아이들이 지루함을 느끼는 또 다른 이유에는 강한 자극(overstimulation)이 있다.

④ 자녀를 둔 부모는 삶에서 맛볼 수 있는 모든 종류의 좌절감과 불만에서 아이를 보호하는 것이 부모의 역할이라 믿기 쉽다. 하지만 이러한 유혹에 빠져서는 안 된다. 그러나 이를 핑계로 아이를 방치하거나 극한 상황에 빠뜨리는 행동을 정당화해서는 안 된다.

### 훈 육 도 우 미

한 시간 이상 아이를 심심하게 내버려 둔다면 아이는 심심함에 심심함을 느끼고 본능적인 지능을 사용하여 대안을 찾는다. 아이가 "아빠 심심해요."라고 말하면 나는 "그렇구나. 나중에 어떻게 됐는지 알려 줘."라고 답하고 하던 일을 계속한다.

# 12 친구를 괴롭히는 아이

제 아들은 매일 학교에서 집까지 걸어와요. 학교에 자기보다 덩치가 큰 아이가 있어서 자신을 때리겠다고 협박하며 괴롭히기 때문이죠. 저는 아이를 과잉보호하는 부모가 되거나 혹은 버스 정류장에 불쑥 나타나 아이를 당혹스럽게 하긴 싫습니다. 하지만 아이가 처한 상황을 극복하도록 도와주기 위해 어떤 것이든 하고 싶어요. 어떻게 해야 할까요?

## 당신 자신과 자녀 그리고 상황 이해하기

학창시절에 직·간접적으로 괴롭힘을 경험해 본 적이 단 한 번도 없었던 엄마, 아빠가 있을까? 아마 한 명도 없을 것이다. 모든 학교에는 아이 간의 괴롭힘이 존재한다. 친구들을 괴롭히는 아이는 협박과 행동을 통해 다른 아이를 희생자로 만들며 때때로 삶을 거의 포기하고 싶을 만큼 아이들을 괴롭힌다. 당신이 평화주의자라면 자녀가 친구에게 보복하는 것을 원치 않을지도 모른다. 하지만 당신이 자녀에게 제공하는 해결 방법이 또 다른 문제를 양산한다면? 그때는 아이들 사이의 괴롭힘은 더 이상 무시할 수 없는 문제가 될 것이다.

## 🖐 실전! 생활 속 긍정 훈육법

① 아이에게 문제를 겪고 있다면 어른에게 말하도록 격려하라. 자신이 괴롭힘 당한다는 사실을 말한다면 가만 두지 않겠다고 협박당하고 있더라도 그래야 한다.

② 친구들과 서로 돕는 시스템을 만들어서 당신의 아이가 혼자가 되지 않게 해 준다. 아이들끼리 서로를 돌봐 주고 구성원 사이에서 서로 안전함을 느낄 수 있게 해 준다.

③ 아이가 호신술 수업을 들을 수 있게 한다. 호신술 수업은 아이에게 자기 훈련과 자기 통제, 자아존중감을 심어 줄 것이다. 호신술을 통해 자신이 더욱 강해졌고 또 유능해졌다고 여기게 되어도 아이는 공격적으로 변하지 않는다. 아이의 자신감이 스스로를 지킬 수 있게 할 것이기 때문이다.

④ 당신의 자녀가 다른 아이를 때리거나 괴롭히지는 않는지 관찰하고 이러한 주제에 관해 이야기 나눈다.

⑤ 만약 아이가 학교에서 괴롭힘을 당하고 있다고 털어놓는다면 아이의 이야기를 주의 깊게 듣고 아이가 그와 같은 처우를 받고 있다는 사실에 유감을 표명하며 그것이 옳지 못한 일임을, 나아가 아이를 도와 줄 것임을 인식시킨다.

## 🖐 문제를 예방하는 좋은 습관 기르는 법

① 학교 측에 아이들 사이에서 발생하는 괴롭힘과 폭력을 더욱 엄격하게 감시할 것과 학교폭력과 관련해서는 더욱 엄하게 처벌할 것을 요청한다.

② 안전 교육과 명상 프로그램을 제안한다. 이러한 수업을 통해 친구들을 괴롭히는 아이들과 피해 아이들은 앞으로 어떻게 비폭력적으로 갈등을 해결할 것인지에 관해 함께 이야기를 나누고 친해질 수 있는 기회를 부여받는다.

③ 주로 괴롭힘이나 폭력이 발생하는 장소에 슬쩍 나타나 모습을 비춰 본다. 모닝커

피를 들고 아이의 등굣길에 서 있거나 멀리서 커피를 마시는 모습을 친구들에게
보여 주는 것이다.

④ 자녀를 다른 아이를 괴롭히는 아이로 기르지 않기 위해 아이가 친구들과 강한 유
대감을 갖고 있는지, 스스로를 힘없는 존재라 인식하고 있는지 확인한다. 주기적
인 가족회의를 통해 문제의 해결 방안에 집중할 수 있게 한다.

⑤ TV 쇼 시청을 중단하고 살인, 폭력과 관련된 영화나 게임도 금지한다.

⑥ 가정에서 좋은 남성상/나쁜 남성상을 조장하지 않는다. 만약 아이를 끊임없이 보
호하려 든다면 미처 깨닫기도 전에 아이는 괴롭힘을 당하거나 희생양이 될지도 모
른다. 만약 당신이 신체적인 학대를 하고 있다면 당신의 자녀 역시 친구들에게 똑
같이 행동하도록 조장하는 것임을 명심한다.

⑦ 당신의 자녀가 남을 괴롭히는 아이로 자라는 것을 예방하기 위한 가족회의를 주기
적으로 개최한다. 가족회의를 통해 아이는 차이를 존중하는 방법과 문제의 해결
방안에 집중하는 방안을 배울 것이다.

## ✋ 아이들이 배울 수 있는 삶의 기술

아이는 폭력을 사용하거나 스스로가 폭력의 희생자가 되지 않고 문제를 해결하는 방
법을 학습하게 될 것이다. 또한 남을 괴롭히는 아이는 선천적인 특성이 아닌 후천적인
교육으로 만들어진 존재라는 것을 이해하게 될 것이며, 남을 괴롭히는 행동은 스스로를
고립시키는 것임을 깨달을 것이다.

## ✋ 양육 포인트

① 아이를 탐탁지 않아 하거나 감정적 또는 육체적으로 학대하거나 협박이나 체벌 등

의 방법을 통해 아이를 훈육하는 등 자녀가 남을 괴롭히는 아이로 자랄 가능성이 있는 행동은 절대 하지 않는다.

② 비폭력적인 문제해결 방안에 대해 가르쳐 준다. 남을 괴롭히는 아이의 영역에서 벗어나도록 아이를 격려하고 나아가 도저히 스스로 문제를 해결할 수 없을 것이라 판단되면 그 즉시 어른에게 도움을 요청할 것을 강조한다.

### 훈 육 도 우 미

새 아파트로 이사 온 서준이는 덩치가 큰 이웃집 아이들에게 괴롭힘을 당했다. 어느 날 서준이의 여동생은 당당하게 그들에게 다가가 "우리 오빠를 계속 괴롭히면 뽀뽀해 버릴 거야."라고 말했다. 이웃집 아이들은 "도와주세요! 저 여자애가 제 근처에 못 오게 해 주세요!"라고 소리를 지르며 사방으로 흩어졌다.

찬영이 형 찬호는 찬영이를 괴롭혔다. 엄마, 아빠가 보고 있지 않을 때 동생을 발로 차고, 동생의 장난감을 밟고, 물건을 망가트리고, 찬영이의 방에 침을 뱉었다. 부모는 찬호에게 훈계를 하고, 겁을 주고, 소리를 지르고, 엉덩이를 때리고, 외출을 금지했지만 아무런 소용이 없었다. 엄마, 아빠가 찬영이를 지켜 주려 했지만 이 또한 효과가 없었다.

어느 날 찬영이 아빠는 찬영이를 태권도 학원에 보냈다. 일 년간 태권도 수업을 들은 후 찬영이는 형에게 자신이 매우 강력한 무기가 될 수 있고 필요하다면 형에게 태권도 기술을 사용하겠다고 말했다. 그는 형 앞에서 지금까지 배운 동작들을 시범 보였다. 찬영이는 발차기를 하고, 손동작과 뒤집기를 보여 주었고, 그 이후로 찬호는 동생을 괴롭히지 않았다.

# 13 자동차에서 소란을 피우는 아이

아이들이 얌전히 안전벨트를 매고, 서로 싸우거나 다투지 않고, 운전하는 부모의 귀를 물지 않고 조용히 어딘가에 가는 것이 현실에서 가능하긴 한가요? 제 아이, 제 친구의 아이와 차를 함께 타고 가는 날이 있다면 그날은 제게 가장 힘든 날입니다. 한 가지 더, 아이가 저를 단순히 운전기사로 여기지 않도록 하기 위해서는 어떻게 해야 하나요?

## ☝ 당신 자신과 자녀 그리고 상황 이해하기

한 가지 다행스러운 사실은 당신만 이러한 문제를 겪고 있는 부모가 아니라는 것이다. 운전 중 일어나는 이러한 문제 상황은 거의 모든 부모와 아이에게 굉장히 일상적인 일이다. 자동차 뒷좌석에서 정신없이 서로 싸우는 아이들, 그러한 아이들을 혼내기 위해 운전 중에 뒷좌석 아이를 때리려고 하는 부모의 행동 때문에 한 해에 얼마나 많은 교통사고가 일어나는지 알고 있는가? 교통안전법은 운전자인 당신뿐만 아니라 뒷좌석에 앉은 아이들 역시 안전벨트를 매야 함을 명시하고 있다. 가장 보편적인 교통수단인 자동차를 타고 이동하는 시간이 모든 가족 구성원에게 안전하고 편안할 수 있는 방법을 찾는 것은 매우 중요하다.

이러한 과정에서 이동 수단이 갖는 중요성은 매우 커진다. 하지만 이러한 사실은 결코 리무진을 구입해야 한다거나 운전 중에 안전모를 착용해야 한다는 것을 의미하진 않는다. 대신 부모로서 당신은 이러한 이동 수단에서 보내는 시간을 아이에게 존경과 문제해결 방법을 가르치기 위한 기회로 여겨야 한다.

## 🐰 실전! 생활 속 긍정 훈육법

① 차에 탄 뒤 안전벨트를 착용한 것을 확인한 후에 차에 시동을 건다. 자녀 각각은 자동차에 탔을 때 자신만의 좌석과 안전을 위한 좌석벨트를 지정받아야 한다. 아이는 당신이 하는 말의 의미를 알고 있으며 반대로 자신의 요구를 들어주도록 만들기 위해 당신을 조종하는 방법도 알고 있다.

② 어떤 행동을 취할지 선택하길 바란다. 만약 아이들이 너무 시끄럽게 떠들어 운전에 방해가 되고 이것이 가족의 안전에 부정적이라고 판단되면 그 즉시 차를 갓길에 세우고 아이들이 진정될 때까지 기다린다. 그리고 여타의 다른 장소가 아닌 자동차 안에서 이러한 대응 방법에 관해 아이들에게 설명한다. 그 뒤로도 아이들이 소리를 치거나 서로 싸우기 시작한다면 아무 말 하지 않고 차를 갓길에 정차한다. 아이들이 당신의 의도를 알아차릴 때까지 해당 대응 방법을 지속적으로 반복한다.

③ 운전 중에 아이들과 문제가 생겼다면 일부러 목적지까지 가는 우회로를 선택하여 아이를 훈육할 수 있는 시간을 충분히 갖는다. 만약 아이가 벨트를 푸는 등 안전하지 않은 행동을 하면 가장 먼저 보이는 갓길에 차를 세우고 아이가 다시 벨트를 맬 때까지 기다린다. 이때 아무 말도 하지 않는 것이 가장 최선의 교육 방법이다. 아이가 당신이 취하는 이러한 대응 규칙에 관해 충분히 알고 있는 상태라면, 다시 말로써 규칙을 상기시키는 것은 아이를 무시하는 태도가 될 수 있다. 행동은 말보다 더 큰 힘을 갖고 있다.

## ✌ 문제를 예방하는 좋은 습관 기르는 법

① 이동 수단과 관련된 법적인 규제를 완벽하게 지킨다. 이러한 규제를 준수하는 장치들을 차량에 구비하고, 이를 활용한다.

② 자녀가 어릴 때 자동차 여행에 대해 알려 주고 단거리 여행에 익숙해지게 한다. 자동차를 타고 이동하는 시간이 길어지면 아이가 쉴 수 있도록 주기적으로 휴식 시간을 갖는다. 다음 휴식 시간까지 얼마나 남았는지 알려 주는 알람시계를 구비하는 것이 도움이 될 것이다.

③ 차에 타기 전 아이에게 어떤 행동이 여행을 더욱 편안하고 안전하게 할 것이라 생각하는지 질문해 본다. 또한 안전한 여행을 위해 지켜야 할 규칙에는 어떤 것들이 있는지 토론해 본다. 이러한 규칙을 만드는 데 발언권을 가질 때 아이는 더욱 협조적으로 행동할 것이다.

④ 장거리 운전을 하는 경우라면 아이들이 지루하지 않도록 장난감이나 읽을거리를 준비한다. 아이가 벨트를 매지 못할 만큼 몸집이 작거나 너무 어리다면 어른 한 명이 뒷자리에 앉아 아이를 돌보아야만 한다. 특별한 차량용품을 구입하거나 놀이기구를 활용하는 부모도 있다.

⑤ 만약 아이들이 서로 조수석에 앉겠다고 싸운다면, 어떻게 하겠는가? 이 경우 서로

차례를 돌아가며 조수석에 앉게 될 것임을 아이들에게 알려 줘야 한다. 그들 스스로 정한 규칙을 활용할 준비가 되면 알려달라고 하자. 아이들이 정한 규칙을 완벽하게 알 필요는 없다. 하지만 아이들은 스스로 정한 규칙에 관해 정확하게 알고 있어야 한다. 만약 아이들이 규칙을 어기고 서로 조수석에 앉겠다고 싸운다면 두 아이 모두를 뒷좌석에 앉히고 규칙을 지킬 준비가 될 때까지 기다린다.

## ✋ 아이들이 배울 수 있는 삶의 기술

이러한 훈육 방법을 통해 아이는 자동차를 그저 단순한 이동 수단이나 불안전한 상황을 만들어 내는 장소라 여기지 않게 될 것이다. 나아가 가족 모두의 안전을 위해 자동차 안에서는 서로 협력해야 함을 배우게 될 것이다. 또한 엄마, 아빠는 자신이 뱉은 말을 단호하게 지키는 존재임을, 더불어 자신의 필요에 끊임없이 관심을 기울이는 존재임을 깨달을 것이다.

## ✋ 양육 포인트

① 아이가 자동차를 타고 이동하는 상황에 익숙해지도록 충분히 시간을 갖고 훈련한다. 목적지까지 이동하는 데 걸리는 시간을 고려하여 10분 전에 출발한다. 이러한 여분의 시간은 아이가 규칙을 지키는지 테스트할 때 차를 세워 두고 책을 읽는 등의 활동에 투자하게 될 것이다.
② 차에 탄 모든 사람은 안전벨트를 매야 한다. 이는 운전자인 당신도 예외 없이 벨트를 매야 한다는 것을 의미한다.

　　연수 씨 가족은 해변으로 일박 이일 여행을 가게 되었고 온 가족은 매우 기뻐했다. 여덟 살 시헌이와 여섯 살 슬기는 여행 동안 싸우지 않기로 약속했다. 아빠는 "만일 싸우면 우리는 집으로 다시 돌아올 거야."라고 경고했다.

　　물론 아이들은 싸웠고 엄마, 아빠는 그들이 말한 대로 실행하지 않았다. 아이들은 하루 종일 싸웠고 엄마, 아빠는 아이들을 협박했다. 저녁이 되었을 때 연수 씨 부부는 화가 나서 아이들과 어떤 여행도 하지 않겠다고 말했다. 시헌이와 슬기는 부모의 분노가 그들의 탓이라고 생각했고 그들이 매우 나쁜 아이들이라는 믿음을 갖기 시작했다.

　　이제 수진 씨 가족에 대해 이야기해 보겠다. 그들은 가족회의 시간에 가족 여행에 대해 계획을 세웠다. 계획의 일부는 한계치와 그에 대한 결과에 대한 것이었다. 의논 후 아이들은 싸우지 않겠다고 말했고 엄마는 "그렇다면 너희가 싸우지 않아야 한다는 사실을 잊었을 때 차를 세워도 괜찮을까? 너희가 다툴 때 운전하는 건 안전하지 않다고 생각해. 차를 갓길에 세워 놓고 너희가 다툼을 멈추길 기다릴게. 운전을 해도 괜찮다고 생각될 때에 우리에게 말해 주면 돼. 이 방법에 대해 어떻게 생각하니?"라고 물어보았고 아이들은 동의했다.

　　일반적으로 아이들은 약속을 금방 잊어버리고 싸움은 일어난다. 엄마는 빠르고 조용하게 차를 갓길에 세웠다. 그리고 수진 씨 부부는 잡지를 꺼내 읽기 시작했다. 아이들은 서로를 탓하고 자신의 결백함을 주장했다. 엄마, 아빠는 그들을 무시하고 잡지에 집중했다. 아이들은 엄마, 아빠가 말한 대로 실행한다는 사실을 깨닫고는 다투지 않기로 서로 합의하였다.

　　엄마, 아빠는 말을 하는 대신 부드럽지만 단호한 태도로 행동에 임했다. 아이들은 아이이기 때문에 한 번 더 기회를 주어야 한다. 부모가 행동으로 보여 줄 때 아이들은 부모가 말한 대로 행동한다는 사실을 다시금 기억한다. 아이들은 그들이 나쁜 아이들이라고 느끼는 대신 그들이 문제를 스스로 해결할 만큼 똑똑하다는 사실과 협동이 가장 효과적인 방법이라는 사실을 깨닫게 된다. 행동으로 보여 줄 땐 부드러우면서도 단호한 태도를 유지하는 것이 중요하다.

# 14 휴대전화를 사달라고 조르는 아이

이제 열 살이 된 제 딸은 친구들이 모두 휴대전화를 갖고 있어서 자신도 휴대전화가 있
어야만 한다고 말합니다. 제 생각에 열 살은 휴대전화를 갖기에는 너무 어린 나이인데도
말이죠. 열다섯 살 된 큰 아들에게는 위치 확인과 연락 용도로 휴대전화를 사 줬지만 전화
와 문자 메시지 사용으로 매달 너무 많은 요금이 청구되고 있어요. 그렇다고 해서 휴대전
화를 뺏고 싶지는 않습니다. 하지만 아이의 행동을 고치고 싶어요. 어떻게 해야 할까요?

## ☝ 당신 자신과 자녀 그리고 상황 이해하기

아이들이 휴대전화를 갖고 싶어 하는 이유는 친구들과의 연락, 사진 찍기, 문자 메시
지, 게임, 인터넷 서핑, 심지어 그저 멋져 보이고 싶어서일 수도 있다. 부모 입장에서 자
녀에게 휴대전화를 사 주는 이유는 아이의 안전이 걱정되거나 아이와 연락할 필요 때문
일 것이다. 아이들이 전화했을 때 못 받는 경우를 대비하기 위해서이기도 할 것이다. 더
나쁜 경우 아이들이 느낄 좌절감을 예방하기 위함일 수도 있다. 이미 모든 아이에게 휴
대전화는 필수품이 되었다. 길거리를 오가는 모든 사람의 손에는 휴대전화가 들려 있
다. 남녀노소 할 것 없이 말이다. 오늘날 휴대전화는 칫솔과 같은 의미와 중요성을 갖게
되었다. 우리는 기술로 가득 채워진 사이버 세상에 살고 있다. 아마 아이들은 이러한 기

술들을 당신보다 능숙하게 다룰 것이다. 당신이 기계를 사용하려면 사용설명서가 꼭 필요한 것과 달리 아이들은 본능적으로 그것들을 다룬다.

## ✌ 실전! 생활 속 긍정 훈육법

① 부모로서 당신이 아이에게 휴대전화가 필요 없다고 여긴다면, 또 아이가 그것을 갖지 않길 원한다면, 분명하게 의사를 표현한다. 이러한 거절의 의사에는 언제, 몇 살이 되면 휴대전화를 갖게 될 것인지에 관한 정보가 포함되어야 한다. 만약 아이가 당신과 연락할 방법이 필요하다고 한다면 다른 방법을 고안한다.

② 아이에게 휴대전화를 사 주기로 결심했다면 휴대전화 사용 요금의 일부를 아이가 용돈에서 지불하게 한다. 만약 아이가 자신에게 할당된 요금을 지불하지 못한다면 이를 지불할 때까지 휴대전화는 당신이 대신 맡을 것임을 미리 알려 준다.

③ 아이가 전화 요금을 제때 납부하지 않고 쌓아두는 버릇이 있다면 요금이 전액 지불되기 전까지 일시적으로 응급전화 외에는 사용이 제한되는 서비스를 신청한다.

④ 일부 기능이 제한되는 휴대전화를 사거나, 아이에게 꼭 필요한 기능을 합의하여 사용하게 한다.

## ✌ 문제를 예방하는 좋은 습관 기르는 법

① 가족회의 시간을 활용하여 휴대전화를 갖게 되었을 때 지켜야 하는 규칙을 정한다. 이 과정은 휴대전화 구입 전에 미리 진행되어야 한다. 한 달에 통화를 몇 분 사용할 것인지, 요금은 어떻게 확인할 것인지, 만약 규칙을 어기면 어떻게 될 것인지를 미리 정한다. 무료 통화를 할 수 있는 방법도 찾아본다. 만약 정해진 시간 이상 통화를 할 경우 추가 요금을 아이가 지불하도록 하는 규칙을 정한다. 통화를 하다

보면 제한된 시간을 넘기는 경우가 얼마나 많은지, 이로 인해 얼마나 쉽게 추가 요금이 발생되는지에 관해 아이와 이야기를 나눈다.

② 아이가 휴대전화를 갖는 것이 괜찮다고 생각한다면 휴대전화에서 나오는 전자파가 두뇌 발달에 무해하다는 연구 결과가 발표될 때까지는 통화 시 헤드폰을 사용하게 한다. 휴대전화 사용에 따르는 잠재적인 위험성을 아이에게 충분히 설명한다.

③ 휴대전화 사용과 관련된 학교 규정에 관해 조사하고 알려 주어야 하며 아이와 함께 해당 규정에 관해 토론하는 시간을 갖는다.

④ 아이가 휴대전화에 너무 빠져 무의미하게 시간을 보내지 않도록 한다.

⑤ 휴대전화 사용 매너에 관해 이야기를 나누고 영화관 등의 공공장소에서 휴대전화를 끄거나 무음으로 전환하는 것의 중요성을 알려 준다. 휴대전화를 사용하여 다른 사람을 방해하는 것이 무례한 행동임을 학습시킨다.

⑥ 휴대전화를 악용하는 해커나 텔레마케터에 어떻게 대응할 것인지 알려 준다. 아이의 휴대전화 번호를 주 또는 국가 서비스에 등록해서 악용되지 않게 한다.


## 🖐 아이들이 배울 수 있는 삶의 기술

아이들은 그들에게 중요한 것들의 우선순위와 그와 관련된 예산을 어떻게 세울 것인지 학습하게 될 것이다. 또한 휴대전화를 소유하는 것과 관련된 책임과 예절을 배우게 될 것이다.


## 🖐 양육 포인트

① 휴대전화를 갖는 것은 아이의 당연한 권리가 아니다. 또한 아이에게 휴대전화를 제공하는 것은 부모로서 당신에게 부여된 의무가 아니다.

② 휴대전화에 부착된 GPS 기능을 통해 아이의 위치를 파악하기 위해 휴대전화를 사 주는 것은 아이의 창의성과 독창성을 과소평가하는 것이다. 그럴 경우 아이가 어디 있는지 위치를 알기 위해 매달 어마어마한 비용을 지불하게 될 것이다. 아이의 휴대전화는 계속해서 아이가 있지 않을 법한 곳에 머물러 있는데 말이다.

### 훈 육 도 우 미

초등학생 쌍둥이의 아빠는 아이들에게 중학교에 갈 때까지 휴대전화는 사 주지 않을 거라고 말했다. 아이들이 6학년이 되었을 때 그들은 휴대전화가 필요하다고 말했다. 부모는 "휴대전화가 필요한 이유 열 가지를 말해 보렴."이라고 말했다. 아이들이 우선 집에 전화를 해야 하기 때문이라고 말했을 때 아빠는 웃을 수밖에 없었다. "너희가 집에 그렇게 자주 전화를 할까?" 아빠는 물었다. 두 번째 이유도 그렇게 타당하지 않았다. 아이들은 휴대전화가 있으면 엄마, 아빠가 그들에게 전화를 할 수 있다고 말했다. 아빠는 "우리는 너희에게 그렇게 자주 전화할 일이 없어."라고 답했다. 아이들이 이유를 찾기 위해 노력할수록 그들이 휴대전화를 원하는 진짜 이유는 다른 친구들이 갖고 있기 때문이라는 것이 드러났다.

쌍둥이의 부모는 매우 지혜로운 사람들이었다. 그들은 휴대전화 사용료가 일주일에 적어도 5천 원은 된다고 말해 주었다. 일주일에 만 원씩 받는 아이들이 용돈에서 그만큼을 내겠다고 했을 때 부모는 다른 계획을 제안했다. 그들은 아이들이 추가되는 사용 금액을 지불한다면 제안을 받아들이겠다고 했다. 또한 아이들이 추가 금액을 지불하지 않을 경우 그 금액을 낼 수 있을 때까지 휴대전화를 아빠가 가지고 있겠다고 말했다.

부모는 기본형 휴대전화를 사 주겠다고 하며 그 이상의 것을 원한다면 아이들이 차액을 지불해야 한다고 말했다. 아이들은 디자인에 대한 선택권이 있는지 물어보았지만 부모는 없다고 답했다. 아이들이 추가 금액을 지불하기 위해 친구들과 영화를 보러가지 못하거나 간식을 사 먹지 못할 때도 부모는 그들의 형편을 봐주지 않았다. 곧 아이들은 책임감 있게 휴대전화를 사용할 수 있게 되었다.

# 15 자기 일을 스스로 하지 않는 아이

　제 아이에게 무언가 해야 할 일을 시키는 것은 끝없는 싸움입니다. 제가 무언가를 시키면 아이는 당장은 그 일을 할 것처럼 이야기하지만, 제가 반복해서 말하지 않으면 이내 그 일은 아이를 혼내는 것으로 끝나고 말아요. 결국 저는 다 포기하고 모든 것을 제가 하고 말지만 아들에게 책임감이라는 것을 가르쳐 주고 싶습니다. 아마 아들이 너무 어려서 그렇게 행동하는 것일 수도 있겠죠. 자신의 일을 아이 스스로 하기에 충분한 시기는 언제인가요?

## ☝ 당신 자신과 자녀 그리고 상황 이해하기

　이 세상에 너무 빠르거나 너무 느린 것은 하나도 없다. 아이들은 그들이 매우 유능하고 쓸모 있으며 가족을 위해 기여할 수 있는 충분한 능력을 갖추고 있음을 알아야 한다. 만약 아이들이 긍정적인 방식에 대해 만족하지 않는다면 그들은 부정적인 방법을 통해 자신이 갖고 있는 중요성을 찾으려 한다. 아이들에게 어떤 일을 시키는 것은 기술을 익히고, 스스로를 유용하다고 느끼게 만들 수 있을 뿐만 아니라 도움을 통해 그 일을 달성할 수 있었음에, 더불어 어떤 일을 대신 해 주는 사람에게 느끼는 고마움을 가르칠 수 있는 방법이기도 하다. 물론 대부분의 부모는 미숙한 아이에게 일을 맡기기보다 스스로 그 일을 하는 것에 익숙할 것이다. 그것이 더 일을 쉽게 마칠 수 있을 뿐만 아니라 일의 결과 역시 '적절한' 수준일 것이기 때문이다. 하지만 부모가 그러한 태도를 가지면 아이는 협력과 책임감을 학습할 수 있는 기회를 박탈당한다.

## ✌ 실전! 생활 속 긍정 훈육법

① 아이와 함께 가족을 돕기 위해 할 수 있는 일들을 브레인스토밍한다.

② 아이에게 충분한 훈련 시간을 주고 아이가 그 일에 익숙해질 때까지 함께 그 일을 한다. 아이가 이제 그 일을 혼자 할 수 있다고 여긴다면 필요할 경우 도움을 요청할 수 있음을 상기시켜 준다. 아이가 도움을 요청하기 전까지는 끼어들거나 도와주지 않는다. 만약 문제가 발생한다면 그 자리에서 아이를 꾸짖기보다는 가족회의 시간에서 해당 문제를 다룬다.

③ 작은 크기의 빗자루, 먼지털이 등과 같이 아이가 쓸 수 있는 도구들을 제공해 준다.

④ 일방적으로 아이에게 어떤 일을 배당하기보다는 가족 모두 함께 일하는 '작업의 시간'을 정한다. "~하면 ~할 수 있어."와 같은 화법을 활용한다. "너에게 맡겨진 일을 다 끝내면 나가서 놀 수 있어."

⑤ 아이가 한 작업의 질보다는 기여 그 자체에 의미를 부여한다. 만약 어린 자녀가 그릇들을 씻던 중 반을 남기고 그 일에 싫증을 느낀다면, 아직 씻지 않은 그릇을 강조하기보다는 아이가 깨끗하게 설거지 한 그릇들을 가리키며 아이의 도움에 감사를 표현한다.

⑥ 예상치 못한 사건이 발생해도 그것을 이유로 아이를 꾸짖지 마라. 대신 어떻게 하면 문제를 해결할 수 있을지 집중하게 한다. 예를 들어, 아이가 강아지 밥을 바닥

에 쏟은 경우 "이 상황을 해결하기 위해 어떻게 할 거니?"라고 물어본다. 이러한 대응 방법은 아이에게 실수란 무언가를 배울 수 있는 훌륭한 기회라는 사실을 인식시킬 것이다.

⑦ 아이가 해야 할 숙제가 있다고 해서 어떤 일을 맡기는 것을 절대 미안해하지 않는다. 대신 아이가 시간을 잘 쪼개서 사용하여 지속적으로 가족을 위해 공헌할 수 있게 도와주어라.

⑧ 청소를 할 때 노래를 부르거나 음악을 틀어 놓는다.

⑨ 아이에게 맡긴 일이 자녀의 나이에 적절한 것인지 확인한다. 다음 목록을 참조한다. 단, 두세 살배기 자녀를 둔 엄마, 아빠는 어떤 일이든 아이와 함께해야 한다.

## 2~3세

- 장난감 정리하기
- 책이나 잡지를 책장에 꽂기
- 바닥 닦기
- 식사 시간 전에 접시와 수저를 식탁에 세팅하기(처음에는 깨지기 쉬운 그릇들은 뺀다)
- 식사 시간 동안 자신이 흘린 것 닦기
- 앉았던 자리 정리하기, 자신이 사용한 식기 싱크대에 넣기, 식사 후 접시에 남은 음식 정리하기
- 자신이 어지럽힌 것, 더럽힌 것 정리하기
- 자신이 먹을 과자 등을 키가 닿는 곳에 정리하기
- 양말 개기
- 그날 입을 옷 정하고 스스로 입기

## 4세

- 식사 시간 전에 식탁 세팅하기(깨지기 쉬운 식기 포함)
- 자신이 먹을 과자 정리하기
- 식품 구매 목록 작성 돕기, 엄마, 아빠와 함께 장보기
- 애완동물 사료 챙겨주기
- 앞마당 꾸미는 것 도와주기
- 침대 정리 및 청소 돕기
- 설거지, 식기세척기 채우는 것 돕기
- 가구 위 먼지 제거하기
- 시리얼 준비하기
- 식사 시간 전에 음식을 담을 식기 준비하기
- 간단한 디저트 준비하기(아이스크림이 올라간 컵케이크, 젤리, 인스턴트 푸딩 등)
- 편지 받기

## 5세

- 식사 준비 돕기, 장 보기 거들기
- 간단한 아침 차리기, 자신이 먹은 것 정리하기
- 컵에 음료 따르기
- 요리를 위한 재료 손질하기
- 침대 정리하기, 방 정리하기
- 싱크대 물때 벗기기, 화장실, 욕실 정리
- 창문이나 거울 닦기
- 세탁을 위해 하얀 빨래와 색 빨래 구분하기
- 빨래 개기, 정리하기
- 전화 응대하기, 전화하기
- 거실 정리하기
- 세차 돕기
- 쓰레기 버리고 오기

## 6~8세

- 먼지 털기
- 식물이나 꽃에 물 주기
- 채소 다듬기
- 간단한 음식 만들기(핫도그, 삶은 계란, 토스트 등)
- 자신의 점심 도시락 준비하기
- 옷 정리하기(옷장에 걸기)
- 강아지 산책시키기
- 쓰레기통 청소하기
- 자동차 내부 청소하기
- 서랍 정리하기
- 책임감을 갖고 애완동물 돌보기

## 9~10세

- 침대보 갈기, 더러운 침대보를 세탁 바구니에 넣기
- 세탁기 가동시키기, 세제와 표백제 계량하기
- 쇼핑 리스트 확인하고 물건 가격 비교해서 쇼핑하기
- 자전거를 타고 갈 수 있는 거리에 있는 병원, 학원 예약하기
- 가족들이 먹을 식사 준비하기
- 자신에게 온 편지 받고 답장하기
- 손님 응대하기
- 자신의 생일파티, 다른 파티 계획하기
- 응급약품 사용하기
- 이웃집 일거리 도와주기
- 바느질, 뜨개질하기
- 세차하기
- 용돈 벌기(아기 돌보기, 이웃집 마당 청소 등)
- 스스로 여행 가방 싸기
- 자신의 취미 활동과 관련하여 책임감 있게 행동하기

- 동생을 침대에 눕히고 책 읽어 주기
- 본인 방 정리하기, 청소하기
- 심부름하기
- 신발장 정리하기
- 부모님 일 돕기
- 방 청소 및 맡은 구역 정리하기
- 책임지고 우편물 가지고 오기
- 가족의 일 분담하고 도움주기

## 🖐 문제를 예방하는 좋은 습관 기르는 법

① 집안일 할당을 위한 가족회의를 연다.

② 아이들과 힘겨루기 상황에 빠졌을 경우 "이 문제를 가족회의 안건으로 채택하자. 그래서 우리 둘 모두 기분이 괜찮아졌을 때 이 문제를 해결하자."고 말한다.

③ 만약 아이가 자신이 해야 할 일을 잊어버렸다면 유머감각을 활용하여 문제를 해결한다. 예전에 한 엄마는 음식 냄비를 식탁으로 옮긴 후에 음식을 가상의 그릇에 담는 척을 했다. 그날 저녁 상을 차리기로 했던 아이는 잊고 있던 자신의 역할을 깨닫고는 엄마가 뜬 음식이 식탁에 떨어지기 전에 재빨리 그릇들을 가져왔다.

④ 아이가 자신의 역할을 잊었을 때 사용할 수 있는 비언어적인 상기 방법에 관해 아이와 협의한다. 많은 아이가 '테이블 위에 접시 뒤집어 놓기'와 같은 방법을 재미있어 한다. 테이블 위에 접시들이 엎어져 있다면 그것은 아이가 밥을 먹기 전에 무언가 해야 할 일이 있다는 것을 나타내는 것이다.

⑤ 세 살에서 네 살 정도 된 아이에게는 돌림판을 돌려 집 안에서의 자신의 역할을 직접 고를 수 있게 해 보자. 가구 위 먼지 털기, 식사 전 식탁 세팅하기, 식사 후 식기들 식기세척기 안에 넣기, 세탁물을 세탁기에 넣기 등 아이가 할 수 있는 여러 일

을 상징하는 사진이나 그림을 찾아본다. 그리고 찾은 그림들을 원 가장자리에 부착한다. 원 가운데에는 빳빳한 종이로 화살표를 만들어 부착한다. 가는 못을 활용하여 화살표를 원의 한가운데 고정하여 원판이 돌아갈 수 있도록 한다. 그리고 아이에게 원판을 돌려 앞으로 자신이 맡을 집안일을 결정하게 한다.

⑥ 네 살에서 여섯 살 정도 된 아이에게는 그 나이대에 할 수 있는 집안일 목록을 만들어 준다. 각각의 집안일을 종이쪽지에 적고 아이가 속한 나이대에 맞는 박스 안에 넣는다. 그리고 가족회의 시간에 아이에게 다음 한 주 동안 자신이 맡을 집안일을 직접 뽑아 보도록 한다. 한 주 뒤에는 전 주에 맡았던 일 외에 다른 일을 주어 아이가 자신의 역할을 지루하게 여기지 않도록 해야 한다.

⑦ 여섯 살에서 열네 살 정도의 아이에게는 하루 동안 아이가 해야 하는 일을 적은 화이트보드를 부엌에 설치하는 것이 도움이 된다. 각각의 자녀가 자신이 원하는 일을 할 수 있게 하고, 일이 마무리 되면 하나씩 지우게 한다.

⑧ 열다섯 살에서 열여덟 살이 되면 아이는 자신만의 강력한 문제해결 능력을 스스로 갖춘다. 따라서 매주 가족회의 시간을 활용하여 어떤 일을 해야 하는지, 가족 구성원 모두를 위해 어떤 일을 할 계획인지 아이와 함께 이야기 나눈다.

⑨ 아이에게 잔소리를 하거나 계속해서 무언가를 상기시키는 행동은 자제한다. 만약 아이가 자신이 해야 하는 일을 잊어버렸다면 아이에게 집안일 리스트를 보고 모든 일을 수행했는지 확인할 것을 부탁한다.


## ✋ 아이들이 배울 수 있는 삶의 기술

앞서 제시한 양육 방법을 활용하면 아이들은 자신이 가족을 구성하는 일원이며 다른 가족들이 자신의 도움을 필요로 한다는 사실을 배울 것이다. 더불어 그들은 스스로를 유능하고 숙련된 사람이라 여길 것이며 자기 자신뿐만 아니라 다른 사람들에게 많은 도움을 줄 수 있음을 깨달을 것이다.

## 🖐 양육 포인트

① 세 살에서 네 살이 지난 아이가 집안일 돕는 것을 싫어하는 것은 매우 일반적인 행동이다(아이가 두 살이었을 때를 떠올려 보라. 아이들이 "제가 할래요 아빠." "제가 한 번 해 볼게요, 엄마."라고 말했을 때 당신은 "넌 이걸 하기엔 너무 어려서 안 돼. 나가서 놀아라. 가서 텔레비전을 봐."라고 말하며 얼마나 긴 시간 동안 아이를 좌절시켜 왔는가? 그랬던 당신이 이제 와서 아이가 집안일을 돕도록 만드는 것이 왜 어려운지 고민하고 있는가?). 하지만 아이들이 집안일 돕는 것을 싫어한다고 해서 아이들이 영원히 그 일에서 손을 떼도 되는 것은 아니다.

② 아이들은 날 때부터 모든 일을 능숙하고 빠르게 처리할 수 있는 능력을 갖고 태어나지 않는다. 사실 아이들이 어떤 일을 할 때 옆에서 돕는 것이 더 고될 수도 있다. 그럼에도 부모로서 당신이 이러한 노력을 해야 하는 이유는 이러한 노력이 아이에게 약속을 지키고 사전에 계획을 세우며, 자신의 시간을 관리하고 한꺼번에 여러 일을 처리할 수 있는 능력을 길러 줄 것이기 때문이다.

③ 아이가 맡은 일이 제대로 되어 있지 않다고 해서 아이를 꾸짖는 행동은 자제해야 한다. 이러한 문제가 발생했다면 이를 가족회의 의제로 올리고 문제를 해결할 수 있는 방안에 대해 아이와 함께 고민하는 것이 더 효과적일 것이다.

　　네 살 된 가연이는 엄마에게 저녁에 손님들이 오시기 전에 집 청소를 해도 되는지 물어
보았다. 엄마는 가연이에게 화장실 청소를 해 줄 수 있는지 물어보았고 가연이는 흔쾌히
"네!"라고 답하였다. 가연이는 세제와 수건을 들고 화장실로 향하였다. 가연이는 청소를 끝
내고는 엄마에게 "엄마, 화장실 청소를 끝냈어요! 엄마를 돕는 게 좋아요."라고 말하였다. 엄
마는 바빠서 화장실을 확인할 수 없었다.

　　손님들은 가연이 집에 머무는 동안 화장실을 여러 번 사용하였다. 손님들을 배웅한 후 엄
마는 화장실에 들어갔다. 충격적이게도 가연이는 세제 한 통을 전부 사용했고 화장실은 흰
색 가루로 뒤덮여 있었다. 엄마는 웃으며 손님들이 화장실을 사용할 때 무슨 생각을 했을지
생각해 보았다. 그녀는 가연이에게 올바른 세제 사용법을 가르쳐야겠다고 생각했다.

# 16 엄마가 골라준 옷을 입지 않는 아이

아이가 제가 골라 준 옷을 입지 않는다면, 어떻게 해야 할까요?

## ☝ 당신 자신과 자녀 그리고 상황 이해하기

한 사람의 부모로서 당신은 자녀가 스스로 할 수 있는 것들을 하루빨리 배우길 원할지도 모르겠다. 스스로 옷을 찾아 입는 것도 그러한 것 중 하나일 것이다. 하지만 얼마나 많은 상황에서, 특히 아이들이 충분히 혼자 할 수 있는 것임에도 아이들을 위해 옷을 골라 주고 있는가? 아이들이 건전한 자아를 형성하기를 바라지만 아이들이 갖고 있는 능력을 스스로 깨달을 수 있는 기회를 얼마나 많이 빼앗고 있는지 생각해 보자. 이러한 종류의 힘겨루기는 아이들이 긍정적인 힘을 기를 수 있는 영역을 찾는 과정에서 자연스럽게 해결할 수 있다. 스스로 옷을 골라 입는 것 또한 이러한 영역의 하나다. 당신이 '올바로' 옷을 입지 않은 아이를 다른 사람들은 어떻게 생각할까 고민하는 것을 그만둔다면 아이 스스로 입을 옷을 결정하고 입는 시간은 아이들에게 자신만의 스타일을 개발하고 자신의 정체성을 만들어 가는 기회가 될 것이다.

# 🖐 실전! 생활 속 긍정 훈육법

① 물론 아주 어린 아기라면 당신이 원하는 대로 옷을 입힐 수 있다. 하지만 곧 아이는 자신이 입고 싶은 옷, 입고 싶지 않은 옷을 구분하고 주장하기 시작한다. 가능한 한 빨리 아이가 스스로 입을 옷을 결정하게 하라. 아이가 자신을 유능하고 자신감 있는 사람이라 느끼는 게 더 중요한지, 아니면 다른 사람들에게 단정하고 옷의 배색을 잘 맞추는 아이라 여겨지는 것이 더 중요한지 스스로에게 질문해 본다. 만약 아이가 전혀 어울리지 않는 옷이나 최악의 옷을 입고 집을 나서더라도 그저 웃음을 참고 지켜봐 준다. 이러한 과정을 통해 아이는 스스로의 선택으로 일어난 결과를 경험하고 교훈을 얻을 것이다. 아이는 꼭 당신이 아니더라도 친구들에게 수없이 많이 지적당하거나 하루빨리 트렌드에 적응해 나갈 것이다. 아이가 옷의 배색에 많은 관심을 갖는다면 윗사람으로서 아이를 가르치기보다는 조력자로서 옆에서 아이가 올바른 선택을 하는지 지켜봐주면 된다.

② 아이가 자신만의 스타일을 만들어 냈다면 아이와 함께 쇼핑몰로 가서 정해진 예산 안에서 원하는 패션 아이템을 결정하게 한다. 이를 위해 당장 필요한 것이 무엇이 있는지 쇼핑 전 아이와 함께 계획을 세워 본다. 얼마나 많은 바지가 필요한지, 여분의 속옷이나 양말은 필요한지 등을 말이다. 아이가 쓸 수 있는 예산의 범위를 명확히 알려 주어 만약 한 가지 아이템에 지출이 많은 경우 나머지를 포기해야 함을 알게 해야 한다.

③ 당신에게 매우 중요한 상황(가령, 회사 사장님과의 식사자리 등)이라서 아이가 특정한 옷을 꼭 입어야만 한다면 아이에게 왜 그렇게 입어야 하는지를 충분히 설명한 이후에 협조를 구한다. 다음과 같이 아이와 흥정을 해 본다. "엄마는 지난주 내내 너를 괴롭히지 않았잖니. 그러니까 너도 엄마에게 정말 중요한 날에는 그렇게 해 줄래?"

④ 아이가 스스로 입을 옷을 결정하는 것이 미덥지 못하다면 아이가 학교에 도착하기

10분 전에 미리 학교에 도착해서 아이를 기다린다. 아이가 그날에 맞는 가장 완벽한 복장을 스스로 골라 입었다는 사실을 깨달을 것이다.

⑤ 자녀가 학교 규정에 따라 교복을 입는다면, 그리고 지겨운 교복 대신 사복을 입고 학교에 가고 싶어 해서 아침마다 곤욕을 치른다면, 하루는 아이가 원하는 대로 입고 학교에 갈 수 있게 해 준다. 그리고 자신이 선택한 일의 결과를 스스로 경험하게끔 한다.

⑥ 모든 아이는 스스로 자신의 복장 상태가 양호한지 고민하는 시기를 거친다. 검은색을 너무 많이 사용하지는 않았는지, 너무 맨살이 많이 드러나지는 않았는지, 배기 바지가 너무 많이 내려오지는 않았는지 말이다. 아이는 당신이 자신의 말에 귀기울여 준다면 당신의 조언을 거리낌 없이 수용할 것이다. 그리고 당신이 하는 말이 설교처럼 들리지만 않는다면 기꺼이 당신의 의견을 수용할 것이다.

## ✌ 문제를 예방하는 좋은 습관 기르는 법

① 다음 날 입을 옷을 미리 정하는 일을 일과표에 포함시킨다(취침 전 일과에 포함시키는 것이 적절하다). 이때 너무 많은 시간을 옷 고르는 일과에 배분하면 아이는 너무 빨리 옷을 골라 버리고 나머지 시간을 가족 규칙에 저항하고 반항하는 데 쓸 것이다. 반대로 옷을 고를 수 있는 시간이 너무 짧다면 아이는 세탁물 바구니 가장 밑바닥에 있는 옷들을 꺼내들고 그것들이 20분 안에 빨고, 건조되고, 다림질되어야 한다고 주장할 것이다. 왜냐하면 그 옷들이 이 세상에서 아이가 입을 수 있는 유일한 옷이기 때문이다.

② 겨울에는 여름옷은 수납공간에 보관해 둔다. 이러한 조치는 아이의 부적절한 옷 선택을 예방해 줄 것이다.

③ 옷을 사는 데 쓸 수 있는 용돈을 한정한다. 왜냐하면 아이는 다음 의복비를 지급받을 때까지 입을 수 있는 옷으로 어떤 것들이 있는지 스스로 알 때, 자신이 가지고

있는 옷을 잘 보관하기 때문이다.

④ 만약 아이가 친구들과 옷을 돌려서 입더라도 그것에 관여하지 않는다. 대부분의 아이는 자신의 옷장을 확장하는 방법으로 친구들과 서로 옷을 바꿔 입는 방법을 선택하기 때문이다. 만약 의복비를 따로 지급받는 아이가 빌려주었던 옷을 돌려받지 못하는 경우, 잃어버린 옷을 대체할 수 있는 또 다른 옷을 살 수 있을 때까지 아무 말 않고 기다려 아이가 자신의 행동으로 인한 결과를 경험하도록 한다.

⑤ 아이가 갖고 있는 옷에 대한 필요와 욕구를 존중해 줌으로써 아이가 반항할 여지를 최소화한다. 아이의 옷차림에 대해 당신의 친구들이 어떻게 생각할지 고민이 된다면, 진짜 걱정하는 것은 친구들이 당신이 그 옷을 골라 준 것이라 생각하는 것이 아닌지 스스로에게 물어본다.

## ✋ 아이들이 배울 수 있는 삶의 기술

앞서 제시한 양육 방법을 통해 아이들은 당신이나 다른 사람의 선택을 무시하지 않는 이상 자신의 선택이 존중받을 수 있음을 배울 것이다. 그들은 실수를 통해서도 교훈을 얻을 것이며 스스로의 평가 기준을 개발할 것이다. 또한 아이들은 존중이 개인적인 평가를 이기는 순간이 있다는 것을 배울 것이다.

## ✋ 양육 포인트

① 존중은 존중을 낳는다. 당신이 아이의 의견을 존중할 때, 아이 역시 당신의 타당한 바람을 존중해 줄 것이다.

② 아이는 때때로 자신이 갖고 있는 힘이 어느 정도인지 파악하기 위해, 부모와 분리되었을 때 자신의 의미는 무엇인지 알아보기 위해 부모에게 '저항'한다. 안전한

시간, 위험하지 않은 공간과 영역에 대해 아이가 저항하고 반항하는 것을 허락한다면 아이는 나이가 들어가면서 빠질 수 있는 위험한 영역(예: 담배나 술과 같은 것)에 대한 반항을 줄이게 될 것이다. 아이가 내린 선택을 방해하기 전에 자신에게 다음과 같은 질문을 던져 본다. "아이가 내린 선택이 아이의 인생을 위태롭게 만들지는 않을까? 아이의 인생에 어느 순간에는 내가 없는 상황에서 선택을 해야 하는 순간이 오지 않을까? 만약 아이가 내린 선택이 삶을 위태롭게 만드는 위기 상황이 올 수 있게 하는 선택이 아니거나 당신이 주변에 없는 상황에서 아이가 올바른 결정을 내리길 원한다면 그저 한 발 물러서라.

③ 부모로서 당신이 아이에게 도움이나 영향을 끼칠 수 있는 동안에는 아이가 자신의 힘으로 어떤 일을 할 수 있을 때까지 기다리거나 어떤 일을 배우지 못해서 저지를 수 있는 더 큰 실수에 빠지게 하기보단 스스로 결정을 내리고, 무언가 실수를 하는 것을 지켜봐 준다.

## 훈 육  도 우 미

우리는 패션에 민감한 딸을 가진 아빠의 이야기를 들은 적이 있다. 그는 학기가 시작되기 전 아이에게 학기 중 입을 옷을 사라고 용돈을 주었다. 그녀는 옷을 여러 벌 사는 대신 브랜드 옷 한 벌을 사겠다고 했다. 아빠는 아이가 자신의 결정이 초래할 수 있는 결과를 생각해 볼 수 있도록 "얘야, 네가 매일매일 무엇을 입을지에 대해 생각해 봤니?"라고 물어보았다.

아이는 "네, 아빠. 그 옷은 정말 예쁘고 제게는 그걸 사는 게 정말 중요해요. 제가 원하는 건 그 옷뿐이에요."라고 답했다.

아빠는 "내가 언제 또 옷을 살 용돈을 줄 건지 알고 있지?" 그녀는 12월에 아빠가 옷을 살 돈을 줄 것이라는 것을 알고 있다고 말했다. 당시는 9월이었는데 말이다. 질문이 끝난 뒤 그녀는 백화점에 가 브랜드 옷을 샀다.

일주일 만에 그녀는 새 옷에 싫증이 났고 같은 옷을 자주 입다보니 친구들은 세탁은 하고 입으라며 놀려댔다. 그녀는 이 문제를 해결하기 위해 창의력을 발휘해야 했다. 옷을 살 돈이 없었기 때문에 그녀는 아빠가 입지 않는 큰 셔츠를 자르고 리본과 버튼을 달아 새로운 셔츠를 만들어 냈다. 아이는 겨우 12월까지 버틸 수 있었다. 그녀가 12월이 되어서 옷을 살 용돈을 받았을 때 그녀는 브랜드 옷을 사는 대신 바꿔 입을 수 있는 옷으로 몇 벌 구매했다.

만일 아빠가 아이의 결정을 무시하고 그녀를 대신해서 옷을 구매했다면 아이는 중요한 교훈을 배우지 못했을 것이다. 아이는 조금은 불편했지만 자신의 결정의 결과를 경험함으로써 자신감을 기를 수 있었다. 그녀가 다시 옷을 사러 갔을 때 그녀는 더 올바른 결정을 내리고 자신의 행동을 좀 더 확실하게 이해하게 되었다.

# 17 동물학대

　며칠 전 제 아이는 저희가 기르는 강아지를 발로 찼습니다. 저는 매우 화가 났죠. 아이의 엉덩이를 때린 저는 다시는 동물을 학대하지 말라고 이야기했습니다. 하지만 바로 그다음 날, 아이는 어김없이 고양이를 꼬집고 목을 졸라 거의 죽일 뻔 했습니다. 어떡해야 제가 아이에게 동물은 사랑해야 할 대상이라는 것을 가르칠 수 있을까요?

## ☝ 당신 자신과 자녀 그리고 상황 이해하기

　누군가 동물을 학대하는 걸 보고 분노와 수치스러움을 느끼는 것은 매우 자연스러운 반응이다. 하지만 아이가 동물을 괴롭힌다고 해서 당신 또한 아이를 괴롭히는 것은 잘못된 것이다. 동물이 매를 맞으면 아픔을 느끼듯 아이의 엉덩이를 때리는 것은 아이를 아프게 하는 것이다. 더욱 나쁜 것은, 당신이 아이에게 내보이는 분노는 아이의 입장에서는 자신이 동물에게 풀어도 되는 화로 해석된다는 것이다. 아이들이 애완동물과 함께 노는 것을 지켜보는 것은 때로는 당황스럽고 때로는 매우 고통스러울 수 있지만 한편으로는 매우 보람된 일이다. 당신의 자녀가 어린 시절부터 동물과 친근한 관계를 형성할 수 있게 하여 함께 나이를 먹고 성장하는 대상에 대한 조건 없는 사랑을 배우게 해 주자. 동시에 아이는 자신의 애정을 표현하기 위해 동물을 너무 꽉 껴안거나 단지 어떻게 반응하는지 궁금해서 동물을 쿡 찌르기도 한다. 그래서 특정한 수준의 경계를 유지할 필요가 있다. 아이에게 사랑과 궁금증을 올바로 표현할 수 있는 방법을 가르쳐 주자. 하지만 이러한 노력에도 아이의 학대가 계속된다면 이는 아이에게 전문적인 도움이 필요함을 나타내는 징후다.

## ✌ 실전! 생활 속 긍정 훈육법

① 아이가 동물을 학대하지 못하게 하려면 반드시 애완동물을 길러야만 한다. 중요한 것은 아이에게 어떻게 하면 동물과 올바른 관계를 형성할 수 있는지 가르쳐 주는 것이다.

② 아이가 동물에게 너무 과민하게 반응한다면 아이와 동물을 한 곳에 두지 않는다. 모두가 진정한 이후에 아이에게 다가가 아까 엉덩이를 때려서 미안하다고 얘기해 준다. 사실을 말해 주어라. 아이에게 네가 고양이를 괴롭혀서 화가 났지만 그것이 결코 아이를 아프게 한 것에 대한 정당한 이유가 될 수 없음을 말한다. 그 순간의 분노를 아이에게 표현하는 대신 일단 진정한 후에 당신이 느꼈던 분노에 관해 솔직하게 얘기해 준다면 아이는 교훈을 얻을 것이다.

③ 아이의 시각에서 당신이 아이를 때렸을 때 어떤 기분이었을지 상상해 본다. "엄마가 너를 때리면 분명 싫을 거야. 엄마의 행동은 너를 아프고 화나게 했을 거야." 아이의 대답을 기다리고, 들어주고, "나도 그렇게 생각해."와 같은 화법을 통해 아이의 감정을 구체화해 준다.

④ 같은 행동이 또다시 반복된다면 이번에는 즉시 행동을 취한다. 아이와 고양이를 떼어 놓고 "고양이를 때려서는 안 돼. 친절하고 정중하게 대해야 한단다. 네가 할 수 있는 것은 고양이를 돌보거나 안아 주는 거야. 만약 고양이를 때리거나 발로 차면 고양이를 안전한 장소로 보낼 거야. 그리고 네가 약속을 지킬 때까지 데려오지 않을 거야." 필요할 때마다 이러한 말을 반복적으로 아이에게 해 준다.

⑤ 애완동물이 마음 놓고 휴식을 취할 수 있는 안전한 장소를 마련해 주고 편안하게 쉬도록 배려한다. 만약 아이가 다시 동물을 괴롭히려고 하면 대부분의 강아지와 고양이는 아이에게서 도망가거나 몸을 숨길 것이다.

⑥ 아이에게 안전한 방법으로 애완동물을 돌보고 안아 주는 방법을 가르친다. 아이의 생명과 마찬가지로 동물의 생명 역시 귀중한 것임을 알려 준다.


## 🐰 문제를 예방하는 좋은 습관 기르는 법

① 당신 스스로 어떻게 행동할 것인지 결정한 이후에 아이에게 "엄마(아빠)는 앞으로 너를 때리지 않을 거야. 왜냐하면 너와 고양이, 그리고 모든 사람이 그러한 고통을 경험하게 하고 싶지 않거든."이라고 말한다. 당신의 시범을 통해 아이가 배울 수 있게끔 해야 한다. 아마 당신은 무의식적으로나 아니면 동물을 훈련시키는 데 가장 좋은 방법이라 생각하여 동물을 무례한 방법으로 대할지도 모른다. 이때 중요한 것은 당신이 아이에게 설교하는 내용을 스스로 실천하는 것과 애완동물을 처벌하는 것처럼 대하지 않으려는 노력이다.

② "강아지를 다정하게 어루만지는 방법을 기억하고 있니? 고양이가 편하게 몸을 묻을 수 있게 소파에 앉아 고양이를 무릎 위에 앉힐래? 강아지 목에 목줄을 걸고 산책을 갈까? 다시 한 번 동물을 편하게 어루만져 줄까?"라고 질문하여 아이에게 혼자 고민해 보는 시간을 제공한다. 아이의 응답을 기다린 후에 경청해 준다.

③ 아이에게 감정과 행동은 서로 다른 것임을 가르쳐 준다. 분노를 느끼는 것은 괜찮다. 하지만 가슴 속의 분노를 이유로 다른 누군가를 고통스럽게 하는 것은 옳지 못하다. 타인에게 기꺼이 수용될 수 있는 행동에 대해 가르쳐 준다. "다른 사람이나 동물에게 상처를 주지 않고 네가 갖고 있는 화나 상처를 표현할 수 있는 방법에는 어떤 것이 있을까? 너와 우리가 기르고 있는 고양이 모두가 안전하다고 느끼게 하는 방법에는 무엇이 있을까?"

④아이가 동물이나 다른 사람을 괴롭힌다면 이는 대부분 아이가 스스로를 상처받았다고 여기기 때문일 것이다. 아이가 무엇에 대해 상처받았는지 이해해 본다(아마 그 원인은 가족 집단에 포함되길 원하는 열망이거나 부모의 이혼 또는 체벌일 것이다). 친절하게 당신이 추측한 내용을 아이와 함께 공유하고 당신의 생각이 맞는지 확인해 본다. 만약 당신이 추측한 원인이 맞다면 이를 해결하기 위한 방안을 함께 고민해 본다.

## ✋ 아이들이 배울 수 있는 삶의 기술

이러한 훈육 방법을 통해 아이는 동물을 학대하지 않고 어떻게 하면 사랑과 관심으로 그들을 다룰 수 있는지 배울 것이다. 나아가 자신에게 특정한 교훈을 별 다른 어려움 없이 학습할 수 있는 능력이 있음을 깨달을 것이다. 자신이 누군가에게 정중하게 대우받기를 원한다면 자신도 다른 사람들에게 정중하게 행동할 것이며 같은 실수를 반복하지 않게 되는 좋은 경험을 얻게 된다. 마지막으로 모든 걱정거리를 해결하는 데 잠시 시간을 두고 고민하는 것이 가장 좋은 해결 방안임을 깨달을 것이다.

## 🖐 양육 포인트

①아이는 자신이 살고 있는 삶에 대해 배울 것이다. 또한 부모는 가장 훌륭한 스승이라는 것을 깨달을 것이다. 아이가 당신에게 학대를 받는다면 그들이 배우는 것은 학대가 될 것이다. 아이가 당신에게 존중을 받는다면, 그들이 학습하는 것은 존중과 존경이 될 것이다.
②아이는 항상 동일한 동정심과 모든 위험에서 보호받을 자격이 있다. 당신이 애완동물에게 쏟는 것과 마찬가지로 말이다.

슬기는 고양이들에게 인형 옷을 입히곤 했다. 그녀는 고양이 다리를 이쪽저쪽으로 움직이면서 인형 옷에 끼워 넣었다. 엄마는 고양이들이 아이를 할퀴고 물 때마다 경악을 했다. 하지만 고양이들의 태도는 슬기를 굴복시키지 않았고 그녀의 행동은 고양이들을 굴복시키지 않았다. 놀랍게도 고양이들은 슬기의 방에서 살았고, 그녀의 침대에서 잠들고, 다른 가족 구성원들은 피했지만 슬기가 시야에 들어오면 강아지처럼 아이에게로 달려갔다.

때론 동물을 괴롭히는 문제에 대한 가장 좋은 해결 방법은 아이와 동물이 스스로 문제를 해결해 나가게 하는 것이다.

# 우는 아이

제 아이는 너무 예민해서 어떤 일이 생기면 그 자리에서 울어 버립니다. 처음에는 괜찮았는데 지금은 아이의 이러한 행동이 매우 짜증이 납니다. 어떻게 하면 아이가 달라질 수 있을까요?

## ✋ 당신 자신과 자녀 그리고 상황 이해하기

인간이 느끼는 감정은 자기 자신에 대해, 나아가 자신에게 무엇이 중요한 가치를 갖는지에 대해 많은 것을 알려 준다. 아이들은 감정을 느껴도 된다는 사실을 깨달아야 한다. 쉽게 울음을 터트리는 아이는 선천적으로 민감하며 울음을 통해 자신을 표현하려한다. 관심을 얻고, 능력을 과시하고, 보복을 하거나 부족함을 표출하기 위해 울기도 한다. 순간의 실망감, 분노 및 짜증을 표출하기 위해 우는 아이도 있다. 물론 아기에게 울음은 유일한 소통 방법이다. 여기서 중요한 것은 아이를 충분히 이해하여 울음의 이유를 찾고 각 상황에 적절한 훈육 기술을 익히는 것이다.

## ✌ 실전! 생활 속 긍정 훈육법

① 아이를 무릎에 앉히고 (일곱 살 이상의 아이의 경우에는 아이를 옆에 앉히고) "무엇이 잘못됐는지 말해 주겠니?"라고 물어보라. 그리고 조용히 아이의 말을 경청한다.

② 아이의 말이 끝났을 때 설교를 하고, 설명하고, 문제를 대신 해결해 주려고 해서는 안 된다. 대신 아이에게 "더 이야기해 줄 건 없니?"라고 물어보라. 대부분의 경우 이 질문을 통해 아이는 더 깊은 감정을 나눌 수 있게 될 것이다.

③ 아이가 할 말을 다 하고 흥분을 가라앉히면 "엄마, 아빠랑 해결 방법을 함께 생각해 볼까?"라고 물어보라. 대부분의 경우 해결책은 필요 없다. 아이는 자신의 이야기를 진지하게 받아들이는 당신의 위로가 필요한 것이다.

④ 아이가 대화를 나누기 어려울 만큼 흥분한 상태라면 "감정을 숨기지 마. 너는 그것을 느낄 권리가 있어. 슬프면 맘껏 슬퍼하렴. 이야기가 하고 싶을 때 말해 줘."라고 말해 보자. 아이가 흥분하여 소리를 지른다면 방을 나가거나 "다른 사람들과 함께 있어도 괜찮아질 때까지 네 방에 가 있겠니? 아니면 내가 내 방으로 갈게. 준비가 되면 말해 줘."라고 말해 보자.

⑤ 아무 말도 하지 않은 채 반사적 경청을 해 볼 수 있다. "응." "그랬구나." 같은 표현만을 사용하여 아이가 스스로 해결책을 찾을 수 있게 허락한다. 아이가 도움을 요청할 경우 함께 문제를 해결해 보도록 한다.

⑥ 적극적 경청을 시도해 볼 수 있다. 적극적 경청이란 아이의 말 뒤에 숨겨진 뜻을 이해하고 깊은 감정을 말로 표현하는 것이다. 분노, 상처, 짜증 같이 아이가 느끼고 있다고 생각하는 감정을 말로 표현한다. 그것만으로도 문제를 해결할 수 있다. 아이는 이해받고 있다고 느껴 큰 위로를 얻을 수 있다.

# 🐾 문제를 예방하는 좋은 습관 기르는 법

① 어린아이의 감정을 이해하고 받아들임으로써 감정을 느끼는 것이 괜찮다는 사실을 가르쳐 주어라. 아이가 "배고파요."라고 말할 때 "방금 전에 먹었잖아. 넌 배고프지 않아."라고 말해선 안 된다. 대신 "이걸 어쩌지? 배가 고픈 건 알겠지만 방금 식탁을 정리해서 지금은 밥을 차려 줄 수가 없구나. 저녁까지 기다리거나 간단한 간식을 먹도록 하렴."이라고 말한다. 이는 아이의 감정과 당신의 필요를 존중하는 효과적인 방법이다.

② 아이가 다음 공식을 이용하여 감정을 솔직하게 표현하는 방법을 익힐 수 있게 한다. "저는 ＿＿＿＿ 때문에 ＿＿＿＿ 기분이 들어요. ＿＿＿＿면 좋겠어요."("저는 레고를 정말 아끼기 때문에 동생이 제 레고를 망가트리면 화가 나요. 엄마가 동생에게 제 장난감을 만지지 말라고 말해 줬으면 좋겠어요.") 감정을 솔직하게 표현한다고 해서 상대방도 같은 감정을 느껴야 하거나 원하는 것을 얻을 수 있는 것은 아니다.

③ 아이가 속상해 하는 일을 가족회의 시에 주제로 의논하도록 격려한다. 그리고 가족회의 시간에 함께 이야기해 보도록 한다.

④ 아이는 자신의 모습 그대로 받아들여져야 한다. 아이가 예민하다면 당신의 모습 혹은 당신이 바라는 아이의 모습과 다르더라도 그의 성격을 받아들여라. 긍정적인 면에 초점을 맞추는 것도 도움이 된다. 많은 기혼 여성은 자신의 배우자가 좀 더 섬세한 사람이길 바란다고 한다. 성격의 다양성은 세상을 더욱 흥미롭게 만드는 요소 중 하나다.

⑤ 특정 행동이 습관이 되기 위해서는 사전 계획을 세우는 것이 중요하다. 아이에게 감정을 느껴도 괜찮다고 말한다. 만일 아이가 문제를 해결하는 데 당신의 도움을 원한다면 필요에 맞게 당신을 찾을 수 있게 한다. 하지만 흥분한 상태에서 문제를 해결하려고 하는 것은 효과적이지 않다는 사실을 가르쳐 주고 흥분을 가라앉힌 상태에서 당신에게 도움을 요청하도록 지도한다(아이가 필요로 하는 도움을 제공하는

것은 당신의 필요에 따라 도움을 주는 것과는 큰 차이가 있다).

⑥ 아이를 그 누구와도 비교하지 말자. 이는 아이의 사기를 꺾고 자존감을 떨어뜨리는 행동이다.

## 🖐 아이들이 배울 수 있는 삶의 기술

아이들은 자신의 감정이 중요하며 타인이 자신의 감정을 나눌 수 있게 도와주고 자신의 말을 경청할 것이라는 사실을 알게 된다. 아이들은 감정은 옳고 그르지 않으며 감정 그 이상, 그 이하도 아니라는 사실을 깨달을 것이다. 감정은 중요한 정보를 제공한다. 감정은 행동과는 별개다. 아이들은 자신의 감정을 표현함으로써 이 사실을 배우게 된다. 그들은 감정을 느끼는 것을 정상이라고 받아들이게 되고 스스로 자신의 감정을 마주할 수 있게 된다.

## 🖐 양육 포인트

① 눈물과 웃음은 스트레스를 해소할 수 있는 건강하고 정상적인 반응이다. 이 사실은 남자아이와 여자아이 모두에게 해당된다. 우는 것이 옳지 않다고 배운 사람들은 자신의 고통을 완화시키기 위해 남들보다 두 배를 웃어야 한다.

② 아이들의 정신건강을 생각한다면 그들을 울게 해 주어야 한다. 아이가 울음을 이용하여 당신을 조종하려 한다면 아이의 꾀에 넘어가서는 안 되지만 아이의 마음속을 들여다보는 시간을 갖는 것은 필요하다.

③ 아이의 감정을 바로 잡는 건 당신의 역할이 아니다. 당신의 역할은 아이의 감정을 받아들이고, 어떤 감정인지 명료화하고 아이가 올바른 방법으로 감정을 표현하도록 도와주는 것이다.

## 훈육 도우미

민찬이는 할머니와 해변에서 행복한 하루를 보내고 있었다. 가야 할 시간이 되자 아이는 울음을 터트렸다. 바다를 떠나야 한다는 사실에 아이는 심장이 부서질 것처럼 울었다. 할머니는 아이를 지긋이 바라보다가 "바다에게 잘 있으라고 인사를 해 줄래?"라고 물어보았다. 아이는 바다의 기분을 달래 줘야 한다는 책임감에 울음을 멈추었다. 그러고는 "안녕, 바다야. 많이 보고 싶을 거야. 내일 봐."라고 말하며 바다를 향해 손을 흔들었다. 눈물은 그쳤고 민찬이는 안정을 되찾았다. 물론 바다도 그의 인사에 위로 받았을 것이다.

# $19$ 죽음과 애도

저와 아이는 뉴스를 보다가 죽음에 대한 이야기를 접하게 되었습니다. 아이는 무척 불안하고 혼란스러워 보였습니다. 아이에게 죽음이라는 주제를 어떻게 설명해야 할까요?

## 👆 당신 자신과 자녀 그리고 상황 이해하기

죽음은 피할 수 없는 삶의 요소이지만 우리 사회는 이 주제를 회피하고 외면한다. 매체는 죽음을 잔인하고 끔찍한 것으로 비추는 동시에 이를 비인격화시킨다. 할아버지와 할머니가 돌아가시더라도 아이들은 대부분 장례식에 참석하지 않는다. 이러한 환경에서 아이들은 죽음에 대해 제대로 이해하기 어렵다. 죽음에 대해 이야기하는 것이 쉬운 일은 아니지만 이것은 아이에게 정보와 지지와 위안을 줄 수 있는 양육의 일부다. 또한 대화를 통해 부모는 아이가 죽음에 대해 이해하고 있는 부분과 오해하고 있는 부분이 무엇인지 알 수 있다.

# 🐰 실전! 생활 속 긍정 훈육법

① 아이에게 죽음과 그 과정을 숨기려고 하지 마라. 아이가 죽음에 대해서 이야기할 수 있도록 허락한다. 죽음을 앞둔 사람에 대한 생각을 솔직하게 표현할 수 있게 도와주고 그 사람과 대화를 나눌 수 있도록 격려하자. 아이가 죽음을 앞둔 사람을 만날 준비를 하도록 도와준다. 방문이 허락되지 않는다면 그 사람에게 카드나 편지를 작성할 수 있게 해 준다. 그리고 그가 죽음을 맞이했을 때 아이를 위로해 주자. 그들도 위로가 필요하다.

② 지인이 죽음을 맞이했을 경우 아이에게 슬픔을 숨기지 마라. 죽음에 대해 슬퍼해도 괜찮다는 것을 보여 주어라.

③ 당신과 가까운 사람의 죽음일수록 죽음과 관련된 행사에 아이가 직접 참여할 수 있도록 허락한다. 이는 아이에게 완성된 삶을 깨닫게 한다. 죽음과 관련된 행사는 장례식, 위로의 시간, 예배 등을 포함한다. 아이에게 장례식에서 마주할 상황에 대해 설명한 뒤 스스로 참석 여부를 결정할 수 있게 해 준다. 가능하다면 아이가 기일을 계획하는 일에 참여할 수 있게 해 준다.

④ 애완동물이 죽었을 땐 아이가 직접 장례식을 준비할 수 있게 해 준다. 이 기회를 통해 아이가 죽음을 삶의 일부로 받아들일 수 있게 도와줄 수 있다. 또한 애완동물과 함께했던 시간에 대한 고마움을 표현하도록 격려해 준다.

⑤ 아이가 잔인한 죽음을 목격했을 경우 두려움과 불안감에 대해 솔직히 이야기할 수 있는 시간을 갖는다. 위로 받을 수 있는 방법을 알려 주어 그들의 연약함을 감싸 준다. 기도하기, 일기 쓰기, 그림 그리기 등의 활동을 통해 마음을 달래거나 선생님, 친구들과의 대화를 통해 위로를 얻을 수 있다.

⑥ 한 번의 대화만으로 아이들은 죽음을 이해할 수 없다. 아이마다 경험이 다르기 때문에 같은 주제에 대해 수차례 설명해야 할 수도 있다. 어떤 아이는 5분 내로 슬픔을 조절할 수 있는 반면 어떤 아이는 죽음에 대한 두려움과 부모가 죽음을 맞이했

을 때 자신을 돌봐줄 사람이 아무도 없을 것이라는 걱정 때문에 오랜 시간 슬픔에
사로잡혀 있기도 한다.

⑦ 아이는 당신의 말을 그대로 받아들이기 때문에 그가 잠들었다, 그가 우리를 떠났
다, 그는 이제 편안하다, 그를 잃었다, 그가 아파서 죽었다, 그가 나이가 많아서 죽
었다 같은 간접적인 표현은 삼가야 한다. 이런 표현은 아이에게 죽는다는 의미에
대한 모든 종류의 환상과 두려움을 떠올리게 한다.

⑧ 죽음과 죽음 뒤에 일어나는 일에 대한 의견이 사람마다 다르다는 것을 설명한다.
모든 의견을 존중해야 한다는 사실도 알려 주어야 한다.

⑨ 가까웠던 사람의 죽음에 대해서는 좋았던 시간과 추억에 대해 이야기하면서 고통
의 감정을 완화시켜 준다. 죽은 사람의 사진을 아이에게 숨기거나 처음부터 그 사
람을 알지 못했던 것처럼 행동하지 않는다.


##  문제를 예방하는 좋은 습관 기르는 법

① 당신이 사는 지역에서 일어날 수 있는 자연재해에 대한 대처 방법을 아이와 의논
해 본다. 아이가 화재, 지진과 폭풍에 대한 안전 수칙을 확실히 알고 있는지 확인
해야 한다. 아이에게 어떤 행동을 해야 하는지 알려 주어 불안감을 낮출 수 있다.
만일 아이가 나라 간의 전쟁으로 이어질 수 있는 사건에 대해 걱정한다면 대통령
과 국회의원에게 편지를 쓸 수 있는 기회를 주는 것도 좋은 방법이다.

② 아이가 죽음에 대해 슬퍼하고 있다면 당신은 위로의 손길을 내밀 준비를 해야 한
다. 아이가 죽음의 시기에 대한 질문을 한다면 당신이 오랫동안 아이 곁을 지킬 것
이라고 말하고 만일 당신에게 무슨 일이 생기더라도 아이를 사랑하고 지켜 줄 사
람들이 많다는 사실을 알려 준다. 당신이 모든 질문에 대한 답을 알고 있지 않다고
말해도 괜찮다.

③ 아이가 죄책감을 느끼거나 자신 때문에 죽음이 일어났다고 생각한다면 대화의 창

을 열도록 한다. 아이의 말을 경청하고 안심시킨다.

④죽은 사람과 살아 있는 아이를 비교하는 행동을 삼간다. 천사와 경쟁할 수 있는 생물은 없다.

⑤아이가 감정을 기록할 수 있는 스크랩북, 사진첩 또는 일기장을 만들도록 권한다.

⑥아이와 친분이 있는 사람이 사고를 당했다면 슬퍼할 시간을 충분히 준다. 또한 위로와 대화를 위한 시간을 충분히 갖는다.


## 🖐 아이들이 배울 수 있는 삶의 기술

아이는 죽음도 삶의 일부라는 것을 배우고 당신의 도움과 격려를 통해 미래에 대한 두려움을 마주할 수 있다. 아이는 충격적인 사건에 대처할 수 있는 방법을 스스로 익혀 나갈 것이다. 죽음이 삶의 일부라는 사실을 깨달은 아이는 삶을 더욱 귀중히 여길 것이다.


## 🖐 양육 포인트

①죽음과 그 과정에 대한 자신의 태도를 확인한다.

②당신 자신의 죽음에 대한 생각과 두려움을 나누어 본다.

③아이가 살아 있음에 감사하고 삶을 선물이라고 생각하게 해 준다.

## 훈육 도우미

한 가족의 언니와 동생이 교통사고로 목숨을 잃었다. 그들의 학교 친구들은 학급회의를 열어 죽은 친구들을 추모했다. 학생들은 돌아가며 죽은 아이들과의 추억에 대해 이야기를 나누었다. 그리고 선생님은 학생들에게 "너희가 걱정되는 건 뭐니?"라고 물어보았다. 몇몇 아이는 집에 가기를 두려워했다. 대부분의 아이는 가까운 사람의 죽음을 겪어본 적이 없었기 때문에 어떻게 해야 할지 알지 못했다. 그들은 함께 고민하여 몇 가지 해결 방법을 생각해 냈다. 한 가지 방법은 자기 전 서로에게 전화를 해 주는 것이었다. 그들은 낮 동안 얘기를 할 수 있는 사람들의 목록도 작성했다. 아이들은 학교에 있는 동안에도 이야기를 나눌 수 있는 사람들을 정했다. 아이들은 선생님, 경비 아저씨, 사서 선생님, 상담 선생님, 교장 선생님과 친구들을 목록에 적었다. 아이들에게는 필요에 따라 목록에 적힌 사람들과 원하는 시간에 이야기를 나눌 수 있는 기회가 주어졌다. 아이들은 죽은 친구의 사진이 붙은 목걸이를 만들어 일주일 동안 걸고 다니기로 결정하였고 친구들을 추모하는 나무를 심어 함께 보살피기로 했다. 아이들은 죽음에 대처하는 방법들을 생각해 냈고 이러한 모습은 어른들에게 좋은 본보기가 되었다.

한 부모인 은경 씨와 아들 재훈이는 서로의 죽음에 대해 진지한 대화를 나누었고 서로에게 약속했다. 약속의 내용은 먼저 죽는 사람이 어떤 방식으로든 (꿈이나 특별한 신호를 통해) 살아 있는 사람에게 찾아와 자신이 잘 지내고 있다는 사실을 알려 주는 것이었다.

은경 씨의 친구가 아기를 잃었을 때 은경 씨는 그녀를 달래며 "나는 천국에 가는 아기들에 대한 이론이 있어. 나는 모든 아기가 사랑을 가져다주고 각자 맡은 임무가 있다고 생각해. 어떤 아이는 그 사랑과 임무를 실천하기 위해 몇 년 동안 지구를 지키지만 어떤 아이는 그 임무를 엄마 뱃속에서 완수하지. 난 아기가 우리를 일찍 떠난 이유는 자신의 임무를 다하고 우리에게 교훈을 남겨주었기 때문이라고 생각해. 이제 네가 할 일은 그 교훈이 무엇인지 알아내는 거야."라고 말해 주었다.

초등학교 2학년 때부터 함께했던 친구가 사고로 세상을 떠났을 때 재훈이는 친구가 곁에 없어 매우 슬프지만 자신을 지켜 줄 수호천사가 생겼다고 말했다. 재훈이는 자신에게는 수호천사가 여러 명 있지만 그가 아는 천사는 죽은 친구밖에 없다고 생각했다. 재훈이는 즐겁고 흥미로운 일이 생길 때마다 천국에서 그를 보며 미소를 짓고 있는 자신의 수호천사를 생각한다.

# 20 반항하는 아이

제 아이는 제가 부탁하는 모든 일에 협조하려 하지 않습니다. 의지가 강한 아이라고 할 수 있죠. 반항적이고 부모 말을 듣지 않는 아이예요. 저는 책에서 배운 모든 체벌 방법을 다 사용해 봤지만 아무 소용이 없었어요. 아이에게 반항장애가 있는 것 같다며 병원에 가 보라고 하는 사람도 있었어요. 그건 너무 극단적인 방법이라고 생각하지만 어떻게 해야 할지 모르겠습니다.

## 🖐 당신 자신과 자녀 그리고 상황 이해하기

당신과 아이는 보복으로 이어질 수 있는 힘겨루기를 하고 있다. 계속해서 당신의 뜻대로 행동하거나 아이의 욕구를 들어준다면 아이는 계속 반항할 것이고 당신과 아이는 깊은 상처를 입을 것이다. 반항적인 아이는 너무 통제적이거나 너무 허용적인 부모에게 협력을 가르쳐 주기 위해 하늘이 보낸 선물이다.

## 🐰 실전! 생활 속 긍정 훈육법

① 가장 먼저 당신의 행동을 관찰한다. 반항심은 지나치게 통제적이거나 보호적인 부모에 대한 직접적인 반응이기 때문이다.

② 아이가 논쟁을 자주 한다는 건 논쟁을 연습하도록 도와주는 사람이 곁에 있다는 것을 의미한다. 만일 그 사람이 당신이라면 아이가 대화의 마지막 발언을 하도록 허락해 준다(이것은 당신이 생각하는 것보다 더 어려울 수 있다. 시도해 본다).

③ 아이의 세상으로 들어가서 무엇이 아이의 반항심을 부추기는지 추측해 본다. 당신이 너무 통제적이어서 아이가 화가 난 것은 아닌지, 동생에게 관심이 치우쳐 상처를 받은 건 아닌지 생각해 본다. 아마 당신은 무엇이 아이를 반항하게 하는지 금방 알아낼 수 있을 것이다. 당신의 짐작이 맞는다면 아이는 인정과 이해심을 느낄 것이다. 당신의 추측이 틀렸다면, 다시 시도해 본다.

④ 제한된 선택권을 주어 아이가 주도권을 가지게 한다. 아이에게 "스스로 길을 건널 준비가 됐다고 생각하니? 아니면 내가 네 손을 잡고 건너길 바라니?" "자전거를 탈 때 뒤에서 잡아 주었으면 좋겠니? 아니면 혼자서 타고 싶니?" 같은 질문을 해 본다.

⑤ 몇몇 아이는 매를 맞을 때까지 고집을 부리다가 매를 맞은 뒤에야 흥분을 가라앉힌다. 그들은 매를 맞기 전까지 흥분을 가라앉히지 않도록 훈련받은 것이다. 이럴 땐 매를 드는 대신 반항하는 아이를 품에 꼭 안고 있어 본다. 아이가 흥분을 가라앉힐 때까지 절대 놓지 말아야 한다. 조금 더 큰 아이에게는 "엄마는 너를 혼내지 않을 거야. 지금까지 엄마가 체벌로 우리 관계를 개선하려고 했던 건 정말 미안해. 네 행동이 맘에 들진 않지만 엄마는 너를 사랑한단다. 우리가 싸우는 대신 함께 문제를 해결해 나갈 수 있도록 너도 도와줬으면 좋겠어."라고 말해 본다.

⑥ 아이에게 해야 할 일을 말하는 대신 무엇을 실천해야 하는지 물어본다. 예를 들어, "길을 건너기 전에 무엇을 해야 할까?" 같은 질문을 할 수 있다. 이것은 아이

들이 당신의 직접적인 명령에 반항하는 대신 생각하고 문제를 스스로 해결할 수
있도록 도와준다.

⑦ 아이에게 아이의 도움이 필요하다고 말해 본다. 그리고 "네가 엄마에게 큰 도움이
될 거야."라고 말한다. 아이는 반항 대신 협력하려고 할 것이다.

⑧ 진솔한 감정 표현 또한 도움이 될 수 있다. "나는 네가 _____면 _____ 기분이 들
어. _____면 좋겠어." 공식을 기억하자.


## ❦ 문제를 예방하는 좋은 습관 기르는 법

① 반항적인 아이를 훈육함으로써 당신은 협동심을 사용하는 방법을 배울 수 있다.
우선 스스로를 되돌아본다. 명령을 내리거나 잔소리를 하거나 꾸짖고 있지는 않은
가? 행동보다 말이 더 많을 때 아이는 '부모-귀'로 듣지 못한다. 이런 상황이라면
말보다 행동하라. 말한 대로 행동할 자신이 없다면 아무 말도 하지 말아야 한다.
행동을 취할 수 있을 때 문제에 집중한다. 당신이 하고자 하는 말을 부드럽지만 단
호하게 표현하고, 말한 대로 행동한다.

② 반항적인 아이를 위한 훈련의 시간을 충분히 갖는다(이 시간은 부드러우면서도 단호
하게 말하는 방법을 연습할 수 있는 시간이기도 하다). 아이를 우선 공원 같은 장소로
데려간다. 반항이 시작되는 순간 아이의 손을 잡고 "내일 다시 해 보자."라고 말하
며 집으로 돌아간다. 당신이 다른 사람들과 같이 있는 자리이고 분위기를 망치고
싶지 않다면 반항하는 아이를 차로 데려가 아이가 다시 시도해 볼 준비가 됐다고
말할 때까지 기다리자. 아이가 반항할 때 이런 행동을 취할 것이라는 걸 사전에 말
해 주어야 한다. 아이가 실수를 해도 다시 시도해 볼 수 있는 기회를 주는 건 생각
보다 매우 효과적인 훈육 방법이다.

③ 잔소리를 하는 대신 질문을 통해 제한된 선택권을 준다. 아이의 의견과 생각을 물
어본다. 그리고 아이의 말에 최선을 다해 귀 기울인다.

④ 가족회의를 진행하는 동안 아이가 문제해결에 동참할 수 있게 해 준다. 문제를 해결하는 과정에 참여하고 존중받고 있다고 느낄 때 아이의 반항심은 눈에 띄게 줄어들 것이다.

⑤ 아이는 조건적인 사랑을 받고 있다고 느낄 때 반항심을 내비친다. 아이에게 무조건적인 사랑을 느끼게 해 준다. 그리고 모두를 존중할 수 있는 방법을 통해 문제를 해결하도록 한다.

⑥ 중요하지 않다고 생각되는 문제는 내려놓는 것이 좋다. 중요하다고 생각하는 문제를 해결하기 위해서 일주일, 한 달 혹은 일 년의 시간을 쓸 준비가 되어 있는지 스스로에게 질문해 본다. 진정한 변화를 경험하기 위해 계획하고 행동하는 것은 많은 에너지를 요한다. 그렇기 때문에 중요하지 않다고 생각되는 문제에 에너지를 소비하지 말자.


## ✋ 아이들이 배울 수 있는 삶의 기술

아이를 존중하기 시작하면 아이는 논쟁보다 협동이 더 효과적이라는 걸 깨닫는다. 아이들은 부모가 말한 대로 행동한다는 사실과 적합한 선택을 허락하고 존중한다는 사실을 배우게 된다.


## ✋ 양육 포인트

① 아이는 당신에게 협조하고 최선을 다하고 싶어 한다. 하지만 당신이 그들을 존중하지 않는다면 그들은 당신이 그들을 조종할 수 없다는 것을 증명하기 위해서 스스로 고통을 감수할 것이다.

② 아이를 제지하고 통제하기 전에 인내심을 갖고 그들의 행동을 관찰해 본다. 대부

분의 경우 아이가 올바르게 행동하고 있다는 것을 알게 될 것이다. 만일 그들이 실수를 범했다면 행동을 고칠 수 있게 도움을 주고 다음번에는 어떤 방법으로 다시 시도해 볼 건지 물어본다. 통제하고 체벌하는 대신 "다시 시도해 볼래?"라고 말해 본다.

③ 많은 경우 아이는 매우 의존적이다. 아이가 반항적이라고 생각하는 대신 적극적이고 자신감이 넘치는 아이라고 생각하는 건 어떨까? 아이는 당신의 집착에 숨이 막혀서 자기만의 공간을 필요로 하고 있는지도 모른다.

### 훈 육  도 우 미

정우는 열 네 살이다. 그와 함께 시간을 보내는 사람들은 모두 그를 거만하고 반항적인 아이라고 불렀다. 그는 모든 것을 아는 듯이 말하고 사람들의 말을 경청하지 않았다. 사람들이 정우에게 소리를 지를수록 정우는 그들의 말을 무시하고 반대로 행동했다.

어느 날 정우 가족과 친구들은 스키를 타러 갔다. 정우는 매번 먼저 빠르게 내려갔고 사람들은 대부분의 시간을 정우를 찾는 데 할애해야 했다. 사람들은 정우에게 소리를 지르고, 화를 내고, 그가 얼마나 다루기 어려운 아이인지에 대해 이야기했다. 여행을 즐기고 있는 사람은 없어 보였다.

다음 날 정우의 사촌 형은 그와 함께 리프트를 타고 올라가면서 "정우야, 네가 리프트를 타고 올라가면서 생각해 봤으면 하는 게 있어. 내 의견에 대한 너의 생각을 듣고 싶지만 우리가 산 정상에 도착할 때까지 나에게 말하지 않았으면 해. 많은 사람이 함께 스키를 타는 만큼 모두가 산 정상에 도착할 때까지 내려가지 말고 기다리는 것이 좋을 것 같다고 제안하고 싶지만 이게 좋은 생각인지 모르겠어. 너도 한 번 생각해 보고 리프트가 정상에 도착하면 네 생각을 알려 줘."라고 말했다. 그리고 산 정상에 도착할 때까지 두 아이는 야구, 학교, 친구에 대한 이야기를 나누었다.

정우는 리프트에서 내린 후 아무 말도 하지 않았지만 사람들이 모일 때까지 스키를 타지 않고 기다렸다. 그는 뒤를 확인하기 위해 자주 멈췄고 사람들을 기다렸다. 그의 얼굴에는 미소가 가득했다.

정우의 사촌 형은 협동심을 불러일으켰고 정우에게 어떻게 행동해야 하는지 말하거나 꾸짖는 대신 그의 의견을 물어봄으로써 정우에게 자신감을 주었다. 반항적인 아이에게 협동심만큼 효과적인 것은 없다.

# 21 끊임없는 아이의 요구

　세 살 된 막내 아이는 제가 주는 컵은 거부하고 자기가 원하는 유리잔에만 우유를 마시고 싶어 합니다. 아홉 살 된 둘째 아이는 저를 운전기사로 생각하고요. 청소년기에 접어든 첫째 딸은 밤늦게 제게 숙제를 컴퓨터로 입력해 달라고 합니다. 아이들에게 도움을 주고 싶지만 아이들이 나쁜 버릇을 들이고 있는 건 아닌지, 요구적인 아이들이 되고 있는 건 아닌지 걱정이 됩니다. 하지만 그들의 요구를 거절하면 아이들이 자존감에 상처를 입진 않을까요?

## 👆 당신 자신과 자녀 그리고 상황 이해하기

　아이들이 건강한 자존감을 갖길 원하는 부모라면 한 번쯤 이런 고민을 해 보았을 것이다. 낮은 자존감은 아이가 존중 받지 못하고 진지하게 받아들여지지 못한다고 느낄 때 나타나는 현상이다. 하지만 몇몇 아이의 경우, 부모가 너무 많은 것을 해 주기 때문에 더 많은 것을 요구하고 항상 그들의 요구가 받아들여져야 한다고 생각하게 된다. 부모는 애지중지하며 아이의 요구를 다 들어주는 양육 태도와 아이의 필요를 중요하게 여기지 않고 무시하는 양육 태도 사이의 선을 정확하게 이해할 필요가 있다.
　자율적인 아이는 자신의 의견이 있으며 의사결정 과정에 참여하고 싶어 한다. 요구하는 아이는 자신이 원하는 방식만 고수한다. 요구하는 아이는 일반적으로 '어려운 아이'로 받아들이곤 한다. 이런 아이에게 체벌은 아무런 도움이 되지 않으며, 아이의 고집을 꺾을 수도 없다. 부드러우나 단호한 양육 방법은 힘겨루기를 막는 동시에 아이들에게 협동심과 문제해결 능력을 가르쳐 줄 수 있다.


## 🤟 실전! 생활 속 긍정 훈육법

① 모든 것을 포기하고 아이의 요구에 응하는 건 당신의 역할이 아니다. "미안하지만 엄마는 다른 계획이 있어."라고 말함으로써 당신과 당신의 필요를 존중하는 것에 대해 죄책감을 느끼지 말아야 한다. 이런 태도는 당신과 아이에게 모두 이득이 된다. 요구를 모두 들어주는 건 아이에게 그들이 잘 잊어버리고, 생각이 없기 때문에 모든 것을 해 주어야 하는 존재라고 가르치는 것과 같으며 이는 아이를 존중하지 않는 행동이다.

② 아이에게 그들의 필요를 채울 수 있는 방법을 알려 주어 스스로 욕구를 만족시킬 수 있게 도와준다. 앞 사례의 경우 부모는 컵은 아이의 손이 닿는 곳에 두어 아이가 스스로 우유를 따라 마실 수 있게 하고, 가끔은 이웃의 차에 함께 타게 하고, 숙제를 도와줄 수 있는 시간을 미리 정해 놓을 수 있다.

③ 아이가 문제를 스스로 해결할 수 있도록 무엇을, 어떻게 할 건지에 대해 질문해 본다.

④ 제한된 선택권을 준다. "네가 혼자 가서 우유를 따라 올래 아니면 엄마가 같이 가서 도와줄까?" "자전거를 타고 경기장에 갈래 아니면 친구와 함께 갈 수 있는지 알아볼래? 경기 후에는 엄마가 데리러 갈 수 있어." "컴퓨터로 숙제를 입력하는 데 도움이 필요하다면 9시 전에 말해 주겠니? 아니면 네가 내 컴퓨터를 사용해도 좋아."

⑤ 가족회의 시간을 사용하여 타협에 대해 토의하고 이를 실천으로 옮기기 위한 계획을 세워 본다. 앞 사례에서 엄마는 "나는 내 시간을 들여 자동차로 너를 원하는 곳

에 데려다 줄 수 있어. 너는 엄마를 뭘 도와줄래?"라고 물어볼 수 있다. 그럼 아이는 "엄마가 동생과 축구장에 갈 때 스스로 숙제를 할게요."같은 대답을 할 수 있다. "네가 오늘 저녁 설거지를 한다면 너를 축구장에 데려다 주고 끝날 때 데리러 갈게."라고 말해 볼 수도 있다. 당신이 언제 도움을 필요로 하는지 제안할 준비를 미리 해 놓는 것이 좋다.

⑥ 운동 계획, 숙제 계획 등을 사전에 세울 수 있도록 가족회의 시간에 사용할 달력을 준비한다.

⑦ 당신 혼자 모든 책임을 지는 대신 다른 해결 방법을 찾아본다. 만일 아이들이 당신을 운전기사로 생각한다면, 다른 부모들과 카풀을 하거나, 가능하다면 아이들이 자전거를 타도록 하거나, 버스 시간표를 확인해 본다.

⑧ 아이들이 새로운 기술을 배우는 동안 그들의 곁을 지켜 준다. 다른 교통편을 찾기 위해 친구들이나 그들의 부모에게 전화할 때, 스스로 우유를 따를 때, 컴퓨터를 사용하는 방법을 익힐 때 아이들과 함께 있으면서 그들이 스스로 행동하는 것을 지켜본다. 아이들이 처음부터 혼자 모든 것을 완벽하게 해 내길 기대하거나 아이들의 일을 대신 해 주어서는 안 된다. 한 팀처럼 함께 노력하라. 이 과정은 시간이 조금 걸릴 수 있지만 아이는 책임감을 배울 것이다.

⑨ 큰 아이에게는 "합리적인 부탁인 것 같구나. 좋은 결과를 얻을 수 있는 방법은 네가 가장 잘 생각해 낼 수 있을 것 같아."라고 말해 본다. 무조건 아이가 해야 할 일이라고 생각하는 대신 아이가 스스로 일을 해결할 수 있도록 격려해 준다.

⑩ 아이가 자신도 쉽게 할 수 있는 일을 해 달라고 부탁한다면 미소를 지으며 "좋은 시도였어."라고 말해 본다. 그리고 아이가 당신의 도움 없이 일을 처리하게 한다.


## ✌ 문제를 예방하는 좋은 습관 기르는 법

① 아이가 유치원생일 경우 반복적으로 일어나는 일에 대한 해결책을 만들어 본다.

예를 들어, 아이가 언제나 특별한 컵을 달라고 요구한다면, 낮은 찬장에 아이의 그 릇들을 올려놓고 냉장고 내 낮은 선반에 작은 병에 담긴 주스와 우유를 두어 아이 스스로 음료를 따라 마실 수 있게 한다.

②훈련을 위해 충분한 시간을 갖는다. 아이가 흘린 우유를 치우고 설거지를 할 수 있 도록 지도한다. 아이가 특정 상황에서 취해야 하는 행동이 무엇인지 이해할 수 있 도록 충분한 정보를 제공해 주어야 한다. 예를 들어, 흘린 우유를 닦고 설거지를 하는 이유는 냄새가 나지 않고 병균이 생기지 않도록 주방을 깨끗히 유지하기 위 해서라고 설명해 준다.

③아이들은 요구하는 것이 타인에게 불편함을 끼칠 수 있다는 것을 이해하지 못한 다. 그들에게 언제 당신이 도움을 줄 수 있는지 명확하게 말해 준다. 예를 들어, 아 이가 뒤늦게 빨래를 해 달라고 할 땐 빨래 바구니에 넣어 두면 정해진 날에 빨래를 할 것이라고 말해 준다. 그리고 빨래하는 날까지 기다려야 한다고 말하거나 큰 아 이에게는 세탁기를 사용하는 방법을 가르쳐 준다.

④아이를 향한 믿음을 표현하고 격려해 준다. "엄마는 널 믿어. 넌 할 수 있어. 너는 훌륭한 해결사야."라고 말해 본다.

⑤아이가 네 살이 되는 순간부터는 가족회의를 통해 협동심을 가르쳐 준다.

## ✋ 아이들이 배울 수 있는 삶의 기술

아이들은 무엇을 원하는 것은 괜찮지만 타인에게 특별한 대우를 요구하는 것은 옳지 않다는 사실을 배운다. 스스로 일을 해결하고 타인을 배려할 수 있다는 사실을 배움으 로써 아이는 자신감을 얻는다. 또한 자신이 원하는 것을 얻기 위해서 계획을 세우는 방 법과 원하는 것을 얻지 못했을 때 느끼는 실망감에 대처하는 방법을 배운다.

## 🖐 양육 포인트

① 일부 부모는 사랑한다는 이유로 아이의 요구를 모두 들어주지만 그것은 사실 그들 자신과 아이를 사랑할 줄 모르기 때문에 하는 행동이다. 아이는 타인이 자신의 요구를 들어주는 것이 사랑이라고 오해하게 된다.

② 도움을 주는 것과 희생을 하는 것의 차이를 깨달아야 한다. 때로 부모들은 무리하게 희생하면서까지 아이의 요구를 들어준다.

## 훈 육 도 우 미

발레를 좋아하는 열세 살 태은이는 주 중에 매일 발레 레슨을 받겠다고 했다. 태은이 엄마는 태은이가 발레를 다시 시작하기로 마음먹었다는 사실에 몹시 기뻐하였고 그녀를 자랑스러워했다. 하지만 그녀는 직장인이었고 태은이를 일주일에 다섯 번씩 발레학원에 데려다주는 것은 불가능했기 때문에 태은이에게 셔틀을 운영하는 학원을 알아보라고 하였다.

태은이는 집 근처에는 그런 학원이 없다며 알아보기를 거부했다. 엄마는 태은이가 인터넷으로 학원을 알아볼 수 있도록 도움을 주었고 학원도 같이 방문해 보았다.

엄마는 태은이에게 일부러 그녀를 힘들게 하려는 것이 아니라 사무실을 비울 수 없기 때문이라고 설명하며 발레가 그녀에게 얼마나 중요한지 생각해 보라고 말해 주었다. 태은이는 결국 셔틀을 타고 좀 먼 학원을 혼자 다니게 되었다. 쉽지는 않았지만 그녀는 발레가 그만한 희생을 할 가치가 있는 일이라고 생각했다. 몇 년 후 그녀는 친구들과 배낭여행을 떠났고 그녀가 어린 시절 길렀던 삶의 기술과 자신감은 그녀에게 큰 도움이 되었다.

형식 씨는 수술 후 회복 중에 있는 아내를 위해 집안일을 도맡게 되었다. 그는 집안일에 얼마나 많은 시간을 할애해야 하는지 깨달았고 자신을 위한 시간을 가지기 어려워졌다는 사실에 화가 났다. 아이는 항상 그에게 도움을 요청했고 그는 아이의 요구를 만족시키기 위해 최선을 다했지만 인내심은 곧 바닥을 드러냈다.

그를 가장 짜증나게 했던 일은 미리 해 놓았어야 할 일을 집을 나서기 직전에 하는 아이들을 기다리는 일이었다. 이 문제에 대해서 아이들에게 이야기할 때마다 그들은 그러지 않겠다고 약속했지만 약속은 지켜지지 않았다. 어느 날 그는 참지 못하고 "이제 그만! 나를 기다리게 했으니 너희 둘 다 주말 내내 외출 금지야."라고 소리쳤다.

아이는 잘못을 빌며 외출 금지를 풀어 달라고 부탁했지만 형식 씨는 단호하게 거절했다. 첫째 아이는 주말에 친구의 생일 파티에 참석하기로 약속했기 때문에 더욱 간절하게 부탁했다. 하지만 언쟁이 이어져도 그의 결정에는 변함이 없었다.

아이는 할머니에게 전화를 걸어 상황의 부당함을 호소했다. 그녀는 이 일이 일어난 과정을 물어보았고 아이는 자신에게 유리하게 이야기를 바꾸어 할머니께 상황을 설명했다. 할머니는 아이의 이름을 부르며 "네가 아빠를 충분히 존중하지 않아서 아빠가 상처를 받고 화가 난 것 같구나. 외출 금지를 통해서 상처 받았다는 사실을 알려 주려는 것 같아."라고 말했다.

아이는 "제가 왜 아빠를 존중하지 않고 있다고 생각하세요? 우리를 보살피고 우리를 데려다주는 것이 아빠의 역할이에요. 저희는 운전을 할 수 없다고요."라고 하소연했다.

할머니는 "얘야, 아빠는 너희의 부탁을 들어주는 것이란다. 너희를 데려다주는 건 아빠의 임무가 아니야. 너와 너의 동생을 위해 친절을 베푸는 거란다. 하지만 너는 아빠를 기다리게 하고 감사의 표현을 하지 않기 때문에 아빠는 존중받고 있지 않다고 느끼고 있을 것 같구나."라고 설명해 주었다.

그러자 아이는 "아빠한테 죄송하다고 말해야겠어요. 어떻게 생각하세요, 할머니?"라고 물어보았고 할머니는 "네가 진심을 담아 이야기를 하면 좋을 것 같구나. 지키지 못할 약속을 하는 대신 네가 구체적으로 어떻게 변할 것인지 이야기하렴. 네가 실수를 했다고 말하고 상황을 개선하기 위한 계획을 세울 거라고 말한 다음에 네가 친구와의 약속을 지킬 수 있도록 외출 금지를 풀어줄 수 있는지 물어보는 게 좋겠구나."라고 말하였다.

아이는 "한 번 해 볼게요. 감사해요, 할머니."라고 답하였다.

아이는 아빠가 자신을 데려다 주는 것이 당연하다고 생각해 터무니없는 요구를 하고 있었다. 그는 할머니와의 대화를 통해 큰 그림을 이해할 수 있었고 상황을 개선하기 위해 아빠와 함께 노력할 수 있었다.

# 22 우울한 아이

제 아이는 항상 너무 우울해 보여요. 아이의 심신에 병이 든 건 아닐까요?

## ☝ 당신 자신과 자녀 그리고 상황 이해하기

누구나 한 번쯤은 우울했던 경험이 있을 것이다. 하지만 일시적인 우울함과 지속적인 우울함에는 차이가 있다. 아이들이 우울하다는 건 그들의 삶 속에 무언가가 그들을 불안하게 하고 있다는 신호일 수 있다. 그들은 알코올 또는 정서적 문제를 가진 부모에게 학대를 당하거나, 추행을 당하거나, 방치되고 있을 수도 있다. 이런 경우, 아이의 상태를 정확히 파악하고 패턴을 찾는 것이 중요하다. 만일 우울증이 반복되는 증상을 보인다면 전문상담가의 도움을 받아 본다. 항우울제를 처방하는 의사나 상담자는 피해야 한다. 아이의 감정은 심각한 문제에 대한 중요한 지표이기 때문에 약물을 사용하는 방법으로는 근본적인 문제를 해결할 수 없다. 몇몇 아이는 우울한 태도가 관심을 받는 방법이라고 생각하기도 한다.

## ✌ 실전! 생활 속 긍정 훈육법

① 아이에 대한 호기심을 가진다. 아이가 일어난 일에 대해 스스로 대답할 수 있도록 다음과 같은 질문을 해 본다. "네 기분을 상하게 하는 일이 일었니? 그 일에 대해서 엄마에게 말해 줄 수 있니?" "얼굴이 안 좋아 보여. 엄마가 도와 줄 방법이 없을까?"

② 어린아이에게는 가벼운 질문을 하거나 그들의 감정을 추측하는 방법을 통해 정보를 얻을 수 있다. "곰돌이가 너랑 놀아 주지 않아서 화가 났니?" "오늘 엄마가 간지럼을 태우지 않아서 슬픈 거지?" "엄마가 너보다 언니랑 더 오랫동안 놀아 주어서 화가 났구나. 엄마가 너랑 더 놀아 줬으면 좋겠는데 말이야."라고 말해 본다.

③ 열린 마음으로 아이를 대해 본다. 아이가 왜 기분이 좋지 않은지 섣불리 판단하지 말아야 한다. 많은 경우 부모들은 그들의 기분을 상하게 하는 일들이 아이의 기분도 상하게 한다고 생각한다. 부모가 이혼을 했거나 누군가가 죽었다면 부모들은 아이들이 슬픈 이유가 이혼이나 죽음 때문이라고 생각한다. 하지만 아이들에게 물어보면 아이가 같이 놀 친구가 필요하거나 원하는 옷을 살 돈이 필요하다는 것을 알게 될 것이다.

④ 우울함이라고 알려져 있는 감정은 분노, 상처, 짜증, 억울함, 두려움, 절망 등의 감정이 뒤섞인 감정이다. 감정에 정확하지 않은 이름을 붙여 과도하게 단순화시키지 말아야 한다.


## ✌ 문제를 예방하는 좋은 습관 기르는 법

① 아이와 지속적으로 소통한다. 아이의 감정을 비웃거나 고치려고 하지 말고 아이가 자신의 감정을 당신에게 털어놓아도 괜찮다는 사실을 알려 준다.

② 우울함은 마음속에 머물고 있는 분노에서 시작된다. 아이는 화를 내도 괜찮은 일에 대해 혼자서 분노를 삭이고 있을 수도 있다. 당신이 너무 통제적이거나, 아이에게 너무 높은 기대치를 갖고 있는 부모는 아닌지, 과잉보호를 하고 있진 않은지 생각해 본다. 이러한 양육 태도는 숨겨진 분노를 일으킨다.

③ 아이들은 아무리 노력해도 부모의 기대를 만족시킬 수 없다고 느낄 때 포기하고 싶다는 생각을 갖게 되고 이는 우울증으로 이어질 수 있다. 특정 상황에서만 사랑을 받을 수 있다고 느끼는 건 매우 우울한 일이다. 당신이 아이를 무조건 사랑한다는 사실을 깨닫게 해 준다.

④ 절대 아이들이 싸울 때 편을 들거나 한 아이만 말썽꾼이나 나쁜 아이라고 지적하지 않는다. 아이는 사랑 받지 못하고 자신의 편을 들어줄 사람이 없다고 생각할 때 절망감과 무기력함을 느낄 수 있다.

⑤ 진심이 아닌 협박은 하지 않는다. "너희는 나를 화나게 만들어. 짐을 싸서 집을 나가 버릴 거야." 같은 말을 하면 아이는 겁을 먹고 당신의 말을 진심으로 받아들인다. 아이는 안정감을 느껴야 한다. 이미 마음속에 분노를 쌓아 두고 있는 아이가 협박을 진심으로 받아들인다면 더 큰 문제가 생길 수 있다.

## ✋ 아이들이 배울 수 있는 삶의 기술

아이들은 어른에게 무엇이 그들을 힘들게 하는지 말할 수 있고 그들의 이야기를 들어줄 수 있는 사람이 있다는 사실을 알게 된다. 그들은 모든 일을 스스로 해결하거나 비밀을 숨기지 않아도 된다. 아이들은 분노가 우울로 변하지 않도록 그들의 분노를 적절히 표현할 수 있는 방법을 배우게 된다('공격적인 아이' 참조).

## 🖐 양육 포인트

①아이의 감정을 고치려는 행동과 아이의 기분이 사실은 그들이 생각하는 것처럼 나쁘지 않다는 판단은 삼가야 한다.

②아이가 가끔씩 기분이 좋지 않거나 우울해 보여도 걱정하지 마라. 아이는 자신의 감정을 충분히 느낀 뒤 원상태로 돌아올 것이다. 아이의 기분을 좋게 만들려고 노력한다면 아이는 부모가 자신의 감정을 이해하지 못한다고 느끼게 될 것이고 기분은 더 나빠질 수 있다.

### 훈 육 도 우 미

한 가정의 두 아이는 다른 방식으로 우울함을 표출했다. 아홉 살 된 딸아이는 부모 앞에서 알약을 움켜쥐고 삼킬 거라고 협박하였다. 가족은 상담을 받게 되었고 상담 과정 중 아이는 부모의 관심을 얻을 때 기분이 좋았으며 자살을 하겠다고 협박한 이유는 부모의 관심을 얻고 싶어서라고 말하였다. 상담사는 부모에게 아이가 원하는 관심을 얻을 수 있도록 하루에 15분씩 아이와 일대일 시간을 가질 것을 제안하였다. 아이는 이 방법을 매우 좋아했다. 일주일 동안 상담사의 제안사항을 실천하자 자살 협박의 형태로 나타나던 아이의 우울증은 사라졌다.

열한 살 된 그녀의 오빠는 항상 침울했고 화를 냈다. 그의 우울증은 내면으로 향한 분노에서 비롯되었다. 상담사는 아이에게 보통의 하루에 대해 설명해 달라고 하였고 그는 하루에 적어도 여섯 시간은 텔레비전을 본다고 답하였다. 상담사는 부모에게 그가 텔레비전에 중독되어 있다고 말하며 시간을 보낼 수 있는 다른 활동을 찾을 것을 제안했다. 부모와 아이는 텔레비전 시청 시간을 줄여 보기로 약속했지만 아이는 텔레비전을 보지 않으면 무엇을 해야 할지 모르겠다고 털어놓았다. 가족과 아이와 상담사는 텔레비전을 보는 대신 아이가 할 수 있는 활동에 대해 생각하며 목록을 작성하였다.

첫 일주일 동안 아이는 꺼져 있는 텔레비전 화면만 쳐다보았다. 그다음 주에 그는 적어 놓은 목록을 읽어 보았지만 아무런 행동도 취하지 않았다. 삼 주째가 되었을 때 아이는 부모가 텔레비전 시청에 대한 약속을 계속 지킬 거란 걸 깨닫고 목록에 있는 몇 가지 활동을 시도해 보았다. 6주 후, 아이는 우울증을 극복하고 다른 활동을 하며 웃기 시작했다.

열세 살 도영이는 불면증을 겪었다. 성적은 떨어지기 시작했고 먹기를 거부했다. 도영이는 하루 종일 우울하고 기분이 나빠 보였다. 엄마는 아이가 걱정되어 의사를 찾았지만 의사는 그의 증상을 듣자마자 항우울제를 처방해 주었다. 그 누구도 무엇이 도영이의 심기를 불편하게 하고 있는지에 대해 관심을 보이지 않았다. 대신 그들은 이유를 찾고, 증상을 진단하고, 약을 처방하였다.

어느 날 도영이는 아빠 집에서 하룻밤을 보내게 되었다(그의 부모는 이혼을 앞두고 있었고 2년 동안 불편한 관계를 유지하고 있었다). 아빠와 텔레비전을 보던 중 도영이는 아빠에게 "아빠, 저희를 엄마한테 맡기고 다른 사람과 결혼하실 거예요?"라고 말했다.

아빠는 아이의 이름을 부르며 "무슨 말을 하는 거니? 왜 이런 생각을 하게 된 거야? 아빠가 널 사랑하고 너를 떠나지 않을 거라는 거 알잖니. 비록 엄마와 함께 살고 있지는 않지만 너는 언제나 아빠 인생의 일부일 거고 아빠는 항상 함께할 수 있는 방법을 찾아볼 거야. 네가 이 사실을 알고 있다고 생각했는데."라고 대답하였다.

그러자 도영이는 "엄마가 저에게 아빠가 아이를 좋아하지 않는 사람을 만나고 있다고 말해 주었어요. 그리고 아빠가 그 사람이랑 멀리 이사를 가서 제가 더 이상 아빠네 집에 놀러 오지 못할지도 모른다고 그랬어요. 처음에는 믿지 않았지만 얼마 전에 아빠가 다른 지방으로 이사 가는 것에 대해 통화하고 있는 것을 들었어요."라고 말했다.

아빠는 아이를 껴안고 "네가 걱정할 만하구나. 그런 기분이 또 들면 아빠에게 바로 말해 줘. 네가 들은 통화 내용은 친구에게 하소연하던 거야. 진지하게 이야기한 게 아니야. 화가 나면 마음에 없는 소리도 하곤 하잖니. 그 대화를 네가 들은 거야. 도영아, 아빠는 네 곁에 있을 거야. 혹시라도 큰 변화가 생긴다면 그 일이 일어나기 훨씬 전부터 너와 함께 의논할 게. 사랑한다."라고 말하였다.

# 23 훈육 방법이 다른 부모

제 남편은 제가 아이들에게 너무 관대하다고 말해요. 그는 제 태도가 아이들을 망쳐 놓을 거라고 말하며 더 엄하게 아이들을 대해야 한다고 합니다. 하지만 저는 그가 너무 엄격하다고 생각해요. 무엇이 더 옳은 방법일까요?

## ☝ 당신 자신과 자녀 그리고 상황 이해하기

부모가 함께 아이들을 양육한다고 해서 그들의 생각과 행동이 같아야 하는 건 아니다. 상호 간에 존중이 있으면 부모는 서로를 존중할 줄 알며 의견이 다를 수도 있다는 사실을 인정한다. 아이들은 엄마와 아빠가 서로 다른 방식으로 행동한다는 사실을 금방 알아차린다. 그리고 이 사실은 아이들에게 혼동을 주지 않는다.

하지만 엄마나 아빠가 서로를 인정하는 대신 자신의 방식만을 고집하거나 아이들이 엄마와 아빠 중 한 명에게만 허락을 받으면서 부모를 조종할 경우 가정에 문제가 생긴다. 부모가 그들의 차이를 인정하고 합의점을 찾으려 노력한다면 서로를 존중하며 즐겁게 공동 육아를 할 수 있을 것이다. 공동 육아는 혼합가정, 이혼가정, 할아버지 · 할머니와 함께 사는 가정 모두에서 실천할 수 있다.

엄마와 아빠가 둘 다 모든 것에 동의하기는 쉽지 않다. 하지만 좋은 소식은 아이들은 누가 무슨 생각을 하는지, 누가 어떤 잘못을 용서할 것인지, 무엇이 필요할 때 누구에게 가야 하는지에 대해 잘 알고 있다는 것이다.

## 🐰 실전! 생활 속 긍정 훈육법

① 모든 것을 맞거나 틀렸다고 생각하지 말고 차이를 인정한다. 각 부모가 가족에 기여하는 것에 대해 생각하고 강점에 집중한다. 서로 동의하지 않을 수 있다는 사실에 동의한다. 배우자에게 상대의 행동이 맘에 들지 않을 때에도 그와 아이들 사이의 관계를 존중한다고 알려 준다. 그리고 그가 아이를 훈육을 하는 상황에서는 학대가 있지 않는 한 방해하지 않는다. 만일 당신이 배우자의 훈육 방법에 동의하지 않는다면 아이들이 없고 당신이 스트레스가 없는 상황에서 대화를 나눠 본다.

② 아이들이 엄마와 아빠 중 한 명에게만 허락을 받고 행동을 할 경우 "아빠한테 의견을 물어본 뒤에 내 생각을 말해 줄게."라고 말해 본다. 만일 아이가 부모의 결정이 필요하다면 행동에 옮기기 전에 엄마와 아빠의 허락을 모두 받아야 한다고 말해 본다.

③ 너무 엄격하거나 너무 관대하게 아이를 대하는 자신의 양육 방식을 극단적으로 밀어붙이면서 배우자의 양육 방식을 무시하지 마라. 아이들은 부모의 다른 양육 방식을 다루는 방법을 배울 것이다.

④ 당신의 양육 기술을 잔소리가 아닌 행동으로 보여 준다. 양육이 비교적 익숙하지 않은 배우자가 당신을 행동을 관찰하고 배울 수 있게 해 준다.

⑤ 만일 배우자가 아이들 문제로 낙심해 있다면 포옹과 따뜻한 말로 위로해 준다. "좀 전에 있었던 일은 정말 어려운 일이었어. 속상할 것 같은데 얘기 좀 할까?"라고 말해 보는 건 어떨까?

⑥ 아이들 앞에서 배우자를 무시하거나 아이들을 통해서 배우자에게 메시지를 전달하지 않는다. 아이들에게 배우자에 대한 불평을 늘어놓거나 아이들이 당신과 배우

자의 사이를 개선시켜 줄 수 있을 거라고 기대해선 안 된다.

⑦ 만일 아이들이 당신의 배우자에 대해 불평을 늘어놓는다면 가족회의 시간에 회의
록에 불만사항을 적어 놓게 하거나 아이들이 배우자에게 이 사항에 대해서 이야기
할 때 함께 있어 주겠다고 얘기한다. 아이들을 해결 과정에 포함하지 않은 채로 아
이들을 위해 문제를 해결해 주려고 하지 마라.

## ✌ 문제를 예방하는 좋은 습관 기르는 법

① 아이를 낳기 전에 부모의 역할과 책임감에 대한 정보를 얻는다. 배우자와 함께 부
모 되기 교육에 참석하여 새로운 양육 방법에 대해 배우고 토론해 본다.

② 규칙적으로 가족회의를 진행하여 모두가 동의하는 해결 방법이 나올 때까지 문제
에 대해서 의논하는 시간을 갖는다. 일주일 동안 제시된 해결 방법을 시도해 보고
그 방법이 얼마나 효과적인지 다음 가족회의 때 이야기해 본다.

③ 만일 배우자가 아이들에게 폭력적이라고 생각한다면 배우자에게 폭력은 받아들
일 수 없으며 필요하다면 사회기관에 도움을 요청하겠다고 말한다.

④ 당신은 배우자가 아이들에게 너무 관대하거나 너무 엄격하다는 사실을 알고 있다
고 말한다. 아이들에게 이 상황에서 그들이 할 수 있는 행동에 대해서 물어보거나
아이들이 얼마나 부모의 차이를 잘 이해하고 있는지 지켜본다.

## ✌ 아이들이 배울 수 있는 삶의 기술

아이들은 다르다는 것이 단점이 아닌 장점이라는 사실을 배운다. 또, 일을 하는 방식
에 옳고 그름이 없다는 것을 배운다. 또한 관찰력과 문제해결 능력을 배워 필요를 채울
수 있게 된다.

## ✋ 양육 포인트

① 만일 배우자의 양육 방식이 당신의 방식과 너무 다르다면, 당신이 받아들일 수 있는 한도를 정확히 정한다. 스스로의 인권을 존중할 때 아이와 당신 모두를 지킬 수 있다.

② 당신과 배우자의 관계를 통해 아이들이 배울 수 있는 문제해결 능력에 대해 생각해 본다. 만일 당신과 배우자가 서로를 존중하지 않고 조종하려고 한다면 아이들은 당신의 행동을 똑같이 따라할 것이다. 반대로 당신이 배우자와 의논하여 결정을 내리고 함께 문제를 해결한다면, 아이들 또한 협동심과 함께 문제를 해결하는 방법을 배우게 될 것이다.

③ 가정 내에 폭행이 일어난다면—그것이 신체적 폭행이건, 성폭행이건, 알코올중독이건—도움을 요청한다. 이런 상황은 혼자 힘으로 해결하기 어렵다. 이런 문제를 가진 가정을 도와주는 사회단체는 많다. 이들은 당신이 혼자라고 느끼거나 가정을 망가트리는 비밀을 혼자 감당하지 않도록 도움을 줄 수 있다.


### 훈 육  도 우 미

수민 씨는 세 자매 중 둘째다. 그녀는 가족 내의 협상가이자 중재자이며 중간에서 반대되는 두 사람 간의 문제를 해결하려고 힘써 왔다. 그녀가 아이들의 엄마가 되었을 땐 쉽게 분노하고 난폭한 남편에게서 아이들을 보호하기 위해 노력했다. 아이들은 곧 이러한 가족 분위기를 파악하게 되었다. 수민 씨가 없을 때 아이들은 아빠와 잘 지냈지만 그녀가 집에 돌아오면 아빠와 한 약속에 대해 불평하고 떼를 쓰며 약속을 취소하게 해 달라고 빌었다. 수민 씨가 아이들을 보호하려 할수록 남편의 분노는 깊어졌고 소리를 지르는 횟수는 늘어났다.

어느 날 수민 씨는 아이들이 집안일을 피할 수 있는 방법에 대해 이야기하는 것을 우연히 듣게 되었다. 그녀는 큰아이가 "아빠가 설거지를 하라고 하면 내가 울기 시작하면서 내가 항상 설거지를 해야 한다고 불평할게. 그러면 넌 아빠가 항상 우리에게 집안일을 모두 맡긴다고 떼를 써. 그러면 엄마가 아빠랑 싸우기 시작할거고 우리는 게임을 하러 가면 돼. 설거지는 엄마가 하게 될 거야."라고 말하는 것을 들었다. 그녀는 소리 지르며 울고 싶은 심정이었지만 잠시 기다리기로 마음먹었다.

그날 밤 아이들이 그들의 '계획'을 이행할 때 수민 씨는 웃으며 "너희가 아빠와 함께 이야기해 볼 부분이라고 생각해. 엄마는 책을 읽으러 갈게. 설거지가 끝나면 오늘 학교에서 무엇을 했는지 들려줘."라고 말해 주었다. 아이들이 넋이 나간 표정을 지을 때 그녀는 겨우 웃음을 참으며 돌아섰다.

# 부모의 이혼

저는 지금 너무 이혼을 하고 싶지만 그것이 아이에게 상처가 될까 겁나요. 제가 아이를 위해 불행한 결혼 생활을 유지해야만 할까요?

## 👆 당신 자신과 자녀 그리고 상황 이해하기

이혼을 포함한 삶의 많은 상황은 아이의 성장에 상처가 될 가능성을 내포하고 있다. 하지만 부모의 불행한 결혼 생활이 이혼보다 아이에게 더 큰 상처가 된다는 사실은 많은 사례를 통해 입증되어 왔다. 부모의 이혼을 통해 좌절하고 있는 아이를 구제해 줄 수 있는 방안은 다양하다.

## ✌️ 실전! 생활 속 긍정 훈육법

①아이가 스스로의 감정을 표현하도록 격려하고 이를 이해하는 모습을 보여 준다. 변화가(이 경우 부모의 이혼) 당신 자신을 비롯한 여러 사람에게 고통을 동반한 변화이며 시간을 두고 효과적인 방법을 찾아갈 수 있을 것임을 말로 표현한다.

②아이와 관련한 일로 이혼 후 서로 다투지 않는다. 가능하면 공평하게 시간을 공유한다. 아이들은 부모와 함께 서로 사랑하고 존중하길 바란다. 아이들에게는 두 명의 친부모 중 누군가를 선택하는 것이, 네 명의 부모를 모두 좋아하는 것보다 (만약 모두 재혼을 한다면) 훨씬 힘든 결정이 될 것이다.

③아이 앞에서 쌍방을 비난하는 언사를 자제한다. 이혼 후 당신은 당신에게 상처를 주는 다양한 사건을 경험하게 될지도 모른다. 그리고 이러한 상처는 아이를 보복의 대상으로 전환시킨다. 그러한 사실이 아이에게 얼마나 큰 상처가 될지 인지하고 아이들을 보복의 대상으로 보지 않도록 한다.

④아이가 이혼한 부모 각자를 존중하도록 격려한다. 이혼 후에도 각자의 삶을 존중하고 배려하는 모습을 보여 아이에게 본보기가 되도록 한다.

⑤아이가 기대하는 일관된 근거기준을 바탕으로 양육권이 없는 부모와 아이가 꾸준히 만나는 것은 아이의 올바른 성장에 많은 도움이 된다.

⑥'좋은' 부모가 되려고 너무 애쓰지 마라. 이따금씩 양육권을 부여받지 못한 한쪽 부모는 아이를 위한 특별한 관심과 매일 함께하는 시간을 갖는 여행 등 아이를 향한 충실함을 바탕으로 싸움을 지속한다. 하지만 이러한 사실은 일정한 삶의 규칙과 그날그날의 일과를 가져야 하는 아이에게 너무 어려운 것이다. 그리고 이는 결국 '좋은' 부모가 되고자 했던 목표를 달성하기 어렵게 만들 것이다.

⑦가능할 때마다 양쪽 부모가 함께 모이는 특별한 시간을 갖는다. 부모가 서로를 비난하는 모습을 보는 자녀보다 서로의 삶을 축복하고 행복한 모습을 보이는 부모를 보는 자녀가 더욱 긍정적이고 건강한 방향으로 성장할 수 있다.


## ✌ 문제를 예방하는 좋은 습관 기르는 법

① 이따금씩 아이들은 그들의 잘못된 행동이 부모의 이혼을 초래했다는 부정적인 신념을 가지기도 한다. 그러한 아이들에게 다시 한 번 부모의 이혼이 그들의 잘못으

로 인한 결과가 아님을 설명해 준다.

②아이가 규칙적으로 경험하는 일과를 만들어 준다. 이 과정에서 부모 교육이나 지원센터 등이 많은 도움이 될 것이다.

③아이가 함께 감정을 공유하고 문제해결 과정에 참여할 수 있도록 가족회의를 꾸준히 진행한다.

④외부의 도움을 구한다. 이혼 과정에서 생기는 당신 자신의 상처와 트라우마는 외부 지원 없이는 상기된 가이드라인을 매우 달성하기 어렵게 만들기 때문이다.

⑤가능하다면 아이의 삶에 새로운 엄마(또는 아빠)가 생기기 전에 미리 소개하고 함께 알아가는 시간을 충분히 갖도록 한다.

⑥새롭게 부모가 된 사람과 아이가 함께 공유하는 시간을 충분히 보내도록 한다. 당신이 생각하는 것보다 그 과정이 더딜 수 있지만, 그것이 정상이다. 아이가 억지로 새로운 부모를 좋아하도록 강요하지 않는다.

⑦새로운 엄마(아빠)와 따로 아이와 함께 보내는 시간을 갖는다.

⑧아이가 당신의 모든 필요를 충족시킬 것이라 기대하지 않는다. 아이는 (자녀의 나이가 얼마나 많건 간에) 당신을 위한 심리상담사가 아니다. 아이와 함께 이야기를 나누면 안 되는 주제도 있다.

⑨부모가 이혼한 아이들이 속내를 편안하게 이야기할 수 있는 학교 관계자들, 친구들, 지원자 그룹을 알려 준다.


## 🖐 아이들이 배울 수 있는 삶의 기술

아이들은 부모의 이혼을 계기로 삶에서 마주할 수 있는 여러 상황을 스스로 통제할 수 있는 능력을 기를 수 있다. 또한 문제 경험을 실패로 인식하기보다는 교훈을 얻고 스스로를 한 단계 성장시킬 수 있는 기회로 여길 수 있게 될 것이다.

## ✋ 양육 포인트

① 이혼 가정 아이들에 관한 많은 연구는 부모가 이혼을 효과적으로 다루었을 경우 그들의 자녀는 부모의 이혼 1년 뒤 이혼 전보다 더욱 사회적이고 학업에도 충실하며 감정적으로도 성숙할 가능성이 높게 나타났음을 시사한다.

② 부모로서 당신의 태도는 아이의 태도에 지대한 영향을 미친다. 만약 당신이 이혼에 관해 죄책감을 느낀다면 아이는 감각적으로 그러한 비극을 인지하고 그에 맞게 대응할 것이다. 만약 당신이 주어진 상황에서 할 수 있는 최선의 노력을 하려 한다면, 또한 실패에 안주하기보다 더 나은 상황을 위해 나아가고자 노력한다면 아이는 이를 인지하고 그에 맞게 대응하게 된다.

③ 아이가 이혼 상황에 곧바로 적응할 거라고 너무 기대하지 않는다. 단계적으로 그러한 상황에 적응할 수 있게 유도하고 격려한다.

### 훈 육  도 우 미

『아이들을 위하여(For the Sake of Children)』라는 책에서 크리스 클라인(Kris Kline)과 스테판 퓨(Stephen Pew) 박사는 이혼 서류를 작성한 이후에도 이혼에 대한 분노와 울화는 해결되지 않는다고 이야기한다. 대부분의 경우 이혼에 대한 씁쓸함은 몇 년 동안 이어질 수도 있다. 안타깝게도 이는 부모를 모두 사랑하는 아이에게 엄청난 상처를 입힌다.

많은 경우 양육권이 있는 부모는 아이에게 전 배우자에 대한 분노를 표출한다. 어떤 경우 부모는 아이에게 부재중인 부모에 대한 언급조차 하지 못하게 하여 다른 부모를 향한 사랑조차 품지 못하게 한다.

『아이들을 위하여』는 매우 현명하고 효율적인 책으로, 저자는 더 큰 고통으로 이어질 수 있는 행동을 끝내는 방법을 설명한다. 저자는 아이들에게 이혼 가정의 아이들이 부모의 이혼을 덜 고통스럽게 받아들일 수 있는 방법에 대해 물어보았고 아이들의 제안사항은 다음과 같다.

"아이들 앞에서 다른 부모에 대해 부정적인 이야기를 하지 말아야 해요. 두 사람 간의 문제는 두 사람만 간직해야 해요."

"헤어질 거라고 해도 잘 지내보려고 노력해야 해요. 직장에서는 서로 좋아하지 않아도 잘 지내보려고 노력하잖아요. 아이가 엄마, 아빠와 모두 시간을 보낼 수 있도록 노력해야 해요. 아이를 위해서 잘 지내보려고 노력해야 해요."

"엄마를 사랑한다면 아빠를 사랑하지 않아야 한다고 하거나 아빠보다 엄마를 더 사랑해야 한다고 말하는 것은 불공평해요."

"아이가 부모를 모두 사랑할 수 있게 허락해 주세요. 엄마(아빠)가 아빠(엄마)를 싫어한다고 해도 어쩔 수 없어요. 참아내야 해요."

여러 의견이 공통적으로 전달하는 메시지는 아이들은 편을 들지 않고 부모 두 사람을 모두 똑같이 사랑하고 싶어한다는 것이다.

# 25 병원과 미용실 가기를 싫어하는 아이

아이를 병원이나 미용실에 데려가야 할 때마다 쥐구멍에라도 숨고 싶습니다. 아이는 소리를 지르고, 몸부림을 치고, 끌고 가기 전엔 문 밖에서 움직이려 하지 않아요. 이런 행동이 정상인 건가요?

## ☝ 당신 자신과 자녀 그리고 상황 이해하기

아이들이 모르는 것에 대해 두려움을 갖는 것은 지극히 정상적인 행동이다. 그리고 아이가 병원을 방문했을 때 고통을 느꼈다면 아이가 병원 방문을 꺼리는 것은 당연한 일이다. 당신은 아이가 제대로 관리를 받길 원하지만 고통을 느끼는 건 바라지 않을 것이다. 필요한 관리를 받으러 갈 때마다 아이를 보호할 수는 없지만 병원과 미용실 방문이 당신과 아이 모두에게 덜 고통스러운 일이 되게 할 수는 있다.

## ✌ 실전! 생활 속 긍정 훈육법

① 병원이나 미용실 방문 뒤 갈 곳을 정한다. 가게, 빵집 또는 공원을 가는 것과 병원

이나 미용실 방문을 연결시킨다. 아이에게 "치과 선생님께 갔다가 책방에 갈 거야." 혹은 "머리를 다 자르고 나면 빵집에 들러서 네가 좋아하는 빵을 사자."라고 말해 본다.

② 주사가 따끔하긴 하지만 금방 끝나고 나중에 아이가 아프지 않게 도와준다는 사실을 설명해 준다.

③ 아이에게 머리를 자르러 가거나 치과에 가고 싶지 않은 건 이해하지만 그건 선택 사항이 아니라는 것을 말해 준다. 부드럽지만 단호하게 해야 하는 말을 한다.

④ 아이가 울게 허락해 주고 아이의 감정을 이해해 준다. 주사나 충치 치료는 즐거운 일이 아니다. 방문이 끝나면 아이는 자신의 감정에 대해 이야기하고 싶어 할 것이다. 하지만 집에 오면 잊는 경우가 많다. 아이에게 미안해하면서 문제를 크게 만들 필요는 없다.

⑤ 이 상황을 겪는 아이의 모습을 사진으로 남긴다. 그리고 이 사진에 대해 자주 이야기하면서 그 당시에 아이가 느낀 감정에 대해 이야기해 볼 수 있다.

⑥ 만일 아이가 만성질환을 앓고 있어서 지속적인 치료가 필요하다면 아이가 병원 방문을 주기적인 일과로 받아들이게 한다. 가족 달력에 방문 날짜를 적어 두어 아이가 사전에 마음의 준비를 할 수 있게 해 준다. 가능하다면 당신이 보는 앞에서 아이가 약을 먹게 한다.

⑦ 당신이 도저히 아이의 태도를 견딜 수 없다면 할아버지나 할머니가 아이를 병원이나 미용실에 데려가게 한다.

## ❦ 문제를 예방하는 좋은 습관 기르는 법

① 아이들을 잘 다루고 그들의 필요를 이해하는 의사와 미용사를 정한다. 그들은 소아용품을 사용하고 아이들에 맞춘 기술을 사용하기 때문에 아이들의 병원이나 미용실 방문이 좀 더 수월해질 수 있다.

② 당신의 태도를 바꿔 본다. 당뇨병을 앓고 있는 한 아이의 부모는 아이의 질병이 삶에 지장을 줄 수 없다고 생각하였고 아이는 건강한 아이들과 똑같은 활동량을 유지했다.

③ 가장 어려운 상황은 아이가 받아야 하는 치료가 아이의 인생이 걸린 일일 경우다. 당뇨병 주사같이 말이다. 이럴 때 병원 방문이 부모와 아이 간의 힘겨루기가 돼서는 안 된다. 아이와 함께 해결 방법을 생각해 내어 아이가 자기 자신을 돌보아야겠다고 생각할 수 있게 해야 한다.

④ 만일 당신이 아이에게 당뇨병 주사 같은 중요한 치료를 받게 하는 과정에서 아이와 힘겨루기를 하게 되었다면 도움을 받아라. 힘겨루기를 피할 수 있도록 아이에게 멘토를 소개시켜 주거나 아이들이 서로 의견을 공유하는 아동협력단체의 도움을 얻는 방법이 있다.

⑤ 아이에게 부모로서 당신은 그를 보호해야 할 의무가 있다고 말한다.

⑥ 충치를 예방하기 위해 치과에 방문할 때까지 아이의 치아 위생 상태를 점검한다.

⑦ 병원 방문을 최소화할 수 있도록 건강한 음식을 섭취하고 건강한 생활방식을 추구한다.

⑧ 아이가 병원이나 미용실에서 무슨 일이 일어나고 어떻게 행동해야 하는지 배울 수 있도록 사전에 역할놀이를 해 본다. "우리는 치과에 가면 이렇게 행동해야 해." 혹은 "미용사 언니가 머리를 자를 때 네가 움직이는 걸 아무도 알 수 없도록 가만히 앉아 있어야 해."라고 말해 본다.


## 🖐 아이들이 배울 수 있는 삶의 기술

더 큰 문제를 예방하기 위해서는 순간의 불편함을 감수해야 하는 때가 있다. 아이는 자신이 힘든 일도 이겨 낼 수 있다는 사실을 배운다.

## 🖐 양육 포인트

① 당신이 아이를 병원과 미용실에 데려가고 싶지 않다는 이유만으로 아이의 건강을 위해 꼭 해야 할 일을 피하지 않는다.

② 아이가 부모의 태도 뒤에 숨겨진 의미를 알 수 있다는 사실을 잊지 않는다. 당신이 두려움을 느낀다면, 아이의 두려움도 증가할 것이다. 반면 당신이 침착하게 행동한다면 아이는 편안함을 느낄 것이다. 당신의 침착한 태도가 아이의 두려움을 완전히 없애진 못하겠지만 도움은 줄 수 있을 것이다.

### 훈 육 도 우 미

엄마는 세 살 된 하율이를 미용실에 데려갔다. 하율이가 너무 겁을 냈기 때문에 엄마는 아이를 무릎에 앉히고 함께 망토를 둘러야 했다. 하율이는 여전히 움직이며 머리를 자주 돌렸다. 미용사는 자를 수 있는 머리카락만 잘라냈고 아이는 제대로 이발을 할 수 없었다. 하율이는 미용사가 준 사탕을 매우 좋아했다.

다음 번 미용실에 갔을 때 하율이는 엄마 무릎에 가만히 앉아 있었다. 그는 귀엽게 이발을 할 수 있었고 사탕을 받았다. 그리고 다음 번에 하율이는 엄마에게 스스로 미용 의자에 앉을 수 있다고 말하며 이발 전에 사탕 두 개를 받고 싶다고 했다. 아이는 양손에 막대사탕을 쥐고 머리를 잘랐으며 머리카락이 입에 들어갔을 때를 제외하고는 짜증을 내지 않았다. 이제 하율이는 이발하러 가는 날을 기다린다.

당뇨병 캠프에서 아이들은 배에 스스로 주사를 놓는 방법을 배웠다. 모두가 겁을 냈지만 캠프 선생님은 게임을 통해서 아이들을 가르쳤다. 선생님은 당뇨병에 걸린 아이들, 당뇨병이 걸리지 않았지만 게임을 함께 하고 싶은 아이들을 모두 모이게 했다. 부모들 또한 포함되었다. 그리고 선생님은 "배에 주사를 놓아 본 적이 없는 사람?"이라고 질문하였고 모두 손을 들었다. 그러자 선생님은 "여기서 가장 용감한 사람은?"이라고 질문하였고 모든 아이가 다시 손을 들었다. 간호사는 자원할 사람을 찾았고 손을 든 많은 아이 중 한 명이 선택되었다.

혜자 씨의 10살 된 손자가 자원했을 때 그녀는 그 모습을 보며 매우 자랑스러워했다. 간호사가 사람들 앞에서 자신의 배에 식염수 주사를 놓으며 "이건 하나도 아프지 않아. 용기가 필요할 뿐이야."라고 말했다. 강현이도 배에 주사를 놓으며 "정말이야. 하나도 아프지 않아."라고 말했다. 곧 모든 아이들과 부모들과 선생님은 자신의 배에 주사를 놓을 수 있었고 안도의 한숨을 내쉬었다.

# 26 약물중독

제 부모님은 약물중독자였어요. 제 아이들도 약물을 남용하게 되진 않을까 두렵습니다. 어떻게 하면 그들을 약물 남용에서 보호할 수 있을까요? 아이들이 약물에 의존하게 되면 저는 어떻게 해야 할까요?

## ✋ 당신 자신과 자녀 그리고 상황 이해하기

당신이 약물중독자인 가족의 영향을 받았다면 악몽 같은 삶이 어떤 건지 알고 있을 것이다. 약물중독자는 계속 약물을 복용하기 위해 거짓말을 하고, 사기를 치고, 도둑질을 한다. 그는 지키지 않을 약속을 하지만 가족은 이번만은 약속을 지키길 간절히 바란다. 당신이 이런 가정환경에서 자랐다면 당신의 아이만큼은 약물에서 지키고 싶을 것이다. 이러한 중독과 상호의존의 굴레에서 벗어나기 위해서는 격려─용기를 얻는 과정─가 필요하다. 하지만 격려를 통해서 타인을 바꿀 수 없다. 당신은 격려를 통해서 자신을 바꾸거나 다른 사람들로 하여금 자신을 돌아볼 수 있도록 편견과 판단 없는 환경을 마련할 수 있다. 약물중독자가 태어날 때부터 그런 성향을 타고난다고 생각하는 사람도 있지만 중독은 사람의 결정에 의한 것이고 그 결정이 그들의 삶을 완전히 바꾸어 놓는 것이다. 하지만 이 말은 당신의 가족이 새로운 결정을 내릴 수 있다는 것을 의미하기 때문에 낙심하기에는 아직 이르다.


## 🐰 실전! 생활 속 긍정 훈육법

① 아이가 교육용 자료에서 약물 의존에 대한 정보를 얻게 해 준다. 인터넷을 검색하여 중독성 있는 약물의 종류와 효과에 대한 최신 정보를 제공한다. 약물 의존에 대한 다양한 의견과 주제를 바탕으로 아이와 토론을 해 본다. 약물에 손을 대면 중독자가 된다고 말하는 것(또는 다른 협박)은 도움이 되지 않는다. 아이가 청소년일 경우, 정확한 정보를 제공하는 것은 더욱 중요하다. 아이는 그들이 내리는 선택의 결과에 대해 생각해 볼 수 있게 된다.

② 돌려 말하지 않는다. 직접적으로 표현해야 한다. 만일 집에 중독자가 있다면 알코올중독자, 약물중독자라고 칭한다. 사람들과 상황이 당신의 소망을 이루어 줄 거라고 생각하며 현실을 부정하는 대신 현실을 직시한다. 아이에게 집안에서 일어나고 있는 일에 대해 말하는 것은 당신과 아이 모두에게 위로가 된다. 아이는 집안에 문제가 있고, 그것은 그들의 잘못이 아니며, 그들이 문제를 해결해야 한다는 생각을 갖지 않아도 된다는 사실을 깨닫는다.

③ 감정을 이해하고, 받아들이고, 정직하게 표현한다. 만일 당신에게 어떤 감정이나 믿음이 있다면, 당신의 의견을 사람들과 나누되 그것이 유일한 방법이라고 생각해선 안 된다.

④ 타인이 당신이 원하는 걸 하게 하는 대신 당신이 무슨 행동을 할지 결정한다. 우선 상담사를 찾아가 당신이 중독자를 올바른 태도로 대하고 있는지 확인해 본다. 이 과정은 당신의 책임을 묻고자 하는 것이 아니라 당신이 정확히 무슨 행동을 할지 결정하는 데 도움을 주기 위한 것이다.

⑤ 약물을 복용하는 모든 아이가 중독자가 되지 않는다는 사실을 이해한다. 중독은 약물이 아이 인생의 모든 것이 되고 아이가 모든 문제를 약물로 해결하려고 할 때

일어난다. 아이가 이런 현상을 보인다면 전문상담사에게 도움을 요청하거나 치료 및 회복 프로그램에 참여하게 해야 한다.


## ✌ 문제를 예방하는 좋은 습관 기르는 법

① 만일 아이가 약물에 의존하여 살기로 결정했다면 당신은 그들을 멈출 수 없다. 당신이 할 수 있는 일은 정직하게 행동하는 것과 약물에 대한 정확한 정보를 제공하는 것이다. 또한 당신은 아이에게 무조건적인 사랑을 보여 주어야 하며 아이가 체벌과 판단을 두려워하지 않고 당신과 대화를 나눌 수 있는 관계를 형성하도록 노력해야 한다.

② 당신이 아이를 비판하지 않는다면 아이는 안 좋은 상황에 처했을 때 당신이 정직함과 사랑으로 자신을 지지할 것이라는 사실을 깨닫게 된다.

③ 대중매체가 전달하는 메시지를 조심해야 한다. 아이들과 여러 종류의 광고에 대해 의논해 보자. 이는 광고가 그들에게 얼마나 많은 약물과 알코올에 대한 메시지를 전달하고 있는지 스스로 깨닫게 해 준다.

④ 약물중독 경험이 있다면 아이와 이 경험에 대해서 이야기하기를 두려워하지 마라. 사실을 말한다고 아이가 약물에 손을 대게 되진 않는다. 아이는 부모도 힘들었다는 사실을 알게 된다.

⑤ 약물중독자와 합리적인 대화를 나누려고 노력하지 마라. 그들의 약속에 귀 기울이지 마라. 약물에 중독된 사람은 합리적일 수 없다. 사람이 아니라 약물과 대화한다 생각하고 전문가의 도움을 받는다. 아이의 회복 치료를 위해 아이를 먼 곳으로 보내야 하는 고통을 감수해야 할 수도 있다.

## ✋ 아이들이 배울 수 있는 삶의 기술

아이들은 자신의 감정을 숨기거나 가족의 일을 비밀로 간직해야 할 필요가 없다는 사실을 배운다. 아이들은 정상적인 엄마나 아빠가 자신을 지지하고 중독자인 아빠나 엄마를 대할 수 있는 방법을 알려 줄 것이라고 믿게 된다. 아이들은 자신이 약물중독의 위험에 빠졌을 때 부모가 전문적인 도움을 제공해 줄 것이라고 믿게 된다.

## ✋ 양육 포인트

① 약물중독은 가족의 문제다. 가족의 모든 일원이 고통을 받고 있기 때문에 그 누구도 이 문제를 회피해선 안 된다. 약물중독자가 있는 가족은 많은 경우 약물이나 약물중독자에 집중한다. 하지만 이런 경우 부모의 양육 태도는 매우 불규칙적이고, 예측할 수 없으며 때론 폭력적이다. 가족의 일원은 모두 외로움을 느끼고 존중적인 허용 범위를 정하는 데 어려움을 겪는다. 이런 악순환을 끊기 위해서 사회단체에 도움을 요청해 본다.

② 약물 의존에 대해 잘못된 정보를 가지고 있거나 잘 알지 못하는 사람이 많다. 약물중독을 지원하는 사회단체는 무기력한 생활방식을 내려놓고 건강한 삶을 살아가도록 도움을 줄 수 있는 많은 정보와 지원을 제공한다.

③ 약물 복용이 규칙적이거나 일상적인 행동이 되었고, 약물을 통해 감정을 조절하고 문제를 해결하려 한다면 아이는 중독자의 길로 들어선 것이다. 아이의 생활방식을 바꾸기 위해서는 전문적인 도움이 필요하다.

## 훈 육 도 우 미

수정 씨는 술에 취해 아이들을 만나러 오는 전 남편 때문에 어려움을 겪고 있었다. 그녀는 의사에게 얻은 조언대로 행동하기로 다짐했다. 그녀는 전 남편에게 "나는 아이들에게 안전과 자기존중에 대해 가르쳤어. 이제부터 아이들과 만나는 날에는 맥도널드에서 만나. 주차장에서 기다릴게. 만일 아이들이 술 냄새를 맡고 당신 차에 타기를 두려워한다면 내 차로 돌아올 거야. 아이들이 당신과 함께 가길 원치 않는다면 그다음 주에 다시 시도해 보도록 해."라고 말하였다.

"아마 그는 제가 말한 대로 행동할 거라는 걸 느꼈나 봐요. 그날 이후 삼 주 동안 한 번도 취해서 나타나질 않았으니까요."

# 27 식사 시간에 소란을 피우는 아이

아이들의 식사 예절이 엉망입니다. 식사 시간에 앉았다가 일어서고 자기 앞으로 반찬을 가져다 놓고 제 음식에 불만을 표해요. 한 아이는 항상 다이어트 중이고 다른 아이는 핫도그만 먹으려고 해요. 식사 시간이 편해질 순 없을까요?

## 👆 당신 자신과 자녀 그리고 상황 이해하기

당신의 말대로 식사 시간은 몸과 마음을 충전하는 편안한 시간이어야 한다. 많은 가족이 이 사실을 잊고 식사 시간을 지적, 잔소리, 협박, 싸움과 자기자랑의 시간으로 만들거나 함께 식사를 하지 않는다. 아이들에게 즉석 음식을 사 주거나 각자 식사를 하는 가

족도 있다. 어떤 집에서는 아이들이 원할 때마다 간식을 먹도록 주방을 개방해 놓는다. 건강하지 못한 식단을 견뎌내는 아이가 있는 반면 올바르지 못한 식습관으로 인해 비만 체형이 되는 아이도 있다. 당신은 의도치 않게 아이들의 자연스러운 식사 과정을 방해한다. 건강한 식단을 제시하고, 아이들이 언제 배고프고 언제 배가 부른지 알아서 판단하게 해 준다. 당신의 간섭 때문에 아이들은 섭식장애를 겪을지도 모른다. 식사 시간이 좋은 음식을 먹으면서 대화를 나누는 즐거운 시간이 되게 하는 해결 방법이 있다. 그 방법은 당신의 노력에서 시작한다.

## ✌ 실전! 생활 속 긍정 훈육법

① 하루에 적어도 한 번은 가족이 모여서 식사를 함께 한다. 텔레비전 앞에서 식사를 해선 안 된다. 어른들은 아이들과 함께 앉아서 식사를 한다. 가끔은 식탁을 꽃이나 양초, 식탁보로 장식하여 식사 시간을 가족이 함께 갖는 특별한 시간으로 만들어 본다.
② 아이들이 무엇을 먹고 무엇을 먹지 않을지 결정할 수 있다면 불만은 줄어들 것이다. 모든 걸 먹도록 강요하지 마라. 아이가 먹기를 거부한다고 해서 아이에게 지나친 관심을 보이지 않는다.
③ 아이들이 음식으로 장난치고, 우유를 엎지르고, 음식을 바닥에 떨어뜨리는 건 정

상적인 행동이다. 아이의 나이에 맞는 행동은 나쁜 행동이 아니다. 엎지른 우유를 닦고, 음식을 손으로 만지게 허락하고, 바닥에 비닐을 깔아둔다. 그리고 아이에게 청소를 돕는 방법을 알려 준다.

④ 아이들이 원하는 음식을 고르게 하고 무엇을 먹고 무엇을 먹지 않는지에 대해 지적하지 않는다. 식사 시간이 끝나면 그들의 접시를 정리한다. (식사 시간은 15분에서 20분이면 충분하다.)

⑤ 아이가 음식에 대해 불만을 표한다면 원치 않으면 먹지 않아도 좋지만 음식에 대해 불평하면 요리한 사람의 기분이 상한다고 말해 준다. "난 이 음식이 싫어요."라고 말한다면 접시를 치우면서 "알겠어. 먹지 않아도 좋아."라고 말한다. 이것이 불평을 끝내는 가장 빠른 방법이다.

⑥ 몇몇 가족은 아이가 식사를 맘에 들어 하지 않으면 스스로 간단한 음식을 만들어 먹게 한다. 아이를 위한 식사를 따로 준비하는 것보다 훨씬 간편한 방법이다.

⑦ 아이의 태도가 도를 지나쳤다고 생각한다면 아이를 통제하는 대신 당신의 행동에 변화를 준다. 당신의 접시를 들고 다른 방에 들어가서 식사하는 것도 한 방법이다.

⑧ 아이가 다이어트를 한다고 하면 불안해하지 마라. 실제로 어떤 일이 일어나는지 기다려본다. 아이는 말은 그렇게 했지만 다이어트가 쉬운 일이 아니란 걸 깨달을 것이다.

⑨ 아이가 섭식장애를 겪고 있는 것 같다면 피하지 말고 아이와 대화를 시도해 본다. 아이가 구토(혹은 다른 몸에 해로운 행동)를 하고 있는 걸 보았다고 얘기한다. 섭식장애를 극복하기 위해서 아이가 취할 행동과 당신이 줄 수 있는 도움에 대해 물어본다.

⑩ 거식증이나 폭식증 같은 섭식장애가 해결되지 않는다면 영양사나 치료사에게 전문적인 도움을 얻는다. 가족력과 섭식장애는 밀접한 관계가 있으므로 가족 구성원 중 중독자가 있었다면 아이의 섭식장애를 치료하는 것은 매우 중요하다.

⑪ 아이가 채식주의자가 되겠다고 하거나 건강을 생각하여 다른 식단을 시도해 보겠다고 말한다면 당신의 도움이 필요한지 물어본다. 아이를 놀리거나, 당신의 식단을 강요하거나, 아이의 식습관을 섭식장애라고 받아들이지 않는다. 많은 경우, 채

식주의자들은 어린 나이에 식단을 바꾸겠다는 결정을 내린다. 만일 당신이 채식주의자라면, 고기를 먹고 싶어 하는 자녀에게도 같은 방법을 사용한다. 당신의 식단을 아이에게 강요해선 안 된다.

## ☙ 문제를 예방하는 좋은 습관 기르는 법

① 식사 시간을 정한다(하지만 건강한 간식 섭취는 허락해 준다. 아이가 극도로 배고픈 상태로 식사 시간을 맞이하게 하지 않는다). 식사 시간은 가족이 대화를 나누고, 서로에게 그날에 대해 질문을 하고, 좋은 감정을 나누는 자리라는 것을 강조한다.

② 아이가 음식에 대해 불평할 때는 일주일에 한 번은 먹고 싶은 음식을 정할 수 있게 해 준다. 아이가 일주일에 한 번은 직접 요리할 수 있게 해 준다. 어린아이도 채소를 씻거나 샐러드를 만들 순 있다.

③ 아이가 식사 시간에 기여할 수 있는 방법을 생각해 본다. 아이가 식탁 정리, 식사 준비, 설거지, 애완동물 밥 주기 등의 역할 중 하나를 선택하여 수행할 수 있게 계획을 세워 본다.

④ 군것질거리를 집안에 가지고 들어오지 못하게 한다. 군것질을 한 아이는 제대로 된 식사를 할 수 없다. 당도가 높은 제품은 특히 피한다. 과도한 설탕 섭취는 아이에게 좋은 음식에 대해 반감을 느끼게 할 수 있다.

⑤ 건강한 간식을 제공한다. 채소와 과일 같은 건강한 간식을 섭취했다면 아이는 식사를 하지 않아도 괜찮다. 좋은 음식은 언제 먹어도 상관없다.

⑥ 식사 예절을 식사 시간 이외의 시간에 연습해 보고 일주일에 한 번 정도는 식사 시간 때 시도해 본다. 즐거운 시간이 될 거라고 과장해도 좋다.

⑦ 가족회의 때 모두가 만족하는 식사 시간을 만들기 위한 계획을 세워 본다.

⑧ 음식과 음식 섭취에 대한 당신의 태도를 관찰해 본다. 당신의 태도가 아이에게 어떤 메시지를 전달하는지 생각해 본다. "네 접시에 담긴 음식은 모두 먹어."라고 말해 놓

고 아이가 과체중이라며 속상해하진 않았나? 간식을 먹지 못하게 해서 아이가 식사 시간에 과식하게 만들진 않았나? 아이의 음식 섭취를 조절하려고 하진 않았나?

## 🖐 아이들이 배울 수 있는 삶의 기술

아이는 식사 시간에 부모가 자신을 혼내지 않는다는 사실을 깨닫고는 나쁜 식사 태도를 바꿀 것이다. 식사 시간은 즐거운 시간이라는 것을 배우고 식사에 참여하여 부모의 긍정적인 관심을 받을 수 있다는 것을 깨닫는다. 아이는 계획에 맞게 원하는 음식을 맛볼 수 있게 된다. 또한 원치 않는 음식은 먹지 않아도 되지만 자신만을 위한 특별한 음식 또한 제공되지 않는다는 것을 배우게 된다. 아이는 존중은 주고받는 것이라는 사실을 깨달을 것이다.

## 🖐 양육 포인트

① 아이가 과식을 하게 하거나 아이의 까다로운 입맛에 맞추는 대신 아이가 자신의 감정과 몸이 보내는 신호를 스스로 느끼게 도와준다. 과체중으로 힘들어하는 어른 대부분은 어린 시절 음식을 남기지 못하게 강요받았고 배고픔의 의미를 이해하지 못하게 된 것이다.

② 당신이 식사 시간을 아이들에게 음식을 먹이고 식사 예절에 대해 강요하는 시간이라고 생각한다면 아이는 아마 나쁜 태도로 식사에 임할 것이다. 반면 당신이 식사를 가족이 함께하는 특별한 시간이라고 생각한다면, 아이의 태도는 당신의 생각을 반영할 것이다.

③ 아이의 신체발달 단계에 따라 이상적인 식사 시간을 갖는 것이 아직 어려울 수 있다. 인내심을 가져라. 아이에게 적합한 식사가 무엇인지 생각해 본다.

④ 아이가 규칙적인 운동을 할 수 있게 격려해 준다. 텔레비전을 끄고 밖에서 활동적
  인 놀이를 할 수 있게 해 준다.
⑤ 전쟁을 겪은 사람들은 까다로운 입맛이라는 것을 모르고 살았다고 말한다. 음식이
  귀했기 때문에 아이가 먹고 싶지 않다고 하면 부모는 큰 신경을 쓰지 않았다. 음식
  에 대해서 불평한다고 달라지는 것은 없었기 때문에 아이는 주어진 것을 먹거나
  굶어야 했다.


## 훈 육 도 우 미

  한 대학교에서 진행한 유치원생 대상 연구에 참여했던 아이들은 식탁 위에 놓인 여러 음식
중 원하는 음식을 선택할 수 있었다. 아이들은 처음에는 케이크를 선택하고 다음 번에는 브로
콜리를 먼저 선택했다. 이 연구의 논지는(장기적으로) 아이들이 어른의 도움 없이도 여러 가지
음식 중에서 신체 내 영양소의 균형을 맞출 수 있는 음식을 자연스럽게 선택한다는 것이었다.

  한 엄마는 딸이 먹는 음식을 관리하는 것이 자신의 일이라고 생각했다. 만일 아이가 아침
식사로 잡곡밥을 먹지 않으면 점심에 잡곡밥을 먹게 했다. 만일 아이가 점심에도 잡곡밥을
먹지 않았다면 저녁 식사로 잡곡밥을 주었다. 물론 아이는 먹기를 거부하였고 곧 병에 걸리
게 되었다. 의사는 아이가 구루병에 걸렸다고 판단했다. 아이에게는 먹는 것보다 힘겨루기
가 더 중요했던 것이다.

  의사는 아이의 상황을 듣고 "제발 식탁 위에 음식을 두고 아이를 내버려두세요."라고 조
언했다. 엄마는 의사의 말을 따랐고 아이는 음식을 먹기 시작했다.

  결혼을 앞두고 남편의 아이들과 부모님과 만나는 자리가 있었다. 식사를 하면서 막내 아
이가 식사 습관이 올바르지 않다는 걸 알아차렸다. 아이는 매우 입맛이 까다로웠고, 아이의
할아버지, 할머니는 아이에게 음식을 가져다주며 먹어보라고 강요했다. 그들은 내게도 아이
가 과일과 채소를 좋아하지 않는다고 말해 주었다. 그들은 아이가 까다로운 입맛을 갖게 된
이유가 그들이 주는 부정적인 관심과 매 식사마다 진행되는 힘겨루기 때문이라는 사실을 알
지 못하는 것 같았다.

# 28 스마트폰 중독

영민 엄마는 영민이가 늘 학교에 가는 시간에 아슬아슬하게 일어나서 큰 소리로 아침을 시작합니다. "일어나라, 영민아! 이제 얼른 일어나, 어서! 얘가 아직도 안 일어나네. 아이쿠, 너 또 지각이다. 너 그럴래? 얘가 왜 맨날 이러니. 참 한심하네." 간신히 영민이가 일어나, 씻는 둥 마는 둥 하고 가방을 들고 학교를 갑니다.

은진이는 늦게까지 스마트폰으로 친구들과 톡을 하다가 잡니다. "그만하고 어서 자라, 은진아!" "알아서 할게요." 엄마는 은진이 방문을 두드리며, "너 그러면 이제 용돈 깎는다." 하며 고함을 지르고 나서야 은진이 방의 불이 꺼집니다.

## 당신 자신과 자녀 그리고 상황 이해하기

요즘 아이들을 일컬어 멀티태스킹 제너레이션이라고 한다. 전자제품은 계속해서 생산되고 있으며 이 책이 발행되기 전에도 새로운 전자기기들이 만들어질 것이다. 텔레비전, 비디오 게임기, DVD 플레이어, MP3 플레이어, 휴대전화, 컴퓨터와 인터넷은 해로운 것이 아니다. 하지만 과도한 전자제품 사용 때문에 가족 간에 대화가 단절되고, 함께 하는 식사 시간이 줄어들고, 가족회의가 중단되고, 활동이 줄어드는 것은 큰 문제다. 전자제품은 적절히 사용했을 때 재미와 정보와 기술을 제공하지만 과도한 사용은 심각한 문제를 야기한다. 당신은 어떤 행동을 취할지 결정한 후 부드럽지만 단호한 태도로 아이들과 함께 적절한 전자제품 사용에 대한 기준을 정하는 방법을 통해 문제를 해결할 수 있다.


## ✌ 실전! 생활 속 긍정 훈육법

① 아이가 스마트폰 대신 집중할 대안을 선택하도록 한다.
  • 가족회의 때 스마트폰을 대신할 흥밋거리를 찾도록 한다. 아이가 좋아하는 것을 스스로 찾고 선택하도록 도와준다.
  • 부모가 스마트폰에 대하여 균형 잡힌 사용과 생활을 하고 있음을 먼저 보여 준다. 당신이 텔레비전 시청 또는 스마트폰 사용을 과도하게 할 경우에는 아이에게 해롭다는 사실을 이해시킬 수 없을 것이다. 반면, 당신이 균형 잡힌 삶을 살고 있다면 당신은 아이에게 좋은 역할이 될 수 있다.
② 아이들이 직접적으로 예방에 앞서도록 한다. 스스로 폐해와 예방법을 인식하도록 한다.
  • 스마트폰 과다 사용으로 인한 피해와 중독을 예방할 수 있는 방법을 함께 이야기하며, 올바른 사용법을 찾고, 폐해를 막기 위해 자신과 가족 모두의 건강지킴이가 될 수 있도록 한다.
  • 사용을 점검하는 어플을 다운받아, 서로가 어느 정도 사용을 하였나를 정기적으로 확인하고, 통계치에 의한 사용 규칙을 정한다.
  • 가족 내의 의사결정을 한 것은 포스터나 슬로건으로 만들어서 모두가 잘 보이는 곳에 걸어 둔다.
③ 긍정적인 가족소통의 창구가 될 수 있도록 활용한다. 가족의 소통 수단이 될 수 있다. 함께 소통의 공간을 만들어서 서로 이야기를 나누고 대화하도록 한다. 그러나 부모 주도의 소통공간은 지시나 감시가 될 수 있으므로 운영자를 자녀 중에 한 사

람에게 하게 된다면 아이들의 관심사나 기준에 익숙해질 수 있다.

④ 스마트폰을 과다하여 사용한 경우에는 사용을 중단하게 한다.

• 가족회의를 통하여, 스마트폰 사용 시간을 계획적으로 합의한다. 일정 시간이 되면, 가족 모두가 스마트폰 사용을 자제한다.

 − 스마트폰 기능이 제한된 것을 사용하도록 한다.

• 아이가 텔레비전이나 컴퓨터를 과도하게 사용한다며, 그 전자제품을 구매하지 않거나, 사용을 중단한다. 아이가 반 단톡방의 불이익을 경험할 수도 있으나, 그것은 본인이 과다하게 사용한 결과임을 자신이 느끼게 한다. 아이는 스마트폰이 없으면, 컴퓨터로 친구들과 교류할 수 있다. 그러나 불편함을 경험하게 하고, 자율적으로 절제를 하도록 하는 것이 중요하다.

## ✌ 문제를 예방하는 좋은 습관 기르는 법

① 당신의 태도를 관찰해 본다. 당신이 텔레비전이나 다른 전자제품을 과도하게 사용한다면 아이에게 과도한 전자제품 사용이 해롭다는 사실을 이해시킬 수 없을 것이다. 반면 당신이 균형 잡힌 삶을 살고 있다면 당신은 아이에게 좋은 역할 모델이 될 수 있다.

② 가족회의 때 전자제품 사용에 대해 이야기를 나눠 본다. 신문이나 텔레비전 편성표를 사용하여 아이들이 일주일 동안 시청할 프로그램을 사전에 정할 수 있게 도와준다. 또한 전자제품 사용 시간을 정해 놓는다.

③ 아이들이 직접적으로 예방에 앞서도록 한다. 스스로 폐해와 예방법을 인식하도록 한다. 스마트폰 과다 사용으로 인한 피해와 중독을 예방할 수 있는 방법을 이야기하며, 올바른 사용법을 찾고 폐해를 막기 위해 자신과 가족 모두가 참여한다.

④ 일주일이나 한 달에 한 번은 모든 전자제품 사용을 금지시켜 본다. 그리고 가족이 이 경험을 통해서 무엇을 배웠는지 얘기해 본다. 또한 가족 모두가 참여하는 활동

을 한다. 가족이 함께 요리 만들기, 놀이공원 가기, 도서관 가기, 둘레길 가기 등을 할 때는 모두 스마트폰 사용을 중지하고 효과에 대하여 이야기한다.

## ✌ 아이들이 배울 수 있는 삶의 기술

아이들은 전자제품을 계획적으로 사용하게 되면서 무분별하게 텔레비전을 시청하고 게임을 하는 버릇을 들이는 대신 사전에 생각하고 계획하는 방법을 익히게 된다. 아이들은 중독 가능성이 있는 활동을 적당한 수준에서 즐기는 습관을 갖게 된다.

## 🖐 양육 포인트

① 신체적인 발달 속도에 비해 정신적인 성장 속도가 차이 나고, 지나친 학구열 경쟁과 따돌림, 바쁜 일과시간으로 인한 스트레스, 맞벌이 부부의 증가 등으로 낮은 자존감을 갖는 아이들일수록 가상의 공간에서 자신의 우위를 증명하려 한다. 따라서 잘 보이려는 욕구가 높아짐을 이해하고, 아이가 가족 내에서 존재감을 갖도록 한다.

② 문자 · 메신저의 사용, 온라인 게임, 뉴스 검색의 순으로 사용을 하면서 폭력물과 성인물에 자연스럽게 노출된다. 스마트폰을 사용하지 않으면 긴장, 불안감 등의 금단현상, 사용해도 부족하고 만족감을 못 느끼는 내성, 과다 사용으로 인한 일상생활의 장애, 만나는 것보다 가상적인 대인관계 지향성, 우울, 불안, 강박, 초조, 성폭력 및 중독이 나타난다. 모바일 메신저의 사용은 원하지 않아도 접촉이 가능하고 따돌림과 괴롭힘의 부작용도 있음을 이해하여 기기사용을 무조건 제한하는 것은 하지 않는다.

다음은 아이들의 텔레비전 시청 습관에 대한 몇 가지 통계 결과다(전자기기에 대한 모든 통계 결과를 이 책에 담는 것은 불가능하므로 이 결과를 바탕으로 다른 전자기기에 대해서도 생각해 본다).

- 세 살에서 열여덟 살 사이의 미국 아이들은 평균 하루에 세 시간 반, 즉 일주일에 25시간에 가까운 시간을 텔레비전 시청에 할애한다. 다섯 명 중 한 명은 일주일에 35시간 이상 텔레비전을 시청한다. 세 살에서 여덟 살 사이 아이들의 20%, 아홉 살에서 열세 살 사이 아이들의 46%, 열네 살에서 열여덟 살 사이 아이들의 56%가 방에 텔레비전이 있다. 아이들은 텔레비전에 수면 다음으로 가장 많은 시간을 할애한다.
- 교육 연구 결과에 의하면 학생들은 숙제에 할애하는 시간의 4배에 달하는 시간을 텔레비전 시청과 스마트폰에 할애한다고 한다.
- 잦은 시각적·청각적 변화는 뇌로 하여금 자연적 방어기제를 무시하고 무언가에 집중하도록 조종한다고 한다. 어떤 사람들의 경우 한 번에 많은 일을 하면 뇌가 과하게 흥분된 상태를 유지하게 되고 무언가에 집중하는 데 어려움을 겪게 된다고 한다.
- 텔레비전과 스마트폰은 신경 자극의 빈도에 영향을 미치고 정상적인 생각 처리 과정을 방해하기 때문에 뇌에 최면을 걸거나 중독을 일으킬 수 있다.

동민 씨 가족은 엄마, 아빠와 다섯 아들로 구성되어 있다. 아이들이 어릴 때에는 숨겨 놓을 수 있는 소형 텔레비전을 구매하여 보고 싶은 프로그램이 있을 때에만 텔레비전을 꺼내 놓았다. 하지만 아이들이 크면서 부모는 컴퓨터의 유용성과 게임을 통해 아이들이 배울 수 있는 기술들을 깨달았다. 그들은 컴퓨터를 사서 거실에 놓고 아이들이 어떤 용도로 컴퓨터를 사용하는지 확인할 수 있게 하였다. 그리고 모든 가족 구성원은 사용 시간을 정하여 컴퓨터를 사용했다. 게임의 경우 아이들은 게임 내용을 부모가 확인하기 전까지 게임을 구매할 수 없었다. 아이들이 MP3 플레이어를 원했을 때 그들은 돈을 마련할 수 있는 방법과 구매 후 사용 시간에 대한 계획을 먼저 구상해야 했다. 아이들과 엄마는 총 세 대의 휴대전화를 구매하여 누가 언제 가지고 나갈지에 대해 계획을 세웠다. 그들은 함께 사용하는 카톡방을 열고 계획을 세우고, 대화를 나누고, 서로를 존중하고 협동하여 올바른 휴대전화 사용을 가능케 했다.

# 29 질투가 많은 아이

첫째 아이는 항상 동생이 자기보다 많이 받고 더 좋은 대우를 받는다고 생각합니다. 그는 제가 공평하지 못하다고 생각해요. 저는 모든 걸 똑같이 나누려고 노력하는데 아이는 계속 제가 자기보다 동생을 더 좋아한다고 생각합니다. 이럴 땐 어떻게 해야 할까요?

## ☝ 당신 자신과 자녀 그리고 상황 이해하기

많은 부모가 그들이 자라면서 경험한 공평성의 문제를 아이에게 반영한다. 우리는 이것을 평등의 문제라고도 말한다. 평등의 문제는 부모가 그 중요성을 모르고 있으면 아이에게까지 부정적인 영향을 준다. 부모가 공평하려고 할수록 아이는 불공평하다고 느끼게 된다. 공평성은 매우 개인적이고 주관적인 개념이다. 한 사람에게 공평해 보이는 것이 다른 사람에게는 불공평하게 보일 수 있기 때문이다. 아이들이 형제자매와 비교하고 질투심을 느끼는 것은 지극히 자연스러운 현상이다. 부모의 역할은 모든 것을 해결하거나 아이가 질투의 감정을 느끼지 않게 가족을 조종하는 것이 아니다.

## ✌ 실전! 생활 속 긍정 훈육법

① 아이가 "그건 불공평해요."라고 말할 때 그의 감정에 귀 기울이고 인정해 본다. 그 이상을 하려는 욕심을 버려야 한다. 부모가 이해한다는 것만으로도 아이에게는 큰 위로가 된다. 아이에게 "동생이 너보다 더 많이 받는다고 생각해서 샘나고 속상한 것 같구나. 너는 똑같은 양을 받고 싶은데 말이야."라고 말해 본다. 만일 아이가 속상한 이유가 당신이 말한 것이 아니라면 당신에게 말해 줄 것이다.

② '호기심' 질문을 하여 아이가 맘속 깊이 담아 두고 있는 이야기를 나눌 수 있도록 격려해 준다. "엄마에게 더 이야기해 줄 수 있겠니?" "불공평하다고 느꼈던 다른 경우도 말해 줄래?" "너의 기분을 상하게 하는 다른 일이 또 있니?" "더 말할 건 없니?" 같은 질문을 해 본다. 마지막 질문의 경우, 아이가 "없어요."라고 말할 때까지 반복적으로 질문해 본다. 대부분의 경우, 아이의 말에 진심으로 귀 기울여 주는 것만으로도 아이에게 위로가 될 것이다.

③ 유머감각을 사용해 본다. 예를 들어, 아이가 "형은 더 늦게 자잖아요. 그건 불공평해요."라고 말한다면 "형은 너보다 주근깨가 더 많으니까 당연히 늦게 자도 되지." 라고 말할 수 있다. 그리고 아이를 꼭 안아 준다. "좋은 시도였어. 이제 잠자리에 들 시간이야. 아침에 보자."라고 말하는 것도 좋은 답변이 될 수 있다.

④ 아이가 불공평하다고 생각하는 이유와 이것을 공평하게 만들 수 있는 방법이 무엇이라고 생각하는지 물어본다. 아이가 모든 것을 공평하게 만들 수 있는 마법의 지팡이가 있다고 상상해 볼 수 있게 해 준다. "지팡이를 휘두르면 불공평하다고 생각하는 일이 어떻게 바뀌어 있을까?"라고 물어본다. 당신은 아이가 제시하는 방법을 실행할 수도 있고 실행하지 않을 수도 있다.

⑤아이에게 "네가 엄마라면 이 상황에서 어떻게 하겠니?"라고 물어본다. 아이의 답변에 귀 기울여야 한다.

⑥아이의 생각을 바꾸려고 노력하는 대신 당신이 그 결정을 내린 이유를 설명한다.

⑦가족회의 시간에 문제에 대해 이야기하여 아이들이 생각하는 공평함이 무엇인지 알 수 있는 기회를 만들어 본다. 가족이 함께 대안을 생각해 본다. 아이들이 직접 그들이 먹을 양을 덜어가거나, 한 아이가 나누고 다른 아이가 먼저 선택하게 하거나, 아이들이 순서를 정하는 방법을 사용해 볼 수 있다. 모두가 동의할 수 있는 해결 방법과 아이들이 생각해 볼 수 있는 시간을 제공해 주어야 한다.

## ✌ 문제를 예방하는 좋은 습관 기르는 법

①주기적으로 가족회의를 가져 아이들이 중요한 사항을 계획표에 작성할 수 있게 해준다. 회의 시간 때는 아이들에게 계속 불평을 하고 싶은 건지 가족이 문제해결에 도움을 주길 바라는지 물어본다.

②당신이 생각하는 평등은 무엇인가? 당신이 어린 시절 불공평하다고 느꼈던 것이 무엇이었는지 생각해 보고 아이들에게 같은 생각을 주입하고 있진 않은지 확인해 본다. 그것이 정말 당신이 원하는 것인지 생각해 본다.

③당신이 가지고 있는 공평성에 대한 주관을 아이들에게 비추지 않는다. 아이들의 차이를 존중한다.

## ✌ 아이들이 배울 수 있는 삶의 기술

아이들은 공평하다는 것은 똑같은 것이 아니라는 사실과 차이를 이해하는 것이 한 사람이 가지고 있는 공평에 대한 주관을 받아들이는 것보다 중요하다는 사실을 배우게 된다. 또한 그들은 문제해결 능력을 키울 수 있고 의견 차이가 있을 때 선택과 결정을 하는 여러 방법을 배우게 된다.

## ☙ 양육 포인트

① 아이들이 생각하는 방식과 그들의 고민을 이해하는 것이 상황을 개선하고 불평등이 일어나는 것을 막는 것보다 중요하다.
② 아이들은 부모가 상황을 바꾸게 하기 위해서 "그건 불공평해요."라고 말한다. 이럴 때에는 당신이 모든 걸 감당하려고 노력하는 대신 호기심 질문을 하거나 제시된 문제를 아이에게 다시 돌려준다. 한 부모는 "나는 공평함에 대해 이야기하고 있는 게 아니야."라고 말해 불공평에 대한 아이의 불만에 대처했다.

### 훈 육 도 우 미

여섯 살, 여덟 살, 아홉 살 된 세 아이는 항상 자동차 뒷자리에서 누가 창문 옆에 앉을 건지를 두고 다투었다. 아빠는 아이들에게 번갈아가며 중간 자리에 앉는 것이 가장 공평하다고 말해 주었지만 아이들은 매번 다투었고 중간 자리에 앉게 된 아이는 불평을 늘어놓았다. 어느 날 아빠는 참지 못하고 "너희가 싸우지 않고 자동차 뒷자리에 앉을 수 있는 계획을 세울 수 있을 거라 믿어. 내가 없는 곳에 가서 계획을 세우렴. 나는 그 계획이 무엇인지 알고 싶지도 않아. 그냥 너희가 다투지 않고 뒷자리를 나눌 수 있을 때 알려 주렴. 그때 다시 차에 타자."라고 말했다.

며칠 뒤 세 아이는 아빠에게 와서 "아빠 뒷자리 사용에 대한 계획을 세웠어요. 다시 시도해 볼 준비가 됐어요."라고 말했다. 아빠는 알았다고 말하고 아이들은 각자의 자리에 앉아 안전벨트를 맸다. 몇 주 동안 아이들은 마법같이 자리를 바꾸어가며 앉았고 아빠는 그들의 계획이 무엇인지 알아내지 못하였다.

그러던 어느 날 아이들은 창가 자리를 두고 다시 다투기 시작하였고 아빠는 "너희의 계획은 거의 완벽하지만 보완해야 할 부분이 몇 가지 있는 것 같구나. 완벽하게 만들어서 내가 운전을 다시 시작해도 될 때 말해 주렴."이라고 말했다. 그리고 아이들이 의논을 하는 동안 운전석에 앉아 잡지를 읽었다. 아이들은 2분 만에 문제를 해결했고 그날 이후로 그들의 계획은 오차 없이 진행되었다.

많은 경우 어른들은 공평함을 유지하는 건 그들의 몫이라고 생각하지만 어른들의 공평함이 아이들이 생각하는 공평함과 일치하지 않는 이상 불평과 다툼은 계속된다. 부모만이 해결할 수 있을 거라고 생각했던 문제를 아이들이 스스로 해결할 수 있을 거라고 믿어 보자.

# 30 아이의 두려움

　제 아이는 악몽을 꾸고 방에 괴물이 있다고 불평합니다. 아이가 또래 아이들에 비해 너무 연약한 것 같아요. 아이는 제 곁에 항상 붙어 있고 싶어 합니다. 아이에게 무슨 문제가 있는 걸까요?

## ☝ 당신 자신과 자녀 그리고 상황 이해하기

　"멍이 든 무릎은 곧 아물지만 멍이 든 자신감은 치유될 수 없다."라는 말이 있다. 아이들이 두려움을 느끼는 이유는 겪어 본 적이 없는 일에 대처하는 방법을 배우지 못했기 때문일 수 있다. 대부분의 아이가 어느 정도의 두려움을 느끼지만 이 두려움은 타인이 그들을 조롱하거나, 아기라고 부르거나, 울거나 두려워하면 안 된다고 말하거나, '너무 예민한 아이'라고 칭할 때 더욱 커진다. 두려움이 커지는 또 다른 상황은 부모가 항상 아이에게 미안함을 느끼고 그들을 과잉보호할 때다. 이럴 경우 아이들은 어려운 상황을 헤쳐 나갈 수 있는 자신감을 기를 수 없다.

　아이들은 알지 못하는 것에 대해 두려움을 느낀다(아이들이 어둠을 두려워하는 이유도 이 때문이다). 하지만 때론 두려움에 대한 대상(따돌림, 성적 학대 등)이 존재하기도 한다. 당신의 역할은 아이들을 과잉보호하지 않고 그들을 보호해야 할 때와 도와주어야 할 때

를 판단하는 것이다.

## 🐰 실전! 생활 속 긍정 훈육법

① 아이의 두려움을 무시하거나, 판단하거나, 과소평가하거나, 비웃지 마라. 반대로
이를 너무 심각하게 받아들이거나, 과잉보호하거나, 아이에게 좋은 감정을 억지로
주입시키는 것도 옳지 않다.

② 아이가 무엇이 두려운지에 대해 말할 때 귀를 기울여준다. 그리고 "물릴까 봐 강아
지를 무서워하는 거구나. 너에게서 멀리 있었으면 좋겠고 말이야."라고 말하며 아
이의 감정을 확인해 본다. 때론 아이의 감정을 인정하고 공감하는 것만으로도 아
이의 두려움을 줄일 수 있다.

③ 아이가 두려운 상황에 대처할 수 있는 방법을 찾을 수 있게 도와준다. 아이가 몇
가지 가능성을 생각해 볼 수 있게 도와주어 선택권을 가질 수 있게 해 준다. 아이
에게 "지금 네게 도움이 될 만한 물건이 뭐가 있을까? 손전등? 곰 인형?"이라고 물
어본다. 아이에게 무서워해선 안 된다고 말하는 건 아무런 도움이 되지 않는다. 해
결 방법을 찾아본다.

④ 아이가 두려움을 이용해서 당신을 조종하고 있진 않은지 관찰해 본다. 아이에게

안정감을 주되 특별한 대우를 해 주거나 그의 감정을 바꾸려고 하지 않는다. 아이가 불편함을 이겨 내고 그들의 두려움에 대처할 수 있다는 사실을 알려 주는 것이 중요하다. 아이가 스스로 문제를 해결할 수 있도록 도와줌으로써 아이에게 두려움을 대처할 수 있는 능력이 있다는 걸 알려 줄 수 있다. 두려워하는 아이를 당신의 침대에서 재우는 것은 "너는 네 두려움을 이겨낼 수 없어. 내가 대신 해결해 줄게." 라는 메시지를 전달하는 행동이다.

⑤ 아이가 어려운 상황을 천천히 해결해 나갈 수 있도록 격려한다. 만일 아이가 어둠을 두려워하면 아이의 방에 취침 등을 켜놓는다. 아이가 혼자 잠들 수 없다고 말하면 아이의 두 손에 뽀뽀를 잔뜩 해 준 뒤 밤중에 당신이 보고 싶을 때마다 손을 열어 뽀뽀를 하나씩 꺼내라고 말해 준다. 아이가 옷장 안이나 침대 밑에 괴물이 살고 있다고 하면 취침 시간 전에 옷장과 침대 밑을 함께 확인하고 아이가 손전등을 곁에 두고 잘 수 있게 해 준다.

⑥ 아이가 하는 말을 자세히 들어 본다. 누군가가 아이를 아프게 하고 있다거나 당신이 아이가 두려워하는 행동을 하고 있다는 메시지를 전달하고 있진 않은가? 아이가 하는 말을 진지하게 받아들인다.

⑦ 때로 아이의 두려움에는 이유가 없을 수도 있다. 아이는 두려움이 사라질 때까지 당신의 지지와 관심을 필요로 한다.


## 🐰 문제를 예방하는 좋은 습관 기르는 법

① 두려움을 소재로 다루는 동화책들을 찾아 아이와 함께 읽음으로써 아이가 혼자가 아니라는 사실을 알려 준다.

② 텔레비전에서 무서운 프로그램이나 영화가 방영된다면 사전에 아이와 그 시간에 텔레비전을 보는 것이 옳은 것인지에 대해 이야기를 나누어 본다. 아이가 무서운 프로그램을 접하는 것에 당신과 아이가 모두 동의를 했다면 아이를 도와줄 수 있

는 방법을 생각해 본다(훈육 도우미 참조).

③ 당신의 두려움을 아이에게 반영하지 않는다. 아이가 새로운 활동을 해 보겠다고 결정했다면 아이가 안전할 수 있게 도와주고 아이를 놓아준다. 당신의 두려움 때문에 아이를 막아선 안 된다. 두려움이 앞선다면 당신의 친구나 친척에게 아이의 행동을 지켜봐 달라고 부탁한다.

④ 아이와 당신의 두려움에 대해 나누는 것은 괜찮지만 아이의 두려움이 당신의 두려움과 같길 기대하진 마라. 당신이 극복해 낸 두려움에 대해 이야기하는 것은 아이에게 도움이 될 수 있다. 아이는 두려움이 정상적인 감정이라는 사실을 깨닫게 된다.

⑤ 아이에게 무서워하는 행동을 하지 않기로 마음먹기 전에 한 번이나 두 번 정도 시도해 보는 건 어떠냐고 물어본다.

⑥ 아이가 무서워하는 활동(예: 수영)을 강요하지 않는다. 아이가 두려워하는 행동을 하도록 강요하면 아이는 그 행동에 대한 거부감을 평생 안고 갈 수 있으며 무능함을 느낄 수 있다.

⑦ 텔레비전을 꺼서 잔인함과 자연재해에 대한 사건으로 가득 찬 뉴스에 아이가 자주 노출되지 않게 해 준다. 과도한 텔레비전 시청은 아이의 두려움을 야기할 수 있다.


## ✋ 아이들이 배울 수 있는 삶의 기술

아이들은 두려움을 느끼는 것은 괜찮지만 두려움 때문에 무능력해질 필요는 없다는 사실을 깨닫게 된다. 부모는 아이들의 두려움을 진지하게 받아들이고 두려움에 대처할 수 있는 방법을 함께 생각해 봄으로써 아이들의 부담감을 덜어 준다. 아이들은 부모가 그들이 감당할 수 없는 위험에서 자신을 구해 줄 것이라는 사실을 믿게 된다.

## ✋ 양육 포인트

① 아이가 당신 곁을 떠나기를 두려워한다면 아이와 충분한 시간을 보내되 당신 곁을 잠시 동안 떠날 수 있는 상황을 만들어 본다. 유치원 선생님의 도움으로 엄마의 다리를 붙잡고 놓지 않으려는 아이를 떼어 내야 할 수도 있다. 하지만 엄마가 시야에서 사라지면 아이는 곧 다른 아이들과 즐거운 시간을 보낼 것이다.

② 아이가 용감해지길 바라며 아이가 부담스러워하는 상황을 마주하도록 강요하지 않는다. 어떤 아이들은 무작정 수영장에 뛰어드는 반면 어떤 아이들은 물에 들어가기 전 여름 내내 옆에서 지켜보기도 한다. 아이들 간의 차이를 받아들이고 아이에 대한 믿음을 가진다.

### 훈 육 도 우 미

열한 살 성원이는 무서운 영화를 보고 싶었다. 그녀의 부모는 영화가 너무 무섭다고 했지만 그녀의 의지를 꺾지 못했다. 아무도 그녀와 함께 그 영화를 보고 싶지 않아 했기 때문에 그녀는 혼자 영화를 보기로 결정했다. 그녀의 부모는 거실에 있겠다고 말하며 너무 무서우면 엄마, 아빠에게 오라고 했다.

성원이 엄마는 팝콘을 준비하고 아빠는 담요와 인형을 준비했다. 아빠는 불을 다 켜고 영화가 시작되자 방을 나갔다.

십 분 뒤 성원이는 거실로 달려와 "오늘은 저 영화를 볼 기분이 아닌 것 같아요. 다음에 볼래요."라고 말했다.

어떤 아이들은 부모와의 힘겨루기에서 이기기 위해 그들이 원하지 않는 일을 한다. 성원이 부모는 그녀가 얼마나 견뎌낼 수 있는지 스스로 깨닫도록 도와주었다.

# 31 부모의 두려움

우리가 살고 있는 세상은 너무 위험합니다. 매일 전 아이가 유괴되진 않을까, 폭행을 당하진 않을까, 묻지마 살인의 피해자가 되진 않을까 두렵습니다. 이렇게 많은 위험이 도사리고 있는 세상에서 아이를 어떻게 보호할 수 있을까요?

## ☝ 당신 자신과 자녀 그리고 상황 이해하기

세상은 많이 바뀌었다. 가장 큰 변화 중 하나는 기술의 발달로 이전에는 듣지 못했던 문제들에 대해 더 많이 듣게 되었다는 것이다. 위험은 언제나 도사리고 있었으며 아이의 안전을 걱정하는 부모의 마음도 변하지 않았다. 아이보다 오래 살고 싶은 부모는 없을 것이며 실종된 아이를 찾으며 끔찍한 불확실성 속에서 살고 싶은 부모도 없을 것이다. 하지만 아이들은 당신의 과도한 두려움 때문에 숨이 막힐 수도 있다. 양육에는 용기가 필요하며 당신이 통제할 수 있는 일과 통제할 수 없는 일의 차이를 이해하는 연습이 필요하다.

## ✌ 실전! 생활 속 긍정 훈육법

① 당신의 역할은 아이가 스스로를 지킬 수 있도록 능력을 부여하는 것이다. 아이가 용기와 삶의 기술을 익힐 수 있도록 매일 노력한다.

② 아이가 준비되었다고 생각하는 일들을 스스로 해 낼 수 있게 허락해 줌으로써 당신의 용기를 기른다. 감독인 동시에 치어리더가 되어 본다. 필요에 따라 아이 가까이에서 지켜보면서 아이가 여러 가지를 시도하고 큰 고통 없이 만회할 수 있는 실수를 해 볼 수 있게 해 준다. 무작정 간섭하기 전에 아이를 지켜보면 아이가 얼마나 많은 상황을 헤쳐 나갈 수 있는지 깨달을 것이다.

③ 아이에게 모든 사람이 친절하지 않다는 사실과 어떤 사람은 아이에게 해를 입힐 수 있다는 사실을 가르쳐 준다. 아이의 친구들을 파악하고 누구 집에서 놀고 있는지 알고 있자. 가족 암호를 정해서 낯선 사람이 아이에게 "너희 부모님이 너를 집에 데려다 주라고 했어."라고 하면 암호를 물어보라고 가르쳐 준다. 낯선 사람이 답을 하지 못한다면 달려가 도움을 구하라고 말해 준다.

④ 인터넷을 사용하여 집 근처에 아동 범죄자가 살고 있는지 확인해 본다. 만일 그렇다면 아이가 어떻게 스스로 안전을 지켜야 하는지 정확히 이해시켜야 한다. 가능하다면 범죄자의 사진을 보여 주고 그 사람과는 어떠한 접촉도 피해야 한다는 사실을 알려 준다. 아이가 친구들과 함께 다니게 하는 것도 좋은 방법이다.

## ✌ 문제를 예방하는 좋은 습관 기르는 법

① 학교나 동네 활동에 참여하여 다양한 안전 교육과 주민 활동을 제안한다. 이웃과 학교 선생님들과 친분을 쌓는다.

② 텔레비전과 책을 통해 당신이 무엇을 보고, 읽고 있는지 확인해 본다. 많은 자녀교

육은 과잉보호를 부추기며 아이에게 죄책감을 느끼게 한다. 능력과 권한 부여에 대한 많은 정보를 얻어 아이의 독립심을 향상시켜 준다.

③ 훈육 강의를 듣고 여러 부모와 이야기를 나눔으로써 당신이 혼자가 아니라는 사실과 두려움이 자연스러운 감정이라는 사실을 받아들인다. 물론 여전히 두려움에 대처하기 위해 노력해야 하지만 이러한 활동을 통해 당신은 자신의 감정을 확인하고 인정할 수 있다.

④ 당신보다 나이가 많은 분을 찾아가 그들이 자라온 환경에 대한 이야기를 들어 본다. 아이가 어린 시절부터 부모를 도와 일을 하고, 스스로 학교에 가기 위해 버스를 타고, 밭일을 하던 때는 그렇게 오래전이 아니다. 물론 그때와 같은 방식으로 아이를 양육할 순 없지만 과거의 양육 방법에 대한 생각은 당신의 두려움을 한층 가라앉힐 수 있다.

⑤ 아이와 함께 작은 것부터 실천하며 용기를 기른다. 아이가 무언가를 시도할 준비가 되었다고 말한다면 적당한 거리를 두고 아이를 지켜봄으로써 정말 준비가 되었는지 확인해 본다.

⑥ 과도하게 걱정을 표현하는 행동은 삼간다. 아이는 당신이 틀렸다는 사실을 입증하기 위해 반항을 하거나 극단적인 행동을 할 수도 있다. 당신의 걱정은 아이의 자신감을 낮추며 아이는 당신이 걱정하는 것에 대해 듣고 싶어 하지 않는다. 아이 대신 친구들에게 당신의 걱정거리를 이야기한다.


## 🖐 아이들이 배울 수 있는 삶의 기술

아이들은 부모가 그들을 믿는다는 사실을 알게 되며 스스로 문제를 해결하고, 강하고 적극적으로 행동하고, 능력을 내보일 수 있다는 사실을 배우게 된다. 또한 그들은 부모도 두려움을 느끼지만 이는 감정 그 이상도 이하도 아니라는 사실을 깨닫게 된다.

## 🖐 양육 포인트

① 두려워하는 것은 괜찮지만 멀쩡한 아이를 무능력자로 만들어서는 안 된다.
② 당신이 어린 시절 무모한 행동을 했다고 아이도 무모한 행동을 할 것이라고 생각하지 마라. 같은 행동을 하더라도 결과는 다를 수 있다.
③ 부정적인 에너지로 삶을 채움으로써 아이에게 일어날 일에 대해 부정적인 예측을 하지 않도록 주의한다.


## 훈 육 도 우 미

세 살 된 민율이와 할머니는 지하철 타는 것을 좋아한다. 할머니가 노란색 선 가까이 가면 민율이는 할머니 앞에 서서 몇 걸음 뒤로 물러나게 하여 할머니의 안전을 지킨다. 그것은 민율이 역할이고 그는 이를 매우 진지하게 생각한다.

시경이 엄마는 항상 그녀의 두려움을 시경이에게 표현했다. 그녀는 항상 "넘어져서 이가 부러지지 않도록 자전거를 탈 땐 항상 조심하렴." "승마를 배우기에는 넌 아직 너무 어려." "수영을 할 땐 물에 빠지지 않게 조심하렴." "절대 변기 의자를 만지지 말고 병균이 옮지 않게 손을 꼭 씻으렴."이라고 말하였고 시경이는 그녀의 끊임없는 두려움을 들으며 자랐다. 어른이 된 시경이는 여러 공포증이 있다. 그는 복도에 가까운 뒷좌석이 아니면 영화를 보기 두려워하고 고소공포증이 있다. 마지막으로 그가 비행기를 탔을 땐 이륙 전부터 산소 부족을 느꼈다. 그 이후로 그는 비행기를 타지 못했고 가족 여행에 참석하지 못하였다. 대학교 졸업식 전날 그는 졸업식장에서 중간 자리에 앉을 것이 두려워 잠을 이루지 못하였다. 결국 그는 졸업식에 참석하지 못하고 우편으로 졸업장을 받았다.

아이들은 언제나 결정을 내린다는 사실을 기억하자. 그들의 인생을 바꿔 놓을 두려움과 믿음을 아이의 마음속에 심어 주고 있진 않은지 자신을 점검해 본다.

# 32 친구들과 다투는 아이

제 아이는 친구들과 자주 다투는 것 같아요. 제가 어떻게 도와줄 수 있을까요?

## 👆 당신 자신과 자녀 그리고 상황 이해하기

부모 입장에서 아이가 친구들과 다툴 때마다 다치고, 거절 받고, 소외당하는 모습을 보면 마음이 아프다. 하지만 싸움은 성장하는 과정의 일부다. 아이들은 다툴 때마다 마음의 상처를 입지만 어른보다 훨씬 빠른 속도로 회복한다. 그러므로 아이가 인생의 어려움을 겪지 않게 당신이 보호해 주어야 한다고 생각한다면 큰 오산이다. 보호자 역할을 하는 대신 당신은 관찰하고, 경청하고, 감독하고 응원해 주는 방법을 통해 아이들을 도와주어야 한다. 이 방법을 통해 아이들은 그들이 생산적으로 문제를 해결할 수 있다는 사실과 고통은 시간이 해결해 준다는 사실을 깨닫게 된다.

여기서 말하는 고통이란 정상적인 경험에서 오는 고통을 말하는 것이다. 성폭행, 집단폭행, 따돌림 혹은 인종차별 같은 비정상적인 경험이나 안전성 문제와 관련된 고통을 이야기하는 것이 아니다. 친구들과 다투는 건 아이가 피해를 입고 약자가 되는 것과는 다른 문제다. 후자와 같은 문제가 생길 시에는 적극적으로 전문적인 도움을 주기 위해 노력하거나 아이들이 스스로 해결할 수 없는 상황에 대처하는 방법을 알려 주어야 한다.

## ✌ 실전! 생활 속 긍정 훈육법

① 문제에 직접 개입하거나 문제를 해결하는 대신 아이의 말에 귀 기울여야 한다.

② 아이를 향한 믿음을 표현한다. "지금 괴로운 건 알겠지만 나는 네가 이 상황을 잘 헤쳐나갈 거라 믿어."라고 말해 본다.

③ 지지를 아끼지 않는다. "이야기하고 싶거나 조언이 필요하면 언제든지 말하렴. 내 조언은 어디까지나 내 생각일 뿐이야. 네가 잘 생각해 보고 선택하렴."이라고 말해 본다.

④ 아이를 피해자처럼 대하지 않는다. 아이는 자신이 피해자라고 생각하게 될 것이다.

⑤ 아이가 친구와 놀고 싶지 않아 한다면 아이의 선택을 존중하고 화해를 강요하지 않는다. 아이가 절교를 하고 싶어 한다면 아이의 결정을 믿어라. 그런 결정을 내린 이유가 있을 것이다('친구 선택' 참조).

⑥ 자녀가 둘 이상이라면 첫째 아이의 친구가 둘째 아이와도 놀기를 기대하지 마라. 아이들이 각자의 친구 관계를 맺는 것은 중요하며 아이가 원치 않는다면 아이의 동생도 친구와 함께 놀기를 강요해선 안 된다.

## ✌ 문제를 예방하는 좋은 습관 기르는 법

① 아이를 탓하는 대신 책임에 대해 이야기해 본다. "무엇 때문에 다투었는지 생각해 보면 해결 방법을 찾을 수 있을 거야. 너와 네 친구 모두 이 상황에 대한 책임이 있다고 할 때 문제의 원인은 어디 있다고 생각하니?"라고 물어본다.

② 당신이 어린 시절 경험한 친구들과의 다툼에 대해 이야기해 준다. 그때 당신이 느꼈던 감정에 대해서도 말해 준다.

③ 아이가 잠들기 전 오늘 있었던 가장 행복한 일과 가장 슬픈 일에 대해 물어본다.

아이는 그들의 경험—좋은 일과 나쁜 일 모두—을 당신과 나눌 수 있다는 사실을 알게 될 것이다.

## 🖐 아이들이 배울 수 있는 삶의 기술

아이들은 삶의 고통스러운 경험에 대처할 수 있는 용기를 얻을 것이다. 아이들은 자신의 행동에 책임감을 갖고 문제를 해결하기 위해 선택하는 방법을 배운다. 당신은 비난하거나 보호해 주는 대신 아이들의 말에 귀 기울여 줌으로써 그들이 필요한 도움을 줄 수 있다. 아이들은 도움이 필요할 때 당신이 언제나 자신 곁에 있다는 사실에 안정감을 느낀다.

## 🖐 양육 포인트

① 친구들과의 다툼이 정상적인 행동이라는 사실을 받아들이자. 대부분의 경우 갈등은 당신이 생각하는 것보다 빨리 해결될 것이다. 아이들은 부모가 개입하지 않을 때 더 빠르게 문제를 해결한다.
② 아이도 어른만큼이나 이야기 대상이 필요하다. 그들의 말을 들어주는 것이 해결 방법을 알려 주는 것보다 훨씬 효과적이다.
③ 정상적인 다툼과 폭력의 차이를 이해하고 상황에 맞게 태도를 바꾸어야 한다.

## 훈 육 도 우 미

초등학교 시절 다혜와 여진이는 절친이었다. 그들이 중학교에 갔을 때 경서가 그들의 친구가 되었고 경서는 인기가 많은 친구들을 소개시켜 주었다. 경서는 집단에서 한 명을 트집 잡아 모두가 그 아이를 외면하고 '싫어하게' 만드는 것이 재미있다고 생각했다. 이러한 행동은 그 나이의 아이들 사이에서 흔히 일어나는 일이지만 용납할 수 없는 행동이다. 여진이는 엄마에게 친구들 사이에서 일어나고 있는 일에 대해 말하였고, 자신은 이러한 행동을 하길 원치 않는다고 말하였다. 하지만 그렇게 하지 않는다면 친구를 모두 잃게 될 거라고 말했다. 엄마는 아이들이 돌아가면서 한 아이를 따돌리기 때문에 여진이가 트집 잡힐 날이 머지않았다고 말해 주었다. 엄마는 여진이가 학교 밖 활동에 참여하여 새로운 친구들을 사귀어 볼 수 있도록 격려하였다.

엄마의 말대로 여진이가 희생양이 된 날이 찾아왔고 그녀는 친구들에게 외면당했다. 다혜조차 그녀와 이야기하길 거부했다. 여진이는 상처를 받았지만 엄마 덕분에 놀 수 있는 다른 집단의 친구들이 생겼다는 사실에 안도했다.

# 33 형제자매와 다투는 아이

아이들이 싸울 땐 어떻게 해야 하나요?

## 당신 자신과 자녀 그리고 상황 이해하기

대부분의 아이는 형제자매와 다르다. 대부분의 부모가 그 사이에 끼어들어 경쟁심을 불러일으켜 상황을 악화시킨다. 부모가 간섭하면 아이들은 잠시 다툼을 멈출지도 모르지만 곧 다시 싸움을 시작할 것이고 부모는 짜증이 난다. 아이들이 진짜 문제를 해결할 수 있도록 도와주는 효과적인 방법은 행동과 행동 뒤에 숨겨진 의도를 파악하는 것이다. 아이들은 이겨야 특별해질 수 있다고 생각해서 가족 내에서 그들의 자리를 찾기 위해 싸우는 걸까? 서로에게 상처를 받아서 상처를 되돌려주려고 하는 걸까? 공평하지 못한 대우를 받고 있다고 생각해서 싸움을 통해 공평함을 찾으려는 걸까? 가족의 문제를 해결할 수 있는 방법이 싸움밖에 없는 건 아닐까? 부모가 맘대로 그들을 조종할 수 없다는 것을 보여 주려는 건 아닐까?

아이들이 소속감과 존재감에 대해 가지고 있는 잘못된 믿음을 고쳐 주고 싸움 대신 사용할 수 있는 방법을 가르쳐 주면 아이들 간의 싸움은 크게 줄어들 것이다.

## ✌ 실전! 생활 속 긍정 훈육법

① 편을 들지 마라. 편을 들면 아이들 간의 경쟁심은 더욱 커진다. 아이들을 동일하게 대한다.

② 다툼이 걷잡을 수 없게 커지면 아이들에게 "싸움을 그만 둘 준비가 될 때까지 각자의 방에 들어가 있어."라고 말한다. 이 시간 동안 아이들은 흥분을 가라앉힐 수 있다. 아이들에게 준비가 되면 나와서 다시 시도해 볼 수 있다고 말해 준다.

③ 아이들에게 동일한 선택권을 준다. 그들에게 "싸움을 멈추거나 밖에 나가서 싸우도록 해. 계속 싸울 거라면 난 다투는 소리를 듣고 싶지 않아."라고 말한다.

④ 싸움에 어린 아기가 포함되어 있다면 아기를 먼저 안고 다른 아이들 앞에서 "싸움을 멈출 수 있을 때까지 방에 가 있도록 해."라고 말한다. 그리고 나이가 더 많은 아이의 손을 잡고 같은 말을 반복한다. 아무 잘못 없는 아기를 방으로 데려가야 하지만 아이들을 공평하게 대하는 것이 중요하다. 피해자-가해자 방식의 훈육은 피해야 한다.

⑤ 아이들이 싸울 때 근처에서 조용히 지켜보는 행동도 아이들을 위로하는 방법이 될 수 있다. 아이들이 당신의 도움 없이도 문제를 해결할 수 있을 거라고 믿는다(부모가 아이들의 싸움에 간섭을 하지 않는 것은 물론 쉽지 않다). 어떤 부모는 두 아이와 어깨동무를 하고 "너희가 서로를 사랑한다는 거 알아. 서로에게 사랑한다고 말하고 싸움을 멈추는 건 어때?"라고 물어보기도 한다.

⑥ 아이들이 장난감을 사이에 두고 싸운다면 장난감을 압수하고 싸우는 대신 함께 가지고 놀 준비가 되면 다시 돌려주겠다고 말한다.

⑦ 때로 아이들 간의 싸움은 그들이 노는 방법 중 하나다. 아이들을 귀여운 곰돌이 두 마리라고 생각하고 폭력을 사용하지 않는 조그만 다툼은 그냥 넘어가 준다.

⑧ 싸움을 한 아이들을 소파에 앉혀 놓고 서로가 서로에게 일어나도록 허락할 때까지 앉아 있게 한다. 아이들은 싸움에 집중하는 대신 협동에 집중하게 될 것이다.

⑨ 아이들을 한 방에 들여보내고 함께 해결해야 하는 문제를 내준다. 그리고 아이들이 해결책을 찾았을 때 나올 수 있게 해 준다.

⑩ 방을 나간다. 놀랍게도 아이들이 싸우는 가장 큰 이유 중 하나는 당신의 관심을 얻기 위해서다. 아이는 부모가 자신의 형제자매를 혼냄으로써 자신의 편을 들어주길 바란다. 이를 통해 자신이 중요하다는 사실을 확인하고 싶어 한다.

⑪ 아이들 중 누가 이 문제를 가족회의 계획표에 적어 놓을 건지 물어보기 위해 싸움에 잠시 끼어들어 본다.

⑫ 싸움이 격해지고 위험해지면 (아이가 다른 아이에게 돌을 던지려 할 때 같이) 아무 말 없이 행동에 임한다. 예를 들어, 당신은 재빨리 아이의 손에서 돌을 빼낼 수 있다. 그리고 필요에 따라 추가 행동을 취한다.

⑬ 유머감각을 사용하여 싸움을 활동으로 바꾼다. 아이들이 싸우면 아이를 바닥에 눕히고 누가 가장 위에 올라갈 수 있는지 보자고 말해 본다. 아이들은 서로 위로 올라가기 위해 몸싸움을 하겠지만 그들은 더 이상 싸우고 있지 않을 것이다. 놀이에 이름을 붙이고 가족 놀이로 정해 본다.


## ✌ 문제를 예방하는 좋은 습관 기르는 법

① 가족회의 동안 싸움에 대해서 의논해 본다. 아이들에게 아이들이 다투는 이유와 문제를 해결할 수 있는 다른 방법에 대해 물어본다. 가족회의는 해결 방법에 초점을 맞출 수 있는 좋은 자리다.

② 아이가 잠자리에 누워 하루 중 가장 행복했던 일과 가장 슬펐던 일에 대해 이야기하고 나면 아이에게 "형이랑 무엇 때문에 싸우게 되는지 이야기해 보고 해결 방법도 이야기해 볼까?"라고 물어본다. 해결 방법에 대해 의논하기 전 아이의 입장에 귀 기울인다.

③ 아이들을 비교하지 않는다. 당신은 "네가 언니만큼 잘할 수 있다고 믿어."라고 말

하며 아이를 격려하고 있다고 생각하지만 이는 아이를 좌절시키고 경쟁심을 불러
일으키는 방법이다.

④ 가족회의 시간에 지금까지 제안한 것들에 대해 이야기를 하고 아이들에게 그들이
싸울 때 당신이 어떤 방법을 사용했으면 좋겠는지 물어본다.

⑤ 훈육 도우미에 소개한 양초 이야기를 사용하여 한 아이를 향한 사랑이 다른 아이
를 향한 사랑을 꺼트리지 않는다는 사실을 알려 준다.


## ✋ 아이들이 배울 수 있는 삶의 기술

아이들은 싸우지 않아도 문제를 해결할 수 있는 방법이 있다는 사실을 깨닫는다. 가
족 내에서 그들의 자리를 찾기 위해 싸우지 않아도 아이들은 소속감과 특별함을 느끼게
된다.


## ✋ 양육 포인트

① 나이가 많은 아이와 적은 아이를 똑같이 대해야 한다는 사실을 기억한다. 그렇지
않으면 동생은 '형을 문제의 원인으로 만들어야 내가 사랑 받을 수 있어.'라는 믿
음을 갖게 된다. 곧 아이는 당신 모르게 형에게 시비를 걸 것이다. "형이니까 네가
더 잘해야지!"라고 말하며 항상 첫째 아이를 탓하면 아이는 '나는 동생만큼 특별
하지 않아. 하지만 동생에게 되갚아줄 순 있지.'라고 생각하게 된다. 이렇게 피해
자−가해자 관계가 형성된다.

② 차이를 소중히 여기고, 개성을 갖도록 격려하고, 아이들을 문제해결 과정에 참여
시키고, 배려와 존중을 바탕으로 협동적인 가족 분위기를 만들어 본다. 협동적인
분위기에서 다툼은 크게 줄어들 것이다.

## 훈 육  도 우 미

아이들이 싸울 때 아빠는 엄지손가락을 치켜든 손을 내밀고 "CBN 기자입니다. 무슨 일이 일어나고 있는지 이 마이크에 대고 설명해 주실 수 있나요?"라고 말한다. 때로 아이들은 그냥 웃거나 서로 그들의 입장에서 상황을 설명한다. 그들이 각자 자신의 이야기를 하고 나면 아빠는 상상의 카메라로 시선을 돌리며 "오늘은 사건에 대해 말씀드렸습니다. 내일 이 시간에 이 영리한 아이들이 문제를 어떻게 해결하는지 말씀드리겠습니다."라고 말한다.

다섯 살 다은이는 동생이 태어난 이후로 충분한 관심을 받지 못하고 있다고 느꼈고 동생에 대해 어떠한 감정을 가져야 하는지 혼란스러워했다. 때로는 동생을 사랑했지만 엄마, 아빠가 동생에게만 관심을 줄 땐 동생이 태어나지 않았으면 좋았을 거라는 생각을 했다. 그녀는 어떻게 관심을 받아야 할지 몰라 자신도 아기처럼 행동했다.

어느 날 저녁 아기가 잠들었을 때 엄마는 다은이와 식탁에 앉아 "다은아, 우리 가족에 대해 해 주고 싶은 이야기가 있어."라고 말했다. 그녀는 서로 길이가 다른 양초 네 개를 식탁에 올려놓고 다은이에게 "이 양초들은 우리 가족을 의미해."라고 설명하였다. 그녀는 긴 양초를 하나 들고 "이건 엄마 양초야. 내 양초지."라고 말했다. 양초에 불을 붙이며 "이 불빛은 내 사랑을 의미해."라고 말해 주었다. 엄마는 다른 긴 양초를 들고 "이건 아빠 양초야."라고 말했고 엄마 양초의 촛불을 사용해 아빠 양초에 불을 붙였다. 그녀는 "내가 네 아빠와 결혼했을 때 아빠에게 내 모든 사랑을 주었단다. 하지만 여전히 나에게는 처음과 같은 양의 사랑이 남아 있단다."라고 말해 주며 아빠 양초를 촛대에 꽂았다. 그녀는 작은 양초를 들고 "이건 네 양초야."라고 말하며 그녀의 촛불을 다은이 양초에 옮겨 주었다. 그리고 "네가 태어났을 때 나는 네게 내 모든 사랑을 주었단다. 하지만 봐! 아빠도 나도 내 모든 사랑을 여전히 가지고 있어."라고 말했다. 마지막으로 엄마는 가장 작은 양초에 촛불을 옮기며 "이건 네 동생의 양초야. 네 동생이 태어났을 때 나는 내 모든 사랑을 주었어. 물론 너도, 아빠도, 나도 여전히 내 모든 사랑을 가지고 있어. 왜냐하면 사랑은 그런 거니까. 너는 네가 사랑하는 모든 사람에게 사랑을 주고도 네 사랑을 모두 가지고 있을 수 있어. 우리 가족이 사랑으로 만든 불빛을 보렴."이라고 설명해 주었다.

엄마는 다은이를 안고 "엄마가 다은이를 동생과 똑같이 사랑한다는 사실을 이해하는 데 도움이 됐니?"라고 물어보았다.

다은이는 "네, 그리고 저도 똑같이 많은 사람을 사랑할 수 있어요."라고 답하였다.

우리는 믿음을 기반으로 행동하며 우리의 행동과 믿음은 소속감과 중요함을 느끼려는 사람들의 궁극적인 목표와 연관되어 있다. 엄마는 다은이의 행동 뒤에 숨겨진 믿음에 집중하였고 이때부터 문제는 더 이상 문제가 아니었다.

# 34 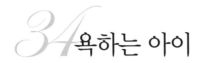 욕하는 아이

　제 아이들은 서로에게 항상 욕을 합니다. 그들 곁에서 그런 언어를 듣는 것이 거북해요. 남편과 저는 욕을 하지 않으며 아이들에게도 그만하라고 말했습니다. 그들은 잠깐 동안 욕을 멈췄다가 다시 시작하곤 합니다. 도와주세요.

## ☝ 당신 자신과 자녀 그리고 상황 이해하기

　욕과 상스러운 말이 매체와 어른들 사이에서 너무 일반적인 언어가 되어 버렸기 때문에 아이들에게 존중적인 행동과 비존중적인 행동의 차이를 가르치는 것은 중요하다. 당신은 무의식적으로 욕을 하고 있을 수도 있으며, 아이들은 단어의 뜻도 모른 채 당신을 따라 할 수 있다. 만일 당신이 욕에 매우 민감하게 반응한다면 아이들은 당신에게 충격을 주기 위해 욕을 할 수도 있다. 아이들이 놀고 있는 놀이터에 가 본다면 당신의 아이만 욕을 하는 게 아니라는 사실을 알게 될 것이다. 하지만 상황에 상관없이 아이의 욕이 거북하다면 이 문제를 해결해야 한다.

## ✌ 실전! 생활 속 긍정 훈육법

① 아이들에게 욕하는 것을 듣고 싶지 않다고 말하고 도움을 요청한다. 아이들이 욕 대신 다른 단어를 사용하는 방법이나 당신이 듣지 않아도 되는 시간에만 욕을 사용하는 방법을 제시해 본다.

② 아이들이 계속 욕을 한다면 그들에게 장소를 옮기라고 하거나 당신이 그곳에서 떠난다.

③ 아이들은 재미로 욕을 할 수 있지만 이는 매우 비존중적인 행동이며 특정 상황에서는 매우 부적절하다는 사실을 알려 준다. 아이들은 욕은 사람들의 기분을 언짢게 할 수 있으며 욕 때문에 좋은 기회를 잃을 수 있다는 사실을 알아야 한다.

④ 유치원생 아이에게는 "그 말 대신 _____라고 말하자."라고 알려 준다. 게으름뱅이, 엉터리, 맙소사 같이 욕 대신 사용할 수 있는 흥미로운 단어를 알려 주면 아이들이 그 단어들을 대신 사용할 가능성이 높아진다.

⑤ 때론 단순히 욕을 무시하는 행동만으로도 문제를 해결할 수 있다.

⑥ 아이가 분노나 짜증을 바탕으로 욕을 한다면 아이에게 "매우 화가 난 것 같구나. 엄마랑 이야기해 볼래?"라고 말해 본다.

⑦ 당신이 아이의 감정을 존중한다는 사실을 알려 주고 욕을 하지 않고 감정을 말해 주면 좋겠다고 말해 본다.

# ✌ 문제를 예방하는 좋은 습관 기르는 법

① 아이들이 친구들의 언어를 따라 하고 있거나, 어른들을 자극하려고 하거나, 욕을 통해 자신의 힘을 표현하려 한다면 과도한 반응을 보이는 대신 침착하게 반응하며, 욕 대신 자신의 감정을 언어로 표현하도록 도와준다. 분노나 짜증 등 자신의 감정을 이야기로 표현하도록 한다.

② 아이들이 욕에 대해 편안하게 이야기할 수 있도록 가족회의 시간에 욕에 대해 의논해 본다. 아이들에게 욕을 하지 않으면 그들을 더욱 인상적으로 표현할 수 있고 그들의 지성을 보여 줄 수 있다는 사실을 가르쳐 준다.

③ 아이에게 사용하는 욕의 뜻을 알고 있는지 물어본다. 모르고 있다면 뜻을 알려 주고 그것이 아이가 전달하려는 메시지인지 물어본다. 욕을 통해 성희롱이나 폭력으로 이어질 수도 있다는 사실을 가르쳐 준다. 욕으로 인하여 기분도 언짢아지고 싸움이나 범죄의 잠재적인 영향이 온다는 것을 알게 한다. 실제로 욕의 의미와 영향을 깨닫게 하니, 욕이 많이 줄었다는 연구 결과가 있다.

④ 가족 구성원이 욕을 삼가기로 했다면 저금통을 준비한다. 그리고 욕을 할 때마다 오백 원씩 저금통에 넣게 한다. 피자를 사먹을 수 있을 만큼 돈이 모이면 아이들과 함께 피자를 즐긴다. 가족과 함께 있는 시간에는 욕설을 금지하도록 하고, 욕 대신 유머러스한 단어로 대체하도록 하는 훈련을 가족 모두가 한다. 예를 들면 "존○" 대신 "아이, 화난다. 아이스크림"

⑤ 연구에 의하면, 부모가 습관적으로 말하는 욕, 비어 및 속어 등이 자녀들의 폭력적 행동을 유발하는 데 원인이 된다. 부모가 말과 행동을 할 때 욕과 비어를 많이 하고 있다면 먼저 스스로의 언어부터 수정을 한다.

## ❦ 아이들이 배울 수 있는 삶의 기술

아이들은 자신의 행동이 타인에게 미치는 영향에 대해 인지하게 된다. 아이들은 자신을 표현할 수 있는 수용적이고 존중적인 방법을 배우게 된다.


## ❦ 양육 포인트

① 텔레비전, 영화와 컴퓨터의 영향을 무시하지 않는다. 아이들이 매체에 얼마나 노출되어 있는지 확인하고(특히 아이들이 어릴수록) 매체가 보여 주는 행동 중 옳은 것과 옳지 않은 것에 대해 이야기를 나누어 본다(특히 아이가 성장해 나갈수록).

② 한 번 시도하고 무언가가 바뀌어 있길 기대하지 않는다. 반복적으로 시도해 본다.

③ 아이에게 특정 감정을 느끼는 것은 괜찮지만 감정을 표현하는 방법은 조심스럽게 선택해야 한다는 사실을 알려 준다. 욕을 하는 대신 "너에게 매우 화가 나 있어."라고 말하는 것이 더욱 올바른 표현 방법이라는 것을 알려 준다.

④ 아이들은 대부분 내면의 욕구불만으로 분노와 공격적 성향이 생기는데, 이때 욕을 한다고 화를 내거나 야단을 치면, 아이 스스로 수치심을 느껴 욕을 더 많이 하게 되고 정도도 심해진다. 부모가 자녀의 감정을 존중한다는 것을 느끼게 하며 자녀가 충분히 자신의 감정을 표현하도록 한다.

### 훈 육 도 우 미

진희 씨는 청소년 자녀가 집에서 욕을 했을 때 매우 당황했다. 그녀는 주위에서 아이가 얼마나 자주 욕을 하는지 세어보기로 했다. 그리고 그녀는 우리에게 "아이는 자신이 얼마나 자주 욕을 하는지 깨달았고 서서히 그 숫자를 줄여 나갔어요. 아이의 행동은 무례함의 문제가 아닌 무의식의 문제였다고 생각해요."라고 말해 주었다.

# 35 친구 선택

한 아이는 친구가 없다고 불평합니다. 한 아이는 계속 제가 좋아하지 않는 친구를 사귑니다. 아이들이 제가 허락하는 친구만 사귀게 하는 방법이 없을까요?

## ☝ 당신 자신과 자녀 그리고 상황 이해하기

우리는 가끔 아이들이 가지고 있는 성격과 취향을 존중하지 않고 하나의 틀에 맞추려고 한다. 말은 하지 않지만 많은 부모가 아이들의 인기에 관심을 갖고 있으며 틀에 맞추려는 경향은 이 목표를 이루려 할 때 가장 노골적으로 드러난다. 어떤 아이들은 조용하고 수동적인 반면 어떤 아이들은 활동적이고 자기주장이 강하다. 또 어떤 아이들은 변화를 좋아하지 않는 반면 어떤 아이들은 특별한 생활습관을 선택한다. 다음 제안은 아이들이 자신의 특별함을 존중하고 자신의 모습 그대로 편안함을 느끼도록 도와줄 것이다.

## 🐰 실전! 생활 속 긍정 훈육법

① 아이들이 스스로 친구를 선택할 수 있도록 허락해 주되 방과 후 활동이나 학원에 등록해 다른 또래 아이들도 만나볼 수 있게 해 준다. 아이들이 어리면 당신 친구들의 아이들을 초대하여 집에서 함께 놀 수 있게 해 준다.

② 아이가 당신이 좋아하지 않는 친구를 사귀면 그 친구를 집에 자주 초대하여 당신의 사랑과 가치가 그 아이에게도 도움이 되길 기대해 본다.

③ 당신이 좋아하지 않는 아이의 친구가 아이에게 부정적인 영향을 끼치진 않을까 걱정된다면 아이와 건강한 관계를 유지하여 당신이 아이에게 긍정적인 영향을 주는 것에 초점을 맞춘다. 명령을 내리는 대신 당신의 생각을 나눈다면 친구에 대한 걱정을 말해도 괜찮다.

④ 아이가 친구와 싸운다면 공감하며 경청하되 중간에 끼어들지 않는다. 아이가 스스로 상황에 대처할 수 있을 거라 믿는다('친구들과 다투는 아이' 참조).

⑤ 아이의 친구 수에 대해 걱정하지 마라. 어떤 아이는 한 명의 친구랑 놀기를 선호하고 어떤 아이는 큰 무리의 일부가 되는 것을 선호한다.

⑥ 아이가 친구가 없다고 불평하면 아이의 말에 귀 기울이는 연습을 한다. 아이의 말을 감정 단어를 사용하여 바꾸어 말해 본다. 예를 들어, "네가 친구가 없어서 매우 속상한 것 같구나. 오늘 너와 친구 사이에 무슨 일이 있었니?"라고 물어볼 수 있다. 대부분의 경우 아이들은 절망적이고 극단적으로 말하지만 사실 학교에서 친구 중 한 명과 문제가 있었을 가능성이 크다. 좋은 경청자가 되어 아이가 자신의 말을 통해 상황에 대해 다시금 생각해 볼 수 있도록 도와준다.

# 🐰 문제를 예방하는 좋은 습관 기르는 법

① 친구를 사귀는 데 어려움을 겪는 아이는 공원에 데려가거나 보이/걸스카우트나 교회 활동에 참여시켜 여러 가지 기회에 노출시킨다.

② 아이가 당신 친구의 아이들과 잘 지내기를 기대하거나 함께 놀기를 강요하지 않는다. 아이가 자신과 맞지 않거나 공통 관심사가 없는 당신 친구의 아이들과 만날 필요가 없도록 친구들과 약속을 잡는다.

③ 아이가 옷 때문에 친구들과 어울리지 못하는 일이 없도록 아이의 옷 취향을 존중해 준다.

④ 아이가 무조건적인 사랑을 느끼고, 안정감과 배려를 경험하고, 즐겁게 놀고, 아이 중심적인 활동을 할 수 있어서 친구가 계속 놀러 오고 싶어 하는 집안 분위기를 만들어 본다.

⑤ 당신 자신이 친구를 사귀는 데 어려움을 느낀다면 아이가 같은 문제를 겪는 것에 대해 걱정하거나 아이가 당신과 같은 경험을 할 거라고 추측하지 않는다. 친구 관계에 대한 당신의 생각을 아이에게 강요하지 않도록 주의한다. 한번 친구는 영원한 친구라고 생각하는 당신과는 달리 아이는 친구 관계에 얽매이지 않을 수 있다. 좋은 관찰자가 되어 아이가 친구와의 관계를 어떻게 생각하는지 확인해 본다.

⑥ 폭력적인 부모, 싸움을 자주 하는 부모, 중독 있는 부모 등으로 인해 수치심을 느끼는 아이는 친구들이 자신의 가족을 판단할지도 모른다는 두려움에 친구들을 집에 데리고 오고 싶어 하지 않는다. 집에 알코올중독자가 있다면 전문적인 도움을 받아 보자. 아이가 친구를 집에 데려오는 데 두려움을 느낀다면 아이는 많은 즐거

움과 기회를 잃게 될 것이다.


## 🖐 아이들이 배울 수 있는 삶의 기술

부모는 아이를 무조건 사랑하고, 그들의 특별함을 소중히 여기고, 그들이 올바른 친구를 사귈 거라고 믿기 때문에 아이들은 부모를 자신의 절친으로 생각하게 된다. 부모는 아이의 친구도 판단과 잔소리 없이 사랑으로 지도하기 때문에 친구들은 아이의 부모 곁에서 안정감을 느낀다.


## 🖐 양육 포인트

① 아이가 계속 당신이 허락하지 않는 친구를 사귄다면 당신과 아이 사이의 관계를 확인해 본다. 너무 통제적이거나 아이에게 모든 걸 통제할 수 없다고 말하고 있진 않은가? 당신의 비난과 의심 때문에 아이가 상처를 받아서 그 상처를 되돌려주려는 게 아닐까?

② 아이를 신뢰하고 아이 그대로의 모습을 존중해 준다. 당신이 선택하지 않은 친구라고 해도 아이가 선택한 친구들이 집에 놀러 왔을 때 진심으로 반겨 준다.

③ 아이들은 당신이 친구들을 대하는 방법을 바탕으로 친구를 결정하고 있을 수도 있다. 아이에게 바라고 있는 대로 행동하고 있는가?

## 훈 육 도 우 미

　친구들은 처음부터 아이를 변화시키지 않는다. 아이는 먼저 그 당시의 자신의 모습을 반영하는 친구들을 선택한다. 예를 들어, 스케이트를 타는 아이를 새로운 학교에 보내면 아이는 곧 스케이트를 타는 친구들을 사귈 것이다. 이 사실은 공부를 좋아하는 아이와 춤을 추는 아이에게도 똑같이 적용된다(어른도 모임에 가면 자신과 비슷한 취미를 가진 사람들을 찾고 자신과 성향이 다른 사람들은 피하는 경향이 있다).

　때로 청소년은 친구가 없으면 인생이 끝났다고 생각한다. 많은 경우 우리는 친구를 사귀는 것의 중요성을 지나치게 강조하고 혼자 있기를 선택한 아이들은 불편함을 느끼게 된다. 이런 아이들에게는 친구를 사귀어야 한다고 강요하는 것보다 자신에게 친구가 되어 주는 방법을 가르쳐 주는 것이 더 중요하다.

# 36 착한 아이

제가 참여했던 부모 교육 강좌에서 '착한 아이'가 '문제아' 만큼이나 좌절감에 빠져 있다는 이야기를 들었습니다. 이게 무슨 말인가요?

## ☝ 당신 자신과 자녀 그리고 상황 이해하기

아이가 항상 착하게 행동하는 데 초점을 맞추는 것은 위험한 행동이다. 아이는 착하지 않으면 사랑 받을 수 없다는 믿음을 갖게 될 수 있다. 항상 착하길 기대하는 부모 밑에서 자란 아이는 작은 실수에도 자신을 실패자라고 생각한다. 그들은 자신의 허점을 가리기 위해 거짓말을 하거나 활동을 회피한다. 이러한 믿음의 가장 극단적인 상황은 실수를 하면 자신은 더 이상 완벽하지 않기 때문에 살 가치가 없다고 생각하여 일어나는 자살이다.

착한 행동의 목적은 행동보다 더욱 중요하다. 아이는 인정받기 위해 착하게 행동하는 걸까? 착한 행동이 자기 자신에게 미치는 긍정적인 영향을 알기 때문에 그렇게 행동하는 걸까? 아니면 착한 행동이 타인에게 도움을 주기 때문일까?

## ✌ 실전! 생활 속 긍정 훈육법

① 아이들을 비교하거나 "오빠처럼 착하게 굴 순 없니?" 같은 말을 해선 안 된다. 비교는 두 가지 상황을 초래한다. 비교되는 아이들은 착한 아이보다 아래에 있다고 생각하게 되고 착한 아이는 당신을 만족시켜야 한다는 부담감을 갖게 된다.

② 결과가 아닌 발전과 노력에 집중한다. 무조건 칭찬을 하거나, 상을 주거나, 체벌을 하는 대신 격려를 해 준다. "착한 아이구나." 혹은 "전 과목에서 A를 받으면 자전거를 사 줄게."라는 말을 하는 대신 "넌 그것을 이루기 위해 많은 노력을 했어." 혹은 "그 분야에 흥미가 많은 것 같구나."라고 말해 준다.

③ 한 아이를 집중적으로 탓하거나 혼을 내고 있진 않은지 확인해 본다. 대부분의 경우 '문제아'의 뒤에는 당신이 형제자매가 얼마나 '나쁜지' 알게 하여 칭찬을 받으려는 '착한 아이'가 있다.


## ✌ 문제를 예방하는 좋은 습관 기르는 법

① 실수는 삶의 기술을 배울 수 있는 훌륭한 기회라는 사실을 반복적으로 가르쳐 준다. "다시 해 보자."라는 말을 통해 아이에게 실수를 해도 괜찮다는 사실을 알려주고 아이가 실수에서 교훈을 얻을 수 있게 도와준다. 식사 시간을 활용하여 가족 구성원 모두가 실수와 그로부터 배운 점에 대해 이야기해 본다.

② 착한 행동에 대해 아이를 칭찬하는 대신 아이가 실수와 실패를 통해 교훈을 얻을 수 있을 만큼 충분한 위험을 감수하지 않고 있는 것 같다고 농담처럼 말해 준다.

③ 누구나 넘어질 순 있지만 일어나서 다시 도전해 보기 위해서는 용기가 필요하다. 아이에게 이 메시지를 전달해야 한다.

④ 아이가 새로운 활동을 거부하여, 실패를 통하여 배우고 재도전할 수 있는 기회를 빼

앗고 있는지 확인해 본다. 아이에게 세 번에서 네 번 정도 시도해 본 뒤 그만둬도 좋다고 말해 준다. 이 방법을 통해 아이는 자신이 완벽할 수 없는 상황도 직면할 수 있게 된다.

## ☙ 아이들이 배울 수 있는 삶의 기술

아이들은 항상 착할 필요가 없고, 실수를 감출 필요가 없으며, 새로운 것에 도전하고 배우는 것이 즐겁다는 사실을 배울 것이다.

## ☙ 양육 포인트

① 아이들은 당신이 상황에 상관없이 언제나 자신을 사랑한다는 사실을 알아야 한다. 이를 통해 아이들은 당신을 실망시키는 것에 대해 걱정하지 않게 된다.
② 착한 아이와 사는 것이 더 편하겠지만 아이에게 유익하지 않을 수 있다. '착한 아이'와 살고 있다면 천천히 아이의 긴장을 풀고 완벽주의로 인한 실생활에서의 부정적인 영향에 대해 이야기를 나눠 본다. 예를 들면, "실수를 하면 나는 바보다."라는 완벽주의 생각이 더욱 실수를 하게 하며, 이럴 때마다 자신을 부족하다고 비난하게 된다.

### 훈육 도우미

정신건강을 위해 사라져야 할 두 가지 표현은 '착한 아이'와 '나쁜 아이'일 것이다. 사람의 행동을 그들의 존재에서 분리시킴으로써 한 번의 올바르지 않은 행동이 한 사람을 나쁜 사람으로 만들거나 한 번의 올바른 행동이 한 사람을 좋은 사람으로 만드는 일이 없어야 한다. 이는 건강한 자존감 형성에 매우 중요하다.

# 37 할아버지와 할머니

제 부모님은 저와는 다른 훈육 방법을 고집합니다. 아이들은 부모님 댁을 방문할 땐 원하는 대로 행동해도 된다고 생각해요. 하지만 저는 아이들이 올바르지 않은 행동을 할 때마다 매를 들어 버릇을 고쳐 주는 엄한 부모가 되고 싶어요. 그래서 아이들을 데리고 부모님 댁에 놀러 갈 때마다 매우 난처합니다.

## ✊ 당신 자신과 자녀 그리고 상황 이해하기

조부모가 된다는 것은 큰 축복이다. 그들은 손주를 사랑하고 함께 시간을 보내는 것을 좋아한다. 또한 양육에 대한 그들만의 생각이 있으며 이는 당신의 생각과 다를 수 있다. 동의를 하지 않는 것은 괜찮지만 당신이 부모를 존중하지 않는 것은 옳지 않다. 대부분의 사람은 조부모의 사랑을 받으며 성장할 수 있었던 것에 감사한다. 아이들이 할아버지와 할머니의 사랑을 듬뿍 받는 동시에 당신이 중간에서 고통 받지 않는 방법을 찾는 것이 중요하다.

# ✌ 실전! 생활 속 긍정 훈육법

① 당당하지만 애정 어린 목소리로 부모님의 생각은 존중하지만 집에서는 다른 방법을 사용할 수 있으며 그 사실을 받아들여 주길 부탁한다. 또한 그들의 말을 경청할 것이지만 당신의 말에도 귀 기울여 달라고 말한다.

② 부모님께 아이, 특히 아기가 부모님 집에 있을 때 당신의 일과를 따라줄 수 있는지 물어본다. 할아버지가 태어난 지 한 달 된 아기에게 시리얼을 먹였다면 지금은 분유를 먹였으면 좋겠다고 말한다.

③ 아이들을 데리고 부모님 댁을 방문할 땐 음식과 기저귀를 가져가 부모님이 새 용품을 구매하는 대신 당신이 사용하던 용품을 사용하게 한다.

④ 아이들이 좀 더 자라면 그들이 부모와의 관계와는 별개로 할아버지, 할머니와의 특별한 관계를 형성할 수 있을 거라 믿어라. 만일 아이들이 할아버지는 밤늦게 간식을 먹게 허락해 줬다고 불평한다면 집에서는 그렇게 하지 않을 거라고 단호하게 말한다.

⑤ 부모님께 아이를 부탁드리는 것을 너무 조심스럽게 생각하지 않는다. 당신이 원하는 바를 물어보고 답변을 기다리자. 부모님의 계획에 따라 답을 주실 것이다.

⑥ 어떤 조부모는 한 번에 두 명 이상의 손주를 돌보는 데 어려움을 느낀다. 그들의 상황을 존중하고 각 손주와 시간을 보낼 수 있는 시간을 정한다.

⑦ 부모님과 함께 산다면 각자의 역할을 확실하게 정해 두자. 부모는 당신이며, 당신의 부모님은 조부모다. 아이의 양육에는 많은 도움이 필요하다. 많은 어른의 사랑과 부드러우나 단호함을 바탕으로 성장하는 것은 아이에게 큰 도움이 될 수 있다.

## ✌ 문제를 예방하는 좋은 습관 기르는 법

① 협상이 불가능한 부분이 있다면 부모님께 확실히 말씀 드린다. 만일 부모님이 아이를 차에 태우고 싶어 한다면 유아용 카시트를 설치한다. 아이가 조부모와 하룻밤을 보내고 올 계획이라면 접이식 침대를 가지고 가는 것도 좋다. 부모님이 아이의 나이에 맞는 장난감을 고를 수 있게 한다.

② 아이들이 조부모의 집이나 당신의 집에서 조부모에게 적응할 시간을 충분히 갖는다. 물론 당신의 부모님은 당신을 키웠지만 그 후로 많은 시간이 흘렀기 때문에 당신의 도움이 필요할 수 있다.

③ 당신의 부모님이 원하신다면 일주일이나 한 달에 한 번은 아이들이 할아버지, 할머니와 시간을 보낼 수 있게 해 준다.

④ 부모님이 연세가 들어가실수록 아이들과 시간을 내 부모님을 찾아뵙고, 함께 바람을 쐬러 가고, 병원에 간다.


## ✌ 아이들이 배울 수 있는 삶의 기술

아이들은 그들을 사랑하고 그들에게 많은 것을 가르쳐 주는 조부모가 자신의 삶의 일부라는 사실을 깨닫게 된다. 조부모는 손주를 위해 여러 선물을 준비하며 아이들은 조부모가 중요하고, 특별하다는 것과 자신이 무조건적인 사랑을 받을 가치가 있는 사람이라는 사실을 배운다.

## ✋ 양육 포인트

① 부모님께 감사의 마음을 표현할 때 아이들은 긍정적인 영향을 받을 것이며 당신 또한 부모님 덕분에 개인적인 시간을 가질 수 있을 것이다.

② 아이의 할아버지와 할머니에 대해 생각해 보고 그들이 맡을 수 있는 역할에 대해서도 생각해 본다. 이를 통해 당신은 아이들이 할아버지, 할머니와 특별한 관계를 맺을 수 있는 방법을 찾을 수 있다.

### 훈 육 도 우 미

은서 할머니는 손주들을 첼로 학원, 당뇨병 캠프와 피아노 학원에 데려다 준다. 도영이 할머니의 집은 아이들의 장난감, 게임과 침낭으로 가득하다. 도영이 할아버지는 손주들이 허락을 받고 사용할 수 있는 수리 장비들을 가지고 있다. 하진이 할아버지는 일 년에 두 번씩 손주들과 함께하는 여행을 위한 캠핑용 자동차를 가지고 있다. 준수 할머니는 아이를 박물관에 데려가고 서준이 할아버지는 아이들과 기차여행을 간다. 시윤이 할머니는 손주들을 위해 귀여운 옷을 사는 것을 매우 좋아한다. 예린이 할아버지는 가족 전체를 놀이동산에 데려간다. 태민이 할머니는 손주들과 카드 게임을 할 때 일부러 져주고 예나 할머니는 손주들에게 쿠키 굽는 방법을 가르쳐 준다. 재훈이 할아버지는 손주들에게 초콜릿 도넛을 사 주고 그들의 기분이 울적할 때 크게 포옹해 준다. 다빈이 할머니는 손주와 함께하기 위해 목요일마다 일을 쉬고 그에게 온 관심을 쏟는다. 많은 조부모가 손주들의 대학 등록금을 준비해 놓았거나 부모들이 바쁠 때 아이들을 봐 준다. 조부모는 손주에게 그들이 얼마나 소중하고 사랑스러운 존재인지 알려 주며 이는 아이들의 삶에 큰 변화를 줄 수 있는 자신감을 선물한다. 추억은 사라지지 않으니까.

# 38 습관

계속 기침을 하는 아이의 습관 때문에 미쳐 버릴 것 같습니다. 아이가 기침을 할 때마다 말해 주면서 아이가 자신의 행동을 깨닫고 습관을 고치게 해 보려고 했지만 아무 소용이 없었습니다.

## ☝ 당신 자신과 자녀 그리고 상황 이해하기

코끼리에 대해 생각하지 않으려고 하면 어떤 일이 일어나는가? 코끼리에 대해 생각하게 된다. 습관에도 같은 법칙이 적용된다. 당신이 습관에 대해 상기시키면 상기시킬수록 습관은 악화된다. 기침, 코 파기 등의 습관은 대부분 우연히 시작되지만 당신의 하지 말라는 말 때문에 습관으로 자리 잡는다. 습관에 대해 관심을 가질수록 습관은 더 오래 머물게 된다. 관심을 얻기 위해 나쁜 습관을 계획하는 건 아니지만 당신이 관심을 주기 시작하면 아이의 습관은 고치기 어려워진다.

## 🐰 실전! 생활 속 긍정 훈육법

① 아이의 습관을 무시하고 아이가 멈추기로 마음먹을 때까지 기다린다. 무시하는 데 도움이 된다면 그 장소를 떠난다.

② 아이가 습관을 조절할 수 없다는 사실을 이해한다고 말해 준다. 하지만 아이가 그 행동을 할 때 신경이 쓰이기 때문에 잠깐 자리를 피하겠다고 말해 준다.

③ 아이가 습관을 고치는 데 당신의 도움이 필요하다면 아이를 있는 모습 그대로 사랑한다고 말해 준다. 제안할 것이 있다면 아이와 나누어 본다. 손톱을 물어뜯던 아이는 매니큐어를 바르는 방법을 통해 습관을 고쳤다. 담요를 항상 들고 다니던 아이를 위해 부모는 필요할 때까지 담요를 특별한 장소에 넣어둘 수 있게 했다. 코를 파는 아이는 휴대용 티슈를 가지고 다니며 손가락 대신 티슈를 사용해 볼 수 있다.

④ 아이의 말에 귀 기울여 아이가 감정을 표현할 수 있게 격려해 준다. 습관은 아이가 스트레스를 푸는 간접적인 방법일 수도 있다.


## 🐰 문제를 예방하는 좋은 습관 기르는 법

① 기침 또는 소리를 내는 습관은 몸 상태와 연관되어 있을 수 있다. 아이의 목에만 집중하는 대신 전반적인 신체검사를 받게 해 준다.

② 아이가 신경 쓰이게 하는 습관(손톱을 물어뜯는 습관 등)을 가지고 있다고 해도 이를 문제라고 단정 짓거나 잔소리를 해선 안 된다. 아이의 습관을 귀엽게 여기면 아이의 행동은 자연스럽게 고쳐질 것이다.

③ 아이에게 어떤 행동은 매우 사적이며 타인에게 불편함을 줄 수 있기 때문에 다른 사람들이 없는 곳에서 해야 한다고 말해 준다('자위하는 아이' 참조).

④ 학교, 음악 활동 또는 운동에서 좋은 성과를 과도하게 요구하여 아이에게 스트레스를 주고 있다면 당장 멈춘다.

⑤ 당신과는 상관없이 아이가 스트레스를 받을 수 있다는 사실을 기억한다. 아이의 행동을 너무 개인적으로 받아들이지 않는다. 의논, 게임, 역할극과 질문을 통해 아이가 신경 쓰고 있는 문제가 무엇인지 찾아보려고 노력한다. 가장 좋은 질문은 가장 우스운 질문일 수 있다. 당신의 '바보 같은' 질문에 아이는 가장 솔직하게 답할 수 있다. 예를 들어, 아이가 손톱을 물어뜯는 행동을 통해 스트레스에 대처하고 있다면 "네 이빨을 다듬으려고 손톱을 물어뜯고 있는 거니?"라고 물어볼 수 있다. 대부분의 경우 아이들은 당신을 이상한 눈으로 쳐다보면서 손톱을 물어뜯는 진짜 이유를 말해 줄 것이다.


## 👐 아이들이 배울 수 있는 삶의 기술

아이들은 자신이 나쁘거나 신경질적인 사람이 아니라는 사실을 알게 된다. 아이들은 사람들이 압박을 주지 않을 때 자신만의 방법으로 습관을 고칠 수 있다. 아이들은 다른 사람들이 자신의 행동을 좋아하지 않을 수도 있다는 사실과 자신만이 문제를 해결할 수 있다는 사실을 깨닫게 된다.


## 👐 양육 포인트

① 아이들은 소속감과 특별함을 느끼고 싶어 한다. 아이들을 있는 모습 그대로 사랑하고 그들과 시간을 보냄으로써 그들이 원하는 메시지를 전달할 수 있다. 잔소리와 꾸짖음과 습관을 지적하여 얻는 관심은 아이들이 원하는 관심이 아니다. 부정적인 관심을 통해 아이들은 자신이 사랑받을 수 없는 존재이며 어디에도 소속될

수 없다는 믿음을 갖게 된다. 아이들은 보복의 악순환에 갇혀 더욱 부정적인 방법을 통해 관심을 얻으려 할 것이다.

② 손가락을 빠는 아이에게 이 습관을 멈추지 않으면 입이 다 망가질 거라고 말하는 것은 아이의 입보다 정신을 망가트린다. 아이가 스스로 상황에 대처할 거라는 믿음과 무조건적인 사랑을 표현하면 아이의 스트레스는 줄어들 것이며 아이가 다른 선택을 할 가능성은 높아질 것이다.

## 훈 육 도 우 미

다섯 살 된 효민이는 침을 뱉는 것을 좋아했다. 누군가가 "안녕 효민아."라고 말할 때마다 그녀는 입술을 오므리고 상대방에게 침을 뱉을 준비를 했다. 그녀의 부모는 그녀의 행동을 부끄러워하며 그런 '나쁜' 습관을 어떻게 갖게 되었는지 이해하지 못했다. 그들은 매우 배려 깊은 사람들이었고 효민이가 어디서 그런 '불쾌하고 무례한' 행동을 배웠는지 알지 못했다. 습관을 고치려는 그들의 노력은 아무 소용이 없었다.

어느 날 효민이 가족은 친구 혜영 씨 집을 방문하였고 아이가 침을 뱉을 준비를 하자 혜영 씨는 "효민아, 침 뱉는 걸 좋아하나 보구나. 화장실로 가서 변기에 침을 뱉어 보자. 그것도 재미있을 것 같지 않니?"라고 말했다.

효민이의 부모는 효민이가 혜영 씨와 화장실로 갈 때 부끄러우면서도 놀라움을 감추지 못했다. 몇 분이 지난 후 그들은 돌아왔고 효민이는 더 이상 침을 뱉지 않았다. 효민이 부모는 그들이 효민이의 행동을 통제하려 함으로써 그녀와 힘겨루기를 하고 있었다는 사실을 깨달았다. 이제 그들은 선택사항이 있었고 그녀에게 "변기 안에만 한다면 침을 뱉어도 좋아."라고 말할 수 있었다. 그리고 곧 효민이는 그녀의 '습관'을 버릴 수 있었다.

# 39 때리는 아이, 체벌하는 부모

아이가 동생을 때리는 행동을 멈추게 하기 위해 여러 방법을 시도해 봤습니다. 아이는 저까지 때리기 시작했습니다. 정말 속상해요. 체벌은 아무 소용이 없었습니다. 아이에게 매를 들며 사과하도록 했지만 다음 날 다시 동생과 저를 때리기 시작했습니다.

## ✌ 당신 자신과 자녀 그리고 상황 이해하기

아이에게 상처를 주면서 어떻게 아이가 타인에게 상처 주지 않는 법을 배울 수 있을까? 엄마가 아이의 엉덩이를 때리며 "너보다 작은 사람을 때리지 않는 방법을 알려 줄게."라고 말하는 만화도 있을 정도로 많은 부모가 모순된 태도를 갖는다. 아이들은 감정에 상처를 입었을 때 타인을 때린다(아이들은 지금 원하는 것을 얻지 못할 때 짜증을 내고 상처 받기도 한다). 당신도 아이만큼이나 화가 나고 속이 상할 것이다. 아이가 타인을 존중하길 바라지만 아이의 행동이 당신의 행동을 반영하고 있는 것은 아닌지 걱정될 것이다. 때로 아이들은 문제를 말로 표현할 수 없어 폭력과 다른 공격적인 행동을 취한다. 유아기에 있는 아이의 경우 때리는 것은 발달적으로 정상적인 행동이다. 이 경우 아이가 더욱 효과적인 소통 방법을 배울 때까지 부드러우나 단호한 태도로 대처하는 것이 부모의 역할이다. 아이에게 폭력의 본보기가 되는 대신 (때리는 아이를 다시 때리는 행동)

도움을 줄 때 (기술 훈련) 문제는 해결될 것이다.


## ✌ 실전! 생활 속 긍정 훈육법

① 아이의 손을 잡고 "사람을 때려선 안 돼. 네게 상처를 주고 속상하게 해서 미안해. 상처에 대해 이야기를 하거나 이 베개를 때리는 것은 괜찮지만 사람은 안 돼."라고 말해 준다.

② 아이가 분노에 대처할 수 있게 도와준다.

③ 다섯 살 미만의 아이의 경우 상황을 해결하기 전에 아이를 안아 준다. 사랑의 본보기가 되어 주는 동시에 때리는 것이 옳지 않다는 사실을 가르쳐 줄 수 있다. 포옹은 그릇된 행동을 악화시키지 않는다.

④ 아이가 정확히 언제 언어를 이해하는지는 알지 못한다. 그렇기 때문에 아이가 언어를 이해하지 못한다고 생각하더라도 "때리는 건 사람을 아프게 해. 다른 방법을 찾아보자."라고 말해 준다.

⑤ 아이에게 할 수 없는 일에 대해 이야기하는 대신 아이가 할 수 있는 걸 보여 준다. 아이가 반복적으로 폭력을 사용한다면 가까이서 아이를 지켜본다. 그리고 아이가 때리기 시작할 때마다 아이의 손을 잡고 "부드럽게 만져야 해."라고 말하며 부드럽게 만지는 방법을 보여 준다.

⑥ 유치원생인 아이가 당신을 때린다면 아이를 통제하는 대신 당신이 어떤 행동을 할지 결정한다. 아이에게 당신을 때릴 때마다 당신을 존중할 때까지 방에서 나가 있을 거라고 말해 준다. 한 번 말한 뒤에는 행동으로 보여 준다. 아이가 때리면 곧바로 방을 나간다.

⑦ 나중에 아이에게 "정말 아파." 혹은 "기분이 상했어. 엄마가 너에게 상처를 준 일이 있다면 사과할 수 있게 알려 줘." "네가 준비가 되었을 때 엄마에게 사과를 한다면 기분이 한층 좋아질 거야."라고 말해 본다. 하지만 사과를 강요해선 안 된다.

# 🐾 문제를 예방하는 좋은 습관 기르는 법

① 아이가 아직 말을 할 수 없다면 아이가 말을 할 수 있을 때까지 훈련의 결과를 보겠다는 기대를 내려놓고 훈련을 시작한다(집중을 방해하거나 주의를 돌리는 것 같은 감독은 말을 할 수 없는 아이에게 효과적이다). 아이가 가족 구성원과 동물을 부드럽게 만지는 연습을 할 수 있게 도와준다. 아이에게 상냥함을 가르치고 "쓰다듬어 줘." 혹은 "사람은 때리지 말고 안아 주어야 해."라고 말해 준다(훈육 도우미 참조). 아이가 언어를 이해할 때까지 꾸준히 감독해야 한다.

② 말을 할 줄 아는 아이에게 감정과 행동의 차이를 설명해 준다. 감정은 절대 나쁠 수 없으며 감정은 감정일 뿐이다. 아이에게 감정을 느끼는 것은 괜찮지만 그 감정을 바탕으로 타인을 때리는 것은 옳지 않다고 말해 준다. 아이는 상대방에게 "나는 _____ 때문에 화가 났고 _____으면 좋겠어."라고 말할 수 있다. 아이가 타인과 자신을 배려하는 동시에 그들의 감정을 해결할 수 있는 방법을 생각해 볼 수 있게 해 준다. 한 가지 방법은 상대방에게 자신이 좋아하지 않는 것을 말해 주는 것이다. 또 다른 방법은 비존중적인 대우를 받고 있다고 생각되는 상황을 벗어나는 것이다.

③ 아이를 긍정적인 타임아웃 시간에 참여시킨다. 아이에게 때론 다음 행동을 취하기

전에 흥분을 가라앉힐 시간이 필요하다는 사실을 가르쳐 준다. 타임아웃 시간을 무작정 갖게 하는 대신 아이가 타임아웃을 할 장소를 정하여 아이의 기분이 나아질 수 있게 도와준다. 때로 아이는 타임아웃 시간을 갖고 싶지 않아 할 수 있지만 기분이 나아질 때까지만 시도해 볼 수 있는지 물어본다. 당신이 먼저 타임아웃 장소에 가 본보기가 되어 주는 것도 좋은 방법이다.

④ 아이가 자신의 능력에 대한 자신감을 느끼도록 도와줄 수 있는 기술을 가르치고 무조건적인 사랑을 표현하여 아이를 격려할 수 있는 방법을 찾아본다.

⑤ 아이를 절대 때리지 않음으로써 아이에게 때리는 행동이 옳지 않다는 사실을 가르친다. 실수로 아이를 때렸다면 만회의 'Three R's를 사용하여 사과해 본다. 아이는 부모의 폭력도 옳지 않다는 사실을 배우게 된다.

⑥ 부모의 양육방식을 살펴보고, 부모의 행동도 함께 바꾼다. 부모의 폭력적 행동은 아이들에게 학습된다. 아이들은 부모의 행동을 보면서 역할을 배우며, 대인관계 문제가 생겼을 때 힘을 사용하여 상대방을 제압하려 한다. 부모는 소리치면서 서로 다그치고, 힘을 행사하여 아이들에게 폭력적이거나 공포감을 조성하지 말아야 한다. 상처를 주는 행동을 멈추고 긍정적인 태도로 아이를 격려했을 때 아이의 행동이 어떻게 변화하는지 확인해 본다.


## ☙ 아이들이 배울 수 있는 삶의 기술

아이들은 타인에게 상처를 주는 행동이 옳지 않다는 사실을 깨닫게 된다. 자신의 감정은 나쁜 것이 아니고 자신은 나쁜 사람이 아니며 자신과 타인을 존중할 수 있는 행동을 찾기 위해 엄마의 도움을 얻을 수 있다. 아이들은 자신의 행동이 자신의 존재를 정의할 수 없다는 사실을 배울 것이다. 때린다고 자신이 나쁜 아이가 되는 것은 아니지만 때리는 행동은 옳지 않다는 것을 알게 된다.

## 🖐 양육 포인트

① 그릇된 행동 뒤에 숨겨진 좌절감을 확인해 본다. 타인을 때리는 아이는 '아무 데도 속하지 못하고 존재감을 느끼지 못하는 것은 너무 아파. 내 아픔을 되갚아 주겠어.'라는 믿음을 바탕으로 보복을 하려는 걸 수도 있다. 당신은 아이의 감정을 존중하고 상황에 맞는 도움을 제공하여 아이를 격려할 수 있다.

② 어떤 사람들은 "회초리를 아끼면 아이를 망친다."라는 말을 매의 핑계로 삼는다. 하지만 이 속담 속 회초리는 권한과 지도력을 상징하며 그 당시 사람들은 회초리를 매로 사용하지 않고 가볍게 찌르거나 지도하기 위해 사용했다. 아이들에게는 지도와 자극이 필요하지만 수치심과 폭력은 필요하지 않다.

③ 타인에게 아이의 잘못을 인정하는 좋은 부모로 보이기 위해 아이를 때려선 안 된다. 타인의 시선보다 아이와의 관계가 훨씬 더 소중하다.

### 훈 육 도 우 미

할머니는 십팔 개월 된 손녀 채린이를 부모가 여행을 간 일주일 동안 돌보게 되었다. 아이는 짜증이 날 때 (혹은 재미를 위해 그런 척을 할 때) 때리는 습관이 있었다. 채린이는 할머니와 강아지를 이유 없이 때렸다. 할머니는 아이의 행동이 시작될 때를 기다렸다가 채린이 손을 부드럽게 잡고 할머니의 뺨이나 강아지에게 손을 대며 "부드럽게 만지자."라고 말했다. 며칠 후 채린이는 때리는 대신 부드럽게 만지는 습관을 기르게 되었다(아이에게는 해선 안 되는 일에 대해 말하는 것보다 그들이 할 수 있는 행동을 보여 주는 것이 훨씬 효과적이다).

**부모**: 저는 아이에게 중요한 교훈을 가르쳐 주기 위해서는 때론 체벌이 필요하다고 생각해요. 저는 세 살 된 제 아이에게 도로로 뛰어 들어선 안 된다는 사실을 가르치기 위해 엉덩이를 때립니다.

상담사: 세 살 된 아이에게 도로로 뛰어 들어선 안 된다는 사실을 가르쳐 주기 위해 엉덩이를 때리고 나서는 아이가 혼자 도로 근처에서 놀게 해 주실 건가요?

부모: 물론 아니죠.

상담사: 왜죠? 엉덩이를 때리는 것이 아이에게 도로로 뛰어 들어선 안 된다는 사실을 가르쳐 준다면 왜 아이는 혼자 도로 근처에서 놀 수 없죠? 아이가 충분히 깨달았다고 느낄 때까지 얼마나 더 엉덩이를 때려야 한다고 생각하시나요?

부모: 저는 아이가 일곱 살이나 여덟 살이 될 때까진 도로 근처에서 혼자 놀게 하지 않을 계획입니다.

상담사: 부모는 어린아이들이 위험한 상황에 대처할 수 있을 때까지 그들을 감시해야 할 책임이 있습니다. 그리고 아이가 발달학적으로 준비되기 전까지 엉덩이를 때리는 것은 아무런 도움이 되지 않습니다. 대신 아이들이 충분히 자랄 때까지 상냥하게 가르치세요. 아이와 공원에 가면 아이들이 도로 양쪽을 보면서 차가 오는지 확인하고 건너도 된다고 생각할 때 부모에게 말하게 해 줍니다. 물론 아이가 일곱 살이나 여덟 살이 되기 전까진 혼자 공원에 보내선 안 됩니다.

여러 연구 결과에 의하면 열세 살 미만의 자녀를 둔 부모의 85%가 화가 나면 매를 들지만 이 중 8~10%만이 이것이 효과적인 방법이라고 생각한다고 한다. 65%의 부모가 아이의 행동을 개선하기 위해 긍정 훈육법을 사용하고 싶지만 방법을 알지 못한다고 답하였다. 이 책이 그 방법을 정리하고 있다.

숙 제

매일 밤 저희 집에서는 숙제 전쟁이 일어납니다. 제 아들의 학업은 엉망이며 아이의 선생님은 아이가 숙제를 계속 하지 않으면 한 학년을 다시 다녀야 할지도 모른다고 합니다. 어떻게 하면 아이가 숙제를 할까요?

## 당신 자신과 자녀 그리고 상황 이해하기

숙제를 당신의 몫이라고 생각할수록 아이들은 그것이 자신의 몫인 것을 잊어버릴 것이다. 숙제가 자신보다 부모에게 더 중요하다고 생각하는 아이들은 숙제에 대한 책임감을 갖지 않는다. 두려움과 짜증 때문에 부모들은 소용없다는 것이 확실한 데도 효과가 없는 행동을 반복한다. 만일 아이에게 숙제를 강요하는 방법이 효과적이었다면 고등학교를 자퇴하거나 성공과 실패에 자신의 가치를 거는 아이들(타인의 허락에 온전히 의존하게 될 아이들)이 이렇게 많진 않을 것이다. 또한 자존감을 지키기 위해 시키는 것을 거부하는 아이들도 없을 것이다.

## ✌ 실전! 생활 속 긍정 훈육법

① 효과적으로 문제를 해결하기 위해서는 사전 계획이 필요하다. '문제를 예방하는 좋은 습관 기르는 법'을 먼저 읽어 본다.

② 아이의 선생님이 전화를 걸거나 쪽지를 남기면 아이에게 숙제가 문제가 되고 있는 지 물어본다. 만일 그렇다면 아이가 이 상황에 어떻게 대처할 건지 물어본다. 당신 이 문제를 해결하는 대신 아이를 선생님과 통화하게 하거나 선생님과 당신과 아이 가 함께 이야기를 나눌 수 있는 시간을 정한다.

③ 아이가 마감 시간 직전까지 숙제를 미뤄 둔다면 공감하며 경청하되 숙제를 해 주 지는 않는다. 아이가 선택한 행동의 결과를 경험하게 해 준다.

④ "엄마가 말할 때 시작하지 그랬니." 혹은 "엄마가 도와줄 때 도움을 받지 않은 게 후회되지 않니?" 같은 말은 삼간다. 이런 설교는 아이를 존중하지 않는 행동이며 아이가 멍청하고 당신이 미리 예견한 상황을 이해하지 못했다는 메시지를 전달한 다. 아이는 설교보다 당신의 행동을 통해 많은 것을 배울 수 있다.

⑤ 아이가 숙제를 미루다가 늦었다며 불평할 때 사용할 수 있는 또 다른 방법은 공감 하며 경청하는 것이다. 당신은 "이 상황이 매우 짜증나겠구나."라고 말할 수 있다. 앞서 말했듯이 설교를 하거나 대신 해 주는 행동은 삼간다. 추가로 당신은 "무슨

일이 있었던 거니?"라고 물어볼 수 있다. 아이는 자신의 평계를 말해 줄 수도 있고, 말해 주지 않을 수도 있다. 아이가 무슨 말을 하던 아무 말 없이 귀 기울여 준다.

⑥ 아이와 함께 문제를 해결해 볼 수 있다. 아이의 말을 경청하여 아이의 문제를 이해하고 당신의 감정을 나누어 본다. 그리고 당신과 아이가 모두 동의할 수 있는 해결 방법이 나올 때까지 함께 생각해 본다. 아이가 동의하지 않은 이상 문제를 해결하기 위해 선생님에게 성적표를 요청하지 않는다. 아이가 이 방법이 효과가 있을 거라고 생각할 때만 성적표를 요청한다.

⑦ 아이에게 당신의 생각과 감정과 요구를 전달하기 위해 감정적으로 솔직해져 본다. 아이의 생각과 감정과 요구와 동일할 거라고 생각해선 안 된다. "교육은 나에게 중요한 문제야. 그래서 네가 중요하게 생각하지 않는 것 같으면 겁이 나. 네가 좋은 공부 습관의 중요성을 깨달았으면 좋겠어. 내 도움이 필요하면 알려 주렴."이라는 메시지를 전달해야 한다.

## ✌ 문제를 예방하는 좋은 습관 기르는 법

① 조용한 작업을 위한 시간을 일과에 포함하는 것이 좋다. 이 시간에는 텔레비전이나 시끄러운 활동을 멈추고 가족 구성원 모두가 학습 활동에 집중한다(아이가 이 시간 동안 숙제를 하지 않더라도 생각의 시간을 갖는 것은 매우 중요하다). 이 시간을 정

하는 과정에 아이가 참여하여 아이가 앉고 싶은 자리를 정할 수 있게 해 준다.

② 아이에게 어떤 해결 방법을 제시하기에 앞서 적어도 일주일 동안은 아이가 숙제를 어떻게 하는지 지켜본다. 그리고 아이 옆에 앉아 당신이 관찰한 사항과 당신의 희망 사항과 당신이 도와줄 수 있는 부분에 대해 말해 준다. 예를 들어, 당신은 "저번 주에 네가 매일 취침 시간 직전까지 숙제를 시작하지 않는다는 사실을 알게 됐어. 네가 낮에 숙제를 시작했으면 좋겠어. 원한다면 네 시간표를 보고 좋은 시간을 정해 네가 숙제를 하는 동안 옆에 앉아 책을 읽거나 컴퓨터 작업을 하고 있을 수도 있어. 6시 반에서 8시 반 사이에는 너를 도와줄 수 있지만 그 이후에는 피곤해서 집중하기 어려울 것 같아."라고 말할 수 있다. 아이가 숙제를 할 수 있는 가장 적합한 시간과 장소를 정하는 과정에 참여할 수 있게 해 준다.

③ 아이에게 더 이상 숙제에 대해 잔소리를 하거나 일깨워 주지 않을 거라고 말하고 입을 굳게 닫아 행동으로 보여 준다. 아이가 숙제를 하지 않았을 때 일어나는 결과를 경험하게 해 준다. 선생님에게 전화를 걸어 당신이 아이에게 사용하고 있는 훈육 방법에 대해 말하고, 학교의 일은 아이가 알아서 해야 할 일이라고 생각한다고 말해 본다('과잉보호' 참조).

④ 아이가 물어보면 도와줄 것이라는 사실을 알려 준다. 이 방법은 당신이 대신 숙제를 해 주거나 아이와 싸우지 않을 준비가 되었을 때만 사용한다. 도움을 줄 시간은 미리 계획해 둔다. 예를 들어, 당신은 "화요일과 목요일 7시에서 8시 사이에 네 숙제를 도와줄 수 있어."라고 말할 수 있다.

⑤ 아이가 도서관이나 문구점에 가야 한다면 사전에 당신에게 말하게 한다. 필요한 사항을 미리 말해 주는 것은 아이의 책임이라는 사실을 아이에게 알려 준다.

⑥ 아이들을 비교하지 않는다. 비교는 느린 아이에게는 동기를 부여하는 대신 좌절감을 느끼게 할 것이다.

⑦ 어떤 아이들은 학교에 맞지 않으며 개별 프로그램을 필요로 한다. 대학 학위만이 성공할 수 있는 유일한 방법이라는 생각을 내려놓는다. 어떤 아이들은 대기만성형 인간일 수 있다. 그들은 나중에 학위를 취득하겠다고 결정할 수도 있다. 아이가 학

교에서 좋은 성과를 내지 못한다고 해서 실패자는 아니라는 사실을 알려 주고 나중에 다시 시도해 보고자 하는 동기가 생길 수도 있다는 사실을 기억한다.

⑧ 다양한 학습 방법을 존중해 준다. 어떤 아이들은 텔레비전과 라디오 소리가 들릴 때 더 잘 집중하는 반면 어떤 아이들은 조용한 환경에서 효과적으로 공부한다. 공부를 하지 않아도 개념을 이해하는 데 소질이 탁월한 아이도 있다. 아이가 추가 도움이 필요할 수도 있다는 사실을 알고 있자. 모든 과목에서 좋은 성과를 내는 아이는 많지 않다. 당신이 도와주기에 아이의 숙제가 너무 어렵다면 과외를 받거나 친구의 도움을 받도록 해 준다.

⑨ 아이의 학업에 영향을 미치지 않으면서 아이의 학교와 교육과정을 도울 수 있는 방법을 찾아본다. 시간이 있다면 학교에서 자원봉사를 하거나 도서관 선생님으로 활동해 본다.

## 🖐 아이들이 배울 수 있는 삶의 기술

아이들은 스스로를 위해 생각할 수 있게 되고 자신의 선택에 책임감을 갖게 된다. 아이들은 도움을 요청했을 때 부모가 필요한 도움을 줄 것이라는 사실을 알게 된다. 아이들은 실수가 배움의 기회라는 사실을 깨닫고 스스로 문제를 해결하고, 스스로에게 만족하며, 삶이 가져다주는 상황에 대처할 수 있는 용기와 자신감을 가지게 된다.

## 🖐 양육 포인트

① 당신이 아이의 숙제에 대한 책임감을 가지면서 아이가 책임감을 가지고 숙제를 끝냈다는 착각에 빠지지 않도록 주의한다.

② 아이에게 수치심을 주고 체벌을 하는 대신 아이가 실패를 통해 많은 것을 배울 것

이라는 믿음을 표현한다.

③ 아이가 멍청하지 않다는 사실을 당신 자신에게 상기시킨다. 아이는 공부에 흥미를 느끼지 못하거나 절망감을 느끼고 낙심하고 있는 것일 수도 있다. 아이가 좋아하고 잘 못하는 일에 대해서는 상기시켜 줄 필요가 없다. 아이가 해 낼 수 있다는 믿음으로 자녀의 긍정적인 부분을 격려하면서 작은 것부터 한 단계 실행하도록 한다.

## 훈 육 도 우 미

지원이는 학업 보충을 위해 여름에도 방과 후 수업을 들어야 했다. 그의 부모는 지원이에게 수치심을 주거나 그를 대신해서 숙제를 해 주지 않았다. 대신 그들은 즐거운 여름방학을 계획하고 지원이 없이 계획을 이행했다. 그리고 여름방학이 반쯤 지났을 때 그들은 지원이에게 준비성과 그 가치에 대한 의견과 미래에 주어질 숙제에 대한 계획을 물어보았다. 그는 "여름방학을 즐겁게 보낼 수 없다는 게 싫어요. 이런 일이 다신 일어나지 않도록 내년에는 열심히 숙제를 할 거예요."라고 말했다.

그해 여름 이후로 지원이는 착실하게 계획을 수행했다. 그의 부모는 지원이에게 도움이 필요한지 물어봄으로써 관심을 표했지만 숙제에 대해서는 언급하지 않았다.

이상하게 들릴지 모르지만, 어떤 부모는 아이에게 숙제를 대신 해 주겠다고 말하여 자녀의 숙제 문제를 해결했다. 한 아이의 아빠는 이 방법이 어떻게 효과가 있었는지 설명해 주었다.

"저는 아이의 숙제를 하는 모습을 한 번도 본 적이 없고 걱정이 되기 때문에 아이의 숙제를 대신 해 줄 의향이 있다고 말해 주었습니다. 아이는 정신 나간 사람을 보듯이 저를 쳐다봤지만 저는 '그렇게 해 주길 원하는 거지? 알겠어.'라고 말했습니다. 저는 아이에게 매일 5시 반에 함께 앉아 제가 해야 하는 부분을 알려 주고 질문이 있을 수도 있으니 끝날 때까지 제 옆에 앉아 있어달라고 했어요. 다음 날 저는 아이의 숙제를 해 주었고 질문은 거의 하지 않았습니다. 하지만 그다음 날에는 어디서 특정 정보를 찾아야 하는지, 선생님이 문제 풀이 방법에 대해 설명해 준 것이 있는지에 대해 아이에게 몇 가지 질문을 하였습니다. 본인이 깨닫기도 전에 아이는 언젠가부터 스스로 숙제를 하고 있었고 저는 아이가 전혀 이해하지 못하고 있는 부분만 도와주게 되었습니다. 아이는 숙제 시간을 즐길 수 있게 되었습니다."

# 41 방해하는 아이

저는 세 살 아이의 방해 때문에 제대로 전화를 하거나 집에 놀러온 친구와 이야기를 나눌 수가 없습니다. 방해하지 말아달라고 백 번은 넘게 말한 것 같지만 아이의 행동은 달라지지 않습니다.

## ☝ 당신 자신과 자녀 그리고 상황 이해하기

때로 아이들은 부모가 자신이 아닌 다른 대상에 집중할 때 소속감과 존재감이 위협받고 있다는 착각을 한다. 이것이 자연스러운 현상임을 인정하여 분노와 체벌이 아닌 존중으로 아이의 행동에 대처해야 한다. 아이가 요구사항이 많아질수록 부모는 아이에게 더 많은 관심을 준다. 실제로 부모를 방해하고 성가시게 하는 아이들은 너무 많은 관심을 받고 있다. 소속감을 느끼지 못하는 아이에게는 한순간의 과도한 관심이 아닌 지속적인 관심이 필요하다.

이 문제가 오래 지속되면 아이는 감당하기 힘들어진다. 그렇기 때문에 관심의 허용 범위를 정하고 그것을 지켜 최대한 빨리 문제를 해결하는 것이 중요하다. 또한 당신은 협력과 기여를 통해 아이가 소속감을 찾을 수 있는 기회를 제공해야 한다. 당신은 자신과 아이를 존중할 때 당신의 시간을 갖는 것이 괜찮다는 사실과 아이가 스스로 즐거움을 찾을 수 있다는 사실을 깨달을 것이다. 관심 부족으로 병에 걸리거나 죽진 않으니까.

## 🐰 실전! 생활 속 긍정 훈육법

① 당신의 친구가 집에 방문했을 때 아이에게 "엄마 친구의 방해 없이 너와 오 분 동안 놀고 싶어. 그 다음에 네 방해 없이 엄마는 친구와 이야기를 나누고 싶어. 네가 먼저고 그 다음에 친구야."라고 말해 본다(당신의 친구에게 사전에 당신이 어떤 행동을 할지 말해 준다. 아이는 사랑 받고 있다고 느끼는 동시에 당신의 시간을 존중하는 방법도 배우게 된다).

② 두 살과 다섯 살 사이의 아이에게는 "엄마가 통화하는 동안 내 옆에서 장난감을 가지고 놀거나 책을 읽을래?"라고 말하고 다섯 살과 여덟 살 사이의 아이에게는 "친구와 잠시 통화를 하고 싶어. 십오 분 동안 엄마를 방해하지 않고 네가 할 수 있는 일이 뭐가 있을까?"라고 물어본다.

③ 만일 아이가 당신과 놀기 위해 하루 종일 기다렸다면 귀가 후 십오 분 동안은 집안일을 제쳐두고 아이와 놀아 주거나 아이와 함께 집안일을 한다.

④ 아이가 주위에 있을 때 배우자와 함께 시간을 보낸다. 아이는 당신의 시간 중 일부를 갖지만 전부를 갖지 못한다는 사실을 깨닫게 된다. 만일 아이가 방해한다면 다른 방으로 가거나 아이를 다른 방으로 보내라.

⑤ 아이에게 그들이 하는 얘기는 듣고 있지만 다른 일로 바쁠 땐 대답하지 않겠다고 말한다. 말로 대답하는 대신 아이의 어깨에 손을 얹는 행동을 통해 아이의 요구를 거절한다. 이 방법을 통해 당신은 아이의 지속적인 요구에는 반응하지 않지만 그들을 배려한다는 메시지를 전달할 수 있다.

# 🐾 문제를 예방하는 좋은 습관 기르는 법

① 아이가 당신을 귀찮게 한다면 아이와 둘만의 시간을 갖는다. 귀찮게 하는 아이에 게 "지금은 우리가 놀 시간이 아니야. 2시에 우리만의 특별한 시간을 갖도록 하자."라고 말해 본다.

② 아이가 안전하게 혼자서 놀 수 있는 공간을 마련해 본다. 아이에게 당신이 친구와 대화를 나누거나 다른 아이와 시간을 보낼 때에도 그들을 사랑하지만 지금은 그들 과 함께할 시간이 아니라는 사실을 알려 준다. 방해 받고 싶지 않은 시간을 타이머 로 정해 놓는 방법을 시도해 본다. 아이가 계속 방해한다면 방으로 보낸 후 나중에 다시 대화를 시도해 본다.

③ 아이에게 특정 활동을 언제 같이 할 수 있는지 말해 준다. "7시부터 9시까지 숙제 를 도와줄 수 있어." "월요일과 목요일 방과 후에 엄마와 도서관에 같이 가자." "방 부터 치우고 네 하루에 대해 이야기를 나누어 보자." 이런 식으로 말하여 정확히 언 제 무엇을 할 것인지 알려 준다. 그리고 말한 대로 행동한다. 계획을 잘 기억한다.

④ 어린아이들이 잠들 때까지 기다렸다가 전화통화를 한다. 세 살이나 네 살인 아이 와는 아이가 좋아하는 장난감을 한 박스에 모아 본다. 이 박스를 '통화 박스'라고 정해 놓자. 당신이 통화를 할 때 아이가 박스에 있는 장난감을 가지고 놀도록 사전 에 지도해 준다.

⑤ 전화기 근처에 서랍을 하나 정해 놓고 그곳에 흥미로운 잡동사니들을 모아 둔다. 당신이 통화를 하는 동안 아이가 서랍 안의 물건들을 구경할 수 있게 해 준다.

⑥ 가족회의 때 문제를 제시한 후 다른 구성원들의 생각을 들어 본다.

## ✋ 아이들이 배울 수 있는 삶의 기술

아이들은 관심을 받고 있거나 집중의 대상이 아닐 때에도 사랑 받고 있다는 사실을 알게 된다. 아이들은 부모가 다른 물건이나 사람에 집중할 수 있도록 그들의 의사를 존중하는 동시에 스스로를 보살피는 방법을 익히게 된다. 주고받는다는 개념 또한 이해하게 된다. 아이들은 부모의 관심 없이도 즐거운 시간을 보낼 수 있다. 타인의 지속적인 관심을 갈구하는 것보다 내면에서 나오는 만족감을 느끼는 것이 더 행복하다는 사실을 깨닫게 된다.

## ✋ 양육 포인트

① 이 문제는 당신의 결심과 집중력을 많이 요하기 때문에 체계적으로 계획을 세워야 한다. 당신이 방해 받지 않는 시간을 보낼 권리가 있다는 사실을 아이가 깨닫기 전까지 계획을 확실히 이행한다.

② 문제가 지속된다면 아이의 행동 뒤에 숨겨진 의도(소속감과 존재감 부족)를 파악하고 아이에게 그 부분을 동기부여하는 것이 더욱 효과적이다. 훈육을 위한 시간을 충분히 갖는다.

③ 아이가 집중의 대상이 아닐 때에도 여전히 사랑스럽고 중요한 존재라는 사실을 확실히 각인시켜 준다. 이 사실을 확실히 알게 하여 당신은 아이가 자라면서 큰 문제가 될 수 있는 상실감과 외로움에서 아이를 구해 낼 수 있다.

## 훈 육 도 우 미

'긍정 훈육법' 강의 중 우리는 과도한 관심끌기라는 잘못된 행동으로부터 아이들을 도와줄 수 있는 효과적인 방법을 가르치기 위해 역할극을 진행한 적이 있다. 역할극 진행자들은 엄마가 전화를 하는 동안 엄마를 방해하는 역할을 맡았다. 첫 번째 장에서 엄마 역할을 맡은 사람은 비효율적인 상황 대처 방법을 먼저 보여 주었다. 그녀는 네 살 된 딸 아이 역할을 맡은 사람을 꾸짖었다. 두 번째 장에서 그녀는 효율적인 방법을 보여 주었다. 엄마는 수화기에 대고 "잠시만 기다려 줘."라고 말했다. 그리고 손목시계를 풀어 아이에게 건네며 "○○야, 시계의 긴 바늘이 숫자 12를 두 번 돌았을 때 엄마에게 말해 주겠니?"라고 부탁했다. 그 후에 엄마는 전화를 다시 받았다. 아이는 매우 진지하게 엄마의 손목시계를 쳐다보았다. 엄마가 전화를 끊었을 때 아이는 "엄마, 엄마, 시간이 더 있어요."라고 말했다.

이 역할극은 아이가 올바른 방법을 통해 관심을 얻도록 방향을 잡아주는 훌륭한 방법을 묘사하였다. 또 다른 참여자는 방식은 다르지만 똑같이 효율적인 방법을 사용하였다. 그녀는 아이의 입술에 손가락을 얹고 애정이 가득하게 다독이며 통화를 계속했다. 처음에 아이는 방해를 멈추지 않았다. 그다음엔 발을 구르고 주먹을 흔들었다. 그러고는 장난감을 찾아 놀기 시작했다.

교실에서 선생님들은 아이가 동의한 경우, 말을 하지 않는 상기 방법이 매우 효율적이라는 사실을 알게 되었다. 한 선생님과 학생들은 아이들이 자신의 차례가 아닐 때 이야기를 하면 손가락을 올리기로 합의했다. 아이들은 선생님의 손가락이 세 번 이상 올라가기 전에 방해를 멈추고 차례를 기다렸다.

# 42 부모 말을 듣지 않는 아이

제 아이는 제 말을 듣지 않습니다. 제가 아이에게 무언가를 하라고 말하면 아이는 제가 화를 내고, 소리를 지르고, 협박을 할 때까지 아무것도 하지 않아요. 잔소리는 도움이 되지 않는 것 같습니다. 시킨 일은 제가 하면 되지만 그러면 아이에게 책임감을 가르칠 수 없지 않나요?

## ☝ 당신 자신과 자녀 그리고 상황 이해하기

많은 부모가 의도치 않게 아이에게 부모의 말을 듣지 않도록 가르친다. 특히 아이들이 그들의 세상을 관찰하고 독립심을 기르려고 노력하는 과정에서 부모가 소리를 지르고 잔소리를 하면 그들의 '부모-귀'는 더 빨리 닫히게 된다. 하지만 해결 방법이 없는 것은 아니니 너무 걱정하지 마라. 당신이 덜 말하고 더 듣기로 결심한다면 아직 희망은 있다. 아이가 당신의 말을 듣지 않거나 항상 같은 말을 반복해야 한다면 아이는 이미 당신을 향한 귀를 닫은 것이다. 문제의 원인을 찾거나 문제가 알아서 해결될 거라고 생각하는 대신 문제를 야기하는 데 당신의 태도가 어떻게 기여했을지 생각해 보아야 한다.

## ✌ 실전! 생활 속 긍정 훈육법

① 만일 아이가 당신의 말을 듣길 원한다면 단어를 적게 사용한다. 최대한 간결하게 당신의 메시지를 전달한 뒤 행동으로 보여 준다.

② 아이에게 그들이 해야 하는 일을 말해 줄 때 '설거지' '화장실' '빨래' 같이 한 단어만 사용해 본다. 아이와 눈을 맞추고 확고하지만 따뜻한 표정으로 이야기해 본다. 한 단어 사용이 효과적이지 않을 때에는 "네 빨래를 스스로 해야 할 시간이야." "친구 집에 오래 있을 거라면 연락 줘." 같이 열 단어 이하를 사용하여 말해 본다. 꼭 언어적인 방법을 사용해야 하는 건 아니다. 아이를 향해 미소를 지으며 해야 할 일을 손가락으로 표시하는 것도 하나의 방법이다.

③ 유머감각을 사용해 본다. "부모 말을 듣지 않는 아이를 괴롭히는 간지럼 괴물이 나타났다!"라고 말하며 아이를 간지럼 태워 본다.

④ 당신의 감정을 솔직하게 표현해 본다. "나는 네가 다른 일에는 시간을 쓰면서 숙제할 시간은 갖지 않아서 속상해. 숙제가 너의 우선순위였으면 좋겠어."라고 말해 본다(아이에게 호소하는 것 같이 들려서는 안 된다. 그저 사실을 말한다는 느낌으로 이야기해 본다).

⑤ 행동을 취한다. 부드러우나 단호하게 아이의 손을 잡고 아이가 해야 할 일이 있는 장소로 데려간다.

⑥ 말하는 것보다 쪽지를 적어 주는 것이 더 효과적일 수도 있다.

⑦ 아이들은 누군가 속삭일 때 더 관심 있게 듣는 경향이 있다. 시도해 본다.

⑧ 아이에게 당신이 한 이야기를 요약하도록 지도해 본다. 아이의 듣기 능력을 향상시킬 수 있다.

⑨ "우리가 가장 먼저 해야 할 일이 뭘까?" "5분 뒤에 나갈까 아니면 10분 뒤에 나갈까?"처럼 아이의 도움과 관심을 필요로 하는 질문을 해 본다.

## ✌ 문제를 예방하는 좋은 습관 기르는 법

① 소리 지르기와 잔소리는 그만한다. 이러한 방법들은 아이에게 수치감을 주는 행동이며 아이가 당신의 말을 무시하게 만든다. 자신을 보호하기 위해 아이는 무례한 행동이나 반항을 할 것이다. 부모의 불안으로 잔소리와 통제를 하는 것인지 자녀를 위한 걱정인지 구분한다.

② 아이들은 당신이 진심인지 아닌지를 구분할 수 있다. 책임지지 않을 말이나 비존중적인 말을 할 거라면 아무 말도 하지 않는 것이 낫다. 말한 대로 실천하여 아이에게 존중과 품위를 보여 준다.

③ 당신이 먼저 경청하는 모습을 보여 준다. 당신이 경청하면 아이도 당신의 말에 귀 기울일 것이다. 본인은 경청하지 않으면서 아이가 부모 말을 왜 듣지 않는지 의아해 하는 부모가 많다. 아이에게 대화는 말을 주고받는 것이지 원하는 것을 말하는 것이 아니라고 설명해 준다.

④ 잔소리 대신 '호기심' 질문을 하여 경청 기회를 제공한다.

⑤ 아이에게 정보를 제공하기 전에 당신의 말을 들을 준비가 되었는지 물어본다. "그것에 대한 중요한 정보가 있어. 들어 볼래?"라고 물어본다. 선택권이 주어지기 때문에 아이는 존중 받고 있다고 느끼게 된다. 아이가 듣고 싶다고 대답한다면 아이는 실제로 당신의 말을 들을 것이다. 만일 듣고 싶지 않다고 말한다면 당신이 아무리 말해 봤자 아이는 듣지 않을 것이다.

⑥ 가족회의 시간을 정기적으로 갖고 존중하는 분위기에서 경청하는 연습을 해 본다. 이 시간은 잘못을 탓하는 시간이 아니라 경청하고 함께 문제를 해결하는 시간이다.

⑦ 부탁을 할 때는 아이의 시간을 존중한다. 당신이 아이의 행동을 방해했다면 아이가 지금 당장 무언가를 하길 기대하지 않는다. 아이가 텔레비전을 보고 있다면 "광고 시간이나 프로그램이 끝나면 내가 부탁한 일을 할 수 있겠니?"라고 물어본다.

## 🖐 아이들이 배울 수 있는 삶의 기술

아이들은 서로를 배려하는 가족의 일원임을 깨닫는다. 그들은 부모에게 반항하는 대신 부모와 협력하는 방법을 배우게 된다. 또한 경청하는 부모에게서 타인의 말에 귀 기울이는 방법을 배우게 된다.

## 🖐 양육 포인트

1. 소리를 지르고 잔소리를 하는 행동은 하나의 반응이지 신중한 행동이 아니다. 소리 지르는 습관을 고치기 전에 부모는 훈육 기술을 익혀야 한다. 이 책이 제시하는 기술을 하나씩 실천해 본다.
2. 아이들이 해야 할 일을 계속 기억하고 있길 기대하지 않는다. 아이들은 우선순위에 있는 일들은 기억한다. 아이들이 우선순위 밖에 있는 일을 하기 위해서는 협동심을 배울 수 있는 훈련이 필요하다.

채원이 가족은 엄마가 말을 하려고 입을 여는 순간 자리를 떠나거나, 눈을 굴리거나, 신문을 읽기 시작했다. 엄마는 자신의 요구와 생각과 감정에 대해 끊임없이 이야기하기 때문에 가족은 그녀의 말에 귀를 기울이지 않았다. 소통 기술에 대한 강연에 참석한 후 그녀는 자신의 의사를 전달하기 위해서는 말을 줄여야 한다는 사실을 깨달았다.

엄마는 말했다. "내가 너희에게 얘기 할 때 말을 많이 하긴 해." (여전히 단어 수를 줄여야 할 필요는 있었지만 전보다 나아졌다). 아이들은 엄마가 몇 단락은 더 말하는 데 익숙해져 있었기 때문에 아무 말도 하지 않았다.

채원이는 "저희한테 이야기하시는 거예요?"라고 물어보았고 엄마는 "응."(한 단어)이라고 답하였다.

채원이는 의아하고 불편해하며 "원하시는 게 뭐예요?"라고 물어보았고, 엄마는 "덜 말하는 연습을 하고 있다는 걸 알려 주는 거야."라고 말했다.

채원이는 "무엇에 대해서요?"라고 되물었고 엄마는 "모든 것에 대해서. 그리고 네 도움이 필요해."라고 간략하게 대답하였다.

채원이는 긴장을 풀었다. 엄마는 "아무도 나를 도와주지 않아."라는 잔소리를 할 참이었고 채원이는 엄마의 잔소리를 다 외웠기 때문에 더 이상 엄마의 말을 들을 필요가 없었다. 하지만 몇 초 후 채원이는 엄마가 아무 말을 하고 있지 않다는 사실을 깨달았다. 그녀는 놀라 "엄마 무슨 말씀이세요? 무엇을 도와드릴까요?"라고 물어보았다.

엄마는 "내가 말을 많이 하면, 그만하라고 말해 줘."라고 짧게 대답했다.

그러자 채원이는 "네 엄마, 그렇게 할게요."라고 말하였다.

엄마가 짧은 대화를 통해 의사를 표현하려고 노력한다면 그녀는 말을 시작하기 전에 명확하게 생각을 정리할 수 있는 방법을 배우게 될 것이다. 가족의 관심을 다시 되찾을 수 있을 것이다. 그리고 대화의 참된 즐거움을 경험할 수 있는 기회를 얻게 될 것이다. 이 참된 즐거움이란 모든 사람이 대화에 진정으로 참여하여 말을 서로 주고받을 때 느낄 수 있는 감정이다.

# 43 아이의 거짓말

제 아이는 거짓말을 자주 합니다. 아이에게 정직을 가르치기 위해 노력했지만 아이를 체벌할수록 거짓말은 늘어납니다. 정말 걱정입니다.

## ☝ 당신 자신과 자녀 그리고 상황 이해하기

어린 시절 거짓말을 한 번도 해 보지 않은 사람은 없을 것이다. 사실 거짓말을 하지 않는 어른을 찾는 것도 쉽지 않다. 어른이 실천하지 못하는 행동을 아이에게 강요하는 것이 우습지 않나? 거짓말을 합리화하려는 것이 아니라 거짓말을 하는 아이가 지극히 정상이라는 말을 하려는 것이다. 우리는 아이들이 거짓말을 하지 않게 만들기 전에 거짓말을 하는 이유에 대해 생각해 봐야 한다. 아이들이 거짓말을 하는 이유는 어른이 거짓말을 하는 이유와 같다. 아이들은 궁지에 몰린 것 같고, 체벌이 두렵고, 위협을 느끼고, 상황을 모면하고 싶을 때 거짓말을 한다. 보통 거짓말은 낮은 자존감의 신호다. 사람들이 자신의 가치를 모르기 때문에 타인에게 더 나은 사람으로 비춰져야 한다고 생각하는 것이다.

허구는 현실과 환상이 겹쳐질 때 나타나는 아동기의 자연스러운 현상이다. 아이의 허구를 즐기고, 가능하다면 허구의 일부가 되어 본다. 당신의 아이를 창의적인 아이로 키울 수 있다.

## 🐰 실전! 생활 속 긍정 훈육법

① 머릿속에 답을 정해 놓고 질문하지 않는다. 아이에게 거짓말을 유도하는 질문이 될 수 있다. "방 정리는 끝냈니?"라고 묻는 대신 "방을 치우지 않았더구나. 방을 치울 계획을 세워 보겠니?"라고 물어본다. 아이의 잘못을 탓하는 대신 해결책에 집중한다. "내가 부탁한 일은 끝냈니?"라고 묻는 대신 "내가 부탁한 일을 하기 위해 무엇을 해야 할까?"라고 질문한다.

② 아이가 거짓말을 하거나 허구를 말하고 있다고 느낄 때 반응에 변화를 준다. "재미 있는 이야기 같구나. 넌 정말 상상력이 좋아. 더 말해 줄래?"라고 말해 본다.

③ 당신 먼저 솔직하고자 노력한다. 거짓말을 한 아이에게 "그건 사실이 아닌 것 같아. 우리는 궁지에 몰린 것 같고, 체벌이 두렵고, 위협을 느낄 때 거짓말을 하곤 하지. 혹시 엄마가 네가 진실을 말하기 어렵게 만든 건 아니니? 우선 지금은 너만의 시간을 갖고 나중에 무슨 일이 있었는지 이야기하고 싶을 때 엄마에게 말해 줘."라고 말해 본다.

④ 거짓말 속에 숨겨진 문제를 해결한다. 밥을 먹은 아이가 밥을 먹지 않았다고 말한다. 왜 아이는 먹지 않았다고 했을까? 아직 배가 고픈 걸까? 아이가 배가 고프다면 먹지 않았다고 말한 게 무슨 상관일까? 아이의 배고픔을 해결할 수 있는 방법을 같이 생각해 본다. 아니면 아이가 관심이 필요한 걸까? 함께 보낼 수 있는 시간을 계획하여 관심에 대한 문제를 해결한다. 아이는 그냥 이야기를 하고 싶었는지도 모른다. 그럴 땐 "재미있는 이야기구나. 더 말해 주렴."이라며 아이가 이야기를 계속할 수 있게 해 준다.

⑤ 또 다른 방법은 거짓말을 무시하고 '호기심 질문'을 하여 아이가 직접 원인과 결과를 생각해 보도록 도와주는 것이다. 아이가 하루 종일 아무것도 먹지 않았다고 말한다면 "무슨 일이 있었니?" "더 말해 줄래?" "기분이 어때?" "이 문제를 해결하기 위해 우리가 무엇을 해야 할까?"라고 질문해 본다. 이 질문들은 당신이 아이의

의견에 관심이 있을 때만 사용해야 한다. 아이의 거짓말을 밝혀내려는 용도로 사용하지 않는다. 아이의 말이 허구라고 생각되면 두 번째 제안사항을 참조한다.

⑥아이가 말하고 싶지 않을 땐 아이의 사생활을 존중해 준다. 당신이 아이가 말하고 싶어하지 않은 이야기에 대해 계속 질문한다면 아이는 자신의 사생활을 지키기 위해 거짓말을 할 것이다.

⑦허구가 때론 무해한 이야기일 수 있다는 사실을 기억한다. 가능한 만큼 아이가 계속 이야기를 만들어 나가게 도와주고 이야기를 글로 작성하게 지도하는 것도 좋은 방법이다.


## ✌ 문제를 예방하는 좋은 습관 기르는 법

①아이에게 실수가 배움의 기회라는 사실을 알려 주면 그들은 실수했을 때 그것을 거짓말로 감추려고 하지 않을 것이다.

②당신이 아이를 무조건 사랑한다는 사실을 알려 준다. 많은 아이가 부모를 실망시킬지도 모른다는 두려움에 거짓말을 한다.

③고마움을 표현한다. "사실을 말해 줘서 고마워. 쉽지 않았다는 것 알아. 나는 네가 결과를 마주하려고 했다는 사실이 참 대견하고 네가 이 일을 통해서 많은 것을 배웠을 거라 생각해."라고 말해 본다.

④아이를 조종하려 하지 마라. 많은 아이가 자신이 누군지 깨닫고 그들이 원하는 대로 행동하기 위해 거짓말을 한다. 아이는 자신이 원하는 행동을 하는 동시에 부모로 하여금 부모가 원하는 대로 행동하고 있다고 믿게 한다.

⑤아이들이 지어낸 이야기도 사실에 기반을 두는 경우가 많다. 아이의 이야기에 숨겨진 깊은 뜻을 이해하려고 노력해 보고 문제가 있다고 생각된다면 아이와 이야기를 나누어 본다.

## 아이들이 배울 수 있는 삶의 기술

아이들은 사실을 말해도 괜찮다는 사실을 깨닫는다. 사실을 말하는 걸 잊어버렸을 때에도 그들은 사랑과 정을 느낀다. 아이들은 부모가 자신의 두려움과 오해를 이해하고 그것들을 이겨낼 수 있게 도움을 준다는 사실을 알게 된다.

## 양육 포인트

①우리는 체벌과 실망으로부터 우리 자신을 보호하기 위해 거짓말을 한다. 체벌하고 잔소리하는 부모의 아이들은 자신을 방어하기 위해 거짓말을 한다. 앞서 제시한 제안사항은 아이들이 진실을 말할 수 있는 편안한 환경을 만들기 위해서 설계되었다.

②많은 아이가 평가와 비판에서 자신을 보호하기 위해 거짓말을 한다. 부모가 아이에게 나쁘다고 말하면 그들은 그 사실을 믿게 되고 상처를 받는다. 거짓말은 이런 상처를 피할 수 있는 방어다.

③지금 아이가 하는 행동은 그들이 평생 할 행동이 아니다. 아이가 거짓말을 했다고 아이를 거짓말쟁이라고 부르며 과잉반응하지 않는다. 아이는 거짓말쟁이가 아니라 한 번 거짓말을 한 아이다.

④ 아이의 문제 행동이 아닌 관계 개선에 집중한다. 신뢰와 친밀감을 회복하는 것이 아이의 옳지 않은 행동을 고치는 가장 빠른 방법이다.

### 훈 육 도 우 미

다섯 살 된 주원이는 어둠을 두려워했다. 그의 네 살 된 여동생은 그를 놀리고 무시했다. 어느 날 밤 그의 가족은 화장실이 바깥에 있는 집에서 하룻밤을 머물게 되었다. 바람이 부는 날이었고 주원이에게는 매우 두려운 밤이었다. 하지만 이불에 실수를 하는 것은 화장실까지의 여정보다 끔찍한 일이었고 주원이는 화장실로 향했다. 반쯤 갔을 때 아이는 가로등 불빛 안으로 들어섰고 자신의 '무시무시한' 그림자에 소스라치게 놀랐다.

주원이는 어린 마음에 자신이 자신의 그림자만큼이나 강하고 크다면 항상 안전할 것이라고 생각했다. 그 이후 주원이는 허풍을 통해 안정감을 느끼고 인정받으려고 노력하게 되었다. 자신의 거짓말을 비판하는 사람이 있으면 그는 안정감을 잃고 더 큰 허구를 만들어 냈다. 다행히 주원이는 허구가 그에게 어떤 의미인지 이해하고 행동 뒤에 숨겨진 의미에 초점을 맞추는 사람을 만날 수 있었고 그 사람은 그가 어떤 그림자보다 훌륭한 사람이라는 사실을 계속 일깨워 주었다.

문어는 위험에 처하면 자신의 크기보다 큰 먹물 구름을 만들어 놓고 도망친다. 스컹크는 더 끔찍한 냄새를 만들어 낼수록 더 안전하다고 믿는다. 허구도 이것들과 같은 이치다.

# 영악한 아이

제 아이는 매우 영악해서 원하는 것을 갖기 위해 수단과 방법을 가리지 않습니다. 아이는 타인의 생각과 필요에 대해서는 관심이 없는 것 같아요. 아이가 친구들과 선생님까지 조종하기 시작했다는 사실이 너무 걱정됩니다.

##  당신 자신과 자녀 그리고 상황 이해하기

영악함은 학습된 행동이다. 많은 부모가 '사랑의 이름으로' 아이에게 영악함을 가르치고 있다는 사실을 알지 못한다. 부모는 아이들의 요구를 들어줌으로써 그들의 필요를 채워 주고 있다고 생각한다. 아이들은 동화를 하나 더 읽어 달라고 조르거나 장난감을 사 달라고 떼를 쓰고 부모는 그들의 요구를 들어준다. 아이들은 부모를 조종하는 것이 효과적이지 않다면 이 방법을 사용하지 않을 것이다. 부모가 아이들의 요구에 계속 응하다 보면 아이들은 "나는 내가 원하는 것을 얻어야 소속감을 느낄 수 있어." 혹은 "다른 사람이 내가 원하는 일을 하는 것이 사랑이야."라는 잘못된 생각을 갖게 된다.

어떤 아이는 무기력하거나, 필요를 만족시키는 다른 방법을 알지 못하거나, 상처를 받고 보복하기 위해 부모를 조종한다. 어떤 아이는 부모의 실망을 감당하지 못하거나 모두가 유리한 해결 방법을 찾을 줄 몰라서 부모를 조종한다. 낙심한 아이들을 격려하고 용기를 북돋아 주면 그들은 영악함을 대체할 수 있는 다른 방법을 배울 수 있다.

## 🤞 실전! 생활 속 긍정 훈육법

① 때로 아이들은 울고 떼쓰면 부모의 "안 돼."가 "알겠어."로 바뀌는 걸 알기 때문에 부모를 조종하려 한다. 당신이 그들의 끈질긴 요구에도 흔들리지 않는다면 아이들은 당신을 조종하려는 행동을 멈출 것이다. "안 돼."라고 말했다면 절대 허락하지 않는다(부드러우나 단호하게). 포옹으로 거절을 표현하는 것도 효과적인 방법이다.

② 아이에게 조종당한다는 생각이 든다면 아이를 안아 주면서 "흥분을 가라앉힐 시간을 갖자."라고 말한다. 이 방법은 아이의 행동을 멈추기에 충분할 수도 있다. 혹은 아이의 어깨에 손을 얹어 아이를 사랑하지만 아이에게 조종당하지 않을 거라는 걸 표현한다. 아이가 원하는 것을 직접 요청해도 괜찮다고 가르친 뒤 아이가 영악한 태도를 보인다면 "정중하게 요청할 때까지 기다릴게."라고 말한다.

③ 아이가 하고 있는 행동이 어떤 건지 말해 준다. "네가 (조르고, 떼쓰고, 관심을 요구하고 거짓말을 하면서) 엄마를 조종하려는 것 같구나. 이전에는 효과가 있었겠지만 이제는 우리 모두에게 유리한 해결책을 찾을 수 있을 거라 믿어. 어떤 방법이 있을까?"

④ 아이가 취침 전 동화책을 한 권 더 읽어 달라고 조른다면 아무 말도 하지 말아 본다. 아이에게 뽀뽀를 하고 방을 나간다. 아이가 따라 나와 계속 조른다면 부드럽지

만 단호하게 아이의 손을 잡고 아이가 받아들일 때까지 방으로 데려다 준다. 아이
가 장난감을 사 달라고 떼를 쓴다면 "이 장난감을 살 수 있을 만큼 용돈을 모았니?"
라고 물어본다. 아이가 아니라고 대답한다면 "집에 가서 네가 이 장난감을 살 수
있을 때까지 얼마나 더 기다려야 하는지 계산해 보자."라고 말한다('용돈' 참조).

⑤ 만일 아이가 당신의 배우자가 허락했다고 말한다면 "엄마(혹은 아빠)와 따로 이 일
에 대해서 이야기해 본 뒤에 답을 줄게."라고 말한다. 배우자와 함께 어떻게 하면
아이가 부모를 조종하지 못하게 가르칠 수 있는지 의논해 본다. 또한 아이에게 결
정을 내리기 전에 엄마와 아빠의 허락을 모두 받아야 한다고 말해 준다.


## ✌ 문제를 예방하는 좋은 습관 기르는 법

① 가족회의 때 부모를 조종하는 행동에 대해 이야기하고 아이가 자신의 필요를 채울
수 있는 존중적인 방법에 대해서 토론해 본다.

② 아이에게 영악함을 가르친 당신의 행동에 대해 사과한다. "엄마가 실수했어. 엄마
는 네가 원하는 대로 해 주는 것이 너에 대한 사랑을 표현하는 방법인 줄 알았어.
엄마는 네가 스스로 실망에 대처하고, 원하는 것을 얻는 방법을 계획하고, 모두를
존중하는 해결 방법을 찾아낼 수 있다고 믿어. 변하는 것은 쉬운 일이 아니지만 우
리 모두를 위해 노력해 보자."라고 말해 본다.

③ 아이가 받은 고통을 당신에게 돌려주기 위해서 부모를 조종하고 있다고 느낀다면
아이가 무엇 때문에 화가 났는지 물어본다. 만일 아이가 이유를 알지 못하거나 말
을 하지 않는다면 추측해 본다. 예를 들어, "동생이 너보다 더 많은 관심을 받는다
고 생각해서 그러니?" "주위 사람들이 너에게 너무 부담을 주어 이 방법으로 네 능
력을 보여 주려고 한 거니?" "엄마(혹은 아빠)와 내가 자주 싸워서 우리가 너를 사
랑하는지 확인해 보고 싶었던 거니?" 같은 질문을 해 볼 수 있다.

④ 아이가 동생이나 친구를 조종하고 있다는 생각이 들면 우선 문제의 행동을 지켜본

다. 그리고 나중에 아이의 동생이나 친구에게 아이를 대하는 데 도움이 필요한지 물어본다.

⑤ 아이와 함께 취침 전 일과표와 아침 일과표를 만들어 본다. 일과표를 따라 행동하게 지도해 준다. 아이가 당신을 조종하려고 한다면 일과표에 적힌 사항을 확인하게 해 준다.

⑥ 너무 자주 "안 돼." 혹은 "나중에 얘기하자."라고 말하고 있진 않은가? 때로 아이들은 부모에게 솔직하게 말해 봤자 아무런 도움을 얻지 못하기 때문에 영악한 행동을 한다.


## 🖐 아이들이 배울 수 있는 삶의 기술

아이들은 자신의 필요와 감정이 중요하다는 사실과 부모가 자신의 필요를 채울 수 있는 방법을 찾도록 도와준다는 사실을 깨닫게 된다. 아이들은 원하는 것을 가질 수 없을 때도 있다는 사실과 스스로의 힘으로 실망감을 이겨낼 수 있다는 사실을 알게 된다. 또한 영악함을 통해 중요한 일과를 피해갈 수 없다는 사실을 알게 된다.


## 🖐 양육 포인트

① 때로는 당신 자신의 일에 집중하고 아이가 다른 사람들과 맺는 관계에 간섭하지 않는 것이 가장 효과적이다. 다른 사람들도 무슨 일이 일어나고 있고 어떻게 이 일에 대처해야 할지 알 수 있다. 혹은 그들만의 이유로 아이의 요구에 응해 줄 수 있다.

② 아이가 부모를 조종하는 방법을 당신에게서 배우고 있진 않은가? 만일 그렇다면 당신이 필요한 것에 대해 좀 더 직접적으로 말하는 방법을 연습한다. 당신이 원하는 것을 정중하게 요청하고 거절을 받아들일 줄 알아야 한다. 아이는 당신의 행동을 보고 더 이상 문제를 해결하기 위해 타인을 조종하는 방법을 사용하지 않을 것이다.

열한 살 찬율이는 아빠에게 "엄마가 승찬이네 집에서 자고 내일 야구 경기에 가지 않아도 된다고 했어요."라고 말했다. 아빠는 화를 내며 "넌 경기에 가야 해. 그리고 엄마가 뭐라고 했던지 나는 상관하지 않아."라고 답하였다.

몇 시간 후 엄마는 아빠에게 "왜 찬율이한테 승찬이네 집에 갈 수 없다고 했어요?"라고 물어보았다. 그러자 아빠는 "그럼 당신은 왜 아이에게 야구 경기에 가지 않아도 된다고 했어?"라고 되물었다.

엄마는 넋을 잃었다. 그리고 "여보, 제가 왜 그런 말을 했겠어요? 아이들이 야구를 하겠다고 했을 때부터 우리 둘 다 아이들에게 모든 경기에 참석해야 한다고 말해 왔잖아요."라고 말했다.

아빠는 "그건 그렇지."라고 답하였다.

엄마는 아빠에게 "누군가 우리를 이용하는 것 같네요. 이제 찬율이의 행동을 멈출 때인 것 같아요. 찬율이에게 원하는 걸 하고 싶으면 엄마와 아빠의 허락을 모두 받아야 한다고 말하도록 해요. 아이가 이야기를 만들어 내는 것 같으면 나에게 데려와서 내 허락을 받게 하세요."라고 말하였다.

그날 저녁 찬율이는 아빠에게 다가와 "엄마가 나 혼자 슈퍼에 다녀와도 된다고 하셨어요. 이따 봐요, 아빠."라고 말하며 집을 나서려 했다.

그러자 아빠는 "잠깐만, 찬율아. 엄마에게 확인해 보자. 나는 네가 혼자 슈퍼에 가도 괜찮지만 엄마가 뭐라고 하시는지 함께 물어보자."라고 말했다.

찬율이는 당황하며 "하지만 아빠, 엄마는 언제나 슈퍼에 가게 허락해 주시는 걸요."라고 답하였고 아빠는 "다행이구나. 그럼 이번에도 허락해 주시겠네."라고 말하였다. 찬율이는 어쩔 수 없이 아빠 뒤를 따르면서 어찌할 바를 몰랐다.

아빠는 엄마에게 가서 "여보, 찬율이가 슈퍼에 가도록 허락해 주었다는데 나도 허락해 줄게요."라고 말했다.

그러자 엄마는 "뭐라고요? 전 방금 찬율이한테 방을 치우기 전까지는 아무 데도 갈 수 없다고 말했는 걸요. 방을 치우고 난 후에는 당신만 괜찮다면 저는 찬율이가 혼자 슈퍼에 가도 괜찮아요."라고 말했다.

찬율이는 얼굴을 찌푸리며 "제 말은 그 뜻이었어요."라고 말했다. 아이는 방을 치우기 시작하였고 엄마, 아빠는 서로를 보며 조용히 웃었다.

# 자위하는 아이

말하기도 부끄럽지만 네 살 된 제 아이는 텔레비전을 보는 동안 자위를 합니다. 아이는 자신의 행동이 부끄러운지 모르고 사람들 앞에서도 자신의 몸을 만집니다. 어떻게 하면 아이의 행동을 멈출 수 있을까요?

## ☝ 당신 자신과 자녀 그리고 상황 이해하기

부모들은 아이들이 발가락이나 손가락을 탐색하는 행동을 귀엽게 여긴다. 하지만 아이들이 성기를 탐색하면 아이가 성도착증이 있는 게 아닌가 걱정한다. 특정 형태의 자위(대부분의 경우 아이들은 자신의 성기를 탐색하는 것뿐이다)는 칠 개월에서 일곱 살 사이의 아이의 정상적인 행동이다. 일곱 살에서 열한 살 사이의 아이들은 성기에 대한 관심을 잃는다. 성기에 대한 관심은 열두 살쯤 다시 돌아오며 사춘기를 겪는 대부분의 아이는 자위를 시도한다.

# 🐰 실전! 생활 속 긍정 훈육법

① 신체기관에 대한 질문에 답을 하고 어떻게 기능하는지 설명해 준다. 아이가 자신 또는 다른 아이의 성기를 탐색하는 모습을 발견했다면 아이가 성교육을 받을 준비가 되었다는 것이다. 꾸짖거나 놀리거나 수치심을 주지 않으며 성과 신체기관에 대해 호기심을 갖는 것은 괜찮은 사실임을 알게 해 준다.

② 세 살에서 일곱 살의 경우 성기를 가지고 놀 때 무시한다. 무시하는 게 너무 어렵다면 (당신이 어린 시절 받은 메시지를 극복하기 어려운 것일 수도 있다) 아이에게 선택권을 준다. 아이에게 "텔레비전을 끄고 사생활을 위해 네 방으로 가거나 다른 사람들 앞에 있을 때는 성기를 만지지 않았으면 좋겠어."라고 말해 준다. 이 나이 때 아이는 사람들과 함께 있고 싶어 하기 때문에 아이는 아마 손을 내려놓을 것이다.

③ 사회적으로 올바른 행동을 가르치는 것도 하나의 좋은 방법이다. 아이가 공공장소에서 성기를 만진다면 "공공장소에서 중요한 신체 부위를 만지는 건 옳지 않아."라고 말해 준다.

④ 아이에게 '지저분한 방법'으로 몸을 만지면 손등에 머리카락이 난다는 식의 말은 하지 않는다.

⑤ 일곱 살에서 열한 살 사이의 아이들은 보통 자위에 관심이 없으므로 협박을 하거나 겁을 주어 없는 문제를 만들어 내지 않도록 한다. 성에 대한 강한 종교적 신념이 있다면 죄책감, 수치심, 두려움 등을 주는 방법은 긍정적인 결과보다는 부정적인 결과를 초래할 수 있다. 개방성과 진솔함을 사용하는 것이 더 좋다. 당신의 생각과 감정을 공유하기 위해 "나는 _____ 때문에 _____ 기분이 들고 _____으면 좋겠어." 방법을 사용한다('감정에 이름 붙이기' 참조).

⑥ 열한 살에서 열아홉 살 사이의 아이의 경우 아이의 사생활을 지켜 준다. 아이가 손을 이불 위로 꺼내 놓고 자는지 확인하기 위해 밤에 아이의 방에 들어가는 행동은 옳지 않다.

⑦ 아이에게 세탁기와 건조기를 사용하는 방법을 알려 주고 스스로 이불과 침대 시트를 빨 수 있게 한다.


## ✌ 문제를 예방하는 좋은 습관 기르는 법

① 염증이나 가려움증이 생기지 않도록 아이의 청결에 신경 쓴다.
② 아이가 흥미로운 활동을 찾을 수 있게 도와준다. 대부분의 경우 아이들은 심심하기 때문에 자위를 한다.
③ 이 주제에 대해 읽고 난 후 자위에 대한 아이의 관심이 너무 지나치다고 생각되면 전문가와 상담을 해 본다. 어떤 경우, 과도한 자위행위는 성적 학대를 받고 있다는 신호일 수도 있다.
④ 지속적으로 감정적 공감과 불안감에 대한 원인을 파악하고 성에 대한 집착이 아닌, 다른 재미를 느낄 수 있는 것으로 불안감을 대체할 수 있도록 한다.
⑤ 인터넷이나 스마트폰으로 성행동에 집착할 수 있으므로, 심할 경우에는 매체로부터 차단한다. 일곱 살에서 열 살 사이 아이들은 어른들이 상상하지 못할 만큼 노골적인 성적 소재를 인터넷과 스마트폰을 통해 접한다. 아이들이 보고 있는 것을 담담하게 대화할 수 있도록 하고 잔소리 대신 생각과 감정을 나누도록 한다.


## ✌ 아이들이 배울 수 있는 삶의 기술

아이들은 타인에게 해를 끼치지 않는 한 성적으로 무엇이 가장 옳은지 스스로 판단할 권리가 있다는 사실을 알게 된다. 신체 부위를 탐색하는 과정은 나쁘거나 그릇된 것이 아니다.

## 🖐️ 양육 포인트

① 과도한 걱정은 삼간다.

② 연구 결과에 의하면 남성의 98%가 자위 경험이 있다고 한다. 전문가들은 나머지 2%는 거짓말을 했다고 믿는다.

③ 종교적·도덕적 신념을 아이에게 강요하는 것은 반항심이나 교활함을 불러일으킬 수 있다. 정상적인 행동을 나쁘다고 가르치며 아이를 꾸짖는 것은 도움이 되지 않는다.


### 훈 육  도 우 미

이 주제에 관해서는 예일 대학교의 프릿츠 레드리치(Fritz Redlich) 박사의 말을 인용하고자 한다. 그의 책 『내면의 이야기–일상과 정신의학(*Psychiatry and Everyday Life*)』에서 그는 아이의 자위 행동을 무시할 수 있는 방법을 제시한다.

첫째, 제한된 자위행위를 통해서 신체적인 손상을 입진 않을 것이다. 자위행위가 눈을 멀게 한다거나 정신병을 야기한다거나 안색을 안 좋게 한다는 이야기는 과학적으로 아무런 근거가 없다는 사실이 판명났다. 둘째, 아이가 자신의 성기를 만지는 것을 부모가 감정적으로 받아들이고 무조건 금지하는 행동은 성적 욕구를 억압하는 행동이며 아이는 나중에 자라서 성과 관련된 문제를 경험할 수도 있다. 셋째, 아이는 부모가 비정상이고 나쁘다고 지적한 행동을 멈추지 못하고 계속할 때 자괴감을 느끼거나 자신감을 잃을 수 있다. 만일 우리가 자위에 대해 아이에게 겁을 주지 않는다면 아이는 자신 혹은 친구들의 신체 발달 과정에 대해 자유롭게 이야기할 수 있을 것이고 당신은 아이를 더욱 효과적으로 보호할 수 있을 것이다.

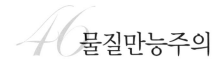

# 46 물질만능주의

아이의 물질주의적 사고 때문에 고민이 많습니다. 아이는 메이커 의류, 선글라스, 비싼 화장품과 과자 없이는 살 수 없는 것 같습니다. 제가 어렸을 땐 살 엄두도 못 내던 것들인데 말이죠.

## 👆 당신 자신과 자녀 그리고 상황 이해하기

우리 아이들은 미디어가 흥미롭고 멋지고, 대개는 값비싼 것들로 얽힌 세계를 묘사하는 소비자 시대에 살고 있다. 아이들은 이 물건들을 갖지 못하면 매우 불우하다고 생각하기 쉽다. 부모들은 자신들 때문에 자녀들이 없이 지내면 안 된다는 그릇된 생각에 자녀들에게 너무 많은 것을 준다. 종종 부모들은 "내 친구들은 모두 이것을 가지고 있다."라는 아이의 주장에 말려들어, 다른 부모들과 다르고 싶지 않은 또래집단의 압박에 굴복한다. 당신이 자녀에게 그것을 주는 것은 자녀가 그들 스스로 벌어서 얻는(부분적으로라도) 필수적인 기술을 배울 기회를 빼앗는 것이다.

## ✌ 실전! 생활 속 긍정 훈육법

① 당신이 감당할 수 없다면 "이 물건 값을 감당할 수 없어."라고 말하지 않는다. 대신 "나는 이런 식으로 돈을 쓰고 싶지 않아. 네가 스스로 돈을 벌게 되면 어떻게 돈을 쓸지 결정하도록 해."라고 말한다.

② 약속을 받는 대신 원하는 물건을 사기 전에 해야 할 일을 끝내거나 충분한 돈을 저축하게 한다. 아이는 인내심과 물건에 대한 더 큰 만족감을 느낄 것이다.

③ 아이에게 개방적인 선택권을 주는 것은 옳지 않다. 네 살에서 여섯 살 사이의 아이의 경우, 예산 한도 내에 있는 두 개의 신발을 선택하여 아이가 맘에 드는 신발을 고르게 해 준다. 여섯 살에서 아홉 살 사이의 아이에게는 예산 한도를 말해 준다. 그리고 "신발 가게에 가서 네가 살 수 있는 가격의 신발을 골라 보렴."이라고 말한다.

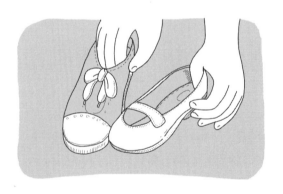

④ 아이에게 "무엇이 필요하니?" "필요한 것과 원하는 것의 차이는 뭘까?"(아이는 신발이 필요하지만 메이커 신발을 원한다)라고 물어본다. 예를 들어, 아홉 살에서 열세 살 사이의 아이에게 "네가 필요하다면 합리적인 가격에 좋은 품질을 가진 물건을 사 줄 수 있어. 네가 그 이상의 것을 원한다면 차액에 대해 네가 무엇을 할 건지 알려 줘야 해."라고 말해 볼 수 있다(아이는 집안일을 더 맡거나, 용돈을 모으거나 신문 배달을 할 수 있다).

⑤ 열세 살에서 열일곱 살 사이의 아이의 경우 아이가 현재와 미래에 필요한 것들에 대해 정기적으로 의논해 보면서 예산을 정하는 방법을 가르쳐 준다. 당신과 아이가 모두 동의한다면 옷에 대한 예산 한도를 정해 본다('용돈' 참조). 아이의 씀씀이를 판단하거나 돈을 주는 대신 스스로 실수를 통해 배울 수 있게 해 준다.

⑥ 열일곱 살에서 열아홉 살 사이의 아이의 경우, 독립심을 기를 수 있게 도와준다. 당신이 지금까지 아이를 위해 해 준 것들에 대해 이야기를 하고 금전적 지원을 줄이고 싶다는 의사를 표현한다.


## ✌ 문제를 예방하는 좋은 습관 기르는 법

① 아이가 감사한 마음을 가질 수 있게 도와준다. 가족회의 시간이나 식사 시간을 이용하여 가족 구성원 모두가 감사한 일에 대해 나누어 보는 시간을 갖는다.

② 아이들이 원하는 것을 모두 사 주려는 마음을 뿌리친다. 아이들은 타인이 그들을 위해 무언가를 사 주는 것이 사랑이라고 착각할 수 있다.

③ 청소년 아이들이 미래를 준비할 수 있도록 자동차, 휘발유, 데이트나 저축같이 그들이 필요한 것들에 대해 이야기해 보고 그것들을 갖기 위해 무엇을 해야 하는지 의논해 본다. 어린아이들은 아이스크림이나 장난감을 살 수 있는 돈을 모을 수 있게 해 준다. 그리고 가능한 한 아이들이 스스로 해 낼 수 있게 한다(아이들에게 금전적 도움을 주고 싶다는 마음을 내려놓는다).

④ 아이들이 실수를 하면 "무슨 일이 일어났니? 어떤 선택과 결정이 이런 일을 만들었니?" "다음에는 어떤 방법을 사용해 볼 거니?"라고 물어본다.

⑤ 자선 단체를 통해 아이들이 타인을 배려하는 마음을 기를 수 있게 해 준다. 아이들은 탁아소에 가거나, 노숙자를 돕거나, 취약계층을 위해 크리스마스 선물을 사거나, 요양원을 방문해 볼 수 있다.

⑥ 물질주의보다 더 높은 가치를 소개하는 책이나 프로그램, 활동을 찾아본다. 이러

한 가치에 대한 당신의 생각을 말해 주고 아이들과 함께 의논해 본다.

⑦ '다른 부모들 눈에는 내가 어떻게 보일까?' 같은 생각이 들면 무시한다. 대신 스스로에게 "어떻게 하면 아이에게 필요한 삶의 기술을 제대로 가르칠 수 있을까?"라고 물어본다.

⑧ 아이들과 함께 텔레비전을 보고 광고를 읽으면서 실제로는 필요하지 않은 물건들을 필요한 것처럼 보이게 하는 광고의 기술에 대해 함께 의논해 본다.

⑨ 단순하게 사는 것에 대한 두려움을 버린다. 아이들은 당신의 말보다 당신의 행동에서 많은 것을 배울 것이다.

## 🖐 아이들이 배울 수 있는 삶의 기술

아이들은 필요한 것과 원하는 것의 차이를 이해하게 되고 자신이 필요하고 원하는 것을 스스로의 힘으로 얻을 수 있다는 자신감을 얻게 된다. 아이들은 행복과 성취감은 소유물의 양과 비례하지 않는다는 사실을 배우게 된다.

## 🖐 양육 포인트

① 어려웠던 시절, 부모는 아이들을 위해 최선을 다했지만 아이들은 만족하지 못했다. 그들은 성공해서 아이들에게 많은 것을 해 줄 수 있게 되었지만 '우리가 너를 위해 해 준 것들'을 고마워하지 않는다고 아이들을 비난하게 되었다. 쉽게 얻을 수 있는 물건에 대해서는 감사함을 느끼기가 어렵다. 감사는 노고에서 비롯된다.

② 아이들은 당신의 말보다 당신의 행동을 보면서 가치를 배운다. 당신이 물질주의적 삶을 산다면 아이가 물질주의적 사상을 갖는 것은 당연한 결과다.

## 훈육 도우미

아이들이 충분히 때를 쓰면 우리는 그들이 원하는 것을 갖게 하여 아이들에게 물질주의 사상을 심어 주고 있다. 우리는 스스로 지키지 못할 한계를 정하고 우리가 하지 않을 행동을 할 것이라고 말하며 아이들을 협박한다. 우리는 자주 "너에게 그걸 사 줄 능력이 되지 않아."라는 거짓말을 한다. 하지만 큰 어려움 없이 원하는 것을 얻어 왔던 아이들에게 "그걸 사 줄 능력이 되지 않아."는 어떤 의미가 있을까?

아이가 새 자전거를 갖고 싶다고 할 때 아빠는 그걸 사 줄 능력이 없다고 말하지만 아이는 '아빠가 도대체 무슨 말을 하는 걸까?'라고 생각한다. 그녀는 경험을 되돌아보고 '지금까지 아빠는 내가 무언가를 사 달라고 했을 때 계속 저렇게 말했지만 내가 계속 때를 쓰니 원하는 것을 사 주셨어. 그러니까 아빠는 내가 충분히 때를 쓰지 않았다는 말을 하시는 걸 거야.'라는 결정을 내리게 된다.

아빠는 "난 새 자전거를 사 줄 능력이 없어."라고 말한다.

아이는 떼를 쓴다.

아빠는 더욱 단호하게 "얘야, 이번에는 정말 저걸 사 줄 능력이 되지 않아."라고 말한다.

아이는 더욱 떼를 쓴다.

결국 아빠는 "이것 봐. 아빠가 그걸 사 줄 수 있는 유일한 방법은 신용카드를 사용하는 것인데 이미 한도를 다 썼어."라고 말한다.

아이는 '효과가 보이기 시작했어. 이제 아빠는 나에게 자전거를 사 줄 수 있는 방법을 생각하고 있는 거야. 조금만 더 노력하면 돼.'라고 생각하고 더욱 심하게 떼를 쓴다.

아빠는 마지막 무기를 꺼냈다. "내가 만일 이걸 사 주면 너는 삼 년 동안 용돈을 못 받을 거야."

아이는 '지난번에 난 이 년 동안 용돈을 받지 않겠다고 약속했지만 용돈을 계속 받고 있으니 이번에도 별 일 없을 거야.'라고 생각했다.

그녀는 주저하지 않고 계속 떼를 써 아빠는 결국 아이에게 자전거를 사 주기로 약속했다.

당신이 아이에게 물건을 사 주는 것에 대한 아이의 인식은 어떠한가? 원하고 떼쓰면 아이는 부모가 '사 줄 능력이 되지 않는 물건'도 얻을 수 있다.

# 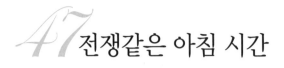전쟁같은 아침 시간

    매일 아침 아이들이 학교에 갈 시간이 되면 저는 신경이 곤두섭니다. 아이들을 준비 시킬 때마다 눈물을 흘리며 싸웁니다. 아이들을 겨우 문 밖으로 내보내고 나면 저는 엉망이 된 집을 치우고 회사에 가기 바쁘죠. 아이들이 저를 도와서 스스로 등교 준비를 하게 만들 순 없을까요?

## 👆 당신 자신과 자녀 그리고 상황 이해하기

    가족 분위기는 부모에 의해 정해지고 하루 분위기는 아침에 결정된다. 많은 아이가 아침마다 소란을 피우는 이유는, 다시 한 번 말하지만, 그들은 효과가 있는 방법을 계속 사용하기 때문이다. 많은 경우, 아이들은 부모의 잔소리를 무시하고 부모가 그들을 위해 모든 걸 해 주는 것이 효과적이라고 생각한다. 다음 제안사항은 아이들의 협동심을 불러일으키는 방법을 알려 주어 모든 가족 일원이 더욱 편안한 하루를 보낼 수 있게 도와줄 것이다.

# 🤞 실전! 생활 속 긍정 훈육법

① 일과를 정하는 것은 앞서 설명한 바와 같이 가장 효과적인 훈육 방법 중 하나다. 잔소리를 하는 대신 아이의 일과표가 아이를 지도한다. 당신은 그저 "일과표에 적힌 다음 계획이 뭐지?"라고 물어보면 된다.

② 아침에 해야 할 일에 대한 기한을 정해 준다. 몇몇 가족은 아침 식사 시간을 기한으로 정한다. 아이가 아침 식사 전까지 해야 할 일을 끝내지 않았다면 아무 말 없이 아이 자리에 있는 접시를 뒤집어 놓는다.

③ 아이가 아닌 당신이 해야 할 일을 처리하는 데 시간을 사용한다. 아이가 해야 할 일에 대해서 잔소리를 하거나 귀찮게 하지 않는다. 그들이 해야 할 일을 잊었을 때 일어나는 상황을 직접 경험하게 해 준다. 앞서 설명하였듯이 아이가 해야 할 일을 끝내지 않고 아침을 먹으려고 한다면 아이의 접시를 뒤집어 놓는다. 만일 아이가 버스를 놓쳤다면 걸어가게 한다(한 엄마는 아이가 안전한지 확인하기 위해 걸어가는 아이의 뒤를 차로 따라갔다). 만일 아이가 숙제를 까먹었다면 아이가 선생님의 꾸중을 경험하게 한다.

④ 잔소리를 삼가는 것이 어렵다면 아이가 학교 갈 준비를 하는 동안 긴 목욕을 해 본다.

⑤ 해야 할 일을 끝내지 않는다면 아침에 텔레비전을 볼 수 없다고 말한다. 만일 아이가 해야 할 일을 끝내지 않은 채 텔레비전을 보고 있다면 당신은 그저 텔레비전을 끄면 된다.

# 🤞 문제를 예방하는 좋은 습관 기르는 법

① 아침 일과표를 만들어 본다. 시간을 정해서 아이와 매일 아침 등교를 위해 해야 할

일을 함께 생각해 본다. 아이가 아침 일과를 기억할 수 있도록 함께 표를 작성한다 ('일과 정하기' 참조). 일과표는 참조하기 위한 것이지 아이들에게 상을 주기 위한 방법이 아니다.

② 아이가 학교에 갈 나이가 된 순간부터 자명종을 사용하도록 지도한다.

③ 일과표에 아이가 가족을 도울 수 있는 일을 포함한다. 식탁 정리, 화분 물 주기, 주스 따르기, 세탁기 작동시키기 등의 작은 일을 통해서 아이는 책임감을 배울 수 있다.

④ 아이가 일과표에 적은 일을 끝내는 데 필요한 시간을 정하고 그에 맞게 자명종을 맞출 수 있게 해 준다. 아이가 스스로 정하게 하여 그들이 실수에서 배울 수 있는 기회를 준다.

⑤ 훈련을 위한 시간을 충분히 갖는다. 아침 상황을 역할 놀이로 재미있게 연습해 본다.

⑥ 아이들은 빠른 속도로 책임감을 배우기 때문에 안쓰러운 마음에 아이를 도와주지 않아도 된다. 아이들의 선생님에게 당신의 훈육 계획을 설명한다. 선생님에게 아이가 지각의 결과를 경험할 수 있게 도와줄 수 있는지 물어본다. 아침 습관을 바꾸기 위해서는 한두 번의 시행착오가 필요하다. 아이는 지각을 해 쉬는 시간에 교실에 남아 있거나 방과 후에 놓친 수업을 보충해야 할지도 모른다.

⑦ 아이의 취침 전 일과표에 아침 준비를 포함시킨다. 아침에 입을 옷을 미리 준비하거나(어린아이의 경우 아이의 옷을 침대 옆에 펼쳐 놓는다) 책가방을 챙겨 놓는 일과를 포함할 수 있다. 저녁에 미리 준비해 아침 소란을 줄일 수 있다.

⑧ 가족회의 때 아침 소란에 대해 의논해 본다. 그리고 가족이 함께 아침을 기분 좋은 시간으로 만들 수 있는 방법에 대해 생각해 보도록 한다.

## 🖐 아이들이 배울 수 있는 삶의 기술

아이들은 시간을 계획하고 가족을 도울 수 있는 방법을 배우게 된다. 아이들은 시간을 조절할 수 있다는 사실을 깨닫고 어떻게 시간을 사용하냐에 따라 쫓길 수도 있고 여유를 가질 수도 있다는 사실을 알게 된다. 그들은 자신이 매우 유능하다는 사실과 스스로 일을 처리할 수 있다는 사실을 배우게 된다.

## 🖐 양육 포인트

① 아이가 스스로 할 수 있는 일을 대신 해 주지 않는다. 아이의 노예가 되는 대신 기술을 가르쳐 준다.
② 일부 부모는 아이가 학교 갈 준비를 하는 동안 숙면을 취한다. 이 부모들이 무관심하다고 생각하는 대신 우리는 아이들이 스스로 준비할 수 있는 책임감이 충분하다는 사실에 주목해야 한다. 이 방법을 사용할 계획이라면 아침이 아닌 다른 시간에 아이와 따로 대화를 나누는 시간을 갖는다.

### 훈 육 도 우 미

일곱 살 건우는 박스를 사용하여 큰 시계 모양 일과표를 만들었다. 일과표는 아침에 한 시간(7시 30분부터 8시 30분까지)만을 표시하고 있었다. 그리고 그는 등교 전 해야 할 일을 모두 적고 각 일과에 필요한 시간을 정했다. 아빠는 건우가 각 일과를 수행하는 모습을 찍어서 인화해 두었고 건우는 각 일과를 해야 할 시간 옆에 그에 맞는 사진을 붙였다. 시계의 맨 위에 그는 7시 30분이라고 적어 두고 일어나고 있는 사진을 붙였다. 건우는 자신이 4분 만에 옷을 입을 수 있을 거라고 생각했기 때문에 다음 일과 시간을 7시 34분이라고 적었다. 그리고 그가 옷을 입는 사진을 붙였다. 7시 36분 옆에는 침대 정리를 하는 사진을 붙여 두었다. 7시 36분에서 7시 46분 사이에는 아침 식사를 하는 사진을 붙여두었다. 그리고 7시 48분 옆에는 양치하는 사진을 붙였다. 7시 48분에서 7시 53분 사이에는 간단한 도시락을 싸는 사진을 붙였다. 건우는 7시 53분부터 8시 25분까지 장난감을 가지고 놀 수 있다는 사실에 즐거워했다(일과표를 만들기 전 그는 아침 내내 장난감을 가지고 놀기 위해 해야 할 일을 제대로 하지 않았고 아빠는 아이의 아침 일과를 대신 해 주어야 했다). 건우는 아빠에게 다른 장난감을 가지고 노는 모습을 찍어달라고 했고 시계의 절반을 그 사진들로 도배했다. 그리고 8시 25분 옆에는 코트를 입고 책가방을 메고 학교에 가는 사진을 붙였다. 건우는 자신의 아침 일과표를 따르는 것을 매우 좋아했고 아빠는 천국에 온 기분이었다.

# 이 사

저희 가족은 먼 곳으로 이사를 가야 합니다. 여덟 살 된 제 아이는 몹시 겁이 나 있습니다. 아이가 새로운 환경에 적응할 수 있을까요?

## ☝ 당신 자신과 자녀 그리고 상황 이해하기

이사는 매우 피곤한 일이지만 함께 일하고, 계획하고, 서로를 격려하여 가족이 다시금 하나 되는 기회가 될 수 있다. 이사는 아이들에게 큰 변화를 가져다주지만 아이들은 어떻게든 적응한다. 익숙한 환경과 사람들을 떠나 새로운 사람들을 만나고 새로운 환경에 적응하는 일은 어려울 수 있다. 이 책에서 제안한 것들을 참조하면서 아이의 말에 충분히 공감해 준다면 아이는 더욱 즐겁게 새로운 환경에 적응할 것이다.

당신은 이사에 대한 심란한 감정 때문에 아이를 도와주는 데 더 큰 어려움을 느끼고 있을지도 모른다. 이사를 해야 할 때 느끼는 슬픈 감정은 상을 당했을 때의 감정과 비슷하다고 한다. 이 감정을 받아들이고 이해한다. 반면 이사를 자주 다니는 가족의 아이들은 이사가 익숙하고 새로운 환경에 적응하는 것이 어렵지 않을 수 있다. 하지만 섣불리 판단해서는 안 된다. 이사를 자주한다고 가족의 모든 구성원이 괜찮을 것이라고 생각하는 대신 가족의 모든 일원의 감정을 살펴야 한다.

## ✌ 실전! 생활 속 긍정 훈육법

① 당신의 슬픔과 기쁨을 나누어 본다. 그리고 당신의 슬픔을 줄일 수 있는 방법에 대해서도 생각해 본다. 아이는 당신과의 대화를 통해 슬픔과 기쁨을 느껴도 괜찮다는 사실을 알게 된다.

② 아이의 감정을 파악하고 아이의 감정과 생각에 대해서 이야기하는 시간을 갖는다. 단순히 그들의 말에 귀 기울이는 것만으로도 아이에게 위로가 될 수 있다.

③ 이사에 너무 집중하느라 아이를 방치하고 있지는 않은지 확인해 본다. 아이와 함께 이사 준비를 한다면 아이는 당신의 관심을 느낄 것이다.

④ 아이가 스스로 짐을 싸고 중요한 물건들을 챙길 수 있게 지도해 준다. 가져가고 싶어 하는 물건은 가져갈 수 있게 허락해 준다.

⑤ 아이가 새로운 방을 어떻게 꾸밀지 계획할 수 있도록 인테리어 잡지를 구매한다.

⑥ 새로운 집에 도착했을 때 먼저 아이가 새 환경을 탐험할 수 있게 도와준다. 도서관에 가서 도서관 대출증을 발급받는다. 자전거를 타고 동네를 함께 구경해 본다. 가까운 공원이나 문화센터에 가서 아이와 당신이 할 수 있는 활동이 무엇이 있는지 확인해 본다. 새로운 동네에 어떤 장소가 있는지 검색해 본다. 가족끼리 가까운 백화점이나 영화관을 방문해 본다(아이에게 친구가 생기면 아이는 당신과 쇼핑을 가거나 영화 보러 가기를 꺼려할 수도 있다).

## ✌ 문제를 예방하는 좋은 습관 기르는 법

① 가족회의 때 이사를 위해서 각 일원이 할 수 있는 일에 대해 의논해 본다.

② 아이가 현재 살고 있는 동네를 잊지 않을 수 있는 방법을 생각해 내도록 도와준다. 이 방법은 아이가 새로운 동네에서 친구를 만들고 이전 동네에 흥미를 잃을 때까

지 외로움을 느끼지 않게 해 준다. 추억으로 간직할 수 있는 나무를 심거나, 이전 동네를 방문할 계획을 세우거나, 아이가 친구들과 편지나 이메일을 주고받도록 격려하거나, 추억의 사진들을 담은 스크랩북을 만들어 본다.

③ 아이가 변화를 경험한 순간에 대해 이야기해 본다. 처음으로 학교에 간 날, 새 친구를 사귀었을 때, 혹은 새로운 여행지에 갔을 때에 대해 이야기해 본다. 이 경험을 통해서 아이가 무엇을 배웠는지에 초점을 맞춘다. 이사를 했을 때 그들이 무엇을 배울지에 대해 생각해 본다.

④ 가능하다면 아이가 새 집을 찾는 과정에 참여하게 해 준다.

## ❀ 아이들이 배울 수 있는 삶의 기술

아이들은 변화에 대해서 슬픔을 느껴도 괜찮다는 사실을 알게 된다. 또한 함께 일하고 함께 계획하는 것이 변화를 경험할 때 큰 힘과 도움이 된다는 사실을 깨닫는다.

## ❀ 양육 포인트

① 아이가 느끼는 두려움에 대해 너무 많은 책임감을 느끼지 않도록 한다. 아이의 감정을 수용하고 이해하되 해결해 주어야 한다고 생각하지 않는다.

② 당신이 경험한 변화 중에서 처음에는 두렵고 불확실했지만 마지막에는 성장하고 발전했던 경험을 아이와 나누어 본다. 잔소리가 아닌 대화가 되어야 한다.

③ 문제를 해결하기 위해 아이를 물질적인 방법으로 달래거나 협박하지 않는다. 아이에게 수용과 협동심을 가르쳐 주어야 한다.

④ 가족회의는 변화를 경험할 때 큰 도움이 되는 동시에 가족이 서로 협력할 수 있게 도와준다.

소영 씨는 집 안에 쌓여 있는 물건들과 옷으로 가득한 벽장을 싫어하지만 아무것도 버리지 못했다. 어느 날 그녀는 이 문제를 해결할 수 있는 방법을 찾기 위해 상담사와 이야기를 나누었다. 상담사는 그녀가 아이였을 때를 생각해 보라고 했다. 곧바로 소영 씨는 아버지가 직장을 잃은 이후 전국을 돌며 이사를 했던 시절을 생각했다. 어머니는 짐 정리를 할 때마다 소영 씨의 추억이 담긴 물건들을 모두 버렸다. 아무도 그녀가 무엇을 간직하고 싶은지 물어보지 않았고 짐 정리에 참여하도록 허락하지 않았다. 그리고 소영 씨는 현실로 돌아왔다. 그녀는 놀라며 "아무도 제 보물을 가져가지 못하게 제 물건들을 지키고 있던 거였군요. 지금의 행동이 오래전 일과 연관이 있을 거라고는 생각하지 못했어요. 이제 전 간직할 물건들과 버릴 물건들을 결정할 수 있는 힘이 있으니 집에 가서 정리를 시작해야겠어요."

#  낮잠

'난장판 취침 시간' 참조

제 아이는 낮잠을 자기를 거부하지만 오후 5시쯤 되면 피곤해하며 짜증을 부리기 시작합니다. 그래서 때로는 5시 반쯤 잠이 들어서 8시에 일어나는데 그러면 취침 시간은 악몽이 되는 거죠. 어떻게 해야 아이가 낮잠을 잘 수 있을지 모르겠어요.

## ☝ 당신 자신과 자녀 그리고 상황 이해하기

아이들이 잠들기를 거부하는 이유는 잠이 필요하지 않아서가 아니라 흥미로운 세상을 계속 탐험하고 싶기 때문이다. 그렇기 때문에 아이들의 독립심을 향한 욕구를 존중하는 동시에 그들로 하여금 올바른 선택을 하고 주어진 원칙을 따르게 해야 한다. 그러면 아이와 당신과 주변 사람들은 더욱 안락한 삶을 살 수 있을 것이다. 당신은 혼자만의 시간을 가질 권리가 있으며 아이들에게 스스로 즐거움을 찾을 수 있는 시간을 주어도 괜찮다. 낮잠 시간이라고 부르는 대신 '조용한 시간'이라고 불러 본다. 아이는 잠에 들지도 모르고, 들지 않을지도 모른다. 점심 식사 후 한 시간의 '조용한 시간'을 가지면서 당신의 시간을 갖는 동시에 아이가 방에서 조용히 놀 수 있게 해 준다. 이 시간 동안 아이가 자도록 강요하는 대신 타인의 시간을 존중해 달라고 부탁해 본다.

## ✌ 실전! 생활 속 긍정 훈육법

① 아이에게 아이가 피곤하다고 말하지 않는다(아이가 피곤해 보일지라도). 당신이 피곤하고 휴식이 필요하다는 사실을 인정한다.
② 아이에게 잠을 잘 필요는 없지만 침대나 방의 특정 공간에서 '조용한 시간'을 보내야 한다고 말해 준다. 이 시간 동안은 독서나 음악 감상같이 조용한 활동을 해야 한다고 말해 준다.
③ 제한된 선택권을 준다. "조용한 시간을 1시에 갖고 싶니, 아니면 1시 15분에 갖고 싶니?"라고 물어본다.
④ 부드러우나 단호한 태도로 행동에 임한다. '조용한 시간'이 끝나기 전에 아이가 움직이기 시작한다면 아이의 손을 잡고 침대로 데려간다. 아이가 당신이 말한 대로 행동한다는 사실을 깨달을 때까지 같은 행동을 수십 번씩 반복해야 할지도 모른다.

## ✌ 문제를 예방하는 좋은 습관 기르는 법

① 일과를 정하고 그대로 행동한다. '조용한 시간'이 시작되기 5분 전에 아이와 책을 읽거나 게임을 하는 시간을 갖는 것도 좋은 방법이다.
② 아이들은 자신이 직접 짠 일과표를 따르는 것을 좋아한다. 질문과 제한된 선택권을 제시하면서 아이가 '조용한 시간'을 활용할 수 있는 방법을 찾아본다.
③ '조용한 시간' 전에는 자극적인 활동보다는 조용하고 얌전한 활동을 하는 것이

좋다.

④ '조용한 시간'과 취침 시간은 달라야 한다. 아이가 '조용한 시간'에 가지고 놀 수 있는 인형을 따로 선택하거나 다른 방에서 다른 이불과 특별한 침낭을 사용할 수 있게 해 준다.

⑤ 아이에게 시디 플레이어를 사용하는 방법을 알려 준다. '조용한 시간'에 들을 음악을 아이가 직접 선택하고 스스로 음악을 틀 수 있게 해 준다.

## 🖐 아이들이 배울 수 있는 삶의 기술

아이들은 부모가 자신의 거절 또한 존중한다는 사실을 배운다. 아이들은 자신에게도 선택권이 주어지는 동시에 모두의 시간을 존중하는 일과표를 따라야 한다는 사실을 깨닫게 된다.

## 🖐 양육 포인트

① 모든 아이가 같은 양의 수면이 필요한 것은 아니다. 어떤 아이는 두 살이나 두 살 반이 되면 낮잠이 필요 없다. 반면 어떤 아이는 유치원에 갈 때까지 낮잠을 자야 한다.

② 아이가 울면서 분노를 표출하는 행동은 자존감을 손상시키지 않는다. 오히려 '나는 내 실망감을 감당할 수 없어.' '나는 어떤 허용 범위도 지킬 필요가 없어.' '나는 내가 원하는 것을 얻기 위해서 사람들을 조종할 수 있어.'라는 아이의 믿음이 아이의 자존감을 망가트린다.

## 훈 육 도 우 미

바바라(Barbara)와 데이비드 비요크룬드(David Björklund)는 『부모를 위한 훈육(In their Parents Book of Discipline)』에서 다음과 같은 예시를 들려준다.

"우리와 친분이 있는 한 엄마는 유치원생 아이가 형의 방에서 낮잠을 자게 해 준다. 어떤 할머니는 아이의 삼촌 것이었던 미키 마우스 침낭을 아직도 가지고 있다. 그녀의 손자는 원하는 방으로 침낭을 가지고 들어가 캠핑 분위기에서 낮잠을 잘 수 있다(이 아이는 집에서 절대 낮잠을 자지 않지만 할머니 집에서는 두세 시간 동안 낮잠을 잔다)."

# 50 부정적인 아이

제 아이가 너무 걱정되고 신경 쓰입니다. 아이는 어떤 것에도 만족하지 않아요. 얼마 전 아이가 직접 계획한 생일 파티가 있었습니다. 아이가 원하는 대로 게임기를 빌렸고 친구를 초대했지만 파티가 끝난 뒤 아이에게 재미있었냐고 물어봤더니 "음, 그런 것 같아요."라고 이야기하더군요. 긍정적인 목소리도 아니었어요. 아이는 항상 자신이 가지지 못하거나 하지 못했던 일에만 관심을 보입니다. 어떻게 해야 할까요?

## ✍ 당신 자신과 자녀 그리고 상황 이해하기

가진 것에 만족을 못하는 아이를 좋아하긴 어렵다. 만일 아이가 손해를 보고 있다고 생각하거나 친구들은 다 가지고 있는데 자기만 없다고 주장하며 친구들과 자신을 비교한다면 아이는 계속해서 당신의 가치관과는 다른 자기만의 기준을 따를 것이다. 아이들이 행복하지 않다면 당신이 잘못된 행동을 보여서 아이가 그것을 반영하는 것이 아닌가 하는 걱정이 들지도 모른다. 부모로서 당신은 아이가 행복하고 긍정적으로 행동하여 모든 사람과 함께 더불어 살아가길 원하겠지만 아무리 노력해도 원하는 대로 되지 않는다고 느낄 것이다. 부정적인 아이들은 부정적인 태도와 행동을 발달시켜 가족 내에서 자기만의 영역을 찾거나, 통제적인 부모에게 반항하거나, 그들을 항상 행복하게 만들려는 부모에게 반발한다.

## ❤️ 실전! 생활 속 긍정 훈육법

① 아이를 있는 그대로 받아들인다. 컵에 물이 반이나 남았다고 얘기하는 사람이 있는 반면 컵에 물이 반밖에 없다고 말하는 사람이 있다. 아이의 모습을 수용한다. 다른 사람들(형제자매, 친척, 다른 부모들)에게 아이에 대해 물어보고 섣불리 아이를 부정적인 아이라고 판단하지 않는다. 또한 아이들을 서로 비교하지 말아야 한다.

② 부정적인 성향을 가진 아이에게 "좋은 시간 보냈니?" "행복하니?" 같은 질문을 삼간다. 그 대신 유머감각을 사용한다. "1과 10 사이의 숫자로 점수를 매길 수 있다면 네 하루에 몇 점을 줄래?" 혹은 "네 손가락으로 네 옷이 얼마나 맘에 안 드는지 표현해 봐." 같은 질문을 해 본다.

③ 아이의 실망감에 대해서 듣고 싶지만 좋은 감정에 대해서도 듣고 싶다고 말해 본다.

④ 아이가 불만을 표한다면 아무 말 없이 들어준다. 문제를 해결하려고도 하지 않는다. 부모가 반응을 보이지 않으면 아이는 부정적인 태도가 도움이 되지 않는다는 사실을 깨달을 수 있다.

⑤ 아이의 부정적인 태도에 부정적으로 반응하지 않도록 주의한다. 부정적인 반응 대신 긍정적인 태도를 잃지 않도록 한다. 아이의 부정적인 태도를 이해하되 언젠가는 나아질 거라는 믿음을 가진다.

⑥ 아이를 따라 하거나 비꼬는 태도는 삼간다. "투정이 또 시작됐네." 같은 표현은 도움이 되지 않는다.

⑦ 아이가 자신의 문제를 타인의 잘못으로 돌린다면 경청한 뒤 "그건 그녀가 잘못한 부분이야. 네가 잘못한 부분이 뭘까? 이 상황에서 문제를 해결하는 데 내 도움이 필요한 거니 아니면 그냥 어떤 기분인지 말하고 싶었던 거니?"라고 물어본다.

# ❧ 문제를 예방하는 좋은 습관 기르는 법

① 아이가 스스로 성취감을 느낄 수 있게 도와준다. 아이가 원하는 것을 사기 위해 저축하는 습관을 갖게 하거나, 심심할 때 할 수 있는 활동에 대한 목록이나 감사한 일에 대한 리스트를 작성하도록 지도한다.

② 아이가 "나는 _____ 때문에 _____ 기분이 들어요. _____면 좋겠어요." 공식을 사용해서 감정을 표현할 수 있게 지도해 준다.

③ 매일매일 아이와 특별한 시간을 가져 아이가 불평을 표하는 대신 당신의 관심을 받을 수 있게 해 준다.

④ 아이의 말에 진심으로 귀 기울여 준다. 아이에게 심각한 문제가 있지만 당신이 그 문제를 심각하게 받아들이고 있지 않은지도 모른다.

⑤ 아이에게 긍정적인 형제자매가 있다면 아이의 부정적인 태도는 형제자매 간 경쟁의 결과일지도 모른다('형제자매 간 경쟁' 참조).

⑥ 때로는 아이의 말에 공감하고 "어떻게 하면 그 악당을 물리칠 수 있을까?"라고 장난스럽게 말하는 것도 도움이 된다. 당신의 지지를 받고 있다는 것만으로도 아이에게는 큰 힘이 된다.


# ❧ 아이들이 배울 수 있는 삶의 기술

아이들은 삶에도 기복이 있다는 사실과 스스로 인생을 개척해 나가야 할 의무와 능력이 있다는 사실을 깨달을 것이다. 아이들은 우주가 자신을 중심으로 돌아가지 않는다는 사실 또한 깨닫게 된다.

## 🖐 양육 포인트

① 아이의 행동을 고치거나 꾸짖는 대신 아이를 격려해 준다. 그러면 모두가 행복해
   질 수 있다.
② 당신의 인생을 즐겨라. 자기만의 시간을 갖고 아이를 위해서 할 일과 아이와 함께
   할 일 사이에 정확한 선을 정한다. 아이가 당신도 당신 자신과 타인을 위해서 해야
   할 일이 있다는 것을 알게 해 준다. 아이가 이 사실을 불편하게 받아들인다면 고치
   려고 노력하는 대신 아이가 감정을 깨닫게 해 준다.

### 훈 육 도 우 미

민재는 엄마가 자신보다 형을 더 좋아하고 형은 항상 원하는 것을 얻는다고 생각했다. 아
무리 달래고 설명해도 민재의 생각은 좀처럼 바뀌지 않았다. 그가 가족 그림을 그렸을 때
형의 머리 위에는 광륜을 그렸지만 자신의 머리에는 뿔을 그렸다. 엄마는 민재의 태도가 걱
정이 되면서도 끊이지 않는 불평 때문에 어려움을 겪고 있었다.

어느 날 엄마는 민재와 단 둘이 점심을 먹으면서 심각한 고민이 있고 민재의 도움이 필
요하다고 말했다. 놀랍게도 엄마는 "네 형에 대해서 어떻게 해야 할지 모르겠어. 항상 착한
척을 하는데 정말 미치겠구나. 네 형이 계속 도와주겠다고 하는 것도 지긋지긋해. 좋은 생각
있니?"라고 말하였다.

민재는 충격을 받고 잠시 아무 말도 하지 못하였다. 결국 그는 "저도 형에게 화가 나 있
기 때문에 엄마가 어떻게 해야 할지 모르겠어요. 전 엄마가 형만 좋아하는 줄 알고 있었거
든요."라고 대답했다.

그러자 엄마는 "민재야, 이 문제를 해결하기 위해서는 좀 더 생각을 해 봐야겠구나. 이야
기를 들어줘서 고마워. 후식은 뭘 먹을까?"라고 말했다.

그들이 집에 왔을 때 민재의 기분은 한결 가벼워졌다. 그의 부정적인 태도가 완벽하게 없어진 건 아니지만 엄마는 긍정적인 순간을 더 자주 느끼게 되었다. 민재는 형이 착한 행동을 하려 할 때마다 엄마에게 윙크를 날리기도 했다.

# 51 "싫어요!"

▶ '부모 말을 따르지 않는 아이'와 '미운 세 살' 참조

세 살 된 제 아이는 언제나 싫다고 대답합니다. 제가 상냥하게 물어보든 소리를 지르든 싫다고 말하지요. 심지어 읽고 싶은 동화책을 고르라고 했을 때도 싫다고 대답했어요. 미운 세 살이라고 하지만 이건 좀 심한 것 같아요.

## 👆 당신 자신과 자녀 그리고 상황 이해하기

많은 경우 부모들은 협력의 의미를 "내가 말하는 대로 해!"라고 착각하고 있다. 아이가 싫다고 말하거나 당신이 시킨 일을 거부한다고 아이가 협조적이지 않은 것이 아니다. 때로 어린아이에게 "싫어요."라는 말은 짧고, 직접적이고, 재미있는 단어다. 아이의 "싫어요."는 싫다는 뜻이 아닐 수도 있으니 이 문제를 힘겨루기로 이어가지 않는다. 아이는 정상적인 개성화 과정을 겪고 있는지도 모른다. 아이는 한 사람의 개인으로 거듭나기 위해 당신에게서 분리되려는 노력을 하고 있거나 자기만의 의견을 갖는 연습을 하고 있는 것이다. 아이의 독립심을 무시하는 대신 당신의 아이에 대해 더 배우려는 자세를 취한다. 아이의 독립심이 과도한 통제와 체벌에 의해 방해받는다면 아이는 자신을 의심하고 수치심을 느낄 것이다. 당신의 훈육 태도에 따라 아이는 친구를 괴롭히는 아이가 될 수도 있고 자신만의 개성을 가진 독립적인 아이로 성장할 수도 있다. 아이의 개성화 과정을 지지하는 동시에 안전하고 존중적인 선을 지켜 아이와의 힘겨루기를 삼가야 한다.

## 🐰 실전! 생활 속 긍정 훈육법

① 싫다는 말을 무시한다. 가능하다면 아이가 있는 공간을 떠난다. 행동이 필요하다면 아무 말도 하지 말고 행동한다. 예를 들어, 취침 시간이라면 아이의 손을 잡고 침대로 데려가는 것이다.

② 좋거나 싫다고 대답할 수 없는 선택권을 준다. "노란색 잠옷을 입을래, 파란색 잠옷을 입을래?" "긴 동화책을 읽을래, 짧은 동화책을 읽을래?" 같은 제한된 선택권을 준다. 좋거나 싫다고 대답할 수 있는 질문 대신 시간 단어를 활용해 본다. "먼저 _____하고 _____을(를) 하자." 혹은 "얼마나 빨리 자동차에 탈 수 있을까?"라고 말해 본다.

③ 아이에게 도움을 요청하고 아이가 결정을 내리게 하여 아이에게 힘을 준다. "방을 치우는 데 도움이 필요해. 어떤 일을 네가 하고 어떤 일을 엄마가 했으면 좋겠어?" 같은 질문을 해 본다.

④ 주제를 바꾸는 것도 도움이 될 수 있다. 새로운 주제를 제시하거나 새로운 활동으로 주의를 돌려 본다.

⑤ 아이의 감정에 귀 기울이고 아이가 무엇을 느끼고 있는지 파악한다. "집에 들어와야 해서 화가 났구나. 계속 밖에서 놀고 싶은데 말이야. 엄마도 그러면 좋겠지만 저녁을 먹을 시간이야. 식탁을 정리하러 가자."라고 말해 본다.

⑥ 축하해 준다. "우와! 네가 스스로 생각하고 너에게 중요한 것이 무엇인지 깨닫기 시작했구나."라고 말해 본다. 세 살짜리 아이는 당신의 말을 이해하지 못할지도 모르지만 아이는 독립심을 기르는 것이 얼마나 중요한지를 깨달을 것이다.

## ✌ 문제를 예방하는 좋은 습관 기르는 법

① 아이의 나이에 맞는 행동에 대해 먼저 배워라. 그리고 아이가 아직 발달적으로 가능하지 않은 일을 하길 바라지 마라. 이러한 지식을 통해서 당신은 부드러우나 단호한 훈육 방법을 사용하는 것이 얼마나 중요한지 깨닫게 되고 아이에게 반항이 아닌 협동심을 불러일으키는 삶의 기술을 가르칠 수 있을 것이다.

② 요구하는 대신 선택권을 준다. "이제 집에 가기 위해 차를 탈 시간이야. 엄마 자동차 열쇠 좀 꺼내줄래? 아니면 엄마 지갑을 찾아줄래?" "잠자리에 들 시간이야. 우리의 취침 전 일과표에 적혀 있는 다음 일과가 뭐지?"라고 물어본다. 아이가 결정을 내릴 수 있는 기회와 선택권을 주어 아이가 자신의 능력과 중요성을 깨닫게 해 준다.

③ 당신이 안 된다거나 싫다는 표현을 자주 사용하고 있진 않은지 확인해 본다. 아이가 질문을 하거나 요청을 할 때마다 생각 없이 "안 돼."라고 말하고 있진 않은가? 어린아이가 만져선 안 되는 물건을 만질 때마다 "안 돼."라고 말하고 있진 않은가? 많은 부모가 자신은 끊임없이 안 된다는 말을 하면서 아이가 싫다고 말하는 것은 이해하지 못한다. 어린아이에게는 안 된다고 말하는 대신 아이의 시선을 그들이 할 수 있는 일로 돌려놓는 방법을 사용한다. 나이가 더 많은 아이에게는 당신이 좋다고 대답할 수 있는 방법을 찾아본다. 예를 들어, 아이가 "엄마가 말하는 대로 하고 싶지 않아요."라고 말한다면 "좋아, 나도 네 맘을 이해해. 가족회의 때 이야기해 볼 수 있게 계획표에 적거나 네가 하고 싶은 게 있다면 엄마가 한 번 생각해 볼 수 있게 말해 주겠니?"라고 말해 본다.

④ 유치원생 아이들은 그저 그 단어가 좋기 때문에 "싫어요."라고 말하는 경우가 많다. 만일 당신이 이 모습이 귀엽지 않다면 좋거나 싫다고 대답할 수 있는 질문을 하지 않는다.

⑤ 절대 아이를 '못된 아이'나 '나쁜 아이'라고 부르지 않는다. 아이들은 때론 용납하

기 어려운 행동을 하지만 나쁜 아이는 아니다.

⑥ 아이가 당신의 말을 실제로 얼마나 이해하는지에 대해 과소평가하지 않는다. 아이에게 무언가를 설명하고 아이가 얼마나 이해했는지 지켜본다. 아이가 CD 플레이어를 험하게 다룬다면, "네가 버튼을 가지고 장난치면 CD 플레이어가 고장 날지도 몰라. 노래를 듣고 싶을 땐 엄마를 불러. 함께 틀어 보자."라고 말해 본다.

## 🖐 아이들이 배울 수 있는 삶의 기술

아이들은 부모가 자신을 한 사람의 개인으로서 존중하고 그들이 감당할 수 있는 독립심을 주려고 노력한다는 사실을 깨닫게 된다. 또한 부모가 자신을 무조건 통제하려는 대신 여러 활동에 참여시키고 가르침이 필요할 때마다 자신 곁에 있다는 사실을 깨닫게 된다.

## 🖐 양육 포인트

① 아이들이 독립심을 찾는 과정을 귀엽다고 생각한다. 당신은 아이의 행동에 좀 더 부드럽게 반응할 수 있을 것이고 아이와의 힘겨루기를 막을 수 있다. 이 과정은 아이의 성장에 필요하다. 개성화 과정을 거치지 않은 아이는 타인의 허락에 의존하는 어른이 될 것이다.

② 아이의 "싫어요."를 너무 곧이곧대로 받아들여 힘겨루기로 이어가지 않는다. 아이는 별 의미 없이 한 말일 수도 있다. 무슨 질문이든 싫다고 대답하는 아이도 있기 때문에 단어의 상황적인 의미도 생각해 볼 필요가 있다.

## 훈 육  도 우 미

윤주 씨는 개별화 과정에 대한 정보를 접한 후 마음이 한결 가벼워졌다. 그녀는 아들과 고된 힘겨루기를 하고 있었기 때문이다. 그녀는 아이가 그녀에게 집중하고 그녀가 시키는 일을 하게 만드는 것이 자신의 역할이라고 생각했다. 하지만 그녀가 "넌 그렇게 해야 해."라고 말할 때마다 아이는 "싫어요. 안 해요."라고 말했다.

그녀는 유머감각을 사용하기 시작했다. 다음날 아이가 싫다고 했을 때 그녀는 아이를 꼭 껴안고 "싫다는 말이 무슨 뜻이니? 좋다고 할 때까지 간지럼을 태울 거야."라고 말했다. 곧 그들은 웃고 있었고 힘겨루기는 끝난 것 같았다.

그 이후에 아이가 싫다고 답하면 그녀는 "사실 그 말을 하고 싶었어."라고 말하며 "싫어요. 싫어요. 천 번은 싫어요."라는 노래를 불렀다. 힘겨루기는 다시 한 번 끝났고 그녀는 다정하게 아이가 해야 할 일로 이끌었다.

# 52 부모 말을 따르지 않는 아이

제 아이는 제 말을 따르지 않습니다. 버릇없는 아이로 키우고 있는 게 아닌지 걱정되지만 제가 매를 들수록 아이는 더 제 말을 따르지 않습니다.

## ☝ 당신 자신과 자녀 그리고 상황 이해하기

아이들의 순종에 대해 생각할 때는 장기간 목표를 생각하는 것이 중요하다. 현대사회에서 아이에게 부모 말을 따르라고 가르치는 것은 위험한 행위일 수 있다. 순종적인 아이는 타인의 허락에 의존하는 사람으로 자랄 수 있고 그들을 통제하는 사람들의 말에 복종하게 될 수 있다. 그들을 통제하는 사람은 부모에서 시작되어 주변 사람들, 회사 상사 혹은 폭력적인 남편/아내가 될 수 있다. 자신의 능력을 인정받고 싶은 아이들은 반항적으로 변하기도 한다. 이 사실을 모르는 부모들은 더 강하게 순종을 요구하고 이는 힘겨루기로 이어진다. 이런 상황에서는 아이에게 협동심, 문제해결 능력 및 자신과 타인에 대한 존중을 가르치는 것이 중요하다. 학자들은 매는 때리거나 체벌하는 물건이 아닌 지도하는 물건이라고 말한다. 아이들은 지도가 필요하지 체벌이 필요한 것이 아니다.

## ✌ 실전! 생활 속 긍정 훈육법

① 두 살에서 네 살 사이의 아이에게는 이 책
에서 제시한 여러 훈육법을 사용해 본
다. 말한 대로 실행하기, 호기심 질
문하기, 긍정적인 타임아웃, 훈련
시간 갖기, 책임감, 협동심과 기여의
가치를 가르쳐 주기 위해 나이에 맞는
일 시키기 등의 방법을 사용해 본다.

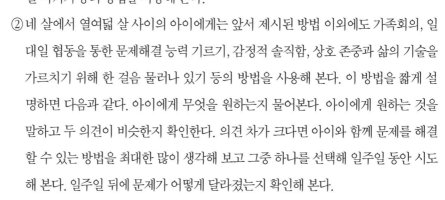

② 네 살에서 열여덟 살 사이의 아이에게는 앞서 제시된 방법 이외에도 가족회의, 일
대일 협동을 통한 문제해결 능력 기르기, 감정적 솔직함, 상호 존중과 삶의 기술을
가르치기 위해 한 걸음 물러나 있기 등의 방법을 사용해 본다. 이 방법을 짧게 설
명하면 다음과 같다. 아이에게 무엇을 원하는지 물어본다. 아이에게 원하는 것을
말하고 두 의견이 비슷한지 확인한다. 의견 차가 크다면 아이와 함께 문제를 해결
할 수 있는 방법을 최대한 많이 생각해 보고 그중 하나를 선택해 일주일 동안 시도
해 본다. 일주일 뒤에 문제가 어떻게 달라졌는지 확인해 본다.


## ✌ 문제를 예방하는 좋은 습관 기르는 법

① 아이가 바깥세상에서 마주칠 수 있는 여러 규칙에 대처하는 방법을 배우도록 도와
준다. 타당하고 이로운 것을 받아들이고 부적절하고 무례한 것을 정중한 태도로
바꾸려고 노력하도록 가르쳐 준다. 순종과 반항 그리고 변화의 기회와 결과를 관
찰할 수 있는 저녁 식사 시간이나 가족회의 시간에 이러한 교육을 할 수 있다.

② 무조건 순종할 것을 요구하지 않는다고 관대한 부모가 되는 것은 아니다. 상황에

따라서 함께 문제를 해결해야 할 때가 있고 대화 대신 행동을 취해야 할 때가 있다. 사전에 무엇을 할 것인지 생각하고 위엄 있으면서도 존중을 담아 행동한다. 만일 아이가 차도로 달려간다면 아이의 손을 잡고 기다린다. 그리고 "엄마 옆에 가만히 있을 준비가 되면 놓아줄게."라고 말한다. 만일 아이가 마트에서 뛰어다닌다면 차로 데려가거나 벤치에 앉아 아이가 얌전히 행동할 준비가 될 때까지 조용히 앉아 있는다(물론 아이에게 사전에 이런 일이 있을 때에 당신이 어떤 행동을 할지 말해 주어야 한다). 모든 행동은 부드럽지만 단호하게 진행되어야 한다. 잔소리와 모욕감을 주는 행동은 삼간다.

## 🖐 아이들이 배울 수 있는 삶의 기술

아이들은 자제력, 책임감, 협동심, 문제해결 능력을 배우는 동시에 자신과 타인을 존중하는 방법을 배울 것이다.

## 🖐 양육 포인트

① 과거에는 순종이 살아남기 위해 필요한 기술 중 하나였는지도 모른다. 하지만 현대사회에서 성공하고 행복하기 위해서는 개인의 내적 통제와 좋은 인성을 위한 삶의 기술이 필요하다.
② 아이에게 순종을 가르치기 위해 체벌과 상을 사용한다면 아이는 부모가 있을 때만 순종해야 한다고 생각하게 된다. 그러면 착한 행동을 하는 아이에게 상을 주고 나쁜 행동을 하는 아이에게 벌을 주는 것은 부모의 책임이 되는 것이다. 하지만 부모가 없을 땐 어떤 일이 벌어질까?
③ 체벌이 문제를 순간적으로 해결할 때 부모는 아이가 순종을 배웠다고 착각한다.

하지만 체벌을 통해 아이가 배우는 것은 부모가 생각하는 것과는 정반대다. 아이는 벌을 받으면 다음 다섯 가지 중 하나를 결정한다.

- 분노: "이건 공평하지 않아. 어른들을 믿을 수가 없어."
- 복수심: "이번엔 엄마가 이겼지만 다음번엔 내가 이기고 말 거야."
- 반항심: "엄마, 아빠가 원하는 대로 하지 않아도 된다는 걸 보여 주기 위해 뭐든지 반대로 행동할 거야."
- 교활함: "다음번에는 절대 들키지 말아야지."
- 자존감 감소: "나는 나쁜 사람이고 스스로 생각할 수 없어. 엄마, 아빠가 시키는 대로 하지 않으면 나는 사랑 받을 수 없는 쓸모없는 사람이야."

## 훈 육  도 우 미

당신의 부모님 세대 때는 많은 순종의 사례가 있었다. 아빠는 직장을 잃지 않기 위해 상사의 말을 따랐고 엄마가 아빠의 말에 순종하는 것은 사회적으로 일반적인 행동이었다. 소수 집단은 대부분의 경우 순종적인 역할을 맡았다. 그리고 아이들은 이러한 모습을 보며 자라왔다.

하지만 요즘 아이들은 순종의 사례를 쉽게 접하지 못한다. 오늘날 소수 집단들은 권리와 평등을 외치며 사회의 존중을 요구한다. 많은 여성이 양성평등을 지지한다. 남성 또한 맞벌이를 통해 경제적 부담을 여성과 나누고 싶어 한다. 여성만큼이나 남성도 우위에 있고 싶어 하기 때문에 그들의 역할과 권리를 주장한다. 루돌프 드레이커(Rudolf Dreikurs)는 이에 대해 "아빠가 엄마를 통제하지 못하면 부모는 아이들을 통제할 수 없게 된다."라고 말했다. 아이들은 그들에게 비추어지는 예시들을 따르는 것이다. 그렇기 때문에 이제는 아이에게 순종보다는 책임감과 도덕관념을 가르치는 것이 더 중요하다.

심리학자 롤로 메이(Rollo May)는 "궁극적으로 미국은 자유의 여신상과 견줄 만한 책임감의 여신상을 세워 하나가 없이는 다른 하나도 가질 수 없다는 사실을 사람들에게 상기시켜 주어야 할 것이다."라고 말하였다.

# 비만

요즘 아동 비만이 심각한 문제가 되고 있다고 들었습니다. 제 아이들은 비만은 아니지만 지금부터 비만에 대비해야 하는지 궁금합니다.

## 👆 당신 자신과 자녀 그리고 상황 이해하기

세계보건기구에 의하면 비만은 예방 가능한 증상 중 하나이지만 전 세계 3억 명의 사람이 비만이라고 한다. 미국에서는 6살 이상 아동 중 900만 명이 비만이라고 한다. 이 아이들은 단순히 평균에 비해 체중이 조금 더 나가는 것이 아니라 비정상적으로 많은 양의 지방을 가지고 있는 것이다. 그들은 소비하는 것보다 훨씬 많은 양의 열량을 섭취한다.

당신의 아이가 비만의 위험에 노출되었다면 걱정을 해야 한다. 아이의 비만 가능성을 어떻게 예측할 수 있을까? 아이의 체중에 상관없이 다음 질문에 답해 본다. 아이가 앉아 있는 시간이 많은가? 지방, 설탕과 소금 양이 높은 패스트푸드와 간식을 자주 먹는가? 탄산음료나 당도가 높은 음료를 자주 마시는가? 만일 모두 그렇다면 아이는 심각한 건강 문제를 겪을 수 있다. 뼈에 무리가 가고, 뼈가 잘 부러지며, 호흡에 문제가 생기고, 수면무호흡증을 겪거나, 높은 혈압·콜레스테롤 수치, 간 질환과 당뇨로 고생하게 될지도 모른다. 비만인 아이들은 사회적·감정적 문제 또한 경험한다.

비만은 유전적이나 신체적 요인보다 환경적인 요인 탓에 일어난다. 활동량을 높이고, 건강한 식사 습관을 기르고, 건강에 대한 정보를 얻으면 아동 비만을 해결할 수 있다.

## 🐰 실전! 생활 속 긍정 훈육법

① 아이가 탄산음료나 사탕을 달라고 조른다면 안 된다고 말한다. 부드럽지만 단호하게 말해야 한다. "너는 먹을 수 없는 사탕을 다른 아이들이 먹고 있으니까 속상하겠구나."라고 말하면서 아이의 감정을 확인한다.

② 일주일에 한 번(예를 들어, 화요일)은 군것질을 할 수 있게 허락해 주었는데 아이가 다른 요일에 군것질을 하고 싶다고 이야기한다면 "우리가 군것질을 해도 되는 날이 언제라고 했지?"라고 말한다. 아이가 계속 조른다면 아무 말 없이 아이의 말을 들어준다.

③ 시간을 정해서 군것질을 하고 싶어 하는 아이에게 안 되는 이유를 설명해 준다. 인터넷을 검색하여 정보를 찾아 당신의 설명에 신뢰성을 더한다.

## 🐰 문제를 예방하는 좋은 습관 기르는 법

① 아이에게 영양소와 음식 안에 들어 있는 지방, 설탕 및 소금에 대한 정보를 알려 준다. 식품 포장지에 적혀 있는 영양성분표를 읽는 방법을 가르쳐 준다.

② 건강한 식단을 짤 수 있게 도움을 주는 잡지나 요리책을 산다. 일주일에 한 번 정도는 건강한 조리법으로 아이와 함께 요리해 본다.

③ 아이와 함께 자전거 타기, 등산, 수영, 공놀이 등의 운동을 하는 시간을 가져본다.

④ 텔레비전을 끄고 컴퓨터 사용 시간을 제한한다.

⑤ 아이의 급식에 관심을 가져본다. 건강한 식사가 제공되고 있는지 확인해 본다.

⑥ 아이에게 주는 음식의 양을 조절해 본다.

⑦ 아이가 그릇에 담긴 음식을 모두 먹도록 강요하지 않는다.

⑧ 음식을 체벌이나 포상의 용도로 사용하지 않는다.

⑨ 가능할 때마다 텔레비전 앞이 아닌 식탁에서 가족과 함께 식사를 한다. 식탁을 정리하고, 상을 차리고 하루에 대한 이야기나 시사 문제에 관해서 대화를 나누어 본다. 누가 얼마나 먹거나 먹지 않는지에 대한 이야기는 삼간다.

⑩ 탄산음료나 당도 높은 음료를 사지 않는다. 대신 냉장고를 과일과 물로 채워 넣는다. 식사 시간마다 물을 꺼내 놓으면 아이가 물을 자주 마시게 할 수 있다. 물 대신 차를 마시는 것도 좋은 방법이다. 대부분의 주스는 당도가 매우 높기 때문에 하루에 두 잔 이상은 마시지 못하게 한다.

⑪ 신선한 과일과 채소, 지방이 적은 고기를 먹게 한다. 방과 후 아이가 간식을 찾을 때 먹을 수 있도록 채소를 잘라 꺼내 놓는다.

⑫ 아이가 학원 때문에 식사를 밖에서 해결해야 한다면 아이 스스로 도시락을 쌀 수 있게 지도한다. 아침에 만드는 대신 저녁에 만들어 놓는다. 장을 볼 때 아이가 자신의 도시락에 들어갈 간식을 고를 수 있게 해 준다. 간식은 저지방 요구르트와 과일같이 지방 함량이 낮은 것이어야 한다.

⑬ 일주일에 하루는 아이가 원하는 간식을 적당히 먹을 수 있도록 허락해 준다.

⑭ 열량과 지방 함량이 높은 인스턴트 음식을 사는 대신 아이와 함께 요리하고 식사하는 시간을 갖는다. 외식은 일주일에 한 번 정도로 제한한다.

⑮ 운전하는 대신 걷는다. 엘리베이터를 타는 대신 계단을 이용한다. 먹는 양은 반으로 줄이고 활동량은 두 배로 늘린다.

⑯ 아이가 심심하다고 말한다면 밖으로 내보낸다. 스포츠 교실에 보내는 것도 좋다. 집 근처 스포츠 센터 프로그램을 확인해 본다.

## 🖐 아이들이 배울 수 있는 삶의 기술

아이들은 몸에 대한 책임감을 느끼게 되고 건강한 식단과 활동적인 생활 습관의 중요성을 깨닫는다. 또한 가족과 함께 장을 보고 요리하고 식사하는 것을 즐겁게 받아들이게 된다. 아이들은 가족과 함께하는 시간의 가치를 느끼게 된다.

## 🖐 양육 포인트

① 아이의 식사와 활동을 관리하는 당신은 아이의 미래 건강에 대한 큰 책임이 있다. 패스트푸드, 인스턴트 음식과 비활동적인 생활 습관이 가져다주는 순간적인 편안함에 만족하는 대신 미래를 생각해야 한다.

② 도움이 필요하면 요리 수업, 스포츠 교실, 다이어트 프로그램의 도움을 받기를 권한다.

③ 비만을 약으로 해결하려 하지 않는다. 당신과 아이를 도와줄 수 있는 많은 자료가 존재한다. 그것들을 사용한다.

④ 아이의 현재 식습관이 평생을 갈 수 있다. 아이가 건강하게 살아갈 수 있도록 지금 아이의 식습관을 바로잡아 준다.

한 엄마는 "제 아이는 감자칩 이외에는 아무것도 먹지 않아요."라며 불만을 토로했다. 부모교육 강사는 "아이는 어디서 감자칩을 얻나요?"라고 물어보았고 그녀는 "아이가 그것밖에 먹질 않으니까 제가 사 주죠."라고 설명하였다.

우리는 이 상황에서 무엇이 잘못되었는지 알 수 있다.

우영이 가족은 매주 일요일 오후 함께 모여 일주일 동안의 메뉴를 함께 정하였다. 가족 구성원 모두가 메뉴를 제안하였고 아빠는 이것을 화이트보드에 적었다. 예를 들어, 아빠는 일요일 저녁 메뉴를 그가 제일 잘하는 등갈비 요리로 정했다. 월요일에는 피자를 시켜먹기로 정했다. 엄마는 화요일에 닭 요리를 하겠다고 적었고 우영이는 수요일에 핫도그를 만들겠다고 제안했다. 연아는 목요일에 참치 김밥을 만들겠다고 했다. 가족은 금요일을 '남은 음식 먹는 날'로 정하였고 토요일은 외식의 날로 결정했다. 메뉴가 정해지자 엄마는 음식을 만드는 데 필요한 재료를 적어 몇 번씩 장을 보러 가는 수고를 줄였다.

엄마가 사야 할 재료를 다 적은 뒤 가족은 한자리에 다시 모였다. 그들은 사야 할 물건들을 다 적었는지 다시 한 번 확인하였다. 그들은 장을 보기 위해 집을 나서기 전 타이머를 정해 놓고 한 시간 안에 장을 다 보자고 의견을 모았다.

우영이 가족은 마트로 향했다. 그들은 도착하자마자 카트를 끌고 각자 다른 방향으로 흩어졌다. 20분 뒤 그들은 계산대에서 만나 가지고 온 재료들을 계산했다. 차가 집에 도착했을 땐 함께 짐을 옮기고 재료를 정리하였다. 숨 가쁜 일정을 끝내고 그들은 타이머를 확인했다. 시도해 보기 전에는 이것이 불가능한 일처럼 보일 수도 있다. 우영이 가족은 장을 보는 일을 재미있는 활동으로 변화시켰고 아이들의 친구들도 이 활동에 동참하길 원했다.

54 과잉보호

저는 제 아이만큼은 제가 자라면서 겪었던 고통을 느끼지 않고 항상 행복하길 바랍니다. 하지만 남편은 제가 아이를 버릇없이 키우고 있다고 생각합니다. 저는 그저 제 아이를 사랑하고 행복하게 해 주고 싶을 뿐인데 그게 잘못된 건가요?

## 👆 당신 자신과 자녀 그리고 상황 이해하기

저명한 연설가인 투티 바이어드(Tootie Byrd)는 "아동발달의 네 가지 단계는 '들어 준다' '안아 준다' '내려 준다' '보내 준다'이다."라고 말했다. 지나치게 간소화된 표현이라고 생각할 수 있지만 부모의 궁극적인 목표는 아이를 성공적인 삶을 살아가는 독립적인 어른으로 양육하는 것이다. 아이를 과잉보호하면 아이는 행복하고 성공적인 삶을 사는 어른으로 성장할 수 없다. 아이들은 인생의 굴곡을 이겨 내기 위해서 실망감을 견뎌낼 기회가 필요하다. 아이의 일거수일투족에 간섭한다면 아이는 실수에서 배울 수 있는 기회와 용기를 잃게 된다. 과잉보호를 받은 아이는 타인이 자신의 건강과 복지를 책임져야 한다고 생각하는 이기적인 어른으로 자라날 수도 있다.

# 🖐 실전! 생활 속 긍정 훈육법

①간섭하기 전에 아이의 행동을 먼저 관찰한다. 적당히 거리를 두고 지켜보되 아무 말도 해선 안 된다. 많은 경우 아이는 당신의 도움 없이도 문제를 해결할 것이다. 큰 아이의 경우 잠시 기다렸다가 "도와줄까?"라고 물어본다. 도움을 줄 때에도 무언가를 해 주는 대신 아이가 스스로 할 수 있는 일이 무엇인지 함께 생각해 본다.

②격려는 칭찬과 다른 것이다. 아이를 착한 아이라고 칭하는 대신 아이의 행동에 집중한다. "강아지 산책을 도와줘서 고마워. 강아지도 네가 목줄을 잡아 주는 걸 더 좋아하는 것 같아." 혹은 "네 식사를 스스로 준비할 줄 아는 아이로구나."라고 말하며 격려해 준다.

③아이가 감정을 느끼게 허락해 주고 아이의 감정에 이름을 붙여 본다. 아이가 짜증을 내도 괜찮다. 짜증이 건강을 해치지는 않으니까. 아이가 퍼즐 때문에 짜증이 났다면 "퍼즐 조각 때문에 짜증이 났구나. 네가 원하는 곳에 맞으면 좋겠는데 말이야. 조각을 돌려보면서 맞는지 확인해 보는 건 어떠니?"라고 말해 본다. 아이가 친구한테 거절을 당해서 상처를 받았다면 아이를 꼭 안아 주고 아이가 곧 슬픔에서 헤어날 거라는 믿음을 가진다.

④아이가 당신을 도와 집안일을 할 수 있도록 집안 곳곳에 빗자루, 의자 등 작은 도구를 놔둔다.

⑤아이에게 정해진 날에 용돈을 주고 아이가 돈을 다 썼다 해도 돈을 더 주거나 아이가 원하는 것을 사 주지 않는다. 대신 "돈이 모자라다니 참 안됐구나. 다음 용돈 받는 날이 너무 멀게 느껴질 거야. 하지만 난 네가 기다릴 수 있다고 믿어."라고 말한다('용돈' 참조).

⑥아이를 위해 해 줄 수 있는 일을 제한하고 그 이상은 해 주지 않는다. 빨래 바구니에 들어 있지 않은 옷은 빨지 않고 들고 가지 않은 도시락은 가져다주지 않아도 괜찮다.

# ❦ 문제를 예방하는 좋은 습관 기르는 법

① 모든 가족 구성원이 집안일에 참여할 수 있도록 시간표를 만들어 본다. 아이에게 숙제가 있다고 해서 미안해할 필요는 없다. 믿음을 가지고 그들이 스스로 시간을 관리해서 맡은 일을 하거나 다른 사람과 바꿀 수 있게 한다. 아이가 할 수 있는데도 "전 못해요."라고 말한다면 "난 네가 할 수 있다고 믿어."라고 말한다. 만일 아이가 할 수 없을 것 같다고 판단되면 "그럼 오늘 말고 내일 하자."라고 말한다(아이가 해야 할 일을 대신 해 주지 말고 내일까지 기다린다).

② 아이와 주고받는 관계를 형성해야 한다. 아이가 자신을 도울 수 있게 도움을 준다.

③ 아이가 새로운 활동을 시도해 볼 수 있는 기회를 준다. 아이가 그만하겠다는 결정을 내리기 전에 세 번에서 네 번 정도의 기회를 더 준다. 두려워하는 것은 괜찮지만 시도조차 하지 않는 것은 좋지 않다.

④ 막내 아이가 가족 구성원 중 가장 어리다는 이유만으로 연약하고 무능력하다고 생각하지 않는다. 많은 경우, 집안에서 아기 취급을 받는 막내 아이는 많은 기회를 놓치게 된다.

⑤ 더 큰 고통을 겪고 싶지 않다면 현재의 고통을 감수한다. 아이의 울음과 애원은 그들보다 당신의 가슴을 더 아프게 할 것이다. 아이를 감싸는 것이 아이에게 도움이 되지 않는다고 확신한다면 부드럽지만 단호하게 거절한다.


# ❦ 아이들이 배울 수 있는 삶의 기술

아이들은 자신이 강하고 유능하다는 사실을 깨닫는다. 그리고 첫 시도는 어렵지만 시간이 지날수록 쉬워진다는 사실을 알게 된다. 아이들은 당신이 자신을 응원하고 지도하기 위해 자신의 곁에 있지만 자신의 신하는 아니라는 것을 배운다. 또한 아이들은 스트레스와 성취를 통해 시간을 관리하는 방법을 배우고, 피해의식 대신 용기를 갖고 행동에 임하게 된다.

## 🖐 양육 포인트

① 아이가 당신을 필요로 하길 바라는 마음은 이해하지만 아이에게 강해지고 스스로 문제를 해결할 수 있는 기회를 준다. 당신은 여전히 아이에게 충분한 도움을 줄 수 있을 것이다.
② 아이가 당신의 도움 없이도 일을 해결할 수 있다는 것을 보여 주었다면 아이의 소원을 들어주어도 괜찮다.
③ 아이가 실수로부터 배울 수 있다고 믿어라. 아이가 경험을 바탕으로 행동을 고쳐 가는 모습을 지켜본다.

### 훈 육   도 우 미

마이크 브록은 공인된 긍정적 훈육 강사며 『유능한 학생을 만드는 일곱 가지 방법』 공저자입니다. 다음은 그의 회보에 포함되었던 내용이며 모든 부모가 사용할 수 있는 방법이라고 생각합니다. 마이크 브록은 이것을 '구출 포기 계약서'라고 부릅니다.

• 부모의 궁극적인 목표는 뿌리와 날개를 제공해 주는 것입니다. 그들이 돌아올 수 있는 곳은 집이라는 사실을 알려 주는 뿌리와 언젠가는 그들 스스로 삶을 살아가게 해 줄 날개를 말입니다. 또한 부모는 아이들이 그들의 행동이 특정 결과를 초래한다는 사실을 이해하는 독립적인 사람들로 성장하도록 도와주어야 합니다. 이 사실을 기억하며 아이들을 다음과 같은 방법으로 도울 것을 맹세합니다.

1. 스스로 옷을 입고, 숙제를 하고, 가방을 싸고, 학교에 가고, 잊어버린 숙제, 준비물, 도시락에 대한 책임을 질 수 있는 유능한 아이들로 그들을 인정한다.

2. 그들을 우리의 방향을 따르는 존재, 구출의 대상으로 생각하는 것이 아니라 가족의 진정한 기여자로 받아들이고 우리의 인내심을 바탕으로 그들이 스스로 숙제를 효과적으로 하는 방법, 아침에 입을 옷을 미리 준비하는 방법, 학교 준비물을 잘 챙기는 방법에 대한 의견을 제안할 수 있는 특별한 존재라는 사실을 기억한다.

3. 아이들을 영향력 있는 존재라는 사실을 받아들임으로써 스스로 결정을 내리고, 행동의 결과를 경험하고, 그들의 행동이 왜 특정 결과를 초래했는지 이해하고 그것을 통해 성장할 수 있도록 한다.

부모로써 우리는 아이들이 실수하는 것이 항상 좋은 모습만 보이는 것보다 중요하다는 사실을 깨닫게 됩니다. 우리는 그들의 성공과 '성공에 가까운 행동'을 위해 노력함으로써 그들이 스스로 배울 수 있게 도와줄 것을 맹세합니다. 또한 우리는 선생님들의 노력을 지지함으로써 학교에서도 효과적인 훈육이 이루어지도록 도울 것이며, 훈육과 관련된 문제를 겪을 시 아이들과 이야기를 나눔으로써 그들이 일어난 일과 일이 일어난 이유, 더 나은 결과를 얻기 위해 다음번에 할 수 있는 일에 대해 이해할 수 있도록 도와줄 것을 맹세합니다.

학생으로서 우리는 우리의 행동과 숙제에 책임을 지고 선생님과 친구들과 협동할 것을 맹세합니다.

우리는 부모와 학생으로서 서로를 언제나 존중할 것을 맹세합니다. 존중은 특정 행동에 대한 보상이 아니라 모든 사람이 언제 어디서나 받을 가치가 있는 것임을 이해합니다.

부모의 서명 _____

학생의 서명 _____

날짜 _____

# 55 애완동물

아이가 애완동물을 보살피겠다는 약속을 지키게 할 수 있는 방법이 있나요?

## 👆 당신 자신과 자녀 그리고 상황 이해하기

모든 아이가 애완동물을 원하지만 애완동물을 보살피겠다는 약속은 금방 잊어버린다. 애완동물에 대한 약속을 지키는 아이를 찾는 것은 약속을 지키지 않는 아이를 이해하는 부모를 찾는 것만큼이나 어려울 것이다. 이 문제를 정상적인 상황으로 받아들이고 아이에게 책임감을 가르칠 수 있는 기회 중 하나라고 생각하는 것이 좋다.

## ✌ 실전! 생활 속 긍정 훈육법

①아이가 항상 애완동물을 보살필 거라고 생각하지 않는다. 아이에게 약속을 일깨워
야 할 수도 있다는 사실을 받아들여라(애완동물을 굶겨 아이가 결과를 통해 배우게 하
는 일은 없어야 한다). 부드럽지만 단호하게 말한다. 아이에게 어떤 식으로 상기시
키는 것이 좋은지에 대해 물어보는 것도 좋은 방법이다. 몸짓이나 손가락을 사용
하거나 아이에게 무엇을 해야 하는지 물어보아 아이가 해야 할 일을 기억하게 할
수 있다. 분노를 잠재우기 위해서 수용한다.

②아이의 애완동물이 아닌 당신의 애완동물로 받아들일 수도 있다. 당신이 애완동물
에 대한 책임을 지고 아이가 당신의 애완동물을 공유할 수 있게 해 준다.

③현실적인 기대치를 세운다. '식사 전에 애완동물에게 밥 주기'처럼 확인하기 쉬운
계획표를 만들어 본다. 만일 강아지의 밥그릇이 비어 있다면 밥을 주기로 한 아이
에게 질문을 한다.

④아이가 애완동물을 돌보는 것에 대해 고마움을 표현한다. 쓰다듬기, 같이 놀기, 대
화하기, 산책시키기 같은 일을 당연한 것으로 여기지 않는다.

⑤아이가 애완동물을 돌볼 줄 모른다면 선택권을 주는 방법을 사용할 수 있다. "우리
가 강아지를 키우는 방법과 우리보다 더 잘 돌봐줄 수 있는 집에 강아지를 보내는

방법이 있어."라고 말한다. 아이의 눈물을 외면하긴 어렵겠지만 말한 대로 실행한다. 아이 탓을 해선 안 된다. 대신 아이에게 "쉽지 않다는 거 알아. 나도 강아지가 그리울 거야. 몇 년 뒤에 다시 키워 보자."라고 말한다.

## 🖐 문제를 예방하는 좋은 습관 기르는 법

① 애완동물을 키우기 전에 애완동물을 키우는 것과 연관된 즐거움과 책임감에 대해 아이와 함께 의논해 보고 목록을 만들어 본다.

② 애완동물을 분양하는 데 돈이 든다면 아이에게 용돈을 모아 애완동물 분양에 기여하게 한다. 분양 이후에도 사료와 동물병원비에 돈을 보태게 한다(오백 원이나 천 원일지라도). 기여를 통해 아이는 애완동물에 애착을 느끼게 될 것이다.

③ 가족회의 동안 문제에 대해 의논해 본다. 문제해결과 동의 과정에 아이를 참여시켜라. 다음 가족회의 때 시도해 본 해결책에 대해 의논해 보고 필요하다면 새로운 해결책에 대해 의논한다.

④ 책임을 묻거나 죄책감을 느끼게 하는 대신 문제를 해결하는 데 초점을 맞춰라. 아이에게 계속 상기시켜야 한다고 해서 아이가 문제를 해결할 능력이 없는 것은 아니다. 아이가 문제를 해결할 수 있는 기회를 계속 제공한다.

## 🖐 아이들이 배울 수 있는 삶의 기술

아이들은 자신도 애완동물에 대해 어느 정도 책임이 있다는 사실을 배운다. 또한 그러한 기회를 통해 책임감을 배우게 된다.

## 💜 양육 포인트

① 아이가 책임을 회피한다고 해서 나쁘거나 문제가 있는 건 아니다. 정상적인 현상임을 받아들여라. 아이에게는 당신과는 다른 우선순위가 있을 수 있다는 사실을 받아들이되 책임감을 가르쳐야 할 필요가 있다는 걸 기억한다.

② 애완동물을 원하는 사람이 아이가 아니라 당신이라면 아이 핑계를 대지 않는다. 당신이 분양하고 당신이 보살핀다.

## 훈 육 도 우 미

때론 가장 최악의 실패가 나중에는 나누고 추억할 수 있는 학습 경험이 되기도 한다. 내 아들 성훈이의 첫 애완동물 로즈는 실수는 무언가를 배울 수 있는 좋은 기회라는 사실을 알려 주었다. 또한 성훈이는 부모가 말한 대로 실행한다는 사실을 행동의 결과를 통해 깨달았다.

성훈이가 애완동물을 원했을 때 그는 고작 다섯 살이었다. 우리는 성훈이가 애완동물을 돌볼 수 있기 위해서는 충분한 시간이 필요하다는 사실을 받아들였다. 그래서 우리는 사전 조사를 하고 고민해 본 뒤 거북이를 키우기로 결정했다. 하지만 동물병원에서 거북이는 병균을 옮길 수 있기 때문에 좋지 않은 선택이라고 하였고 우리는 대신 햄스터를 택했다. 우리는 음식, 물, 깨끗한 집과 충분한 사랑만 주면 되었다. 성훈이는 로즈에게 매일 밥을 주고, 집을 청소하고, 로즈와 놀아 주기로 약속했다. 그는 로즈를 위해 2천 원을 기부했다. 우리는 로즈를 위한 용품에 3만 원을 소비하였고 훈련은 시작되었다. 우리는 성훈이가 로즈에게 먹이를 주고 사랑을 나눌 수 있도록 부지런히 노력했다. 처음에 성훈이는 로즈와 관련된 모든 일을 우리와 함께했지만 나중에는 우리가 지켜보는 가운데 스스로 로즈를 돌보았다. 곧 그는 로즈를 키우는 방법을 모두 익혔고 자신 있게 로즈를 보살폈다.

하지만 애정은 오래가지 않았다. 우리는 가족회의 주제에 로즈를 항상 포함해야 했다. 우리는 성훈이가 로즈에게 먹이를 주도록 신호를 보내고 사진을 걸어두어야 했다. 우리는 모든 것을 처음부터 다시 시작해야 했다. 성훈이의 역할을 상기시키고, 달래고, 의논했다. 로즈가 우리의 첫 애완동물인 만큼 우리는 성훈이가 행동의 결과를 경험하기 전에 충분한 시간을 주었다. 로즈를 계속 키우고 싶다면 성훈이는 한 달이 지난 후에도 로즈에 대한 책임감을 보여야 했다. 하지만 그는 책임감을 잃었고 로즈는 새로운 집을 찾아야 했다.

성훈이의 울음소리가 집안을 가득 채웠다. 아이의 마음에 큰 상처를 입혔다는 생각에 나 또한 가슴이 아팠다. 결국 친구의 열두 살 아이가 로즈를 입양하기로 하였고 성훈이는 이에 동의했다.

로즈와 헤어지던 날, 성훈이는 울면서 "저는 아직 어리고 전 너무 바빠요. 저는 로즈를 보살필 시간이 없어요!"라고 말했다. 우리는 그를 달래며 그가 너무 바쁘고 로즈는 자신을 잘 보살펴줄 사람이 필요하다고 말해 주었다. 성훈이는 비로소 자신이 아직 애완동물을 키울 준비가 되지 않았다는 사실을 깨달았다.

성훈이는 금방 괜찮아졌다. 그는 일 년에 한두 번씩 로즈를 찾아갔다. 로즈가 그립다는 말이 요즘 부쩍 줄었다. 우리 모두 아직은 어떤 애완동물도 키울 준비가 되지 않았다는 사실을 인정했지만 언젠가는 다시 시도해 볼 수 있을 것이다.

# 56 승부욕이 강한 아이

여섯 살 된 제 아이는 지는 걸 견디지 못합니다. 아이가 속상해 하는 모습을 볼 때마다 마음이 아파요. 아이는 경기에서 지고 나면 그 운동을 그만둡니다. 가끔 이기기 위해 속임수를 쓰기도 합니다. 저와 놀 때는 제가 져주곤 하지만 친구들이랑 놀 땐 아이를 어떻게 지켜 주어야 할지 모르겠어요. 그리고 전 아이가 속임수로 가득 찬 삶을 살길 원하지 않아요.

## ☝ 당신 자신과 자녀 그리고 상황 이해하기

이 사례의 아이는 '나는 무언가를 해야만 중요하고 사랑 받을 수 있어.'라는 믿음을 가지고 있는지도 모른다.

많은 아이들은 어릴 때부터 단체 경기에 참여하며 경기를 하고 운동 기술을 배운다. 그들은 단체의 일원으로 활동을 즐긴다. 하지만 부모나 감독이 승부에 과도하게 집착하거나 아이들을 비교하기 시작하면 아이는 더 이상 운동을 즐기지 못하고 포기하고 만다.

몇몇 아이들의 경우 이 문제는 발달 과정의 일부일 수 있다. 아홉 살 이하의 아이들은 규칙의 목적과 의미에 관심이 없는 경우가 많다. 그렇기 때문에 다섯 살이나 여섯 살 아이들은 재미를 위해 운동을 하고 규칙을 맘대로 정하곤 한다. 그들은 같은 규칙을 따르지 않는 친구들 때문에 속상해 할 수도 있지만 이는 지극히 정상이다.

## ✌ 실전! 생활 속 긍정 훈육법

① 과잉보호를 삼가고 아이가 졌을 때 실망감을 느낄 수 있게 해 준다. 잔소리를 하거나 아이에게 긍정적인 감정을 강요하지 않는다. "경기에서 져서 많이 실망했구나. 실망해도 괜찮아."라고 말하면서 아이의 감정을 확인한다. 이 기회를 통해 아이는 실망감이 자신이 해결할 수 있는 삶의 일부라는 사실을 배우게 된다.

② 아이가 좀 더 자랄 때까지 재미를 위해 운동을 하게 해 준다. 운동 규칙은 무시한다. 규칙을 만드는 과정 또한 함께 즐겨 본다. 혹은 승패 없이 모두가 이기는 경기를 하는 것도 좋은 방법이다.

③ 아이가 이기도록 일부러 져주는 행동은 아이에게 자기가 언제나 이길 수 있다는 잘못된 믿음을 갖게 한다. 이러한 행동은 아이가 사회로 나갔을 때 더 큰 실망감을 느끼게 한다. 가끔은 당신이 이겨 아이에게 안전한 환경에서 실패를 경험할 수 있게 해 준다. 아이가 실망감에 대처할 수 있다는 믿음을 가진다.

④ 아이가 패배를 인정하기 어려워한다면 흥분을 가라앉힐 시간을 준다. 아이의 흥분이 가라앉으면 "경기의 어떤 부분이 가장 재밌었니?" "경기를 직접 해 보니 기분이 어때?" "다른 아이들이 항상 진다면 너와 함께 경기하는 것에 대해 어떤 기분이 들까?" "네가 경기의 승패에 상관없이 게임을 즐기기 위해 할 수 있는 일이 뭘까?" "너희 팀에 점수를 매길 수 있다면 몇 점을 줄래?" 같은 질문을 해 본다. 친근한 말투로 질문을 하여 아이의 적대감을 풀어 본다.

⑤ 당신이 어떻게 행동할지 결정한다. "엄마는 너와 함께 있는 것이 즐거워. 하지만 네가 항상 이기길 원하기 때문에 너와 게임을 하는 건 즐겁지 않아. 이기고 지는 것에 관계없이 게임을 즐길 수 있을 때 말해 줘. 그때 다시 재미있게 놀자."라고 말해 본다.

## ✌ 문제를 예방하는 좋은 습관 기르는 법

① 아이와 스포츠 정신에 대해 이야기해 본다. 잔소리를 하는 대신 아이가 자신의 경험을 바탕으로 답할 수 있는 질문들을 해 본다. "좋은 스포츠맨이 된다는 건 무슨 의미일까?" "옳지 않은 스포츠 정신이라는 건 무엇일까?" "좋은 스포츠맨이 되기 위해 가장 먼저 해야 할 일은 무엇일까?" "단체 경기를 할 때 어떤 책임감을 느껴야 할까?"라고 물어본다.

② 당신의 승부욕에 대해 생각해 본다. 아이에게 승부에 대한 부담감을 주고 있진 않은가? 최고가 아닌 것은 받아들이지 않겠다는 메시지를 전달하고 있진 않나? 관람석에서 아이의 감독을 향해 소리를 지르진 않았나? 경기 후에 아이의 실수에 대해 지적한 적은 없나? 경기를 하는 건 당신이 아닌 아이라는 사실을 기억한다.

③ 아이가 용서를 통해 실망감을 이겨낼 수 있도록 아이에 대한 믿음을 표현한다. 아이에게 당신이 성공적으로 실망감을 이겨낸 경험을 들려준다. 그리고 이 경험을 통해 당신이 무엇을 배웠는지에 대해서도 알려 준다.

④ 승패가 없는 협동적인 게임을 즐겨 본다. 비경쟁적인 게임을 소개하는 책을 통해 정보를 얻는다.

⑤ 아이가 친구들과 자신을 비교하는 대신 자신을 발전시킬 수 있는 방법에 대해 생각해 보도록 지도해 준다. 승패에 상관없이 자신의 목표를 달성하고자 노력했던 운동선수들의 이야기를 찾아 들려준다.


## ✋ 아이들이 배울 수 있는 삶의 기술

아이들은 이기지 못했을 때 실망해도 괜찮다는 사실과 그 감정을 스스로 이겨 내는 방법을 배운다. 그들은 타인의 감정에 대해서도 생각해 보게 되고 패배를 받아들이는 것이 얼마나 사려 깊은 행동인지 깨닫게 된다. 협동의 즐거움 또한 경험할 것이다.

## ✍ 양육 포인트

① 아이가 경기에 참여한다는 사실에 감사하고 즐거워하자. 경기를 즐기게 될 것이다.
② 어떤 감독과 팀은 승부에 과도하게 집착하여 아이에게 도움보다 해를 입힐 수도
   있다. 이러한 상황에서 아이를 구하는 것을 망설이지 않는다.

### 훈 육  도 우 미

집안의 장남인 승호는 아홉 살이 된 이후부터 지는 것을 견디지 못했다. 아빠는 승호가
화를 내거나 우는 것을 보고 싶지 않아 체스 게임에서 항상 그가 이길 수 있게 해 주었고
이는 승호의 문제를 악화시켰다.

출생 순위에 대한 정보를 얻은 후, 아빠는 승호가 패배를 겪어보는 것이 중요하다는 사실
을 깨달았고 승호와 하는 게임의 반만 져보기로 결심했다. 승호는 처음에 몹시 화를 냈지만
아빠는 승호가 분노의 감정을 느끼도록 두었다. 곧 승호는 게임에서 졌다고 인생이 끝나는
것이 아니라는 사실을 알게 되었고 이기고 지는 것을 좀 더 편안하게 받아들이게 되었다. 아
빠는 승호와 공놀이를 하다가 실수로 공을 잘못 던졌을 때 승호의 문제가 해결되었다는 사
실을 확신하였다. 승호는 공을 잡지 못한 것에 대해 화를 내거나 아빠를 탓하는 대신 익살
스럽게 "아빠, 정말 잘 던지셨어요. 제가 실수했네요."라고 말하며 편안하게 상황을 넘겼다.

# 57 배변 훈련

배변 훈련 방법에 대한 여러 문제점을 들었어요. 긍정 훈육법이 제시하는 배변 훈련
방법은 무엇인가요?

## ☝ 당신 자신과 자녀 그리고 상황 이해하기

배변 훈련은 우리 사회에서 필요 이상으로 많은 관심을 받고 있다. 이 주제는 죄책감,
힘겨루기, 과도한 관심의 근원이 되기도 하고 누구의 아이가 먼저 배변 훈련에 성공했
는지에 대한 경쟁심을 불러일으키기도 한다. 당신이 걱정하지 않고 기다린다면 남들이
하는 것을 따라 하고 싶어 하는 아이들은 알아서 배변 훈련을 할 것이다. 하지만 의학적
문제나 성적 학대가 없는데도 네 살이 넘도록 배변 훈련이 되지 않은 아이 때문에 어려

움을 겪고 있다면 당신은 아이와 배변 힘겨루기를 하고 있는지도 모른다.

## 🐰 실전! 생활 속 긍정 훈육법

① 아이가 간절히 원하지 않는 이상 세 살이 되기 전까진 배변 훈련을 시작하지 않는
다. 운이 좋다면 아이가 그 전에 스스로 배변 훈련을 할 수도 있다. 스스로 하지 않
는 배변 훈련은 배변 훈련이 아니다. 아이의 배변 훈련이 끝났다고 말하는 대부분
의 부모가 그저 끊임없는 잔소리와 강요를 통해 배변 훈련이 된 것처럼 보이는 아
이의 모습을 발견했을 뿐이다. 그들은 아이가 화장실을 사용할 때마다 스티커를
붙여 주고 초콜릿을 주기도 하지만 이는 올바른 방법이 아니다.

② 아이에게 배변 훈련을 시킬 때는 아이가 감당할 수 있는 크기의 유아용 변기 의자
를 준비한다. 처음에는 아이가 원하는 만큼 변기 의자에 앉아 있게 해 준다. 꼭 용변
을 보지 않아도 된다. 아이는 변기에 앉아서 책을 보는 것을 좋아하게 될 수도 있다.

③ 아이가 변기 의자가 있는 방에서 옷을 입지 않고 노는 동안 당신은 책을 읽으면서
조용히 지켜본다. 아이가 소변을 보려고 할 때 아이를 변기 의자에 앉혀 준다. 아이
가 용변을 보기에 적합한 곳이 어디인지 확실히 알기까지 이 행동을 반복해야 한다.

④ 배변 훈련을 즐겁게 만들어 본다. 어떤 부모는 아이의 변기 의자 안에 표적을 그려
넣었다. 아이는 소변을 볼 시간만을 기다렸다. 또 다른 부모는 아이의 배변 시간에
자신도 변기에 앉아 책을 읽으며 아이가 심심하지 않게 도와주었다.

⑤ 아이에게 배변 훈련 속옷을 입히기 시작했을 때 아이에게 모욕감을 주지 않는다.
아이가 실수했다고 해서 다시 기저귀를 채우지 않는다. 아이의 옷을 갈아입혀 주
고 "괜찮아. 계속 노력해 보자. 곧 변기 의자를 사용하는 방법을 배울 거야."라고
말해 준다.

⑥ 사탕이나 스티커 같은 상을 주거나 칭찬을 하는 행동은 삼간다. 대신 격려의 말을
건네라. 아이는 사회적으로 적합한 행동을 배우는 것보다 상을 받는 데 집중할 수

있다.

⑦ 네 살 된 아이와 배변 힘겨루기를 하고 있다면 긴장을 풀어 본다. 아이가 스스로 자기 자신을 돌볼 수 있게 하고(용변의 흔적을 치우거나 세탁기를 사용하는 방법을 통해) 당신의 일에 집중한다. 가혹하게 들릴 수 있지만 오히려 문제는 당신이 관심을 보이지 않을 때 더 빨리 해결될 수 있다.

## ✌ 문제를 예방하는 좋은 습관 기르는 법

① 아이가 충분히 자라서 배변 훈련에 대해 이야기할 때까지 기저귀를 사용한다. (생각보다 빨리 아이는 엄마, 아빠처럼 용변을 보고 싶다고 말하거나 친구들은 기저귀를 차지 않는다고 말할 것이다.) 때가 되면 바로 속옷을 입는 대신 팬티기저귀를 입혀도 된다.

② 아이가 네 살인데도 아직 배변 훈련이 되어 있지 않다면 신체적인 문제가 없는지 의사와 상담해 본다. 신체적인 문제가 없다면 힘겨루기를 하고 있는 것이다. 잔소리를 멈추고 아이에게 선택의 결과를 통해 스스로 배울 수 있는 기회를 주면서 아이를 존중해 준다. 편안한 시간을 정해 아이에게 옷을 갈아입는 방법을 알려 준다. 아이의 바지가 젖었거나 더럽혀졌을 땐 부드럽지만 단호하게 아이를 침실로 데려가 새 옷을 꺼내라. 그리고 아이를 화장실로 데려간 뒤 혼자 들어가서 갈아입고 싶은지 당신이 곁에 있어 주길 원하는지 물어본다(절대 대신 갈아입혀 주지 않는다).

③ 만일 아이가 옷을 갈아입길 거부한다면 (힘겨루기를 하지 않는다면 일어날 가능성이 거의 없지만) "더럽혀진 바지를 입고 있는 기분이 어떠니?" "어떻게 하고 싶니?" "그 바지를 입고 놀 수 있는 곳이 어디일까?"라고 물어본다.

④ 아이가 바지에 용변을 보지 않은 편안한 시간에 바지에 용변을 봤을 때 옷을 갈아입지 않고 놀 수 있는 곳이 어딘지 함께 생각해 본다. 집 밖이나 화장실이 될 수 있다. 이것이 수치스러운 경험이 아닌 아이의 선택을 존중하는 시간이 되도록 한다. 아이에게 "바지를 갈아입거나 우리가 방금 이야기한 곳에서 놀렴."이라고 말한다.

⑤아이가 다섯 살 이상이라면 스스로 세탁기를 돌릴 수 있게 세탁기에 세제를 넣는 방법과 버튼을 누르는 방법을 알려 준다.

⑥아이의 배변 훈련을 도와줄 수 있는 유치원을 찾아라. 아이가 스스로 변기를 사용하고 친구들이 성공적으로 배변하는 모습을 지켜볼 수 있는 화장실이 있는 곳이 좋다. 몇몇 유치원은 아이가 빨리 올바른 배변 활동에 익숙해질 수 있도록 화장실에 가는 시간을 자주 갖기도 한다.


## ☙ 아이들이 배울 수 있는 삶의 기술

아이들은 죄책감이나 수치심을 느끼지 않고 적절한 때에 정상적인 삶의 과정을 사회적으로 올바르게 밟는 방법을 배운다. 실수는 배울 수 있는 기회 그 이상도 이하도 아니다.


## ☙ 양육 포인트

①아이들은 자신이 해 낼 수 없을 것 같은 기대치를 마주했을 때 속상함과 무능함을 느낀다. 아이들이 올바르지 않은 행동을 하는 이유도 이 기대치 때문인 경우가 많다. 아이들은 당신이 원하는 대로 행동하지 않으면서 자신의 힘을 증명하려 한다.

②부모가 무조건적인 사랑을 주지 않을 때 아이들은 상처를 받는다. 아이들은 사랑을 원하는 자신의 동기를 깨닫지 못한 채 부모에게 받은 상처를 되돌려주고 싶어 한다. 상처를 주는 하나의 방법은 부모가 원하는 대로 행동하길 거부하는 것이다.

③ '아이가 대학교에 가기 전엔 배변 훈련을 하겠지.'라는 생각으로 마음을 편하게 가져 본다. 힘겨루기만 멈춘다면 배변 훈련은 훨씬 빨리 끝날 수 있다. 긴장을 풀고 아이의 행동을 지켜본다.

한 엄마는 세 살 된 딸에게 "이번 주말에 우리는 배변 훈련을 할 거야. 화장실에 가고 싶을 때마다 말해 주면 기저귀를 차는 대신 함께 화장실에 가서 변기에 앉자."라고 말하였다. 주말 내내 그녀는 아이에게 온전한 관심을 주면서 아이의 신호를 기다렸다. 일요일 저녁이 되었을 때 아이는 배변 훈련을 완전히 끝냈다. 이후 일 년 동안은 몇 번 실수는 하였지만 아이는 스스로 변기 의자에 앉아 용변을 보길 원했다.

# 58 불만이 많은 아이

제 아이는 자기 뜻대로 되지 않을 때마다 짜증을 내고 불평을 합니다. 하루 종일 아이를 위해 시간을 보낸 날에도 아이는 자신이 최악의 삶을 살고 있다며 그녀가 원하는 대로 한 적이 없다고 불평을 합니다. 그래서 제가 아이가 이미 가지고 있는 것들에 대해 말해 주면 아이는 더욱 징징대기 시작하고 결국 저는 마지막 수단으로 아이가 가장 아끼는 물건을 압수해 버립니다.

## ☝ 당신 자신과 자녀 그리고 상황 이해하기

불평하고, 징징대고, 부정적인 아이의 부모는 대체로 통제적이거나 우유부단하다. 이 사례의 아이는 그녀가 원하는 것을 얻거나 그녀의 삶에 대한 통제력을 갖기 위해 건강하지 못한 방법을 배운 것이다. 우리는 모두 우리가 원하는 것을 얻지 못할 때 짜증이 난다. 그리고 우리가 그 상황에 대해 아무것도 할 수 없을 때 짜증은 배가 된다. 우리는 올바른 방법을 사용해서 이 상황을 통제하고 우리의 감정에 대처할 줄 알아야 한다.

응석받이로 자란 아이들은 항상 원하는 것을 얻어 왔기 때문에 원하는 것을 얻지 못했을 때 불평을 한다. 통제적인 부모 밑에서 자란 아이들은 자신의 요구와 감정을 표현할 줄 모르기 때문에 불평과 짜증만이 원하는 것을 얻을 수 있는 유일한 방법이라고 생각한다. 이런 아이에게 야단을 치고 협박하고 수치심을 주고 체벌을 하는 것은 문제를 순간적으로 해결할 수 있을진 모르지만 매우 비존중적인 방법이다. 아이들이 자신의 감정을 경험할 수 있게 도와주고 그들의 자존감을 지키는 동시에 상황을 해결할 수 있는 존중적인 방법을 사용해 본다.

## 🐰 실전! 생활 속 긍정 훈육법

① 야단을 치거나, 협박을 하거나, 체벌을 하거나 수치심을 주는 행동은 삼간다.
② 자신의 행동을 돌아본다. 아이에게 말할 기회도 주지 않은 채 순종을 요구하고 있다면 다음과 같은 말을 건네 협동심을 불러일으켜 본다.
   • "이제 문제가 뭔지 알았으니 해결 방법을 제시해 보겠니?"
   • "넌 불평이 너무 많은 것 같아. 내가 그냥 들어주길 바라니 아니면 함께 해결 방법을 생각해 보길 바라니?"
   • "네가 불만사항에 대한 해결 방법도 함께 말해 준다면 네 불평불만을 들어줄 의향이 있어."
   • "가족회의 때 이 문제에 대한 네 기분을 이야기하고 함께 해결 방법을 생각해 볼 수 있도록 이 문제를 계획표에 적어 놓겠니?"
③ 아이가 짜증을 내도 당신의 일에 집중하고 아이가 스스로 해결할 수 있다는 믿음을 가진다. 아이의 짜증을 무시하고 말한 대로 실행한다. 예를 들어, 당신은 집에서 나가면서 "차 안에서 기다릴게. 실망했다는 건 알지만 네가 스스로 해결할 수 있을 거라 믿어."라고 말한다. 당신이 아이와 상황을 존중과 신뢰로 대한다면 아이는 곧 짜증을 내는 행동이 효과가 없다는 사실을 깨달을 것이다.
④ 가끔은 아이의 불만사항에 귀 기울이는 것만으로도 충분하다. 경청한 후 아이의 감정을 확인해 본다. "네가 실망했고 속상하다는 거 알아. 엄마도 내 뜻대로 일이 풀리지 않으면 너와 같은 기분이 들어."라고 말한 후 어떤 말을 보태기보다는 행동

으로 보여 준다.

⑤ 부드럽지만 단호하게 이야기한다. "네가 속상하다는 거 알아. 네 탓을 하는 건 아니지만 우리는 여전히 _____을 해야 해."라고 말한 후 제한된 선택권을 제시한다. "네가 물건을 가져올래 아니면 엄마가 가져올까?" "삼 분 뒤에 나갈래 아니면 오 분 뒤에 나갈래?" 같은 선택권을 제시해 본다.

## ✌ 문제를 예방하는 좋은 습관 기르는 법

① 아이가 올바른 방법으로 자신의 삶에 대한 통제력을 가질 수 있게 한다. 선택권을 주고, 가족회의를 갖고, 함께 문제를 해결하고, 아이의 도움을 얻어 계획을 세워 본다.

② 가족 나들이를 계획할 때 아이와 함께 의논해 본다. 떠나는 시간에 대해 이야기하면서 제시간에 떠나기 위해 아이가 해야 할 일을 계획해 본다.

③ 가족회의 때 원하는 대로 일이 풀리지 않을 때 느끼는 실망감에 대해 이야기해 본다. 상황에 대처하는 방법과 서로 도울 수 있는 방법에 대해 생각해 본다.

④ 가족회의 때 이야기해 볼 수 있는 또 다른 주제는 감정이다. 행동하기 전에 감정을 느끼는 시간이 필요할 때도 있다는 사실을 알려 준다.

⑤ 아이의 짜증을 무조건 받아주거나 허용적인 부모가 되지 않는다('과잉보호' 참조). 응석받이로 자란 아이는 '사랑은 타인이 나의 요구를 들어주는 거야.'라는 믿음을 갖게 되고 협동심 대신 회피 기술을 기르게 될 것이다.

⑥ 아이를 지나치게 통제하지 않는다. 통제적인 부모 밑에서 자란 아이는 타인을 만족시키려는 사람이 되거나 반항자가 된다. 아이의 짜증은 반항심의 신호일 수도 있다. 과도하게 통제하는 대신 아이와 함께 계획을 세우고 문제를 해결하는 훈육 방법을 사용해 본다.

⑦ 가족회의 때 "우리는 서로를 탓하지 않는다. 우리는 문제해결에 집중한다."라는

좌우명을 제시한다. 당신 자신을 탓하지 말고 아이와 함께 문제를 해결하는 데 집중한다.

## ✋ 아이들이 배울 수 있는 삶의 기술

아이들은 항상 자신이 원하는 대로 할 순 없지만 그 상황을 감당할 수 있다는 사실을 깨닫게 된다. 아이들은 감정을 느끼는 건 괜찮지만 누군가를 조종하기 위해 감정을 사용하는 것은 옳지 않다는 사실을 배운다. 부모가 새로운 상황에 적응하는 데 도움을 줄 것이라는 사실 또한 깨닫는다.

## ✋ 양육 포인트

① 아이가 건강한 자존감을 형성하고 유지하도록 도움을 주는 동시에 아이가 해야 할 일에 대해서는 단호한 태도를 갖는 것이 중요하다.
② 당신의 태도에 주의한다. 아이가 제멋대로 행동할 땐 짜증을 내는 대신 평정심을 유지하는 것이 좋다. 아이의 도발적인 행동에 민감하게 반응하는 대신 훈육의 장기 목표를 생각하며 신중하게 행동한다. 머릿속에 큰 그림을 그려라. 훈육의 궁극적인 목표는 아이가 어떤 상황에서도 건강한 자존감을 형성하고 유지하는 것이다.

미경 씨는 여덟 살 된 소희의 부정적인 태도가 심각해지자 화가 나기 시작했다. 그녀는 가족회의 때 이 문제에 대해 이야기를 해 보기로 결정했다. 그녀가 가족회의 때 부정적인 태도를 이야기하자 소희는 "나는 엄마가 권위적으로 행동하는 게 맘에 들지 않아요."라고 말했다.

미경 씨는 잠시 방어적인 기분이 들었지만 곧 이성을 되찾고 "네 말이 맞아. 권위적인 행동을 삼가는 것을 해결 방법에 적어 보자. 다른 의견은 없니?"라고 물어보았다.

엄마가 권위적이라는 사실을 인정하자 소희는 "음, 엄마가 나한테 무언가를 하라고 말할 때 화부터 내는 제 태도도 고쳐야 할 것 같아요."라고 말하였다.

엄마는 "문제가 해결되고 있는 것 같구나. 엄마 또한 좀 더 부드러운 말투로 너에게 말할게. 엄마가 덜 권위적이고 네가 덜 공격적일 수 있는 방법은 뭐가 있을까?"

그들은 문제를 예방할 수 있는 계획에 대해 의논하였다. 그들은 실망스러울 때 감정을 받아들이고 몇 분 뒤 침착하게 자신의 감정을 말로 표현하는 방법을 사용해 보기로 했다. 또한 그들은 서로가 '올바르지 않은 행동'을 할 때마다 말이 아닌 몸짓으로 알려 주기로 했다. 엄마의 행동이 너무 권위적일 때 소희는 허리에 손을 얹고 엄마에게 윙크를 하겠다고 말했다. 소희의 분노가 과할 때 엄마는 가슴에 손을 얹고 윙크를 하겠다고 말했다.

그들은 문제를 통해 즐거움을 만들어 내어 서로가 권위적인 행동을 하고 부정적으로 행동하길 기다렸다. 서로가 '올바르지 않은 행동'을 할 때마다 약속했던 자세를 취했고 그때마다 웃음이 터져 나왔다. 그들이 만들어 낸 긍정적인 감정은 문제를 해결하는 데 큰 도움이 되었다.

# 59 금방 싫증 내는 아이

아이가 피아노를 배우고 싶어 해서 레슨을 받을 수 있게 해 주었습니다. 하지만 이제는 원하는 것을 해 주지 않겠다고 협박하지 않으면 피아노 연습을 하지 않아요. 저는 제가 어렸을 때 피아노 연습을 하지 않아서 아직도 제대로 피아노를 칠 줄 모르는게 너무 아쉽습니다. 제 아이가 커서 저와 같은 생각을 하면서 저를 탓하는 건 아닐지 걱정이 됩니다. 아이와 싸우는 건 싫지만 연습을 하는 건 중요한 것 같아요.

## ☝ 당신 자신과 자녀 그리고 상황 이해하기

아이들이 무언가를 하고 싶어 하다가 곧 싫증을 내는 건 정상적인 현상이다. 원하던 활동이 생각보다 어렵거나 재미가 없을 경우 아이들은 금방 흥미를 잃는다. 많은 경우 부모들은 그들이 해 내지 못한 일을 아이들이 해 내길 바란다. 어떤 부모는 시작한 일을 끝내지 않는 행동을 성격 장애로 치부한다. 어떤 부모는 아이가 활동에 흥미를 잃었을 때 돈을 낭비했다고 생각하여 화를 낸다. 이 문제를 해결하기 위해서는 문제의 원인이 어디에 있는지 파악하는 것이 중요하다.

# ✌ 실전! 생활 속 긍정 훈육법

① 만일 당신이 어린 시절에 대한 후회가 남아 있다면 당신 스스로를 위해 음악 레슨을 받고 만족스러운 실력으로 악기를 다룰 수 있을 때까지 연습한다. 이 방법을 통해 당신의 부모님을 탓하는 행동을 멈출 수 있을 것이다.

② 아이와 함께 레슨을 받고 함께 연습한다.

③ 아이가 연습할 때 옆에 앉아 아이를 지켜본다. 지켜보지 못하더라도 같은 방에 있어 보자.

④ 아이의 머릿속으로 들어가 아이에게 중요한 것이 무엇인지 탐색해 본다. 호기심 질문을 하여 아이가 어떤 생각을 하고 있는지 알아본다. "피아노를 치는 것에 대해 어떻게 생각하니?" "네가 원하는 것을 이루기 위해 무엇을 해야 할까?" "연습하는 데 어려운 게 있니?" "어려움을 어떻게 이겨 낼 수 있을까?" "힘든 부분을 끝내고 즐거운 부분으로 넘어가는 데 얼마나 걸릴까?" "지금 연습을 하지 않으면 어른이 되어서 기분이 어떨까?" "엄마가 어떻게 도와줄까?" 같은 질문을 해 본다.

⑤ 당신이 어렸을 때 연습에 대해 어떻게 생각했는지 아이에게 들려준다. 진솔하게 이야기하는 것이 중요하다. 당신이 했던 실수를 아이가 하지 않도록 격려해 준다. 잔소리가 아닌 대화의 시간이 되도록 노력한다. 아이가 공감하지 못할 수도 있다는 가능성을 열어 두어라.

⑥ 새로운 것을 배우는 데는 시간이 필요하다는 사실을 알려 주어 아이가 현실적인 목표를 세울 수 있게 도와준다. 아이가 적어도 한 달은 시도해 보고 그만둘지 선택하도록 약속을 정한다. 아이의 결정을 존중하고 무조건적인 사랑을 표현한다.

## ✌ 문제를 예방하는 좋은 습관 기르는 법

① 전문적인 음악가, 댄서 혹은 운동선수와 약속을 잡고 아이가 전문가에게 연습에 대한 이야기를 들을 수 있게 해 준다.
② 아이가 관심을 보이는 장르의 콘서트나 경기에 참석하여 아이가 원하는 활동을 스스로 정할 수 있게 도와준다.
③ 연습 시간표를 함께 계획한다. 아이와 당신이 모두 만족할 수 있는 시간표를 만들어 본다. 아이가 약속을 지키지 않을 경우 화를 내는 대신 말한 대로 실행한다('말한 대로 실행하기' 참조).
④ 연습을 시키지 않았다고 부모를 탓하지 않기로 아이와 약속한다.
⑤ 아이가 스스로 자신이 원하는 활동을 정할 수 있도록 여러 활동에 노출시켜 본다.
⑥ 아이를 다른 사람과 비교하지 않는다. 당신이 아니라 아이가 원하는 일을 할 수 있게 도와준다.

## ✌ 아이들이 배울 수 있는 삶의 기술

아이들은 부모가 자신의 결정을 존중한다는 것을 알게 된다. 아이들은 부모가 자신이 원하는 것과 그것을 이루기 위해서 필요한 것을 찾는 데 도움을 줄 거라고 믿게 된다. 아이들은 자신이 원하는 일을 하는 과정에 놓인 어려움을 극복하는 방법을 찾을 수 있다. 그들은 마음을 바꿔도 여전히 사랑받는다는 사실을 알게 된다.

## ✋ 양육 포인트

① 연습 시간은 아이와 소통할 수 있는 특별한 기회일 수 있다. 아이는 당신의 사랑과 관심을 받을 수 있는 연습 시간을 기다리게 될지도 모른다.

② 많은 아이가 타인의 기대에 부응하거나 반항하기 바빠 가슴이 시키는 일을 따를 줄 모른다. 아이가 진짜 원하는 일을 찾고 이룰 수 있도록 많은 기회를 제공한다.

### 훈 육  도 우 미

부모 교육 시간에 부모들은 연습에 대해서 이야기를 나누며 새로운 취미생활과 운동에 대한 관심이 얼마나 유지되길 기대해야 하는지에 대해 의논했다. 그중 한 부모는 플루트를 배우는 아이와 힘겨루기를 하고 있었다. 그녀는 아이가 자신에게 가장 도움이 되는 것이 무엇인지 이해하기에는 아직 너무 어리다고 생각하기 때문에 매일 플루트를 연습하길 강요한다고 했다. 그녀는 다른 사람들에게 조언을 구했다.

한 부모는 "우리는 부모로서 아이가 모르는 음악 레슨의 소중함을 알고 있죠. 때로는 아이와 거래를 하는 것이 동기부여가 될 수 있어요. 특정 신체 기술과 눈과 손의 협응은 어릴 때 배우는 것이 훨씬 효과적이기 때문에 우리는 아이가 춤이나 음악 레슨을 받길 원해요. 그래서 아이와 특정 목표를 달성할 때까지(예를 들어, 주어진 레벨의 악보 하나를 연주할 수 있을 때까지) 레슨을 받겠다는 약속을 해요. 저와 제 아이는 모두 이 방법에 만족하고 있어요."라고 말했다.

또 다른 부모는 "우리 아이와 저는 무엇을 새로 배우기 시작할 때 최소 세 번에서 열 번의 레슨을 끝내기로 약속을 해요. 정해진 수의 레슨이 끝난 후에도 아이가 흥미를 느끼지 못한다면 아이는 더 이상 레슨을 받지 않아도 돼요. 부모의 꿈을 이루도록 강요받다가 음악이나 춤을 싫어하게 되는 유능한 아이도 있잖아요. 저는 연습을 하거나 무언가를 배우라고 강요하여 아이가 분노와 미움을 품고 살아가길 원치 않아요."라고 자신의 이야기를 나누었다.

한 아빠는 "저는 제 아들을 수영 레슨에 데려갔어요. 저와 아내는 최근에 고깃배를 하나 샀고 아이가 바다 위에서 안전하길 바라는 마음에 아이의 수영 레슨을 신청했습니다. 처음에 아이는 수영을 배우는 것에 대해 매우 열정적이었어요. 강사가 물에 얼굴을 넣고 물방울을 불라고 말하기 전까지는 말이죠. 아이는 저를 한번 보더니 울면서 수영장에서 나가고 싶다고 소리를 쳤습니다. 저는 수영장 밖에서 아이의 모습을 보며 어떻게 해야 할지 고민했습니다. 하지만 강사는 저에게 '잠시 나가서 커피 한 잔 드시고 15분 뒤에 오세요. 아드님이 스스로 해 낼 거라 믿습니다.' 라고 말하더군요. 저는 15분 정도는 괜찮다고 생각했어요. 카페로 향하는 내내 아이의 울음소리가 들려왔지만 15분 뒤에 다시 돌아왔을 때 아이는 물고기처럼 물방울을 불고 있었습니다. 이후 며칠 동안은 아이와 수영 레슨에 대해 가벼운 실랑이를 벌였지만 저는 그 물방울들을 생각하며 아이를 위로하고 이번 프로그램이 끝날 때까지만 다녀보자고 아들을 격려했습니다. 막상 프로그램이 끝나자 아이는 미소를 지으며 레슨을 더 신청해 달라고 부탁했어요." 라고 말했다.

# 60 유치원과 어린이집

아이를 유치원에 보낼 생각을 하고 있지만 아이에게 좋은 결정인지 모르겠습니다. 제 아이가 유치원에 갈 준비가 되었는지 어떻게 알 수 있나요? 그리고 좋은 유치원의 기준이 뭐죠?

## ☝ 당신 자신과 자녀 그리고 상황 이해하기

대부분의 부모는 아이와 하루 종일 함께 있을 수 없기 때문에 아이를 돌보아 줄 수 있는 시설을 찾는다. 아이와 하루 종일 함께 있을 수 있더라도 아이의 나이에 따라 유치원은 아이에게 유익한 시설이 될 수 있다. 아이가 세 살이 되면 하루에 몇 시간 정도는 부모와 떨어져 있는 것이 좋다. 체계적인 유치원이나 어린이집에 보낼 경우 아이들은 유아 중심적인 환경에서 다른 아이들과 놀면서 독립심을 기를 수 있다. 한 연구 결과에 의하면 '좋은' 유치원이 아이의 발달에 도움을 준다고 한다. 그렇기 때문에 당신은 '좋은' 유치원에 보내기로 한 결정에 확신을 가져도 좋다. 당신도 아이를 유치원에 보냄으로써 개인적인 시간을 가질 수 있게 되고 아이도 당신 없이도 살아남을 수 있다는 사실을 깨달을 것이다.

## ✌ 실전! 생활 속 긍정 훈육법

① 당신이 좋은 유치원을 찾는 데 성공했다면 결정에 확신을 가져라. 아이는 당신의 태도가 전달하는 에너지를 흡수하고 반응한다. 당신이 두려워한다면 아이도 두려움을 느낄 것이다. 당신이 죄책감을 느낀다면 아이는 이 감정을 이용하여 당신을 조종하려 할지도 모른다.

② 여유 있는 아침 일과를 계획하여 아이가 정신없는 아침 시간을 보내지 않게 한다. 아이를 유치원 차에 데려다 주고 데리고 올 때 5분에서 10분 정도 여유를 가지고 출발한다.

③ 아침에 유치원에 도착하면 아이에게 가장 좋아하는 물건이나 친구들을 소개시켜 달라고 해 본다. 귀가 시간에는 아이에게 그날 만든 것을 보여 달라고 해 본다.

④ (아이가 울거나 매달려서) 아이를 유치원에 들여보내는 데 어려움을 겪는다면 빨리 유치원을 떠나라. 아이는 부모가 떠나면 빨리 상황에 적응한다. 아이가 유치원에 있는 동안 당신의 물건(당신의 향수가 뿌려진 귀걸이나 손수건)을 주머니에 가지고 있게 하는 것도 좋은 방법이다. 당신의 용기가 중요하다.


## ✌ 문제를 예방하는 좋은 습관 기르는 법

① '좋은' 유치원을 찾는다.
- 유치원 선생님들의 학력을 확인해 본다. 적어도 유아교육과정을 마친 선생님이어야 한다.
- 유치원 직원과 유치원 훈육 방침에 대한 상담을 해 본다. 체벌을 하거나 수치심을 주는 비존중적인 훈육 방법을 사용하는 유치원은 피한다.
- 좋다고 판단되는 유치원을 찾았다면 수업을 견학할 수 있는지 물어본다. 그리고

그 시간 동안 유치원 활동과 그에 대한 아이의 반응을 관찰한다. 이 시간은 유치원 직원들이 말한 대로 실행하는지 확인해 볼 수 있는 기회이기도 하다. 견학이 허락되지 않는다면 견학이 가능한 다른 유치원을 찾아본다.

② 부모의 참여가 요구되는 유치원에 보내는 것을 고려해 볼 수 있다. 이러한 유치원에서 당신은 아이와 함께 학교 활동을 경험하고, 부모 교육 수업에 참여할 수 있다.

③ 세 살에서 네 살 사이의 아이에게는 일주일에 두세 번 정도의 아침 수업이 적당하다. 네 살에서 여섯 살 사이의 아이에게는 다섯 번의 아침 수업이나 세 번의 정규 수업이 적당하다. 어떤 일정이 당신과 아이에게 가장 적합한지 판단한다. 매일 아이를 유치원에 보내야 하는 상황이라면 신중하게 좋은 유치원을 선택하여 아이가 잘 지낼 것이라는 확신을 가진다.

④ 아이가 분리에 대한 마음의 준비를 할 수 있게 도와준다. 역할 놀이를 통해 아이를 훈련시킨다. 아이와 유치원 문 앞에 있다고 가정하고 포옹을 해 줄 건지 아이에게 물어본다. 그리고 아이가 당신의 다리에 매달리는 시늉을 하게 한 뒤 아이에게 "포옹 인사를 하거나 눈물의 인사를 해 줘."라고 말하며 선택권을 준다. 실제 상황에서 당신의 행동의 힘은 말의 힘보다 강하다.


## ✋ 아이들이 배울 수 있는 삶의 기술

아이들은 당신과 함께 있을 때는 사랑과 안정감을 느끼지만 떨어져 있을 때도 즐거울 수 있다는 사실을 깨닫는다. 부모는 아이들을 보살피지만 그들이 조종할 수 있는 존재는 아니다. 부모도 개인적인 시간을 갖고 싶어 하지만 그렇다고 해서 자신을 사랑하지 않는 건 아니라는 사실 또한 배운다.

## 🖐 양육 포인트

① 많은 부모가 아이를 사랑한다는 이유로 아이가 용기, 자신감과 독립심을 기를 수 있는 기회를 앗아간다. 아이들은 잠깐의 불편함을 통해 스스로 문제를 해결하는 방법을 익히지만 부모들은 아이를 과잉보호한다.

② 아이들은 당신이 자신을 믿는지 믿지 않는지 안다. 만일 당신이 아이들을 무력하다고 생각하여 영악한 행동에 넘어간다면 아이들은 계속 영악하고 무력한 태도를 취할 것이다. 물론 아이가 흥분하지 않은 상황에서는 아이의 말에 귀 기울여야 한다. 만일 당신이 유치원을 떠나려고 할 때 아이가 울기 시작한다면 포옹을 해 주고 "세 시간 뒤에 올게."라고 말한 뒤 그 장소를 떠나라.


### 훈 육 도 우 미

한 엄마는 아들에게 적합하다고 생각하는 어린이집 두 곳을 정했다. 그중 한 곳을 견학해 본 뒤 그녀는 그 어린이집의 직원들이 그들의 철학을 실천하고 있지 않다는 사실을 깨달았다. 그들은 세 살 된 아이를 연령에 적합한 시간보다 오래 앉아 있게 했고 지시에 따르지 않는 아이들을 기준 없이 다루었고, 야단을 쳤다.

두 번째 어린이집에서 세 시간을 보낸 후 그녀는 매우 기뻐했다. 그들은 아이들이 유능함을 느낄 수 있는 일과를 진행했다. 장을 본 후 원장은 물건들을 담은 바구니를 운동장에 두고 아이들이 하나씩 물건을 주방으로 나르게 하였다. 아이들은 돌아가면서 점심식사 준비를 도왔다. 선생님은 아이들이 스스로 먹을 양을 그릇에 담도록 허락하였다. 식사가 끝나면 아이들은 각자 남은 음식을 버리고 자신의 접시를 닦았다. 어린이집에는 유아용 변기가 준비되어 있었고 그녀의 아이는 친구들과 화장실에 가서 작은 세면대에서 손씻기를 즐기는 것 같았다. 집에 갈 시간이 되었을 때 아이는 더 있고 싶어 했다. 아이는 여러 가지 활동에 참여하면서 자신감을 느끼게 된 것 같았다.

세 살 된 예원이의 어린이집 선생님은 예원이 엄마인 하정 씨에게 예원이가 매일 울음을 그치지 않는다고 하였다. 그녀는 예원이를 품에 안고 이야기를 하면서 아이를 달래보려 했지만 아이는 흥분을 가라앉지 못했다. 하정 씨는 아이를 데리러 가기 위해 사무실을 비울 수도 없고 이 어린이집을 알아보기 위해 엄청난 시간과 노력을 들였기 때문에 망연자실했다. 그녀는 어떻게 해야 할까?

　　하정 씨는 친구에게 조언을 구했다. 친구는 하정 씨가 유치원을 떠날 때부터 예원이가 울기 시작하는지 물었다. 하정 씨는 "응, 예원이는 내가 문을 나서려고 할 때부터 울어. 그래서 나는 아이가 울음을 멈출 때까지 앉아서 기다렸다가 나가지. 어떨 때는 30분씩 기다려. 내가 간 걸 안 순간부터 다시 울기 시작하고 아무것도 안하려고 하나 봐."라고 답하였다.

　　친구는 "그럼 이렇게 해 봐. 아이의 선생님을 문 앞에서 만나서 선생님이 예원이를 바로 데리고 들어갈 수 있도록 해 봐. 예원이에게 **뽀뽀**를 해 주고 바로 넌 돌아서. 그럼 아마 예원이는 괜찮아질 거야. 네가 너무 오래 머물러 있으면서 문제를 악화시키고 있는 것 같아."라고 제안하였다.

　　하정 씨는 다급했기 때문에 친구의 조언을 바로 실천으로 옮겼다. 놀랍게도 그날 이후로 예원이는 어린이집에서 울지 않았다.

# 61 할 일을 미루는 아이

아이는 제가 무엇을 부탁할 때마다 '이따 할게요.'라고 말합니다. 한 번도 부탁한 시간에 바로 움직인 적이 없어요. 아이 아빠도 항상 할 일을 미루는 데 정말 미칠 지경입니다. 이것도 유전인가요?

## 당신 자신과 자녀 그리고 상황 이해하기

미루는 습관은 유전적인 문제가 아니다. 하지만 이러한 습관은 주변 사람들에게 피해를 입힐 수 있다. 할 일을 미루는 사람도 자신의 습관에 불만을 느낀다. 미루는 행동은 "그 일을 하고 싶지 않고 당신이 하라고 강요할 수도 없어요."라는 말의 간접적인 표현이다. 하고 싶지 않지만 해야 하는 일을 미루는 행동은

정상이다. 속으로 충분히 미루다 보면 하고 싶지 않은 일을 하지 않게 될지도 모른다는 생각을 한다. 미루는 행동은 관심을 끌거나, 반항을 하거나, 어려워 보이는 일을 피하고 싶을 때 무의식적으로 나오기도 한다. 할 일을 미루는 사람들은 아마 자신의 행동 뒤에 숨겨진

의미를 인지하지 못하고 있을 것이다. 하지만 숨겨진 의미를 깨닫지 못한다면 평생 미루는 습관을 가지고 살아갈지도 모른다.

## ✌ 실전! 생활 속 긍정 훈육법

① 미루는 빈도를 줄이는 가장 효과적인 방법은 일과를 정하는 것이다(취침 전, 아침, 숙제, 식사 시간 등). 그리고 각 일과를 끝내야 하는 시간을 정한다. 일과를 따르다 보면 아이는 할 일을 미룰 여유가 없을 것이다('일과 정하기' 참조).

② 만일 아이가 계속 할 일을 미룬다면 넘어가 주거나 알려 주는 대신 행동의 결과를 직접 경험하게 해 준다. 예를 들어, 아이가 빨래를 미룬다면 아이는 더러운 옷을 다시 입어야 할 것이고 숙제를 미룬다면 취침 시간이 늦어지거나 숙제를 마치지 못할 것이다. 아이에게 벌을 내리지 않는다. 일과를 지키지 않았을 때 어떤 일이 일어나는지 스스로 느끼게 해 준다. 억지로 결과를 만들어 내는 것과 결과를 경험하게 하는 것은 다르다는 사실을 기억한다.

③ 아이가 해야 할 일을 잊었거나 미루는 바람에 생긴 결과에 대해 화가 나 있다면 아이의 말을 경청하되 상황을 해결해 주진 않는다. 아이들은 일어날 일에 대한 이야기를 들을 때보다 결과를 직접 경험할 때 교훈을 얻는다.

④ 아이가 싫다고 대답하는 것을 원하지 않는다면 좋거나 싫다고 대답할 수 있는 질문을 삼간다. 예를 들어, 당신이 "지금 숙제를 할래?"라고 물어보면 아이는 "싫어요."라고 말할 가능성이 높다. 대신 아이가 자신에 대한 통제력을 가질 수 있도록 선택권을 준다. "숙제를 5분 뒤에 시작할래. 10분 뒤에 시작할래?"라고 물어본다.

⑤ 당신이 무언가를 말하면 그대로 실행한다. 당신의 부탁을 아이가 미룬다면 "그건 선택사항이 아니잖니. 지금 하도록 해. 끝나면 내가 확인할 수 있게 말해 줘."라고 말한다. 그리고 일어서서 아이가 행동할 때까지 기다린다.

## ✌ 문제를 예방하는 좋은 습관 기르는 법

① 아이에게 참여할 수 있는 기회나 선택권을 주는 대신 아이를 통제하려 하고 당신이 시키는 대로 하길 바라고 있진 않은가. 아이가 해야 할 일에 대해 미리 말해 주고 계획을 세우는 과정에 참여할 수 있게 해 준다면 아이는 시키지 않아도 알아서 일을 처리하고 싶어 할 것이다.

② 사전에 아이와 약속을 하고 일과를 정하는 과정에 참여시킨다('일과 정하기' 참조).

③ 당신이 회사에 있는 동안 아이가 주어진 일을 처리하길 기대하지 않는다. 당신이 집에 있을 때 해야 할 일을 끝내게 하는 것이 좋다.

④ 아이의 미루는 습관이 아이의 삶에 영향을 미치고 있는지 물어보고 도움의 손을 내밀어 본다. 만일 아이가 당신의 도움을 필요로 한다면 아이가 일을 끝내야 하는 시간에 맞춰 계획을 세울 수 있게 도와준다. 일을 끝내기 위해 필요한 모든 과정을 계획화한다.

⑤ 아이가 실수할 수 있는 환경을 만들어 그들이 결과로부터 배울 수 있게 도와준다. 예를 들어, 아이가 친구와 놀러 가기 전에 숙제를 끝내겠다고 했지만 숙제를 하고 있지 않다면 약속을 상기시켜 주지 않는다. 대신 아이가 친구를 만나러 갈 시간에 아이에게 숙제를 먼저 끝내야 하기 때문에 친구에게 늦는다고 전화하라고 말한다.


## ✋ 아이들이 배울 수 있는 삶의 기술

아이들은 미루면 무슨 일이 일어나는지 배우게 된다. 또, 계획을 세우고 그것을 이행하는 기술을 배우게 된다. 아이들은 마감시간을 정해야 하는 방법 또한 사용하게 된다. 아이들은 자신이 아닌 부모가 원하는 일에 싫다고 말할 권한이 있다는 사실을 깨달을 것이다. 이 권한을 사용하여 자신이 처리하기 싫어하는 일을 회피하게 위해 일을 미루는 일은 없을 것이다.

## 🖐 양육 포인트

① 만일 아이가 해야 할 일이 너무 부담스러워 시작을 미루고 있다고 느껴진다면 아이가 일을 천천히 진행해 나갈 수 있게 도움을 준다. 아이에게 실수는 배우고 성장할 수 있는 훌륭한 기회라는 것을 알려 주고 완벽할 필요가 없다는 사실을 말해 준다.

② 아이의 취향을 존중해 준다. 압박 속에서 일을 더 효율적으로 끝낼 수 있는 사람도 있다. 당신에게는 아이가 할 일을 미루고 있는 것처럼 보이지만 사실 아이는 일을 효율적으로 끝내기 위해 긴장감을 쌓아가고 있는지도 모른다.

### 훈육 도우미

혜경 씨 아들 희준이는 컴퓨터를 매우 잘 다루었다. 혜경 씨는 아들에게 컴퓨터 프로그램 설치하는 것을 도와달라고 부탁했다. 그는 "알았어요. 시간이 나면 바로 해 드릴게요."라고 말했다. 혜경 씨는 희준이가 학교 과제 때문에 매우 바쁘다는 사실을 알고 있었다. 그녀가 부탁을 할 때마다 희준이는 그녀의 부탁을 미룰 이유가 있는 것 같았다. 결국 그녀는 "희준아, 네가 프로그램을 설치해 줄 때까지 기다릴 수는 있지만 네가 도와줄 수 있는 시간을 정확히 말해 주면 기다리는 데 큰 도움이 될 것 같아. 너는 한다면 하는 아이인 걸 알기 때문에 그때까지 이 일로 너를 괴롭히지 않을게."라고 말했다. 희준이는 미소를 지으며 "네, 엄마. 20분 뒤에 도와드릴게요."라고 답하였다.

# 62 집안 물건을 망가트리는 아이

얼마 전 제 딸이 화를 참지 못하고 공을 던져 창문을 깨트렸습니다. 어떻게 하면 좋을까요?

## ☝ 당신 자신과 자녀 그리고 상황 이해하기

아이들은 자라는 과정에서 많은 것을 부수고 망가트린다. 대부분의 경우 이러한 일은 실수로 일어난다. 때로 아이들은 재미를 위해 집안 물건을 망가트린다(예: 벽에 그림을 그리는 행동). 그리고 가끔은 분노를 표현하거나 보복하기 위해 물건을 망가트린다. 이러한 상황에서 부모의 역할은 아이를 체벌하거나 봐주는 것이 아니라 아이가 손상시킨 물건을 복구하거나 치우도록 도와주는 것이다.

## ✌ 실전! 생활 속 긍정 훈육법

① 아이를 바보나 문제라고 부르며 과잉 반응을 보이거나 소리를 지르는 행동을 삼간다.

② 망가진 물건을 치우는 데 아이를 참여시킨다. 함께 벽을 닦고, 벽지를 갈고, 바닥을 치워라. 아이가 배우기 위해 고통을 느낄 필요는 없다. 실수를 했다고 체벌하는 대신 상황을 바로잡는 방법을 보여 준다.

③ 물건을 고치는 데 돈이 든다면 아이가 매주 용돈의 일부를 내어 수리 비용에 보태게 한다. 당신이 일부를, 아이가 일부를 내게 하고 아이가 내는 금액을 기록해 둔다. 돈을 어떤 방식으로 낼 것인지는 아이가 정하게 하되, 돈을 낼지 안 낼지는 당신이 정한다. 아이에게 돈을 받지 않는 대신 집안일을 더 시키는 방법을 사용할 수도 있다.

## 🐰 문제를 예방하는 좋은 습관 기르는 법

① 집 상태에 매우 민감해서 아이가 어린아이라는 사실을 잊고 있진 않은가? 집 안에 아이가 음료를 흘리거나 물건을 떨어뜨려도 괜찮은 공간이 있는가? 없다면 한번 마련해 본다.

② 아이가 자전거를 타고, 공을 던지고, 씨름을 하고, 그림을 그리고, 집 안 물건을 손상시킬 수 있을 만한 행동을 할 수 있는 장소를 아이와 함께 정해 본다.

③ 아이가 벽에 그림을 그리지 않도록 큰 종이를 제공한다. 물감이 카펫이나 바닥에

묻지 않도록 신문을 깔아 놓은 식탁 위에서 그림을 그리게 한다. 아이가 충분히 자랐을 땐 아이가 준비 과정에 참여하게 하여 물건을 보호하는 방법을 가르친다.

④ 아이가 방을 꾸밀 수 있게 허락해 준다. 스스로 색깔과 테마와 침대보와 그림과 가구 배치를 결정할 수 있게 해 준다. 아이의 나이에 맞는 소재를 사용하여 장난감에 의한 가구 손상을 걱정할 필요가 없게 한다.


## ✋ 아이들이 배울 수 있는 삶의 기술

아이들은 실수를 해도 괜찮다는 사실과 그것을 고치는 과정에서 수치심과 고통을 경험하지 않아도 된다는 사실을 깨닫는다. 아이들은 자신이 저지른 일을 타인이 해결해 주지 않는다는 사실을 알게 되면서 행동에 책임감을 느끼게 된다. 어떤 장소가 특정 행동을 취하기에 적합한지 깨달으면서 아이들은 사회적 기술과 예의를 배울 것이다.


## ✋ 양육 포인트

① 아이가 저지른 손상이 고의라고 판단된다면 아이 행동의 목적과 행동 뒤에 숨겨진 믿음이 무엇인지 파악해 본다.

② 아이가 물건을 손상시키거나 벽에 그림을 그려 당신의 관심을 얻을 수 있다는 믿음을 가져선 안 된다. 아이는 부모가 놀라서 펄쩍 뛰는 모습을 보고 계속 물건을 망가트릴 수도 있다.

③ 아이가 자신이 받은 상처를 되돌려주기 위해 물건을 망가트린다면 아이를 안아 주고 함께 뒤처리를 한다. 보복의 순환을 지속시키지 않는다. 상처의 원인을 찾기 위해 아이의 감정에 귀 기울여야 한다.

아홉 살 서윤이는 친구들과 놀다가 귤을 이웃사람 차에 던지는 것이 재미있겠다고 생각했다. 차 주인은 귤을 던지는 아이들을 발견했고 서윤이 엄마에게 전화를 걸었다. 그녀는 다시 연락하기로 약속했다.

엄마는 서윤이와 앉아 호기심 가득한 목소리로 "차에 귤을 던질 때 무슨 생각을 했니?"라고 물어보았다.

서윤이는 "저희는 그냥 재미있을 거라고 생각했어요. 정말 죄송해요."라고 답하였다.

"스무 살이 된 네가 차를 사기 위해 모은 돈을 모두 사용했다고 생각해 봐. 만일 누군가가 네 차에 귤을 던진다면 넌 어떻게 할 거니?"

"정말 화가 날 거예요. 던진 애들을 다 교도소에 가두고 싶을 거예요."

"차 주인 아저씨는 네가 교도소에 가길 원치 않는 것 같구나. 네 실수를 바로잡기 위해 할 수 있는 일이 뭐가 있을까?"

서윤이는 "음, 아저씨께 세차를 해 드리겠다고 말해 볼 수 있어요."라고 답하였다.

엄마는 "좋은 생각인 것 같구나. 네 실수를 인정하고 바로잡는 데는 많은 용기가 필요해. 아저씨께 전화를 드릴래 아니면 엄마와 함께 아저씨를 찾아가 볼래?"라고 말하며 선택권을 주었다.

그러자 서윤이는 "친구들이 저와 함께 갈 건지 물어볼게요. 그 아이들도 저랑 같이 귤을 던졌으니까 저를 도와줘야 한다고 생각해요."라고 말했다.

"좋은 생각이다. 나중에 어떻게 되었는지 알려 줘."

서윤이 친구들은 처음에는 동행하기를 꺼려했지만 서윤이가 그들에게 그들의 차에 누가 귤을 던진다면 기분이 어떨지 물어보자 그들도 아저씨를 찾아가기로 결심했다. 서윤이는 "우리의 실수를 바로잡기 위해서는 용기가 필요한 것 같아."라고 말했다.

그리고 그들은 용기를 냈다.

# 63 지저분한 방

제 아이들을 방 정리를 하지 않습니다. 더러운 옷들이 침대 밑에 들어가 있고, 사용한 접시와 먹다 남은 음식이 서랍장 위에 놓여 있고, 장난감이 여기저기 흩어져 있어요. 아무리 잔소리를 해도 문제는 해결되지 않고 있습니다. 어떻게 해야 할까요?

## ☝ 당신 자신과 자녀 그리고 상황 이해하기

대부분의 부모는 아이의 더러운 방과 끝내지 않은 숙제에 대해 불만을 가진다. 많은 가정에서 이 문제로 전쟁이 일어나곤 한다. 아이들이 방을 나누어 사용하는 경우 이것은 싸움의 또 다른 이유가 된다. 당신이 아이가 방을 어떻게 유지하든 상관하지 않는 부모일지라도 원한다면 아이가 정리정돈을 배우게 할 수 있다. 아이가 방을 청소하고 정리할 수 있도록 도와줌으로써 많은 삶의 기술을 가르쳐 줄 수 있다. 하지만 성공하기 위해서는 충분한 훈련의 시간과 지속적인 관리가 필요하다.

## 🐰 실전! 생활 속 긍정 훈육법

① 어린아이에게는 스스로 청소하는 것이 부담이 될 수 있기 때문에 당신이 도와주어야 한다. 방 가운데 앉아 장난감을 들고 "이게 어디에 있어야 할까? 엄마에게 보여줄래?"라고 물어본다. 아이가 장난감을 제자리에 가져다 놓을 때까지 기다렸다가 같은 과정을 반복한다. 일주일에 적어도 한 번은 이 방법을 사용한다.

② 유치원생 아이는 종이와 끈과 같은 보물을 모은다. 아이가 없을 때는 이 물건들을 치워도 괜찮다. 아이가 말린다면 아이가 간직하고 싶은 물건들을 고를 수 있게 한다. 하지만 대부분의 경우 어린아이들은 모은 물건에 큰 미련을 갖지 않고 다시 모으기 시작한다. 수집한 물건이 없어진다는 걸 알아채는 나이가 되면 아이의 사생활을 존중해 준다.

③ 아이에게 너무 많은 장난감을 사 주고 있다면 당신이 원인 제공자일 수 있다. 이럴 때는 아이가 선반에 둘 장난감을 고르게 해 준다. 아이가 더 이상 가지고 놀지 않는 장난감을 자선단체에 기부하는 방법도 있다.

④ 아이가 해야 할 일을 했다고 해서 상을 주지 마라. 방을 정리하는 것은 가족을 돕는 일이며 방을 치웠다고 상을 받을 필요는 없다. 방 정리를 용돈과 연결시키지 않는다('용돈' 참조). 그리고 방을 치우지 않았다고 해서 그들이 아끼는 물건을 빼앗

아가지 않는다.

⑤ 어떤 부모는 아이의 방에 신경 쓰지 않는다. 그들은 아이가 원하는 대로 방을 유지할 수 있게 허락하지만 가족이 함께 사용하는 공간을 정리하는 데 아이를 참여시킨다.

⑥ 아이에게 선택권을 주는 것도 하나의 방법이다. 아이에게 "네 방을 스스로 정리할래? 아니면 엄마가 할까? 엄마가 정리하면 쓸모없다고 생각되는 물건들은 다 버릴거야."라고 말한다. 혹은 "네 방을 스스로 정리할래? 네 용돈으로 청소부를 고용할래?"라고 물어본다. 비꼬는 것처럼 들리지 않도록 말투에 주의한다. 아이를 존중하며 의사를 묻는 시간이 되어야 한다.

⑦ 아이가 방을 나누어 사용하는 것에 불만을 표한다면 가족회의 때 함께 해결 방법을 의논해 본다.

## 🐰 문제를 예방하는 좋은 습관 기르는 법

① 방을 꾸미는 것에 대한 아이의 의견에 귀 기울여라. 아이는 당신과는 취향이 다를 수 있으며 아이 방은 당신 것이 아니라 아이의 것이 되어야 한다. 장난감과 소지품을 정리해 놓을 수 있도록 충분한 정리함을 준비한다.

② 두 살에서 열 살 사이의 아이에게는 "장난감을 가지고 놀거나 물건을 옮겨도 되지만 놀이가 끝나면 모든 걸 제자리에 놓도록 해."라고 말한다. 감정적으로 편안한 아이는 당신의 말대로 행동할 것이다. 하지만 만일 아이가 다른 제안사항이 있다면 함께 이야기해 본다.

③ 가족회의 동안 방 정리에 대한 일과를 정해 본다. 학교에 다니는 아이들이 정리하기 가장 좋은 시간은 아침 식사 전이다. 만일 아이가 잊어버린다면 아침식사 때 아무 말 없이 접시를 뒤집어 놓아 할 일을 상기시켜 주면 된다. 아이들이 계획을 세우는 과정에 참여하여 아이들은 말한 대로 실행하게 될 것이다. 아이들의 청결함

의 기준은 당신의 것과 다를 수 있다. 물건이 침대 밑에 밀어 넣어져 있거나 주름 진 침대 시트 위에 이불을 깔아 놨어도 이해해 준다.

④ 아이가 좀 더 크면 일주일에 하루를 정해 청소를 하게 하는 것이 좋다. 더러운 접 시를 주방으로 가져다 놓고, 청소 바구니에 옷을 담고, 청소기를 돌리고, 침대 시 트를 바꾸도록 지도한다. 끝내야 하는 시간을 정하는 것도 도움이 된다. 예를 들어, 토요일 저녁 식사 전까지 청소를 마칠 수 있게 지도한다. 당신이 집에 있는 시간을 마감 시간으로 정해야 한다.

⑤ 일 년에 두 번 정도 아이와 함께 아이의 옷을 정리한다. 아이에게 더 이상 맞지 않 는 옷을 골라 자선단체에 기부하고 계절에 맞지 않는 옷을 정리한다.

⑥ 아이가 커갈수록 아이와 함께 방에 대한 최소한의 기준을 정하는 것이 좋다. 예를 들어, 당신은 "나는 네 방 상황이 맘에 들지 않아. 하지만 최소한의 기준만 지켜 준 다면 네가 원하는 대로 방을 유지해도 좋아. 하루에 한 번은 더러운 접시를 주방에 가져다 놓고, 일주일에 한 번은 청소기를 돌리고, 주말에는 침대 시트를 바꾸도록 해."라고 말할 수 있다.


## ✋ 아이들이 배울 수 있는 삶의 기술

아이들은 일과표를 따르고, 가족에게 기여하고, 물건을 정리하고, 협동하는 방법을 배우게 된다. 또한 스스로 방을 꾸밈으로써 취향을 알아가고 개성을 표현할 수 있다.


## ✋ 양육 포인트

① 깨끗한 방은 당신에게는 중요하지만 아이에게는 중요하지 않을 수 있다. 만일 이 문제로 힘겨루기를 하고 있다면 아이는 싸움에서 이기기 위해 더러운 방을 유지할

것이다. 아이의 의견을 존중한다. 당신도 지저분한 방을 갖고 있던 아이였다는 사실을 기억한다.

② 당신의 친구들이 아이의 방을 보고 당신의 살림을 판단할까 걱정하지 않는다. 당신의 친구들은 아이의 기준과 당신의 기준의 차이를 충분히 구분할 수 있다.

## 훈 육  도 우 미

수지와 그녀의 동생 승윤이는 그들의 방을 꾸미는 것을 매우 좋아했다. 2, 3년에 한 번씩 그들의 취향은 완전히 바뀌었다. 그들의 방은 서커스와 고양이 테마에서 야구선수와 발레리나 테마로, 또 락스타와 영화배우 테마로 바뀌었다. 방의 모든 공간을 포스터로 도배한 적도 있었고 핑크색이나 검정색으로 도배한 적도 있었다. 그들의 방은 그들의 독특한 성격, 흥미와 취향을 반영했다.

승윤이와 수지는 방을 도배하고 침대보와 커튼 색깔을 선택했다. 그들이 원했던 포스터들은 생일이나 크리스마스 선물 리스트에 적어 두었다. 그들은 가구 배치를 바꾸기도 했다. 문 앞에는 "들어오세요.", "방해 금지.", "주의하세요." 등의 팻말을 붙여두었다.

아이들의 부모는 두 아이가 자신을 파악하고 각자의 특별함을 맘껏 표현할 수 있도록 격려하였다. 아이들은 취향을 표현할 수 있는 기회를 매우 좋아했고 그들의 부모 또한 아이들이 새로운 흥미와 취향을 발견하는 것을 매우 즐거워했다. 당신과 당신의 아이들도 이러한 방법을 시도해 볼 수 있길 바란다.

# 64 학교생활에 어려움을 겪는 아이

아이가 학교에서 커닝을 하다가 걸렸습니다. 이제 전 아이의 선생님과 면담을 해야 해요. 제가 엄마로서 제대로 역할을 하지 못하고 있는 것 같아 부끄럽고 겁이 납니다. 어떻게 하면 아이가 학교생활에 잘 적응할 수 있을까요? 집에서는 행실이 바른 아이입니다.

## ☝ 당신 자신과 자녀 그리고 상황 이해하기

학교 문제를 해결하기 위해서는 문제가 되는 행동뿐만 아니라 행동 뒤에 숨겨진 믿음 또한 고려해야 한다. 학교생활에 어려움을 겪는 이유는 매우 다양하다. 일반적으로 학교 문제는 우월감이나 복수심과 관련되어 있다. 학교생활에 적응하지 못하는 몇몇 아이들은 문제아가 되어 관심을 얻거나 시도하지 않음으로써 실패를 회피한다.

많은 경우 부모는 아이에게 문제가 있다고 생각하지만 학교의 교육 환경이 문제일 수도 있다. 어떤 학교는 경쟁을 부추기거나, 문제해결 능력과 존중을 배울 수 있는 기회를 제공하지 않거나, 아이의 학습 방법을 존중하지 않는다. 아이는 체벌을 하고 수치심을 주는 선생님에게 존중받지 못하고 있을 수도 있다. 이런 경우 아이는 자신의 능력을 발휘하지 못할 수 있기 때문에 당신이 부모로서 아이에게 안전한 학습 공간을 마련해 주어야 한다. 아이는 따돌림 때문에 학교에 가기를 두려워하는지도 모른다.

제2부 생활 속 긍정 훈육법    379

## ✌ 실전! 생활 속 긍정 훈육법

① 아이의 세계로 들어가 아이의 행동 뒤에 숨겨진 의미를 찾기 위해 노력해 본다. 아이와 시간을 보내고, 질문을 하고, 아이의 편에 서서 이야기를 듣는 것만으로도 충분할 수 있다.

② 긍정적인 방법으로 상황에 대처한다. "커닝을 할 정도라면 좋은 성적이 네게 매우 중요한 것 같구나. 길게 봤을 때 이러한 행동이 너에게 도움을 줄까? 아니면 상처를 줄까? 네 목표를 이루기 위해 시도해 볼 수 있는 다른 방법은 뭐가 있을까?"라고 말해 본다.

③ 함께 문제를 해결해 본다. 문제가 무엇인지 함께 생각해 보고 가능한 해결 방법에 대해 의논해 본다.

④ 아이의 선생님에게 면담을 요청해 본다. 선생님과 아이와 당신이 함께할 수 있는 자리여야 한다. 면담은 아이에 관한 것이기 때문에 아이가 참여하여 문제를 더욱 효율적으로 이해하고 효과적인 해결 방법을 제시할 수 있을 것이다. 면담이 아이의 책임을 묻는 시간이 아닌 문제해결의 시간이 되도록 노력한다. 당신과 선생님이 대화를 시작하기 전에 아이가 먼저 문제와 가능한 해결 방법에 대해 이야기할 수 있는 기회를 제공한다. 일반적으로 아이들은 무엇이 문제인지 알고 있으며 지시를 받는 대신 직접 말할 때 상황에 대한 책임감을 느낀다. 아이가 잘하고 있는 부분에 대해서도 아이가 직접 이야기할 수 있는 기회를 준다.

⑤ 대화만으로도 상황을 해결하기에 충분할 수 있다. 많은 경우 우리는 결과와 해결 방법에 집중하느라 대화가 가져다 줄 수 있는 이해의 힘을 과소평가한다. 아이들의 말에 귀 기울이고, 관심을 갖고, 이해하는 것만으로도 올바르지 않은 행실의 원인이 되는 믿음을 바꿀 수 있다.

⑥ 몇몇 아이의 경우 선생님을 바꾸거나 전학을 가는 것이 가장 좋은 방법일 수 있다. 이 방법이 효과적일 거라고 생각된다면 행동으로 옮기기를 망설이지 마라.

# 👏 문제를 예방하는 좋은 습관 기르는 법

① 아이의 학교를 방문한다. 수업을 참관하여 수업 분위기를 파악해 본다. 선생님의 수업 태도는 긍정적인가? 아이들에게 수치심을 주거나 반항심을 불러일으킬 수 있는 체벌을 하거나 상을 주고 있진 않은가? 아이들을 문제해결 과정에 참여시키기 위해 학급 회의를 진행하고 있나? 아니라면 학급 회의에 대해 긍정적인 반응을 보이는가?

② 긍정적인 학교생활이 왜 중요한지 아이에게 정보를 제공해 준다. 잔소리를 해서는 안 된다. 감정을 진솔하게 표현하여 당신의 생각을 나누어라. "나는 _____ 때문에 _____ 기분이 들어. 그리고 _____으면 좋겠어." 공식을 사용해 본다.

③ 친밀감과 신뢰를 쌓아라. 체벌과 잔소리는 적대감과 거리감을 느끼게 한다. 아이의 세계로 들어가 아이의 말에 경청하여 친밀감과 신뢰를 쌓을 수 있다. 효과적인 긍정 훈육법의 기초는 친밀감과 신뢰다.

④ 문제의 원인에 대한 책임감을 갖는다. 책임감을 갖는다는 건 죄책감을 느끼는 것이 아니라 당신이 문제에 기여하지 않았는지 자신을 돌아보는 것이다. 아이가 '나는 학교생활을 잘해야만 사랑 받을 수 있어.'라고 생각하도록 조건적인 사랑을 주고 있진 않은가? 아이가 당신의 기대를 충족시키기 위해 너무 많은 압박을 받고 있진 않은가? 당신이 먼저 문제에 대한 책임감을 갖기 시작한다면 아이 또한 문제에 대한 책임감을 갖게 될 수 있다.

⑤ 아이에게 당신이 취할 행동에 대해 미리 말해 준다. '나는 네가 학교에서 겪는 문제를 스스로 해결할 수 있다고 믿어. 선생님이 전화하면 너에게 수화기를 넘겨 줄 거야. 네가 수업을 빠져도 너를 위해 거짓말을 하지 않을 거야. 다만 네가 날 필요로 할 때 너의 이야기를 듣고 해결 방법을 제안해 줄 순 있어."라고 말해 준다.

⑥ 학교생활에 지나치게 통제적인 부모 때문에 학교생활에 어려움을 겪는 아이도 있다. 한 발짝 물러나 잔소리 없이 아이가 어떻게 하는지 지켜본다. 일주일 동안 아이를 지켜본 뒤 당신이 관찰하고 느낀 점에 대해 아이와 이야기를 나눠 본다.

## 🖐 아이들이 배울 수 있는 삶의 기술

아이들은 선택에 대한 책임감을 느끼게 된다. 부모는 문제의 원인과 문제를 해결하기 위해 아이들이 할 수 있는 일에 대해 생각해 볼 수 있도록 도움을 준다. 아이들이 깨달을 수 있는 가장 중요한 것은 그들이 언제나 사랑 받고 있다는 사실과 죄책감과 수치심 없이 실수에서 배울 수 있다는 사실이다. 또한 당신이 문제를 여러 측면에서 바라볼 때 아이들은 당신의 관심을 느끼게 된다.

## 🖐 양육 포인트

① 아이의 문제에 대해 당신을 탓하는 선생님과 대화를 나누는 것은 쉬운 일이 아니다. 당신의 자존심에 집중하는 대신 아이에 대해 관심을 갖고 면담에 임해 본다.
② 선생님도 당신만큼이나 겁이 나고 방어적일 것이다. 긍정적인 면담을 위해 선생님에게 방어적인 태도를 보이는 대신 우호적인 태도를 보여라. 누군가는 방어를 풀고 편안한 대화를 나눌 수 있는 분위기를 만들어야 한다.

### 훈 육 도 우 미

열일곱 살 소은이는 매일 아침 늦잠을 잤다. 그녀를 깨우고 학교에 보내기 위해 매일 아침 전쟁이 일어났다. 엄마는 소리를 지르고, 잔소리를 하고, 아이를 침대 밖으로 끌어내면서 아이와 끊임없는 힘겨루기를 했다. 소은이는 그저 소리만 지를 뿐이었다. 결국 어느 날 소은이는 "나를 좀 내버려둬요! 엄마가 정말 미워요!"라고 소리쳤다.

엄마는 충격을 받았지만 다행히도 이 사건은 그녀에게 작년에 부모 교육에서 배운 내용을 기억하게 했다. 그녀는 관계에서 가장 중요한 것은 거리와 적대심이 아닌 신뢰와 친밀감이라는 것을 기억했다. 그리고 그녀는 소은이를 통제하는 대신 무조건적인 사랑을 바탕으로 딸의 의견을 지지하기로 결정했다.

다음날 아침 엄마는 소은이를 깨우는 대신 늦잠을 자게 허락하였다. 그녀가 일어났을 때 엄마는 그녀의 침대에 앉아 진지하게 "소은아, 학교에 가고 싶지 않은 것 같은데 중퇴하고 직장을 갖는 건 어떠니?"라고 물어보았다.

소은이는 엄마의 태도의 변화와 지지에 놀랐다. 힘겨루기는 풀어졌고 소은이는 자신의 의견을 나누기 시작했다. 그녀는 "학교를 그만두고 싶진 않아요. 그냥 전 너무 뒤처져서 어떻게 따라잡아야 할지 모르는 것뿐이에요. 제가 하는 일에 아무도 관심을 갖지 않고 저도 더 이상 신경 쓰고 싶지 않아요. 선생님은 계속 저에게 벌만 내리세요. 희망이 없어요. 제 속도에 맞게 공부할 수 있는 보습학교에 들어갈 수 있으면 좋겠어요."라고 털어놓았다.

엄마는 "그럼 그렇게 하지 그러니?"라고 물어보았다.

소은이는 "보습학교에 가면 모두 저를 실패자라고 생각할 거예요."라고 답하였다.

"너는 어떻게 생각하는데?" 엄마가 물었다.

"어차피 뒤처지고 있는 걸요." 소은이가 말했다. "제가 보습학교에 간다면 따라잡을 수 있다는 걸 알아요. 문제는 보습학교에 가려면 먼저 학교에서 퇴학을 당해야 한다는 거예요."

엄마는 "먼저 상담 선생님과 이 문제에 대해서 이야기를 해 보는 건 어떠니? 도움이 필요하면 함께 가줄 수 있어."라고 말했다.

그들은 상담 선생님을 찾아갔고 그는 보습학교 대신 소은이가 한 학기 동안 개별학습을 받는 것을 추천하였다. 소은이는 이 방안을 만족스럽게 받아들였고 정규반으로 돌아가기 위해 한 학기 동안 열심히 노력하였다. 상담 선생님은 개별학습에서 소은이처럼 최선을 다하는 학생을 처음 봤다며 그녀를 칭찬했고 그녀의 자기주도적인 모습을 높게 평가했다.

소은이는 상담 선생님의 격려와 엄마의 사랑과 배려에 감사함을 표했다. 그들은 그녀를 비난하는 대신 그녀와 함께 노력하여 소은이에게 동기를 부여했고 그녀는 생산적인 목표를 추구할 수 있었다.

# 65 아이의 자존감

제 딸은 스스로가 못생겼다고 생각해요. 스스로에 대해 잘못된 생각을 갖게 된 것이

지요. 제가 딸의 자존감을 높여 줄 방법이 없을까요?

## ☝ 당신 자신과 자녀 그리고 상황 이해하기

스스로가 어떤 사람인지, 그리고 어떻게 그들이 속할 수 있는 공간을 만들 수 있을지
에 관해 아이들이 갖는 생각의 집합체인 '자존감'은 생애 초기에 형성된다. 아이들이 이
러한 개념을 내적으로 형성하긴 하지만 아이들이 형성하는 이러한 내적인 결정에는 부
모 또한 엄청난 영향을 미친다는 사실을 명심해야 한다. 말이든 행동이든 부모가 아이
와 대화하는 방식은 아이가 스스로에 대한 건전한(또는 불건전한) 결정을 내리는 데 많은
영향을 준다. 보통 아이들은 부모가 자신에게 어떠한 결정을 내릴 수 있는 경험을 허락
할 때 스스로를 유능하다고 느낀다. 그들은 자신이 어떤 것에 공헌하고 혼자 힘으로 내
린 특정한 의사결정에 의한 영향을 스스로 감내할 때 올바르게 성장할 수 있다. 반면 아
이들은 특정한 조건에서만 사랑받는다고 여기거나 부모가 자신을 대신해 모든 일을 처
리함으로써 스스로 가진 능력을 발휘하지 못할 때 불건전한 자존감을 형성하게 된다.
부모로서 당신은 아이가 존재만으로도 이미 훌륭하다고 생각할지 모르나 중요한 것은

당신의 자녀가 스스로에 관해 믿고 있는 신념이다.

## ✌ 실전! 생활 속 긍정 훈육법

① 아이가 "나는 멍청해."와 같은 표현을 통해 스스로의 낮은 자존감을 드러낼 때 이를 당장 수정하려고 노력하기보다는 일단 그 말을 있는 그대로 들어주고 그러한 감정을 입증하게끔 한다. 아이를 구제해 주기보단 스스로 이 시기를 극복할 수 있다는 신념을 심어 주어야 아이의 자존감을 크게 향상시킬 수 있다.

② 아이가 자신에 관해 갖고 있는 낮은 자존감을 바꿀 필요가 있음을 아이에게 억지로 강요하지 않도록 한다. 아이를 꼭 안아 주는 것만으로도 충분하다.

## ✌ 문제를 예방하는 좋은 습관 기르는 법

① 절대 아이를 '멍청한' '게으른' '책임감 없는'과 같은 표현을 통해 깔아뭉개지 않는다. 문제가 발생한다면 비난을 하기보다는 해결책을 찾는 데 집중한다. 행위와 행위자를 따로 생각할 것이며, 행동만을 평가의 대상으로 한정하여 아이를 사랑하지만 그들이 하는 행동(벽에 낙서를 하는 행위 등)까지 좋아할 수 없음을 보여 준다. 실수는 무언가를 배우고 이를 통해 성장할 수 있는 최적의 기회라는 사실을 기억하고 아이가 내적으로 스스로의 단점을 형성하지 않게 주의한다.

② 무조건적인 칭찬은 자제한다. 칭찬은 일이 올바른 방향으로 나아가거나 아이가 어떤 일을 성공적으로 해 냈을 경우에는 효과적인 것처럼 보일 수 있다. 하지만 무조건적인 칭찬은 아이를 '칭찬 중독자'로 만들어 버리기 쉽다. 이는 다른 사람들이 긍정적인 평가를 내려 주어야 스스로 만족하는 아이를 가리키는 말이다. 만약 당신이 칭찬을 과하게 사용할 경우 아이가 어떤 일에 실패했을 때 당신이 취할 수 있

는 행동은 어떤 것이 남아 있겠는가? 이 경우 가장 올바른 방법은 "넌 충분히 괜찮아."라고 아이 스스로 생각할 수 있게끔 하는 말과 행동을 통한 격려다.

③아이는 매일 매일 자신의 생각과 의견을 형성한다. 오늘 느끼는 감정이 내일 갖는 생각과 다를지라도 아이는 자신의 말을 들어주고 지원해 주는 부모의 존재를 필요로 한다. 아이는 자신의 생각이 진지하게 받아들여지고 경청되고 있는지에 관한 명확한 기준을 필요로 한다.

④아이를 다른 사람과 비교하지 않는다. 각각의 아이들은 서로 다른 개성을 갖고 있는 특별한 존재이며 그들의 존재만으로도 기꺼이 어딘가에 소속되거나 가치 있을 수 있다.

⑤너무 높은 기대치를 갖는 것에 주의한다. 또한 당신이 주는 사랑이 조건적으로 비치지 않게 주의한다.

⑥아이들 각자가 갖고 있는 생각을 자유롭게 이야기할 수 있는 가족회의를 주기적으로 열어 아이가 스스로를 가족에 소속된 존재, 중요한 존재로 인식할 수 있도록 한다. 문제해결방안에 관한 브레인스토밍을 진행하는 과정에서 아이는 실수가 교훈을 얻을 수 있는 좋은 기회라는 것을 배울 것이다. 또한 이 과정에서 아이가 가족 공동체에 공헌할 수 있게 하여 스스로의 능력을 경험하도록 유도한다.

⑦자녀가 많다면, 아이들 각각과 함께하는 특별한 시간을 보낸다. 이는 자녀들이 각

자 갖고 있는 특수성을 일깨워 줄 뿐만 아니라 부모로서 당신이 그들 각각의 특수성에 얼마나 크게 감사하는지 아이가 깨닫게 하는 데 도움이 된다.

⑧ 편애하지 않는다.

⑨ 각각의 자녀가 형제, 선생님, 친구, 다른 가족 구성원으로부터 인격적으로 부당한 대우를 받는 때가 언제인지 세심하게 주의를 기울인다. 이때 아이가 느끼는 감정과 부모로서 당신이 느끼는 감정을 함께 공유하도록 한다. 아이에게 사람들이 뱉는 말이나 취하는 행동은 그들 각자의 불안감과 관계된 것이지 아이와는 어떠한 관계도 없는 것임을 분명하게 설명한다.

⑩ 만약 아이를 가르치는 교사가 아이들의 자존감 형성에 부정적인 방법을 사용할 경우 당신은 아이를 학교에 보내지 않는 방법을 택할지도 모르겠다. 하지만 이러한 부정적인 환경에는 과잉보호와 조심 사이에 적정선이 있음을 항상 명심한다.

⑪ 아이와 함께 어떤 것을 즐기는 시간을 보낸다.


## ✋ 아이들이 배울 수 있는 삶의 기술

아이들은 스스로가 사랑받는 존재인지 증명해야 할 필요가 없으며 그들 존재 자체만으로 이미 충분히 훌륭하다는 사실을 학습할 수 있다. 또한 스스로 문제를 해결할 충분한 능력이 있으며 삶의 역경을 헤쳐 나갈 수 있음을, 나아가 자신이 속한 공동체에 공헌할 수 있음을 배울 것이다.


## ✋ 양육 포인트

① 아이들 각자가 갖고 있는 개성의 가치를 인정하고 자녀들을 그 누구와도 비교하지 않도록 한다. 아이가 지향해야 하는 삶의 목표나 역할 모델을 제시하기보다는 아

이가 누구인지를 가장 먼저 파악하도록 한다.

② 당신 스스로의 자존감을 제대로 파악한다. 부모로서 당신 스스로가 실수와 부족함
을 더욱 기꺼이 수용하고자 할 때 당신은 자아의 수용과 관련되어 아이에게 더욱
훌륭한 본보기가 될 수 있다.

## 훈 육   도 우 미

청소년에게 긍정적인 태도를 유지하는 것은 때론 매우 어렵다. 열일곱 살 우현이의 경우
그의 가족은 각기 다른 이유로 어려움을 겪고 있었다. 엄마는 그의 부진한 성적을 걱정했다.
할머니는 그가 귀를 뚫은 것이 불만스러웠다. 아빠는 그가 약속을 어기는 것에 대해 화를
냈고 새엄마는 그가 더러운 옷들을 집안 곳곳과 차 안에 두는 것에 몹시 화가 나 있었다.

하지만 할아버지는 달랐다! 우현이가 도움이 가장 필요했을 때 할아버지는 우현이의 집
을 방문했다. 할아버지는 모두가 우현이에게 화를 내고, 잔소리를 하고, 그를 피했지만 아무
말도 하지 않았다. 하지만 생각지도 못한 때에 우현이는 생각지도 못한 장소에서 조그만 쪽
지를 발견했고 쪽지의 내용은 항상 같았다. "우현아, 잘하고 있어."

때로 가족이 모두 식탁에 둘러 앉아 있을 때 할아버지는 우현이를 보며 "우현아, 그거 아
니?"라고 물어보았다.

그러면 우현이는 환하게 웃으며 "제가 잘하고 있다는 거요?"라고 되물었다.

할아버지는 말했다. "그래, 그리고 그 사실을 잊지 말렴."

# 분리불안

제 아이는 낯선 사람이 근처에 있을 때마다 저에게 매달립니다. 어린이집에 데려다 줄 때는 제 곁을 떠나려 하지 않아요. 남편이 아이를 달래도 눈물을 멈추지 않습니다. 아이는 제가 하루 종일 안아 주길 바라요. 아이에게 문제가 있는 건가요? 저는 다시 취직을 할 생각인데 아이가 감당할 수 있을지 모르겠어요.

## ☝ 당신 자신과 자녀 그리고 상황 이해하기

만일 아이가 타인이 익숙한 환경에서 자라왔다면(대가족) 아이는 이런 문제를 겪지 않거나 아주 약하게 경험할 것이다. 하지만 만일 당신이 아이의 세계의 중심이었고 타인과의 접촉이 거의 없었다면 아이는 당신의 곁을 떠나기를 두려워할 것이다. 아이가 당신에게 매달릴 때 당신은 아이와 함께 있어야 할 것 같은 마음에 죄책감이 들지도 모른다. 아이는 당신의 죄책감을 감지하고 그에 맞게 행동할 것이다. 반면 당신이 아이의 친화력에 확신을 갖는다면 아이는 당신의 감정을 인지하고 빨리 적응할 수 있을 것이다. 당신이나 아이가 아팠거나 가족에게 큰 변화가 있었다면 아이의 집착은 안정감을 느끼려는 방법일 수 있다. 아이에게 새로운 활동과 사람을 소개하는 것이 익숙하지 않다면 변화하는 데 시간과 인내가 필요할 것이다. 당신과 아이를 위해 다음 제안사항을 실천해 본다.

## ✌ 실전! 생활 속 긍정 훈육법

① 아이가 당신에게 매달린다면 당신이 지켜보는 가운데 아이가 새로운 사람과 상황에 적응할 수 있는 환경을 마련해 본다(친구 집에 방문하여 아이가 친구의 아이와 놀 수 있게 해 볼 수 있다). 당신이 없는 상황에 익숙해질 때까지 타인과 함께하는 시간을 조금씩 늘려 본다.

② 아이가 마주할 상황을 예상할 수 있도록 어디에 가는지, 누가 있을 것인지, 얼마나 있을 것인지에 대해 설명해 준다(아이가 말을 할 수 있는 나이가 아니더라도 당신이 무엇을 준비시키는지 감지할 수 있을 것이다).

③ 아이가 두려움을 느낀다는 것을 알고 있고 그런 감정을 느끼는 것은 괜찮지만 새로운 사람과 공간을 피할 순 없다고 말해 준다. 상황을 피하는 것은 선택사항이 아니다.

④ 어린이집이나 유치원에 데려다 줄 때는 빨리 장소를 떠난다. 아이가 곧 울음을 그치고 선생님이 아이가 다른 활동을 하도록 지시할 거라고 믿어라.

⑤ 아이에게 수치심을 주지 않는다. 하지만 아이가 새로운 사람이나 상황을 회피하게 해서도 안 된다.

## ✌ 문제를 예방하는 좋은 습관 기르는 법

① 당신이 아이와 충분한 시간을 보낸다면 아이는 타인과 시간을 보내는 데 큰 어려움을 겪지 않을 것이다(물론 아이가 타인과의 시간을 감당할 수 있다는 사실을 깨닫기 전에는 약간의 슬픔과 두려움을 느낄 수 있다). 반면 당신의 삶과 일 때문에 아이와 충

분한 시간을 보내지 못한다면 아이는 분리불안을 겪을 것이다.

② 아이가 갓난아기일 때부터 당신이 없는 상황에서 타인이 아이를 돌보고 아이와 시간을 보낼 수 있는 상황을 만들어 본다. 또한 배우자가 양육에 참여하게 한다.

③ 아이에게 당신이 어디에 갈 건지 이야기해 주고 당신이 없는 동안 불편함을 느끼는 것은 괜찮지만 가지 않는 건 선택사항이 아니라는 사실을 말해 준다. 아이가 이러한 상황에 적응할 때까지 반복한다.

④ 아이가 당신 옆에 앉아 새로운 환경을 지켜볼 수 있게 해 준다.

⑤ 첫째 아이가 새로운 사람과 상황에 빨리 적응했다고 해서 둘째 아이도 같은 속도로 적응하길 기대하지 않는다. 아이들의 차이를 이해한다.

⑥ 아이와 백화점에 갈 때 아이가 타인과의 만남에 익숙해질 수 있도록 당신의 친구와 함께 간다.

⑦ 아이가 유치원에 적응하려고 노력했는데도 거부감을 보인다면 다른 유치원을 알아보거나 다른 선생님께 맡겨 보는 것이 좋다.


## ✋ 아이들이 배울 수 있는 삶의 기술

아이들은 세상이 자신의 삶을 풍요롭게 할 흥미로운 사람들과 장소로 가득 찬 곳이라는 사실을 깨닫는다. 그들은 처음에는 긴장하고 부끄러운 것이 자연스럽지만 연습과 시간을 통해 편안해질 수 있다는 사실을 깨달을 것이다. 또한 쉽게 포기하지 않게 된다.


## ✋ 양육 포인트

① 아이가 바깥세상을 편안하게 느끼길 원한다면 아이를 새로운 사람들과 활동에 노출시켜야 한다. 당신이 타인과 어울리고 새로운 활동을 하는 것을 불편해한다면

아이와 함께 사회성을 배워 나갈 수 있다.

② 당신이 아이와 교감할 수 있는 유일한 사람이라는 생각을 버려라. 당신의 생각 때문에 아이는 다양한 경험을 할 수 있는 기회를 잃고 있을지도 모른다.

### 훈 육 도 우 미

소영 씨는 직장을 다니는 한 부모다. 그녀는 일을 하느라 네 살 된 현주를 어린이집에 보내야 했고 아이와 시간을 충분히 보내지 못하는 것에 대해 매우 안타까워했다. 현주가 유치원에 다니게 되었을 때 그녀는 엄마가 유치원에 데려다주고 갈 때마다 울기 시작했고 소영 씨는 현주가 분리불안을 겪고 있다고 생각하게 되었다. 그리고 이 모든 것이 그녀의 부재 때문에 일어난 일이라며 자책하기 시작했다.

다행히 소영 씨의 남자친구 정대 씨는 그녀가 극단적인 생각에서 벗어날 수 있게 도와주었고 소영 씨를 대신해 현주를 유치원에 데려다주겠다고 자청했다. 그가 현주를 데려다주었을 때 현주는 울지 않았다. 또한 그는 소영 씨가 일주일에 두 번은 운동을 하도록 격려하였고 그날은 자신이 현주와 즐거운 시간을 보내겠다고 약속했다. 정대 씨와 현주는 함께 저녁을 준비하고, 강아지를 목욕시키고, 재미있는 책을 읽었다. 엄마가 집에 도착했을 때에도 현주는 엄마가 다가와 그녀를 안아주기 전까지 책에서 눈을 떼지 못했다.

성교육

저는 다섯 살 딸아이와 이웃집 남자아이가 바지를 벗고 있는 걸 발견했습니다. 아이를 체벌하고 싶진 않지만 성적인 장난을 하는 건 원치 않아요. 아이에게 어떻게 성에 대한 이야기를 꺼내야 할지 모르겠습니다.

## 🤚 당신 자신과 자녀 그리고 상황 이해하기

현대사회는 우리가 자라 온 사회와는 매우 다르며 극단적인 부류가 존재한다. 결혼할 때까지 이성 관계를 갖지 않는 사람이 있는 반면 파티에서 만난 이성과의 가벼운 만남이 영화를 보는 것만큼 자연스러운 사람이 있다. 성을 문화적으로 미화시키는 대중매체를 통해 아이들은 성관계를 갖고 섹시해져야 한다는 메시지를 정기적으로 받고 있다. 당신은 아이와 가치관이 매우 다를 수 있고, 부모이기 때문에 아이가 당신의 가치관을 따라야 한다고 생각할 수 있다. 그렇게 생각하고 있다면 무엇이 옳고 그른지 판단하는 데 어려움을 겪고 있는 아이가 진솔한 상담이 필요할 때 당신을 찾지 않을 것이다.

성교육을 통해 당신은 어린아이에게 신체기관이 어떻게 기능하고, 정상의 기준이 무엇이고, 아기가 어떻게 만들어지고, 성관계를 갖는다는 것이 무슨 의미인지 알려 주는 동시에 성적인 요구를 거부할 수 있는 용기를 심어 줄 수 있다. 아이가 커갈수록 제대로 된 성교육은 아이와 비심판적인 대화를 나누고 소통을 가능케 하는 방법이 될 수 있다.

## ✌ 실전! 생활 속 긍정 훈육법

①아이가 다른 아이와 성기를 탐색하는 모습을 발견했다는 것은 아이가 성교육을 받을 준비가 되었다는 의미다. 꾸짖거나, 놀리거나, 수치심을 주지 않는다. 성과 신체기관에 대해 호기심을 갖는 것이 괜찮다는 사실을 알려 준다. 신체기관에 대한 질문에 답을 하고 어떻게 기능하는지 설명해 줄 것이지만 성기는 사적인 신체기관이기 때문에 다른 아이들과 옷을 벗고 병원 놀이를 하거나 성기를 보여 주는 행위를 하는 것은 원치 않는다고 말해 준다.

②자신과 타인을 존중하는 행동에 대해 이야기해 본다. 다른 아이들의 성기를 탐색하거나 자신의 성기를 보여 주는 행동은 타인을 존중하지 않는 행동이라는 사실을 말해 준다.

③체벌을 삼간다. 체벌을 하면 아이는 성적 탐색을 부모 몰래 할 수도 있다. 특히 청소년의 경우 체벌을 삼가는 것이 매우 중요하다. 외출을 금지하고 아이의 권리를 제한하기 시작하면 아이는 당신의 눈을 피해 행동하고 반항하게 될 것이며 당신은 아이의 상담사가 될 수 있는 기회를 잃을 것이다.

④아이가 성, 성기 혹은 가슴(아이에게 적용되는 단어를 사용)에 대해 궁금한 점이 있는지 물어본다. 솔직하게 질문에 답하고 부끄러워하지 않으려고 노력한다. 필요 이상의 정보를 제공하는 대신 아이의 질문에만 답한다. 아이의 눈높이에 맞춰 아이가 이해할 수 있는 만큼의 정보만 제공한다.

⑤아이와 함께 도서관에 가서 아이 나이에 맞는 성교육 도서를 빌린다.

## ✌ 문제를 예방하는 좋은 습관 기르는 법

① 어린아이를 위한 성교육 책을 검색해 본다. 그리고 아이가 세 살 혹은 네 살쯤 되었을 때부터 함께 읽기 시작한다. 이 나이 때 아이들은 당신의 말을 대부분 이해하지 못할 테지만 여전히 책을 좋아할 것이다. 아이가 좀 더 커서 이웃집 아이가 성에 대한 정보를 알려 주려고 할 때 아이는 "난 이미 알고 있어."라고 말할 수 있을 것이다.

② 네 살에서 열 살 사이 아이의 부모일 경우, 잠들기 전 아이에게 "네 몸이 어떻게 움직이는지에 대해 궁금한 점 없니?"라고 자주 물어본다. 대부분의 경우 답은 "아니요."겠지만 아이에게 성과 성기가 장난감 혹은 학교 같은 편안한 대화 주제가 될 수 있다는 사실을 알려 줄 수 있다.

③ 일곱 살에서 열아홉 살 사이의 아이는 당신 나이에는 상상도 못했을 노골적인 성적 소재들을 텔레비전과 영화를 통해 접한다. 아이들은 자신이 보고 있는 것에 대해 어른들과 대화를 나눌 필요가 있다. 소통은 양쪽의 의견을 필요로 한다. 잔소리를 하거나 판단하는 대신 아이가 느끼고 생각하는 것에 대해 물어본다. 그리고 당신의 생각과 감정을 나눠 본다. 호기심 질문을 시도해 볼 수 있다. 아이에게 "텔레비전을 통해 접하는 소재에 대해 어떻게 생각하니?" "그 소재를 접할 때 어떤 기분이 드니?" "어떤 결론을 낼 수 있을까?" 등의 질문을 해 본다.

④ 아이가 충분히 자랐다면 성관계를 미루는 것이 왜 그들에게 이득이 되는지 설명해 준다. 나이가 들면서 생기는 감정적 성숙함과 지혜를 통해 자신과 타인을 존중할 수 있게 된다는 사실을 알려 준다. 이 과정을 통해 아이들은 자신을 희생해서라도 타인을 만족시켜야 한다고 느끼는 대신 자신이 옳다고 생각하는 일을 할 수 있는 자신감과 자기애를 갖게 될 수 있다. 아이들은 "나를 사랑한다면 성관계를 갖자." 혹은 "네가 나와 성관계를 맺지 않는다면 나는 다른 사람을 만날 거야."라고 말하는 사람에게서 벗어나야 한다는 사실을 알아야 한다.

⑤ 당신의 생각과는 달리 아이가 성관계를 선택한다면 원치 않는 임신과 성병에서 자신을 보호할 수 있게 필요한 정보를 제공해 준다.

⑥ 아이에게 성관계에 대한 공포와 죄책감을 심어 주기 위한 목적으로 에이즈나 성병에 대한 이야기를 꺼내지 않는다. 이는 오히려 아이에게 반항심을 갖게 할 수 있다. 성병이라는 주제는 아이가 귀를 기울이고 현명한 선택을 하도록 격려하기 위해 사용해야 한다.

⑦ 아이에게 그들이 이해하지 못하는 모든 단어를 설명해 줄 거라고 말해 준다. 그리고 몸에 그들이 이해하지 못하는 현상(몽정, 생리 등)이 일어나면 당신에게 질문하라고 말해 준다. 이러한 일들에 대해 사전에 말해 주어 이런 일이 생길 때 아이가 죽을병에 걸린 게 아니라 정상적인 성장 과정을 겪고 있다는 사실을 알게 해야 한다. 아이의 질문에 당황하지 말고 성과 관련된 단어를 언급한 아이의 친구를 비난하지 않는다. 질문에 답하는 것이 어렵다면 의사가 아이에게 설명해 주도록 도움을 요청하거나 관련 도서와 정보를 검색해 본다.

## ✋ 아이들이 배울 수 있는 삶의 기술

아이들은 성이 삶의 일부라는 사실을 알게 되고 성기와 그것의 기능이 두려움과 부끄러움의 대상이 아닌 정상적인 것이라는 사실을 깨닫게 된다. 아이들은 부모와 어떤 주제에 대해서도 이야기할 수 있고, 부모는 그들에게 진솔하고 유익한 정보를 제공해 줄 것이라는 것도 알게 된다. 올바른 정보를 바탕으로 아이들은 타인의 생각에 흔들리지 않고 자신을 위해 올바른 결정을 내릴 수 있게 된다.

## ﷽ 양육 포인트

① 당신이 성이 부끄럽고 나쁜 것이라고 생각한다면 아이도 그렇게 생각할 것이다. 아이는 당신의 태도를 본받거나 감정과 질문, 행동을 당신에게 숨길 것이다. 아이에게 가장 큰 영향을 미치는 건 당신이 말하는 주제가 아닌 말하는 방법이다.

② 십대 딸을 둔 1,400명의 부모를 조사한 결과 92%의 부모가 딸과 성에 대한 대화를 나눠 본 적이 없다는 결과가 나왔다. 만일 당신이 성에 대해 이야기하는 것이 불편하다면 그 사실과 이유 또한 아이와 나누어 본다. 그리고 아이와 성에 대한 이야기를 하거나 아이와 이야기할 수 있는 책임감 있는 어른에게 역할을 맡겨 본다. 아이는 상담자, 가족 구성원 혹은 당신의 친구와 이야기를 나누어 볼 수 있다.

### 훈 육 도 우 미

한 여자아이는 어렸을 때 부모님과 성에 대해 이야기할 기회가 없었다. 그들은 성에 대해 이야기하기를 부끄러워했다. 아이가 일곱 살이었을 때 이웃 남자아이는 '섹스'를 하는 방법을 보여 주길 원했지만 그녀는 그 단어가 어떤 의미인지 알지 못했다. 그는 그녀를 헛간으로 데려가 바지를 내리고 엎드려 있으라고 말했다. 그리고 그는 그녀의 하체에 소변을 보았고 나중에 다른 아이들에게 그녀와 '섹스'를 했다고 말했다. 이 소문은 그녀가 고등학생이 될 때까지 그녀를 따라다녔다. 일 년에 한 번 정도 아이들은 그녀에 대해 이야기를 했다. 아이들은 그녀를 따라다니며 뱃속에 아이가 있는 것이 아니냐며 놀렸다. 고등학교에서는 아이들 사이에서 그녀에 대한 쪽지가 돌기 시작했다. 그녀는 그녀의 안 좋은 소문을 믿고 있는 남자들에게서 성관계를 맺자는 제의를 받기도 했다.

성에 대한 정보 부족으로 그녀는 성관계를 맺지 않았다는 사실도 알지 못했고 그 남자아이와 성관계를 가졌다고 하더라도 그녀의 잘못이 아니며 그녀는 나쁜 사람이 아니라는 사실을 알지 못했다. 이제 성인이 된 그녀는 이 일을 웃어넘길 수 있게 되었지만 그녀의 부모님이 그녀와 진솔한 대화를 나누었다면 그녀의 고통은 훨씬 일찍 끝났을 것이다.

부모로서 아이에게 성교육을 시키는 것의 궁극적인 목표가 무엇인지 생각해 본다. 단순히 정보를 주기 위함인가? 아마 아닐 것이다. 아이가 성장하면서 겪는 성적 어려움으로부터 아이를 보호하기 위함인가? 아마 그 이상일 것이다. 언젠가 성인이 되어 결혼을 할 아이가 건강하고 책임감 있는 성생활을 할 수 있도록 성에 대한 올바른 견해를 가지도록 도와주어야 하지 않을까? 이 목표를 기억한다면 당신은 아이에게 무엇을, 어떻게 말해야 하는지 알 수 있을 것이다.

# 68  성적 학대

신문이나 잡지에서 성적 학대를 당한 아이에 대한 기사를 하루도 빠짐없이 접하는 것 같아요. 어떻게 하면 이런 일에서 제 아이를 보호할 수 있을까요?

## ☝ 당신 자신과 자녀 그리고 상황 이해하기

성적 학대로부터 아이를 보호할 수 있는 방법에 대해 다루지 않아도 될 만큼 안전한 세상에 살고 있다면 얼마나 좋을까? 당신은 이 부분을 읽는 것이 불편하고 문제가 과장되었다고 생각할 수도 있다. 안타깝게도 통계 자료에 따르면 네 명 중 한 명은 성추행이나 폭행을 경험한 적이 있다고 한다. 이 자료는 성적 학대 사건 수가 증가했다고 해석될 수 있지만 보고된 사건의 수가 증가했다고도 해석될 수 있다. 성적 학대는 아이들의 성격에 평생 영향을 미치고 그 영향은 충격적이고 파괴적이다. 성적 학대를 받은 아이들은 그것이 자신의 잘못이라고 생각하여 스스로를 비난한다. 어떤 경우에는 기억은 서서히 사라지지만 감정과 충격은 남는다. 그래서 나중에 학대 장면이 문득 떠오르면 그들은 정신적인 문제가 생겼다고 생각하게 된다. 아이를 성적 학대로부터 보호하거나 학대받은 아이를 도와줄 수 있는 여러 방법이 있다. 당신과 아이에게 중요한 정보라고 생각된다면 다음 제안사항을 진지하게 받아들이기 바란다.

## 🐰 실전! 생활 속 긍정 훈육법

① 아이는 성적 노리개가 아닌 사람이다. 아이를 성적 파트너로 생각한다는 것은 매우 그릇된 행위다. 만일 당신이 이러한 행동을 하고 있다면 당장 행동을 멈추고 도움을 요청한다. 당신은 나쁜 사람은 아니지만 잘못된 행동을 하고 있고 나아지기 위한 방법을 찾아야 한다. 당신과 아이를 도와줄 수 있는 전문가와 단체가 있다.

② 아이가 성적인 학대를 받고 있다고 생각된다면 도움을 얻어라(대상이 당신의 배우자라고 추측될지라도). 당신의 두려움을 숨기거나, 혼자서 해결하려고 하거나, 시간이 해결해 줄 거라고 생각하지 않는다. 이러한 태도를 '침묵과 부정'이라고 하며, 이는 문제를 더 악화시킨다. 만일 당신이 사실을 말하면 학대자가 해칠 거라는 두려움이 든다면 전문가의 도움을 얻는다. 전문가들은 이러한 문제를 매일 다루며 학대를 멈추고 당신과 아이를 보호하기 위해 존재한다.

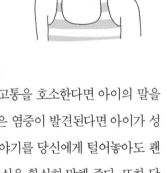

③ 아이가 학대에 대한 암시를 주거나 성기 주변에 고통을 호소한다면 아이의 말을 심각하게 받아들이고 도움을 얻어라. 멍, 상처 혹은 염증이 발견된다면 아이가 성적 학대를 받고 있는지도 모른다. 아이가 이런 이야기를 당신에게 털어놓아도 괜찮다는 사실과 당신이 아이를 도와줄 것이라는 사실을 확실히 말해 준다. 또한 당신이 아이를 믿는다는 사실을, 아이가 나쁜 사람이 아니라는 사실을 말해 주어 아이를 안심시켜야 한다.

④ 아이가 도움을 요청할 때 심각하게 받아들이지 않거나 무시하는 행동은 심각한 문제다. 학대를 받은 대부분의 아이는 타인에게 비밀로 하라는 협박을 받는다. 가해자는 이야기가 새어 나가면 가정이 깨질 거라고 말하거나 모두가 아이를 나쁜 아이로 취급할 거라고 말하며 아이를 협박한다. 아이는 침묵을 깨고 당신에게 말

하기까지 엄청난 용기가 필요했을 것이다. 그러니 아이의 말을 심각하게 받아들여라.

## 🖐 문제를 예방하는 좋은 습관 기르는 법

① 성적 학대의 가능성에 대해 아이와 개방적인 대화를 나누어 본다. 다가오는 손길의 목적을 구분할 수 있어야 한다는 사실과 그 누구도 아이의 소중한 부분을 건들지 말아야 한다는 사실을 말해 준다. 누군가가 자신을 만지는 데 불쾌함이 든다면 그 사람이 어른일지라도 안 된다고 말해도 괜찮다는 사실을 알려 준다. 아이에게 단호하고 크게 "그만해!"라고 말하는 방법을 가르쳐 준다. 소통의 창을 열어 두어 무슨 일이 있을 때 아이가 망설임 없이 당신에게 이야기할 수 있게 한다.

② 아이에게 자신의 몸은 소중하며 오직 자신의 것이라는 사실을 가르쳐 준다. 누구도 그들을 해치고, 그들 몸에 무언가를 집어넣고, 성적인 행위를 하도록 강요할 수 없다는 사실을 확실히 알려 준다.

③ 아이가 평소와 다르게 행동한다면 아이와 비밀에 대해 이야기해 본다. 아이에게 당신은 믿어도 되고 누군가가 비밀로 하자고 했던 일이라도 당신에게는 이야기해도 괜찮다고 말해 본다. 아이가 비밀을 털어놓을 수 있는 분위기를 만들어 본다. 무슨 일이 일어나고 있다고 의심되면 확실한 단어를 사용하여 솔직하게 물어본다. 예를 들어, 당신은 "삼촌이 너에게 뽀뽀를 할 때 입 안에 혀를 넣는지 궁금해." 또는 "아빠가 너한테 성기에 뽀뽀해 달라고 한 적이 있니?" 또는 "선생님이 네 성기에 뭘 집어넣은 적이 있니? 빨갛고 따끔따끔할 것 같아."라고 물어볼 수 있다.

④ 남매간에 보복의 악순환이 존재하진 않는지 확인해 본다. 불편한 사실이지만 큰 아이가 복수심에 동생을 성적으로 학대하는 경우가 있다. 큰 아이는 동생이 더 사랑받고 특별한 대우를 받는다고 생각하고 상처를 되돌려주고 싶은 마음에 학대를

시작할 수 있다. 몇몇 청소년은 동생이 성행위를 연습할 수 있는 안전한 대상이라고 생각하기도 한다. 아이에게 이것이 절대 받아들여질 수 없는 행위라는 사실을 확실히 가르쳐 준다. 아이들이 모두 있는 자리에서 이야기한다. 만일 아이에게 이런 일이 생겼다는 사실을 알게 되면, 즉시 전문가의 도움을 받는다.

## ✋ 아이들이 배울 수 있는 삶의 기술

아이들은 개인 의지를 가진 사람으로서 몸에 일어나는 일을 결정할 권리가 있다는 사실을 깨달을 것이다. 만일 성적 학대를 당했다면 당신이 아이의 말에 귀 기울이고, 자신을 여전히 사랑하고, 도와줄 것이라는 사실을 알게 된다.

## ✋ 양육 포인트

① 만일 당신이 성적 학대를 받은 경험이 있다면 당신의 문제에 대한 도움을 받아라. 당신의 문제가 해결되지 못한 채 남아 있으면 아이에게 문제가 생겼을 때 꿋꿋이 곁을 지켜 주기가 어렵다.
② 아이가 주장을 펼치게 도와주고, 아이의 의견을 존중하며, 가족에 기여할 수 있는 기회를 제공하여 간접적으로 아이를 성적 학대에서 보호할 수 있다. 자신의 가치를 잘 아는 아이, 자신의 권리와 감정을 소중하게 여기는 아이, 위험한 상황에 대처하는 방법을 배운 아이는 성적 학대의 피해자가 될 가능성이 매우 낮다.
③ 가해자의 비열함과 영악함을 과소평가하지 않는다. 아이가 거짓말을 하고 있다고 말하며 자신은 결백하다고 주장하는 가해자의 모습에 쉽게 넘어가선 안 된다.

한 아이는 여섯 살 때 이웃 아저씨에게 성폭행을 당했다. 가해자는 아이에게 누군가에게 이 사실을 말한다면 그 사람은 죽을 것이며 그것은 아이의 잘못일 거라고 협박했다. 또한 그는 아이가 누군가에게 말한 사실을 자신이 알게 되면 그녀를 토막 내어 저녁 식사로 먹겠다는 끔찍한 말을 했다. 그는 아이에게 쉰 살이 될 때까지 아무 말도 해선 안 된다고 했다.

그녀가 마흔여덟 살이 되었을 때 그녀는 불안 발작을 일으켰지만 이유를 알지 못했다. 어린 시절 겪었던 끔찍한 일은 잊었지만 이제 그녀는 사건을 다시 기억하면서 공포에 휩싸였다. 일 년의 상담 치료를 통해 그녀는 사건을 다시 기억하고 상담사에게 그 사건에 대해 이야기를 할 수 있게 되었다. 그녀는 쉰 살이 되기 전에 타인에게 이 일을 털어놓았다는 죄책감과 두려움에 몇 주간 매일 상담사에게 전화를 걸어 그의 생사를 확인했다.

이것은 성폭행을 당한 후 한 사람이 겪게 되는 고통과 번뇌에 대한 하나의 사례다. 사전에 아이와 충분히 소통을 하고 정보를 제공하여 부모에게 말을 했을 때 그들이 아이를 해치는 것이 아니라 도와줄 것이라는 사실을 아는 환경을 마련했다면 피해자는 이렇게 오래 고통받지 않았을 것이다.

# 69 나눌 줄 모르는 아이

제 아이는 자신의 물건을 만지지 못하게 합니다. 친구들이 놀러 오면 아이는 친구들의 손에서 장난감을 빼앗으며 '이리 내놔, 만지지 마, 다 내 거야!'라고 소리칩니다. 얼마 전에는 동생이 자신의 책을 만졌다는 이유로 동생을 때렸습니다. 동생은 울면서 방으로 달려가고 아이는 '내 물건에 손대지 마!'라고 소리를 질렀습니다. 이 문제를 어떻게 해결해야 할까요?

## ☝ 당신 자신과 자녀 그리고 상황 이해하기

나눔은 후천적인 특징이다. 때로 부모는 아이가 발달학적으로 준비가 되지 않았을 때 아이에게 나눔을 강요한다(어른도 나누기 싫어하는 경우가 있는데 말이다). 집에 아이가 두 명 이상 있다면 물건을 나누어 사용하는 것 때문에 자주 다툴 것이다. 이것은 자연스러운 현상이지만 간과해서는 안 된다. 많은 경우 부모들은 이 문제를 해결하기 위해 아이에게 "물건을 나누어 사용하지 않으면 아무도 널 좋아하지 않을 거야." 혹은 "어떻게 그렇게 이기적일 수 있니?"라고 말한다. 하지만 문제를 제대로 해결하기 위해서는 행동과 아이를 분리시키고 사랑의 메시지를 전달해야 한다. 당신은 아이에게 나눔이 적절한 상황과 적절하지 않은 상황을 알려 주어야 하며 모두에게 유익한 해결책을 찾는 방법을 가르쳐 주어야 한다.


## 🙌 실전! 생활 속 긍정 훈육법

① 아무런 도움 없이 네 살 미만의 아이가 나눔을 실천하길 기대하지 않는다. 때로 아이는 나누고 싶어 하지만 때론 아무것도 공유하고 싶지 않아 한다. 갈등을 최소화하기 위해 당신은 두 개 이상의 장난감을 준비하거나 아이가 다른 것에 관심을 갖도록 주의를 딴 데로 돌리려는 노력을 할 수 있다. 네 살이 된 이후에도 나누는 성향이 자연스럽게 생기는 건 아니다(당신도 공유하고 싶지 않은 물건이 있지 않은가?).

② 네 살 미만의 아이에게는 아이가 가지고 놀 수 있는 다른 물건을 주거나 다른 활동을 제시하여 주의를 딴 데로 돌릴 수 있다. 네 살 이상의 아이에게는 싸우지 않고 사이좋게 놀 수 있는 방법을 생각해 낼 때까지 다툼의 원인이 되는 장난감을 선반 위에 두게 할 수 있다.

③ 아이가 자신의 장난감을 만지는 어린 동생 때문에 속상해한다면 동생 손이 닿지 않는 공간을 함께 마련해 본다.


## 🙌 문제를 예방하는 좋은 습관 기르는 법

① 보드 게임, 미술 용품 등 여러 사람이 함께 가지고 놀 수 있는 물건을 준비한다.

② 당신의 물건을 아이와 공유하며 "너와 이 물건을 함께 사용하고 싶어." 라고 말한다. 그리고 아이가 물건을 어떻게 사용하길 바라고 언제까지 사용하길 바라는지에 대한 기대치를 정한다. 당신이 먼저 공유하기 시작하면 아이는 곧 물어보지 않아도 자신의 물건을 공유할 수 있다. 아이가 자신의 물건을 공유할 때 "네 물건을 사용하게 해 주어서 정말 고마워. 나누는 것도 정말 잘하는 구나." 라고 말해 준다.

③ 아이들은 모든 것을 공유하지 않아도 될 때 더 쉽게 나눔을 실천한다. 아이를 위해 특별한 선반이나 박스를 마련하여 아이가 공유하고 싶지 않은 물건들을 담아 두게 해 준다. 가족 규칙에 "우리는 절대 다른 사람의 방에 들어가 허락 없이 물건을 사용하지 않는다."라는 사항을 더한다.

④ 아이가 원치 않을 경우 자신의 장난감을 공유하도록 강요하지 말아야 한다. 만일 아이의 친구들이 놀러 온다면 사전에 아이가 공유할 의향이 있는 장난감을 선택하게 한다. 아이에게 공유하고 싶지 않은 물건들은 따로 정리해 놓는 방법을 제안한다. 또한 아이의 장난감을 공유하는 것과 친구나 유치원의 장난감을 공유하는 것의 차이에 대해 이야기해 본다. 친구의 장난감이나 유치원의 장난감을 공유하는 것은 아이의 친구 관계에 큰 영향을 미칠 수 있다.

⑤ 타인의 물건을 소중히 다루는 방법과 타인과 항상 모든 것을 공유하지 않아도 된다는 사실을 가르쳐 준다. 당신의 물건을 사용하고 싶어 하는 아이에게 "이건 엄마 물건이고 지금은 같이 쓸 준비가 되지 않았어. 같이 사용할 수 있는 물건도 있지만 이건 안 돼."라고 말한다. 당신에게 소중한 물건을 아이에게 빌려줄 때에는 어떻게 사용하고 언제 돌려주어야 하는지에 대해 확실히 이야기해 준다. 만일 아이가 물건을 제때 돌려주지 않은 적이 있다면 물건을 빌리는 동안 당신이 가지고 있을 수 있는 '담보물'을 받는다(게임기, 아이가 아끼는 장난감 등). 당신의 물건을 돌려받을 때 아이의 물건을 돌려준다.

⑥ 가족회의를 통해 물건을 공유하는 것에 대한 아이의 생각을 들어 본다. 한 달에 한 번은 공유에 대해 이야기하는 시간을 가져 가족 구성원이 돌아가며 나눔을 실천한 경험과 경험을 통해 느낀 점을 이야기해 보게 한다. 가족회의는 게임기 같은 아이가 좋아하는 장난감의 사용 스케줄을 정할 수 있는 시간이기도 하다. 아이가 특정 장난감 때문에 계속 싸운다면 모두에게 유익한 해결 방법을 찾을 때까지 장난감 사용을 금지할 수도 있다.

⑦ 나눔은 물건에만 한정되지 않는다는 것을 가르쳐 준다. 물건 이외에도 시간, 감정 혹은 의견을 나눌 수 있다는 사실을 알려 준다. 아이가 잠들기 전 하루 동안 가장

슬펐던 일과 즐거웠던 일에 대한 이야기를 나눌 수 있게 해 준다. 당신의 슬펐던 일과 즐거웠던 일 또한 공유한다.

## ✋ 아이들이 배울 수 있는 삶의 기술

아이들은 공유를 해야 할 때가 있다는 사실과 공유를 하지 않는 사람도 존중해야 한다는 사실을 깨달을 것이다. 나눔은 물건에만 한정되지 않는다는 사실 또한 배운다.

## ✋ 양육 포인트

① 아이도 자신만의 공간과 경계가 필요하다. 아이는 모든 사람과 모든 것을 공유하지 않아도 된다.

② 아이가 물건을 나누어 사용하지 않는다고 이기적인 아이라고 부르거나 비존중적인 표현을 사용하지 않는다. 대신 "나는 네가 게임기 때문에 언니와 싸웠다는 사실이 속상해."라고 말한다.

③ 한 사람이 다른 사람을 이기적이라고 부르는 이유는 자신이 원하는 것을 얻지 못했기 때문이 아닐까?

## 훈육 도우미

서린 씨가 어렸을 때 엄마는 동생들과 장난감을 나누지 않는다고 그녀를 이기적인 아이라고 불렀다. 엄마는 이 말을 통해 분노를 표출했고 서린 씨는 그때마다 엄마가 원하는 것을 했다. 전형적인 첫째 아이였던 서린 씨는 엄마의 말처럼 자신이 이기적이라고 생각했다. 또한 자신만의 물건을 갖거나 자신만을 위해 어떤 일을 하는 것이 옳지 않다고 생각하게 되었다.

서린 씨는 성인이 되어 결혼을 했고 남편이 그녀에게 이기적이라고 할 때마다 그의 의견을 따랐다. 그녀는 지금까지 경험해 보지 못한 분노를 안고 살게 되었고 그녀의 분노는 남편과의 관계에서 많은 문제를 일으켰다. 아이가 생겼을 때 서린 씨는 이기적인 엄마가 되지 않기 위해서 그녀의 필요를 뒤로 하고 아이들을 위해 희생했다. 그녀 안에 분노는 쌓여갔고 아이들은 버릇없는 아이들로 성장하고 있었다.

서린 씨의 이야기는 흔히 접할 수 있는 사례다. 많은 어른이 어린 시절 얻은 이름표를 떼지 못하고 살아간다. 아이에게 이름표를 붙이는 대신 아이의 행동에 반응하자. 이기적인 아이라는 이름표는 당신이 생각하는 것보다 훨씬 큰 문제를 일으킬 수 있다.

# 70 아이와 쇼핑하기

아이들을 봐줄 사람이 없어서 전 쇼핑을 가거나 장을 볼 때 아이들과 함께 가야 합니다. 아이들은 제가 장난감이나 간식을 사 줄 때까지 뛰어다니고, 숨고, 떼를 씁니다. 부모와 함께 쇼핑을 하는 다른 아이들은 모두 얌전해 보이는데 말이에요. 제 아이들에게 무슨 문제가 있는 건가요?

## 🖐 당신 자신과 자녀 그리고 상황 이해하기

장을 보거나 쇼핑을 할 때 올바르지 못한 행동을 하는 아이들 만큼이나 자주 보는 건 올바르지 못한 행동을 하는 부모들이다. 그들은 소리를 지르면서 엉덩이를 때리거나, 아이의 나이에 맞지 않은 요구를 하거나, 아이가 요구하는 것을 마지못해 사 주거나, 아이에게 물건을 사 주어 울음을 그치게 한다. 이런 경우 부모가 아이와 함께 장을 보는 것을 원치 않는 만큼 아이도 부모와 함께 장을 보는 것을 원치 않는다. 아이가 꼭 당신과 함께 쇼핑에 나서야 한다면 이 시간을 좀 더 즐겁게 만들 수 있는 몇 가지 방법이 있다.

## ✌ 실전! 생활 속 긍정 훈육법

① 집을 나서기 전에 아이가 어떻게 행동하길 기대하는지 알려 준다. 많은 경우 아이들은 부모가 원하는 행동을 알지 못한다. 사전에 아이의 버릇없는 행동에 당신이 어떻게 대처할지 이야기해 주고 아이가 올바르지 못한 행동을 했을 때 아이를 조용히 차로 데려가 준비가 되면 다시 시도해 보자고 이야기한다. 그리고 조용히 책을 읽으면서 아이에게 흥분을 가라앉힐 수 있는 시간을 준다. 만일 아이가 진정하지 않으면 다른 날 다시 시도해야 할지도 모른다. 아이에게 당신이 어떻게 행동할지 이야기해 줄 때에는 부드럽지만 단호한 태도를 갖고 잔소리를 하지 않도록 주의한다.

② 아이를 태울 수 있는 카트가 있다면 아이를 태운다. 만일 아이가 빠져 나온다면 안 된다고 말하고 아이를 다시 태운다. 많은 말을 하는 대신 행동으로 보여 준다. 아이는 당신이 말한 대로 실행한다는 사실을 알게 된다.

③ 짧은 시간일지라도 아이를 차에 두거나 매장 앞에서 기다리게 하지 않는다. 이것은 안전하지 못한 행동이며 아이에게 공포감을 심어 줄 수 있다.

④ 가능하다면 아이에게 할 수 있는 일을 준다. 아이는 카트를 미는 데 도움을 주거나, 필요한 물건을 찾거나, 계산된 물건을 들어줄 수 있다. 어린아이에게는 계산이 끝난 물건을 카트에 담는 것 같은 가벼운 일을 맡겨 본다.

⑤ 아이가 뛰어다니면 당신의 손이나 카트를 붙잡을 수 있게 한다. 말한 대로 실행하여 아이가 당신의 말을 진심으로 받아들이게 한다(멀리서 아이에게 소리를 지르거나 아이를 무시하지 않는다).

⑥ 아이의 행동이 감당이 안 된다면 융통성 있게 쇼핑 시간을 단축한다. 물건을 계산하기 전이라도 다른 날 다시 시도해야 할 때가 있을 것이다. 아이가 떼를 쓴다면 아이를 잡고 멈출 때까지 기다리거나 아이가 흥분을 가라앉힐 때까지 안아 준다. 아이의 눈물에 넘어가면 안 된다.

⑦ 아이가 무언가를 사고 싶어 한다면 아이에게 용돈을 줄 계획을 세워 본다('용돈' 참조).

## ✌ 문제를 예방하는 좋은 습관 기르는 법

① 아이와 함께 식사 메뉴를 정할 땐 요리에 필요한 재료도 함께 고르게 한다.

② 만일 아이에게 용돈을 준다면 아이가 원하는 물건을 살 수 있는 날을 정한다. 이 날은 당신이 필요한 물건을 사는 날이 아니라 아이의 물건을 사는 날이 되게 한다. 쇼핑을 할 땐 아이를 재촉하지 않는다.

③ 아이가 심심할 때 볼 수 있는 책이나 장난감을 가져갈 수 있게 해 준다.

④ 얌전하게 행동하면 간식이나 장난감을 사 주겠다는 약속은 하지 않는다. 쇼핑 후에 아이를 위한 활동을 계획했다면 아이의 행동에 상관없이 진행한다. 쇼핑 후에 코코아 같은 간식 시간을 계획하면 아이와의 쇼핑은 더욱 즐거운 시간이 될 수 있다.

⑤ 아이에게 용돈을 준다. 아이가 특별한 간식을 원한다면 용돈을 쓰라고 말하면 된다. 아이의 돈이 부족하다면 다음 용돈을 미리 주는 대신 아이가 돈을 모을 수 있는 방법을 찾을 수 있게 도와준다.

⑥ 아이를 위한 쇼핑이 아니라면 친구 혹은 배우자에게 아이를 부탁하거나 어린이집에 맡기는 것이 좋다.

⑦ 아이에게 때로는 당신과 함께 쇼핑을 가야 한다고 말하며 즐거운 일이 아닐 수 있다는 걸 이해한다고 말해 준다. 또한 아이가 도와주어 고맙다고 말해 준다. 그리고 장을 보는 시간을 더 즐겁게 만들기 위해 당신이 할 수 있는 일이 있는지 물어본다.

## ❦ 아이들이 배울 수 있는 삶의 기술

아이들은 주고받는 법과 스스로 즐거움을 찾는 방법을 배우게 된다. 그들은 또한 가족의 쇼핑을 돕는 방법과 협동심을 배우게 된다.


## ❦ 양육 포인트

① 공공장소에서 아이에게 소리를 지르고, 아이의 엉덩이를 때리고, 협박을 하는 건 매우 비존중적인 행위다(이러한 행동은 집에서도 삼가야 하지만 공공장소에선 더욱 조심해야 한다). 아이에게 당신이 화났다는 사실을 알려 주고 화난 이유는 차, 집 혹은 가족회의 때 이야기하겠다고 말해 준다.

② 쇼핑을 짧은 시간에 끝내면 아이는 당신과의 쇼핑 시간을 기대할 수 있다. 아이가 배고프거나 피곤한 시간에는 쇼핑을 하거나 장을 보지 않는다.


### 훈 육 도 우 미

서점과 옷 가게를 구경하는 것을 매우 좋아하는 아이도 있지만 매우 싫어하는 아이도 있다. 짧은 시간 동안 쇼핑을 접하고 용돈을 받으면서 자신의 돈에 대한 권한을 가진 아이는 아무런 권한 없이 부모를 따라가야 하는 아이보다 쇼핑을 좋아하는 경향을 보인다.

한 부모는 쇼핑을 싫어하는 아이들에게 쇼핑이 즐거운 시간이 될 수 있다는 것을 가르쳐 주기로 마음먹었다. 그들은 오로지 쇼핑을 위해 아웃렛으로 향했다. 그들은 아이들과 맛있는 점심을 먹고, 에스컬레이터를 타고, 애완동물 가게, 서점과 장난감 가게를 둘러보았다. 부모는 케이블카를 타는 등 아이들이 좋아할 만한 일을 모두 하려고 노력했다.

하지만 아이들은 하루 종일 짜증을 부리고, 불평을 하고, 시무룩한 표정을 지었다. 왜 그랬을까? 아무도 아이들에게 쇼핑에 참여하고 싶었는지 물어보지 않았기 때문이다. 부모는 아이들이 경험을 좋아할 것이라고 생각했지만 아이들은 쇼핑을 계획하는 과정에 참여하지 못했기 때문에 강요받고 있다고 생각했고 그에 맞는 반응을 했을 뿐이다. 만일 부모가 사전에 아이들의 의견을 물어보고 쇼핑을 계획하는 과정에 아이들을 참여시켰다면 아웃렛에서의 하루는 매우 즐거운 하루가 될 수 있었을 것이다.

# 71 부끄러움이 많은 아이

제 아이는 부끄러움을 많이 탑니다. 사람들이 말을 걸면 아이는 제 뒤에 숨어 아무 말도 하지 않습니다. 아이를 만난 모든 사람은 그녀가 수줍음이 많다는 사실을 바로 알아채요. 부끄러움이 많다는 건 자존감이 낮다는 뜻인가요? 어떻게 아이를 도울 수 있을까요?

## ☝ 당신 자신과 자녀 그리고 상황 이해하기

부끄러움은 타고나는 것이라고 생각하는 사람들이 있다. 많은 사람들은 내성적인 아이를 부끄러움이 많은 아이라고 부른다. 아이들이 그 호칭을 받아들이게 되면 그들은 부끄러움을 이용하여 관심을 받고, 수동적으로 힘을 표출하고, 보복을 하고, 낙심했을 때 포기할 수 있다. 부끄러움은 숨겨진 목적이 있는 행동일 수도 있다. 일부 아이의 경우 사교적이고 활동적인 형제자매와는 다른 방법으로 가족에 소속되기 위해서 무의식적으로 내성적인 성격을 갖게 되기도 한다. 내성적인 성격은 자존감과는 아무런 관련이 없다. 낮은 자존감은 아이가 자신의 모습 그대로 받아들여지지 못할 때 갖게 되는 것이다.

아이에게 수줍음이 많다고 말하여 당신은 아이로 하여금 평생 수줍음이 많은 사람으로 살아가게 할 수도 있다. 이는 아이의 삶에 매우 위험한 영향을 미칠 수 있으며 아이는 외로움, 소외감, 변화에 대한 두려움으로 고통 받을 수 있다. 아이에게 호칭을 붙이는 대신 다음 제안을 따라 본다.

## 🐰 실전! 생활 속 긍정 훈육법

① 아이가 부끄러워할 만한 상황이 있다는 걸 알고 있어야 한다. 특히 새로운 상황에 노출되었거나, 대화를 나눌 기분이 아니거나, 타인의 기준에 맞게 행동하도록 강요받을 때 내성적인 모습을 보일 수 있다. 수줍음이 많은 아이라고 부르는 대신 이러한 상황에 조심스럽게 적응해 나갈 수 있도록 허락해 준다.

② 아이가 낯을 가린다면 아이 대신 말을 하거나 아이에게 말을 하라고 강요하지 않는다. 당신이 대화를 이어 나가고 아이가 준비가 되었을 때 대화에 참여할 수 있게 해 준다.

③ 아이가 말하기 싫어한다고 상대방에게 아이가 부끄럼을 많이 탄다고 말하지 않는다.

④ 아이에게 특정 행동을 하라고 강요하고 있진 않은지 자신을 확인해 본다. 당신은 아이와 힘겨루기 중일 수도 있으며 아이는 침묵을 통해 반항하고 있는지도 모른다. 이럴 때는 한 걸음 물러나 본다. 아이는 '부끄러움'을 통해 관심을 얻고 특별함을 느끼려고 하는지도 모른다. 중간에 끼어드는 대신 아이가 솔직한 모습을 보여 주고 스스로 관계를 형성해 나갈 수 있게 해 준다.

⑤ 아이가 해야 할 일을 회피할 목적으로 수줍음을 사용하고 있지 않은지 확인해 본다. 아이에게 "불편함을 느끼는 건 괜찮지만 학교에 가야 한다는 사실은 바뀌지 않아. 네가 좀 더 편안해지기 위해 엄마가 할 수 있는 일이 뭐가 있을까?"라고 말해 본다.

## 🐰 문제를 예방하는 좋은 습관 기르는 법

① 아이에게 내성적인 성격도 외향적인 성격만큼 장점이 많다는 사실을 가르쳐 준다.

② 아이를 과잉보호하지 않는다. 사람이라면 고통을 경험한다(아이를 있는 그대로 받아들이지 않거나 과잉보호하여 고통을 더하지 않는다). 중요한 사실은 아이가 자신의 생활방식을 맘에 들어 하지 않는다면 스스로 바꾸고 싶은 부분을 변화시켜야 한다는 것이다. 내성적인 성격이 하나의 선택사항이라고 느끼게 된다면 아이는 변화를 좀 더 편안하게 받아들일 수 있을 것이다.

③ 아이와 대화를 나눔으로써 아이의 세계에 들어가 본다. 그리고 아이가 자신의 행동이 문제가 된다고 생각하는지 확인해 본다. 타인과 편안하게 소통하기 위해 당신이 도와줄 수 있는 부분이 있는지 물어본다.

④ 아이를 부끄러움이 많은 아이라고 부르는 대신 아이의 행동에 대해 이야기해 본다. 예를 들어, 당신은 아이에게 "사람들이 네게 '안녕'이라고 말할 때마다 손으로 얼굴을 가리는 것을 봤어. 게임이라고 생각해서 그러는 거니 아니면 이야기하고 싶지 않아서 그러는 거니? 만일 이야기를 하고 싶지 않다면 '저는 지금 어떤 질문에도 답하고 싶지 않아요.'라고 말해 보는 건 어때?"라고 말해 볼 수 있다.

⑤ 아이가 준비되지 않은 상황을 마주하길 강요하지 않는다. 아이가 편안해질 수 있도록 작은 시도부터 해 볼 수 있게 도와준다. 당신의 친구들과 친척들 앞에서 아이가 노래를 부르거나 악기를 연주하도록 강요하지 않는다.

⑥ 집 안에서 아이가 당당하게 이야기할 수 있는 안전한 환경을 마련해 주고 집 밖에서도 당당하게 말할 기회를 갖고 싶은지 아이의 의사를 물어본다. 정기적인 가족회의를 통해 아이가 감정을 다른 사람들 앞에서 표현하고, 칭찬을 주고받고, 문제를 해결하는 방법을 배울 수 있게 해 준다.

## 🖐 아이들이 배울 수 있는 삶의 기술

아이들은 하고 싶지 않은 일을 강요받거나 수줍은 아이라는 호칭을 얻지 않고도 자신의 방식대로 행동할 수 있다는 것을 배우게 된다. 또한 사람들이 자신의 생각을 읽어 주길 바라는 대신 원하는 바를 표현할 수 있게 된다.

## 🖐 양육 포인트

① 내성적이고 조용한 생활방식을 추구하는 사람들이 있다. 다른 생활방식을 존중하고 수용한다.
② '행동의 목적에 대한 네 가지 오해(훈육 도우미 참조)'를 참조한다. 아이가 낙심하여 무능력함을 느끼거나 혼자 있고 싶어 하지는 않은지, 관심을 끌거나 보복을 원하고 있지는 않은지 확인해 본다. 아이가 낙심하게 된 이유에 따라 아이를 격려하는 방법도 달라진다.

### 훈 육 도 우 미

진영 씨와 선우 씨는 일주일에 한 번씩 만나서 커피를 마셨다. 선우 씨의 다섯 살 된 딸 은지는 자주 엄마를 따라 진영 씨네 집에 방문하였다. 진영 씨가 "안녕, 은지."라고 할 때마다 은지는 엄마의 다리 뒤에 숨었고 선우 씨는 "얘가 부끄러움을 많이 타."라고 말했다.

진영 씨가 은지에게 "주스랑 과자를 좀 줄까?"라고 물어보면 선우 씨는 딸을 대신해서 대답하였다. 그녀는 "은지는 수줍음이 많아서 답을 못하지만 먹고 싶을 거야. 준비해 주시면 알아서 먹을 수 있지, 은지야?"라고 말했다.

진영 씨가 은지에게 다른 아이들과 놀고 싶은지 물어보면 은지는 "안돼요. 저는 부끄러움이 많아요."라고 답했다.

진영 씨는 선우 씨를 부모 교육 강좌에 초대했고 그녀는 행동의 목적에 대한 네 가지 오해에 대한 정보를 얻을 수 있었다. 네 가지 오해에 대해 의논을 하면서 강사는 아이의 특정 행동이 신경 쓰인다면 아이는 부모의 관심을 얻을 때만 소속감을 느끼며 부모의 관심을 얻기 위해 그 행동을 하는 것일 수도 있다고 말해 주었다. 선우 씨는 자신이 은지의 부끄러움을 신경 쓰고 있다는 사실을 깨달았고 그 행동에 관심을 주면서 상황을 부추기고 있었다는 사실을 알게 되었다.

선우 씨는 다른 사람들에게 은지가 수줍음이 많다고 말하거나 그녀를 대신해 대답하는 행동을 멈췄다. 그녀는 은지에게 "사람들이 너에게 질문을 할 때마다 네가 대답을 하지 않을 때가 있다는 걸 알아챘어. 엄마는 괜찮지만 네가 사람들에게 말을 하고 싶지 않다고 말한다면 큰 도움이 될 거야. 네가 조용히 있으면 엄마는 네가 말을 할 때까지 네가 말을 하고 싶은 기분이 아니라고 생각할 거야. 그리고 엄마 일을 할 거야. 엄마는 네가 말을 하든 하지 않든 너를 사랑한단다. 원하는 게 있으면 엄마에게 알려 줘."라고 말했다.

은지는 곧 부끄러워하는 행동을 멈추었다. 나중에 선우 씨는 진영 씨에게 "은지가 언제부터 부끄러워하는 행동을 멈췄는지 모르겠어. 아이의 그런 행동에 신경을 쓰지 않기 시작하니까 언제 그런 행동을 하고 언제 멈추게 되었는지 모르겠더라. 나는 아이의 강점과 둘이 함께 보낸 시간에 집중하기 시작했어. 그것도 아이의 문제를 해결하는 데 도움이 된 것 같아."라고 말했다.

# 72 형제자매 간 경쟁

저희는 최근 두 아들을 데리고 여행을 갔어요. 외아들인 아이들의 사촌도 여행에 함께 갔습니다. 세 아이는 여행 내내 경쟁심에 불타올라 특별한 대접을 받기를 원했어요. 아이들의 행동이 정상적인 건지 궁금합니다.

## ✍️ 당신 자신과 자녀 그리고 상황 이해하기

모든 사람은 소속감과 특별함을 느끼고 싶어 한다. 아이들이 소속될 수 있는 방법을 찾는 과정은 가족 안에서 먼저 일어난다. 아이들은 관찰에는 강하지만 해석에는 약하다. 동생이 태어나면 큰 아이는 '엄마는 나보다 동생을 더 사랑해.'라는 믿음을 갖게 된

다. 아이들은 자랄수록 그들 중 한 명만 가족 내에 특정 자리를 차지할 수 있다는 착각을 하게 된다. 예를 들어, 언니가 운동선수의 자리를 차지했다고 생각하면 아이는 음악가의 자리를 선택할 수도 있다. 탄생 순서에 따라 아이들의 대표적인 성격이 결정된다. 첫째 아이는 일등이나 지도자가 되려고 하고, 둘째 아이는 불공평한 일을 찾아다니며 반항하거나 첫째 아이를 따라잡으려고 노력한다. 막내 아이는 자신이 더 많은 관심을 받아야 한다고 생각하고 외동인 아이는 특별해지고 싶어 한다. 아이들이 특별해질 수 있는 방법을 찾는 과정을 어른이 통제하려고 하는 건 무의미한 노력이다. 아이들은 스스로 소속감과 특별함을 느낄 수 있는 방법을 찾을 것이다.

## ✌ 실전! 생활 속 긍정 훈육법

① 아이들의 세계로 들어가 본다. 대체로 첫째 아이는 동생이 태어났을 때 박탈감을 느낀다. 이 기분은 마치 당신의 배우자가 새로운 애인을 당신에게 소개시켜 주는 기분일 것이다. 막내 아이는 보통 첫째 아이의 능력과 자신의 것을 비교하면서 불충분함을 느낀다. 아이들의 기분을 이해하여 당신은 포용력을 가지고 그들과 소통할 수 있게 된다. 절대 "그런 기분이 들어선 안 돼."라고 말하지 않는다. 아이들이 느끼는 감정을 계속 느끼도록 해 준다.

② 동정심은 연민이 아니다. 아이를 과잉보호하여 아이가 경험할 많은 감정과 느낌으로부터 아이를 보호하려고 노력하는 것은 도움이 되지 않는다. 동정심은 당신이 친절함과 단호함을 유지하면서 이 책에서 제시한 것들을 행동으로 옮기도록 도와줄 것이다.

③ 따돌림 훈련을 삼간다. 이는 당신이 첫째 아이는 항상 막내 아이를 괴롭힌다고 생각할 때 일어난다. 대부분의 경우 막내 아이가 당신이 보지 않을 때 당신의 도움을 받으려고 갈등을 일으킨다(아이는 이미 피해자 역할을 익히고 있는 것이다). 아이들을 동등하게 대하고 "얘들아."라는 표현을 사용한다. "얘들아, 나는 너희가 문제를 해

결할 수 있다고 믿어." 혹은 "얘들아, 해결 방법을 찾을 때까지 밖에 나가서 놀도록 해."라고 말할 수 있다.

④ 매일 시간을 정해서 한 아이와 일대일 시간을 갖는다. 한 아이가 다른 아이를 질투한다면 아이에게 질투심을 느끼는 것은 괜찮다고 말해 주며 아이와 함께할 시간도 곧 올 것이라고 말해 준다.

⑤ 만일 아이들 간의 갈등이 심해지면 아이들의 경쟁보다 협동을 필요로 하는 대회나 릴레이 같은 활동으로 아이들의 관심을 이끌어 본다.


## 🐰 문제를 예방하는 좋은 습관 기르는 법

① 각 아이에게 긍정적인 메시지를 전달하여 그들이 얼마나 특별한 존재인지 깨닫게 해 준다. 예를 들어, 사례에 소개된 세 명의 남자아이 중 한 명에게 부모는 "너는 활동을 계획하는 데 능숙하구나."라고 말했다. 다른 아이에게는 "너는 남의 눈치를 보지 않고 네가 좋아하는 일을 할 줄 아는구나."라고 말했다. 그리고 막내 아이에게는 "형들이 우두머리라고 생각하게 하는 동시에 네가 원하는 것을 얻는 방법을 터득했구나."라고 말했다.

② 협동심과 단체정신을 불러일으킬 수 있는 활동을 찾아본다. 아이들이 다른 재능을 가진 사람들과 함께 일하는 것이 혼자 일하는 것보다 더 즐겁다는 사실을 깨닫게 도와준다. 정기적으로 가족회의를 가져 아이들이 타인의 재능을 직접 칭찬하고 문제해결 능력을 기를 수 있는 기회를 제공한다.

③ 아이에게 그들이 가진 특별한 재능과 성품을 당신이 얼마나 자랑스러워하는지 알려 준다.

④ 다른 아이를 닮길 바라면서 당신의 아이들을 비교하지 않는다. 그럴 때 아이들은 쉽게 낙심한다.

⑤ 당신의 사랑이 조건적이라는 느낌을 받을 때 문제는 시작된다. 부모가 비판하고

비교하여 경쟁을 유도한다면 아이 간의 경쟁은 더욱 심각해질 것이다. 대신 특별함과 차이를 중요시 여기고 협동심을 유도해 본다. 사랑의 메시지가 전달될 수 있게 하고 아이가 자신의 모습 그대로 사랑 받을 수 있게 해 준다.

⑥ 아이 앞에서 새로 태어난 아기에 대해 호들갑을 떨지 마라. 이는 아이에게 자신이 대체되었다는 믿음을 강하게 심어 준다.

⑦ 당신이 가지고 있는 공평성에 대한 주관을 아이에게 비추지 않는다. 아이는 이를 이용하여 당신을 조종하려 할지도 모른다.

⑧ 당신과 배우자가 다른 양육 방법을 고집하는 모습은 아이에게 어른들 간의 경쟁으로 비추어지고 이는 아이들 간의 경쟁을 높일 수 있다.

## ✋ 아이들이 배울 수 있는 삶의 기술

아이들은 함께 지내는 방법을 터득하는 동시에 자신만의 특별함과 독특함을 찾게 된다. 아이들은 자신의 문제를 스스로 해결하는 방법을 배우게 된다. 또한 그들 모두 사랑받고 있으며 사랑은 조건적인 것이 아니라는 중요한 사실을 깨닫는다.

## ✋ 양육 포인트

① 아이들 간의 경쟁은 정상적인 현상이며 아이가 두 명 이상 있는 가정은 모두 겪는 현상이다. 세 살보다 터울이 적은 아이 간의 경쟁은 더욱 치열하다. 부모가 경쟁할 때 아이들도 경쟁하고 부모가 협력할 때 아이들의 경쟁심은 낮아진다.

② 한 아이가 소속감과 특별함을 얻기 위한 전략을 바꾸면 다른 아이도 자신의 자리를 옮겨야 한다. 한 아이의 문제 때문에 가족이 상담치료를 받기 시작하면 일반적으로 문제를 일으키던 아이의 행동은 개선되는 반면 아무 문제가 없던 아이가 문

제를 일으키기 시작한다. 이러한 현상은 자연스러운 현상이며 각 아이가 가족 내에서 자신만의 특별한 자리를 잡을 때까지 이어질 수 있다.

## 훈 육  도 우 미

민영 씨의 두 아이는 바닥에서 뒹굴고, 주먹질을 하고, 협박을 하고, 괴롭히고, 다투었다. 아이들을 제지할수록 그들의 행동은 더욱 격렬해졌다. 그녀는 아이들 간의 경쟁심에 대해 화가 나는 동시에 아이들이 평생 가까워지지 못하는 것이 아닌가 걱정이 되기 시작했다.

그녀의 친구 정숙 씨는 부모 교육 강좌에 참여하고 있었다. 그녀는 민영 씨가 강좌에 참여하여 이 문제에 대해 이야기해 보길 제안했다. 민영 씨는 정숙 씨의 조언을 따랐고 많은 부모가 그녀의 말에 공감한다는 사실에 놀랐다. 이 사실은 그녀에게 큰 위로가 되었지만 민영 씨는 아이들의 문제에 대처할 수 있는 방법을 찾길 원했다.

강좌에 모인 사람들은 해결 방안에 대해 함께 의논했다. 민영 씨가 일주일 동안 시도해 보기로 결정한 사항은 아이들을 뒹구는 귀여운 곰돌이 두 마리라고 생각하는 것이었다. 태도를 바꾼 그녀는 아이들의 행동에 큰 신경을 쓰지 않을 수 있었다. 아이들을 제지하는 대신 그녀는 한걸음 물러나 아이들의 재롱을 구경했다. 그녀는 아이들이 진지하게 싸우는 것이 아니라 즐거운 시간을 보내고 있다는 사실을 깨달았다. 지금까지 화가 난 사람은 그녀뿐이었던 것이다. 그녀의 간섭이 줄어들자 아이들의 다툼 빈도는 줄어들었다.

웨인 프리든(Wayne Frieden)과 마리 하트웰 워커(Marie Hartwell Walker)는 그들의 노래 '일순위(Number One)'를 통해 동생 때문에 관심의 일순위에서 밀려난 첫째 아이의 마음을 표현했다.

일순위가 된다는 것은 매우 어려워요. 이제는 재미도 없는 걸요.
삶은 엄마와 아빠와 나만 있었을 때가 가장 좋았어요.

 아픈 아이

제 아이들은 정말 아플 때도 있지만 때론 제 관심을 얻거나 학교에 가고 싶지 않아
서 꾀병을 부리는 것 같아요. 진짜와 가짜를 어떻게 구분할 수 있을까요?

## ☝ 당신 자신과 자녀 그리고 상황 이해하기

아이가 아프면 부모는 겁이 나고, 아이가 생명을 위협하는 병에 걸리면 부모의 가슴
은 미어진다. 하지만 다행히 대부분의 아이는 곧 회복한다. 어떤 아이는 병에 걸렸을 때
불편한 상황을 모면하고 특별한 대우를 받을 수 있다는 걸 알아챈다. 꾀병을 통해 아이
는 도움을 요청하거나 관심을 갈구하고 있는지도 모른다. 그러므로 부모는 아이의 행동
뿐만 아니라 행동 뒤에 숨겨진 믿음에도 관심을 가져야 한다.

## ✌ 실전! 생활 속 긍정 훈육법

① 아이가 학교에 빠지려고 꾀병을 부리고 있다고 생각된다면 침착하게 사실을 확인
　해 본다. 아이에게 "확실하진 않지만 학교에 가고 싶지 않아서 아프고 싶은 것 같

424

은데 학교에서 무슨 문제가 있는지 궁금해. 이게 사실이라면 네가 준비되었을 때 이야기를 듣고 문제를 해결할 수 있도록 도움을 주고 싶어."라고 말해 볼 수 있다.

② 아이가 몸이 안 좋다고 말할 때 아이의 말을 심각하게 받아들여라. 경청하고 아이의 감정을 확인한다. 아이가 자신의 기분을 말할 수 있도록 격려해 준다. 아이는 "아파요."라고 말하는 대신 "무서워요." "걱정돼요." 혹은 "불편해요."라고 말할 수 있다. 그러므로 무조건 아이가 꾀병을 부리고 있다고 생각해선 안 된다.

③ 아이가 정말 아픈지 체온을 통해 확인할 수 있도록 체온계를 준비해 두자. 열이 나지 않아도 아플 수 있으니 다른 증상을 확인할 수 있는 방법을 익혀 둔다.

④ 많은 부모는 아이의 생활방식에 충분히 익숙해져 있기 때문에 평소와 다른 아이의 상태를 금방 알아차릴 수 있다. 아이가 아픈 것 같다는 느낌이 들면 흥분을 가라앉히기 위해 타인의 도움을 받는다. 또한 아이가 아픔을 견뎌내기 위해 도움을 필요로 하는 상황과 두려운 상황에 대해 책임을 회피하려는 상황을 구분할 땐 직감을 믿어 본다. 자신감을 가지고 상황에 맞게 행동한다.

⑤ 아이가 아플 땐 아이의 상황을 이해하고 스스로 약을 먹을 수 있게 지도한다. 약을 먹길 강요하는 대신 약을 먹어야 하는 이유를 설명해 준다. 아이에게 협조를 부탁한다.

⑥ 지인이 아프다고 가족이나 자신을 간과해선 안 된다. 가족과 함께 있을 수 있는 시간과 휴식을 갖는다. 당신의 상황과 감정을 가족에게 솔직히 말한다.


## 🐰 문제를 예방하는 좋은 습관 기르는 법

① 아이가 자신의 몸 상태에 귀 기울이고 충분한 휴식과 건강한 식단으로 스스로 건강을 챙길 수 있게 지도한다.

② 아픔과 질병에 대한 당신의 태도를 점검해 본다. 아픈 사람은 지속적인 돌봄이 필요하다고 생각하는가? 혼자만의 시간을 가져야 한다고 생각하는가? 질병이 짐이라

고 생각하는가? 때로 마주치는 삶의 일부라고 생각하는가? 아픈 상황에서도 사람들이 자신의 생활방식을 유지해야 한다고 생각하는가? 아픔과 질병에 대한 당신의 생각은 아이를 대하는 태도와 질병에 대한 아이의 생각에 영향을 미칠 수 있다.

③ 약물 사용을 최대한 삼가고 가능한 한 민간요법을 사용해 본다. 약에 익숙해지면 아이는 약이 모든 병을 치료할 수 있다고 믿게 될 것이다. 애정 어린 보살핌보다 좋은 약은 없다.

④ 추운 날 점퍼를 입지 않거나, 충분한 숙면을 취하지 않으면 감기에 걸릴 거라고 말하지 않는다. 어떻게 하면 병에 걸리는지 말해 주는 것보다는 어떻게 하면 병을 예방할 수 있는지 알려 주는 것이 좋다.

⑤ 구조를 요청하는 방법을 가르쳐 주어 필요할 때 도움을 요청할 수 있게 지도한다.


## 🖐 아이들이 배울 수 있는 삶의 기술

아이들은 자신의 몸 상태에 귀 기울이고 스스로를 돌보게 된다. "아파요."라는 말을 핑계 삼는 대신 자신이 원하는 것을 당당하게 요청하게 될 것이다.


## 🖐 양육 포인트

① 당신이 아플 땐 아이와 당신을 돌봐줄 수 있는 가족과 친구들에게 연락을 한다.
② 아무리 노력해도 아이는 아플 때가 있다. 자신을 탓하거나 아이를 과잉보호하는 대신 이 사실을 받아들인다.

## 훈 육 도 우 미

아홉 살에서 열세 살 사이의 아이들이 부모가 저녁 식사를 하러 간 동안 낯선 도시 안에 있는 낯선 집에 남겨졌다. 그 누구도 그들에게 이 상황을 견딜 수 있는지 물어보지 않았다. 부모는 아이들이 당연히 견뎌낼 수 있을 거라 생각했다.

얼마 후 아홉 살 된 아이가 배탈이 났다. 열세 살 된 아이는 이웃에게 "동생이 정말 아픈 것 같진 않아요. 저처럼 겁이 난 것 같아요."라고 말하며 도움을 요청했다.

이웃은 부모에게 이런 상황에 대해 듣지 못했고 그들의 전화번호를 알지 못했다. 하지만 아이들을 위해 수프와 음료와 아이스크림을 준비해 주며 그들을 달래려고 노력했다.

이웃이 집을 떠나고 한 시간 후 열세 살 된 아이는 다시 그에게 연락을 했다. 이번에는 한 아이가 두통을 호소했지만 아동용 두통약을 찾을 수 없었다. 이웃은 약국에 가서 약을 사고 아이들의 부모가 도착할 때까지 아이들과 함께 있기로 결정했다. 그는 부모가 아이들에게 감당할 수 없는 책임을 지워 주었다는 사실을 알게 되었다.

아이들은 매우 창의적이다. 부모가 아이들을 배려하지 않는다면 꾀병을 부려 어른의 관심을 얻으려 할 것이다.

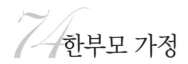

# 74 한부모 가정

저는 혼자 아이를 양육하는 것에 대한 죄책감을 느낍니다. 제 아이가 아빠가 없다는 사실 때문에 불행해질까 봐 두렵지만 저에게는 아빠 역할까지 할 시간이 없어요. 가끔 제 자신을 위한 시간을 가질 때면 매우 이기적인 사람이 되는 것 같습니다. 제가 부모 역할을 온전히 다 할 수 없다는 사실 때문에 아이가 얼마나 힘들어하게 될까요?

## 👆 당신 자신과 자녀 그리고 상황 이해하기

한부모 가정에서 자란 아이가 더 불행하다는 이야기는 아무런 근거가 없다. 오히려 '아이를 위해서' 억지로 함께 사는 불행한 부모 밑에서 자란 아이가 더 불행할지도 모

른다. 한부모 가정 아이들이 문제를 일으키면 부모의 잘못을 탓하지만 한부모 가정에서 자라 성공적인 삶을 살고 있는 사람도 많다. 아이에게 영향을 미치는 건 부모의 수가 아닌, 부모의 태도와 양육 방법이다.


## 🐰 실전! 생활 속 긍정 훈육법

① 한부모라고 해서 엄마와 아빠의 역할을 모두 하려고 노력하거나 아이에게 특별한 대우를 해 줄 필요는 없다. 한 명의 효율적인 부모면 충분하다. 한부모에 대한 긍정적인 태도를 기른다. 아이에게 "이게 현실이고, 우리는 최선을 다해 볼 수 있고 한부모 가정만 가질 수 있는 강점을 찾을 수도 있어."라고 말해 본다. 그들은 당신의 태도에서 긍정적인 에너지를 흡수할 것이다.

② 아이가 당신과 배우자를 비교하여 원하는 것을 얻으려고 하는 영악한 태도에 넘어가선 안 된다. 당신의 감정을 솔직하게 나누고 당당하게 당신의 위치를 설명한다. 아이에게 "사람마다 다른 방식으로 일을 해결해. 서로를 존중하면서 집안에서 지켜야 하는 규칙을 다시 함께 세워 보자."라고 말해 본다.

③ 이혼을 했다면 아이가 한부모 가정에 대해 가질 수 있는 실망감과 분노에 대처할 수 있게 도와준다. 감정을 표현하고 아이가 하고 싶은 일에 대한 계획을 세울 수 있게 도와준다(모든 감정은 수용 가능하며 소중하다. 하지만 행동은 별개의 문제다. 아이들은 자신의 감정과 행동의 차이를 이해할 때 성장할 수 있다). 감정을 솔직하게 표현할 수 있도록 도와주어 아이들이 항상 그들이 원하는 것을 얻을 수 없다는 사실을 이해하고, 스스로를 표현하고, 그들의 필요를 다른 사람과 나눌 수 있게 해준다.

④ 아이가 당신의 전 배우자와 함께 살겠다고 협박하면 스스로에게 질문을 던져 본다. "아이가 화가 나서 나에게 상처를 주려는 걸까? 해야 하는 일을 하고 싶지 않은 걸까? 정말 다른 부모의 집에서 사는 게 더 나을 거라고 생각하는 걸까? 아이가 다

른 부모와 가까운 관계를 유지하고 싶어서 그러는 걸까?" 같은 질문들에 대한 답을 생각해 볼 수 있다. 엄마와 아빠가 모두 있는 가정의 아이도 가출하겠다고 협박하기도 하며 이것이 분노에 대한 정상적인 반응일 수도 있다. 흥분을 가라앉히고 나면 아이의 속마음을 확인해 본다. "네가 _____ 때문에 화가 난 건지 궁금해."라고 말하고 문제를 해결하기 위해 노력해 본다(이러한 상황에 대한 또 다른 예시는 훈육 도우미 참조).

## ✌ 문제를 예방하는 좋은 습관 기르는 법

① 한부모 가정의 강점을 찾아본다. 혼자서 아이를 어떻게 양육해야 할지 고민하지 않아도 된다. 아이를 양육하는 데 엄마와 아빠가 모두 있어야 한다는 건 근거 없는 이야기다. 두 부모는 얼마나 관대하고 얼마나 엄격해야 하는지에 대해 자주 싸우고 아이들과 충분한 시간을 보내지 않는다는 이유로 서로를 비난한다. 두 부모 가정을 이상화하지 않는다. 남의 떡은 당신에게 보이는 것처럼 크지 않다.

② 한부모 가정의 또 다른 강점은 아이가 당신에게 필요한 존재라고 느낄 수 있는 기회가 주어진다는 것이다. 아이의 빈자리를 채워 주기 위해 아이의 요구를 모두 들어주지 않는 것이 중요하다. 아이와 당신밖에 없다고 해도 가족회의를 가져 아이가 해야 할 일과를 정하고, 문제를 해결하고 재미있는 활동을 계획하는 과정에 참여하게 해 준다. 한부모 가정에서 아이는 의미 있는 기여를 하고, 도움을 주고, 진심 어린 관심을 받을 수 있는 기회를 얻을 수 있다.

③ 각 아이와 특별한 시간을 계획하여 (하루에 십 분이나 일주일에 삼십 분 정도) 아이가 그 시간을 기다리게 해 준다. 바빠서 아이들의 요구를 들어줄 수 없을 땐 침착하게 "지금은 시간이 없지만 우리만의 시간에 꼭 듣고 싶구나."라고 말한다.

④ 아이 양육을 도와줄 수 있는 가족이나 친구를 찾아본다. 아이의 아빠 혹은 엄마의 빈자리를 채워 주고 아이와 즐거운 시간을 보낼 수 있는 할머니나 할아버지게

부탁해 본다.

⑤ 당신 같이 도움이 필요한 수많은 한부모들이 있다는 사실을 기억한다.

⑥ 이혼을 했지만 전 배우자가 무책임하게 행동한다면 분노와 실망감으로 시간을 낭비하는 대신 어떤 행동을 할지 결정한다. 전 배우자가 바뀌지 않을 거라는 사실을 받아들인다. 전 배우자에게 의지하기 어려운 상황이라면, 비상 대안을 생각해 둔다.

⑦ 당신의 필요를 채울 수 있는 방법을 생각해 본다. 당신이 힘을 내야 아이를 양육할 의지가 생긴다. 당신을 위해 시간을 할애하는 것에 대해 죄책감을 느끼지 않아도 된다. 당신에게 주는 상이라고 생각하자.

## ☙ 아이들이 배울 수 있는 삶의 기술

아이들은 인생에는 여러 상황이 존재하며 모든 상황이 즐거울 수는 없다는 사실을 깨닫는다. 아이들은 인생의 고난을 통해 배우고 성장하며 그 속에서 한줄기 빛을 찾아낸다. 일어나는 모든 일을 통제할 수는 없지만 일어난 일에 대처하는 방법은 결정할 수 있다.

## ☙ 양육 포인트

① 한부모 가정이 갖는 강점이 있다고 해서 문제가 없는 건 아니다. 다른 상황을 이상화시키고 부정적인 태도를 갖는 것은 도움이 되지 않는다.

② 아이는 당신의 태도에 영향을 받는다. 당신이 피해자처럼 행동하면 아이 또한 피해자처럼 느낄 것이다. 당신이 긍정적이고 당당한 태도를 가지면 아이는 당신의 태도를 본받을 것이다.

한부모 엄마는 아이들이 아빠와 함께 살 거라고 협박했을 때 "그래, 하지만 한번 가면 돌아올 수 있는 기회는 한 번뿐이야. 네가 다시 한 번 가겠다고 하면 끝이야."라고 말했다. 아이들은 엄마가 말한 대로 실행한다는 사실을 잘 알고 있었기 때문에 다시는 그런 말을 하지 않게 되었다. 아이들은 엄마가 그들을 진지하게 받아들이고 아빠와 살겠다는 의견을 존중하지만 조종당하지 않는다는 사실을 깨달았다. 이를 계기로 아이들은 정말 아빠와 함께 살고 싶은지 생각해 보게 되었다. 아이들은 충분히 생각해 본 뒤 엄마와 함께 살면서 가족회의를 통해 현재의 문제를 해결해 보기로 결심했다.

# 75 혼자 자지 못하는 아이

　두 살 된 제 아이는 혼자 잠들지 못해서 항상 저희 방에서 함께 잡니다. 아이가 울게 내버려 두는 방법도 생각해 봤지만 그건 너무 매정한 것 같아요. 하지만 이젠 저와 제 남편이 숙면을 취할 수가 없습니다. 물론 둘만의 시간을 보내는 것은 거의 불가능하고요. 아이가 혼자 잘 수 있는 방법이 없을까요?

## 당신 자신과 자녀 그리고 상황 이해하기

　많은 부모가 '가족 침대'를 가지며 아이들이 그들과 함께 잘 수 있게 허락해 준다. 만일 당신의 의지로 아이들과 함께 잔다면 스스로의 결정을 존중하고 그렇게 한다. 하지만 많은 경우 부모는 그들이 원해서가 아니라 그렇게 해야 할 것 같아서 아이들과 함께 자며 이 상황을 바꾸고 싶어 한다. 만일 그렇다면 아이들과 함께 자는 것은 그들을 존중하지 않는 행동이기도 하다. 단지 훈련 과정을 겪는 것보다 함께 자는 게 더 편해 보여서, 혹은 아이들이 혼자 잘 수 없다고 생각해서 함께 자도록 허락하는 것은 옳지 않은 양육 방법이다. 당신은 아이들이 유능하고 독립적이라는 생각을 발달시키기 어려운 환경을 제공하고 있으며, 아이들은 고치기 매우 어려운 습관을 들이고 있는 것이다. 아이들의 자존감에 큰 상처를 입히지 않고도 그들의 침대에서 잘 수 있게 지도할 수 있다.

당신이 가족 침대를 갖는 것에 대해 고민하고 있다면 리처드 퍼버(Richard Ferber) 박사의 연구 결과를 참조해 본다. 그는 아이들이 자기만의 공간에서 잠을 자야 한다고 주장한다. 이 공간은 아이의 방이 될 수도 있고, 부모의 방에 있는 아이만의 침대가 될 수도 있다. 이러한 공간을 가짐으로써 아이들은 중요한 교훈을 얻을 수 있다. 아이들은 "나는 나만의 공간에서 지낼 수 있어." "나는 우주의 중심이 아니야." "나는 가족의 중요한 구성원이지만 부모님도 매우 중요하며 휴식과 재충전을 위한 시간이 필요해." 같은 사실을 배우게 된다.

갓 태어난 아이가 있다면 앞으로 일어날 수 있는 문제들을 예방하기 위한 계획을 참조하여 미래의 갈등을 예방한다. 아이가 이미 당신과 함께 자는 습관을 들였다면 젖떼기 과정을 시작할 때일 수도 있다('젖떼기' 참조).

## ✌ 실전! 생활 속 긍정 훈육법

① 수많은 부모가 아이를 울게 내버려두는 방법을 통해 문제를 해결했다. 인내심만 갖는다면 3일에서 5일 사이에 문제는 해결될 것이다. 사실 이 방법은 가장 짧은 시일 내에 문제를 해결할 수 있는 가장 효과적인 방법이다. 하지만 당신이 아이의 울음을 견디지 못할 경우를 대비하여 다른 방법도 제시하는 것이다. 제안사항은 대부분 궁극적인 양육 목표를 이루기 위해 필요한 행동을 취할 수 있는 용기를 갖게 도움을 주는 것이다. 엄마 새는 두려워하는 아기 새를 둥지 밖으로 밀어낸다. 이유는 알 것이라 생각한다. 엄마에게 아이의 울음소리를 견디는 것보다 가슴 아픈 일은 없다. 하지만 아이의 울음은 소통 방법이라는 사실을 기억한다면 아이의 울음은 많은 뜻을 담고 있을 수 있다는 것을 알게 될 것이다. 아이는 "나를 위한 일이라고 해도 난 이게 싫어요."라고 말하고 있는지도 모른다. 이 책이 반복적으로 제시하듯이 아이가 감정을 느끼게 하되 아이를 구해 주어서는 안 된다. 아이는 완벽하지 않은 상황을 경험하여 실망감에 대처하는 방법을 배우고 어려운 상황을 이겨

낼 수 있을 뿐만 아니라 부모가 모든 걸 해 줄 때보다 스스로 이겨 냈을 때 더욱 긍정적인 감정을 느낄 수 있다는 사실을 깨닫는다. 아이는 필요한 것이 있고 원하는 것이 있다. 아이는 숙면이 필요하다. 아이는 당신과 함께 자고 싶어 할 수 있지만 그것은 아이와 당신에게 좋은 행동이 아닐 수 있다. 길게 보았을 때 아이와 당신에게 모두 유익한 방법을 선택한다. 당신이 낮 동안 아이와 충분한 시간을 보내면서 안아 주고 놀아 준다면 아이는 자기 전 흘린 눈물 때문에 사랑 받지 않고 있다고 느끼거나 충격을 받지 않을 것이다.

② 어떤 부모는 전문가를 집으로 초대해 아이가 혼자 잠드는 훈련을 받게 한다. 하지만 전문가들이 사용하는 방법은 이 책에 제시한 방법과 크게 다르지 않다. 한 가지 차이는 부모가 아이의 울음소리를 듣지 않아도 되는 것이다. 아이를 모르는 사람에게 맡기는 대신 당신이 충분한 의지와 용기를 갖길 바란다.

③ 아이의 엄마가 동생 집에서 자고 온 적이 있다. 아이의 아빠는 혼자서 아이를 돌봐야 했다. 편하진 않았지만 아이의 엄마보다는 잘 견뎌낼 수 있었다. 또 다른 아이의 엄마는 아이가 혼자 자는 습관을 들일 때까지 베개로 귀를 막고, 라디오를 들으면서 삼 일을 견뎠다. 어려운 과정이었지만 부모들은 아이가 혼자 자기 시작한 이후부터 낮에도 더욱 행복하고 편안하게 아이를 양육할 수 있었다고 이야기했다.

④ 어떤 부모는 우는 아이의 방에 들어가 아이의 등을 쓰다듬어 주고 나오는 방법을 추천했다. 몇몇 부모에게는 이 방법이 효과가 있었다. 몇몇 부모는 아이를 놀리는 기분이 든다고 했다. 이 방법이 효과가 있을 것이라고 생각한다면 시도해 본다(훈육 도우미에 적힌 상황은 말을 할 수 있는 아이이기 때문에 이와는 다른 상황이다.).

## ✌ 문제를 예방하는 좋은 습관 기르는 법

① 많은 부모는 아기를 침대에 눕히기 전에 재워야 한다고 생각한다. 그들은 아기를 달래고 아이가 잠들면 침대에 눕힌다. 하지만 아기는 곧바로 잠에서 깨 울기 시작한다. 이러한 방법 대신 취침 시간이 되면 아기의 배를 채우고, 기저귀를 갈아주고, 트림을 하게 해 주고 아기가 깨어 있을 때 침대에 눕혀 스스로 잠이 드는 방법을 배우게 해 준다. 아기가 젖병을 물고 있을 때 잠이 든다면 깨워야 할 수도 있다. 아이가 조금 불편해 한다고 큰일이 일어난 게 아니다. 자신을 달래는 하나의 방법일지도 모른다.

② 세 달 정도 후부터 아기들은 혼자 잘 수 있는 능력을 갖게 된다(어떤 아기들은 이보다 더 빨리 혼자 잠을 잘 수 있다). 모유 수유를 하고 있다면 세 달쯤이면 아기는 하루 동안 필요한 젖의 양을 조절할 수 있기 때문에 저녁에는 모유가 필요없다. 세 달이 넘은 아기가 밤중에 일어난다면 울음을 통해 자신을 달래고 스스로 다시 잠들 수 있도록 놔두어도 괜찮다.

③ 일정이 꽉 짜인 신생아 육아실에 있는 아기는 식사 시간이 될 때까지 누워 있어야 한다. 울음이 터져도 스스로를 달래야 하며 그렇게 한다. 이러한 아기는 집에 가서도 혼자 자는 데 어려움을 겪지 않는다. 아기가 혼자 자지 못하는 건 부모가 아기의 울음소리를 견딜 수 없거나 아기가 부모와 함께 자야 한다고 생각하기 때문이다. 아이의 취침 문제는 당신의 태도 때문에 생긴 것일 수도 있다.

④ 아기가 뒤집어 자는 것을 선호한다고 제안하는 사람이 늘고 있다. 반면 아기가 침대에 등을 대고 자야 영아돌연사증후군을 막을 수 있다고 주장하는 사람들도 있다. 어떤 사람들은 아기를 옆으로 누여야 한다고 생각한다. 어떤 것이 최선인지는 알 수 없지만 당신의 아기에게 어떤 자세가 가장 적합한지 알아내기 위해 의사와 상담을 하거나 인터넷을 검색해 볼 것을 추천한다.

# 🖐 아이들이 배울 수 있는 삶의 기술

아이들은 누군가에게 의지하지 않고도 스스로 잠에 대처하는 방법을 배운다. 아이들은 자신감과 독립심을 기를 뿐만 아니라 자신의 필요는 모두 충족될 수 있지만 원하는 것은 모두 이루어질 수 없다는 사실을 깨닫게 된다.

# 🖐 양육 포인트

① 당신 자신과 당신의 결정을 믿어라. 아이는 당신의 자신감이 내뿜는 에너지를 느끼고 이에 반응할 수 있다. 당신과 아이에 대한 믿음은 당신의 행동에 반영될 것이고 아이의 행동에 영향을 미칠 것이다.
② 아기의 숨소리까지 인식하는 유아 모니터가 나오기 전에도 수많은 아기가 건강하게 자랐다.
③ 낮 동안 최선을 다해 아이를 보살필 에너지를 얻으려면 충분한 숙면을 취해야 한다는 사실을 기억한다.

### 훈 육 도 우 미

워싱턴에 거주하는 멜라니 밀러(Melanie Miller)는 공인 자격증이 있는 긍정 훈육법 강사이며 이 이야기를 나누었다. 다음 해결 방법은 취침 전 삼십 분의 소중한 나만의 시간을 마련해 주었다. 나는 그 시간 동안 책을 읽거나, 신문을 읽거나, 조용히 앉아 있을 수 있게 되었다. 또한 이 방법을 통해 아이가 편안하게 잠들 수 있게 도와주는 다정한 엄마가 될 수 있었다.

방법은 이렇다. 당신의 취침 전 일과표를 따르는 것이다. 일과는 아이를 안고 책을 읽는 것으로 끝나야 한다. 그런 뒤 아이를 침대에 눕히고 등을 쓰다듬어 주고 싶다고 말한다. 아이에게 당신이 5분 정도 등을 쓰다듬어 주길 원하는지 물어본다. 아이에게 선택권을 주는 것은 아이에게 상황에 대한 통제권을 준다. 아이의 등을 쓰다듬은 후 아이에게 당신이 양치를 해야 한다거나, 잠옷을 입어야 한다거나, 신문을 읽어야 한다거나, 아이가 흥미를 느끼지 않을 만한 일을 해야 한다고 말한다. 그리고 1분 뒤에 돌아오겠다고 말해 본다. 나는 1분을 표시할 땐 엄지와 검지 사이를 붙이고 30분을 표시할 땐 엄지와 검지 사이를 멀리 떨어뜨린다. 때론 아이들은 그런 시각적 사인이 필요하니까. 그렇게 말하고 나서 꼭 1분 뒤에 돌아온다. 첫 날에는 30초 뒤에 돌아와 아이가 당신을 따라 나오지 않게 하는 것도 좋은 방법이다. 방에 돌아왔을 때 아이의 등을 쓰다듬으며 "엄마도 잠옷을 입고 올게. 2분만 기다려 줘."라고 말한다. 다시 돌아왔을 때 아이가 잠든 모습을 확인할 때까지 시간을 늘려 가며 이 과정을 반복한다. 첫 며칠은 시간이 꽤 걸릴 것이다. 처음에는 아이는 1분도 가만히 있지 못할 수도 있지만 포기하지 않는다. 인내심을 가지고 시간을 조정하면서 과정을 반복한다.

# 76 물건/돈을 훔치는 아이

제 지갑과 아이들의 저금통에서 돈이 빠져나가고 있다는 사실을 알게 되었습니다. 열두 살 된 제 딸아이는 가져가지 않았다고 말했지만 아이가 용돈으로는 살 수 없는 화장품과 매니큐어를 사고 친구들에게 간식을 사 주는 걸 봤습니다.

## 🖐 당신 자신과 자녀 그리고 상황 이해하기

대부분의 어른이 어린 시절 그랬듯이 대부분의 아이도 적어도 한 번은 무언가를 훔칠 것이다. 아이들이 무언가를 훔쳤을 때 부모들은 과잉 반응을 보인다. 부모들은 공황 상태에 빠져 아이들을 거짓말쟁이나 도둑 취급할지도 모른다. 부모들은 매를 들거나, 외출을 금지하거나 죄책감을 주면서 아이가 도둑이 되지 않도록 아이를 보호하고 있다고 착각한다. 하지만 비판하고 체벌을 하는 것은 상황을 더욱 악화시킨다. 절도에 올바르게 대처하여 당신은 아이에게 생각하는 방법과 사회적 책임과 올바른 문제해결 방법을 가르칠 수 있다.

# ✌ 실전! 생활 속 긍정 훈육법

① 아이가 무언가를 훔쳤다는 사실을 알게 되면 "네가 이걸 훔쳤니?"라고 물으며 아이를 궁지에 몰아넣지 않는다. 대신 아이에게 "○○야, 네가 이걸 훔쳤다는 걸 알아. 엄마도 어렸을 때 한 번 그런 적이 있어. 무섭고 죄책감이 들었어. 훔칠 때 어떤 기분이 들었니?"라고 말해 본다. 안정적인 목소리로 계속해서 아이에게 "물건이 없어졌을 때 물건 주인이 어떤 기분이 들지 생각해 봤니? 가게 주인이 직원에게 월급을 주고, 임대료를 내고 나서도 자신이 필요한 것을 사려면 네가 훔친 물건을 몇 개나 더 팔아야 할까?"라고 물어본다. 많은 경우 아이들은 이러한 질문에 대한 답을 생각해 본 적이 없기 때문에 질문을 통해 아이들은 타인을 생각하는 마음을 가질 수 있다.

② 아이가 무언가를 훔쳤다면 아이를 비난하는 것보다 배상할 수 있는 방법에 집중한다. 아이에게 훔친 물건은 꼭 배상해야 한다고 말해 주고 아이가 배상할 수 있는 방법을 생각해 낼 수 있도록 도와준다. 필요에 따라 아이가 배상하는 데 필요한 돈을 미리 제공한다. 그리고 아이가 감당할 수 있는 액수를 용돈에서 매번 제한다. 자신이 갚고 있는 액수를 확인할 수 있도록 갚은 액수를 기록해 둔다.

③ 아이가 훔친 물건을 다시 가게에 되돌려줄 수 있도록 아이를 격려해 준다. 체벌을

하는 대신 동정심을 표현한다. 아이에게 "겁이 나고 부끄럽다는 거 이해해. 하지만 실수를 바로잡기 위해서 때론 이런 일도 경험해야 해."라고 말해 준다. 대부분의 경우 가게 주인은 아이가 실수를 인정하고 바로잡으려 할 때 아이를 용서해 줄 것이다.

④ 아이 친구의 장난감이 집에서 발견된다면 "(친구의 이름)이 이걸 애타게 찾고 있겠구나. 장난감이 안전하다는 사실을 전화로 알려 주고 내일 시간이 있을 때 가서 돌려주자."라고 말한다.

⑤ 아이가 체면을 잃지 않고 훔친 물건을 돌려줄 수 있는 기회를 준다. 아이에게 "누가 이 물건을 훔쳤는지 엄마는 신경 쓰지 않아. 이 물건이 제자리로 돌아가야 하는 게 엄마한텐 더 중요해. 엄마가 묻지 않아도 한 시간 내에 이 물건이 원래 있던 자리에 있을 거라 믿어."라고 말해 본다.

⑥ 집에 놀러 온 아이가 당신의 물건을 훔치려 한다면 아이에게 언제든 놀러 와서 물건을 사용해도 되지만 집에는 가져가면 안 된다고 말해야 한다. 아이가 계속해서 당신이나 당신 아이의 물건을 훔친다면 없어진 물건을 돌려놓을 때까지 밖에서는 놀 수 있지만 집 안에서는 놀 수 없다고 말해 준다.

⑦ 아이가 비행을 목적으로 돈을 훔친다면 전문가의 도움을 받는다. 이 문제는 당신 혼자 감당하기에는 힘이 들 것이다.


## ❦ 문제를 예방하는 좋은 습관 기르는 법

① 많은 경우 아이들은 사랑받지 못한다고 느끼거나 소속감을 느낄 수 없을 때 훔치는 행동을 한다. 그들은 아무도 자신에게 관심을 갖지 않기 때문에 아픔을 돌려주어도 된다고 생각한다. 이것은 '보복의 순환'이라고 불린다. 이런 경우 아이들이 사랑 받고 있는 존재라는 사실을 깨닫게 해 주는 것이 중요하다. 아이와 행동을 분리시키고 문제를 해결할 수 있는 방법을 생각하는 동시에 사랑을 표현한다.

② 일반적으로 물건을 훔치는 아이는 절도만이 자신이 원하는 것을 얻을 수 있는 유일한 방법이라고 생각한다. 가족의 금전 상황을 고려하면서 가능하다면 아이가 원하는 물건을 살 수 있도록 현실적인 액수의 용돈을 준다('용돈' 참조).

③ 돈을 눈에 띄는 곳에 두는 습관도 아이의 절도를 부추길 수 있다. 되도록 돈과 귀중품은 아이의 눈에 띄지 않는 곳에 보관한다. 한 아이가 다른 아이의 돈을 훔친다면 돈을 빼앗긴 아이에게 자물쇠가 달린 보관함에 보호하고 싶은 물건을 담아 두게 해 준다.

④ 형제자매 간에 일어나는 절도는 질투심에서 시작될 수 있다. 아이들에게 당신이 한 아이만 예뻐한다고 생각하는지 물어본다. 아이들의 답변을 경청하며 단서를 찾아본다. 질투는 자연스러운 감정이며 그들을 모두 사랑한다는 사실을 알려 준다. 각 아이의 특별한 점에 대해 긍정적으로 이야기해 본다.

⑤ 아이가 물건을 훔치기 시작하기 전에 가족회의를 통해 절도가 초래하는 결과에 대해 이야기해 본다(아이가 물건을 훔친 경험이 있다면 아이에 집중하는 대신 포괄적이고 우호적인 대화가 되어야 한다). 무엇을, 왜, 어떻게 등의 질문을 통해 이야기를 이끌어 간다. "물건을 훔치는 이유가 뭘까?" "절도가 초래하는 결과는 어떤 것이 있을까?" "가족 내에서 모두가 안전과 신뢰감을 느끼려면 어떻게 해야 할까?" 같은 질문을 해 볼 수 있다.

⑥ 아이의 잘못을 눈감아 주진 않지만 당신이 아이를 무조건 사랑한다는 사실을 표현한다. 즉, 아이의 행동을 통제하려고 하는 대신 아이에게 당신이 어떤 행동을 할 것인지 알려 주어야 한다. 비행을 목적으로 귀중품을 훔치는 십대 아이에게는 "네가 교도소에 가도 엄마는 너를 여전히 사랑하고 너를 위해 맛있는 음식을 만들어서 면회를 가겠지만 너를 꺼내 주진 않을 거야."라고 말할 수 있다. 열 살 된 아이가 친구에게 "빌려 왔다."고 말하는 장난감을 망가트렸다면 "문제를 해결할 방법을 찾도록 도와줄 순 있지만 너를 대신해서 문제를 해결해 주진 않을 거야."라고 말할 수 있다.

# 🖐 아이들이 배울 수 있는 삶의 기술

아이들은 부모의 사랑과 신뢰를 잃지 않는 동시에 실수를 바로잡을 수 있다. 아이들의 금전적 필요는 존중받아야 하며 부모는 아이들이 훔치지 않고도 원하는 것을 얻을 수 있도록 도움을 줄 수 있다. 아이들은 자신이 나쁜 사람이 아니라 해결할 수 있는 실수를 저지른 것뿐이라는 사실을 깨달을 것이다.

# 🖐 양육 포인트

① 십대 아이는 스릴을 느끼고 친구들에게 인정받기 위해 물건을 훔칠 수도 있다. 이 경우 아이가 주인에게 걸려서 스스로 배상하게 하는 것이 가장 효과적인 해결 방법이다. 아이의 행동을 눈감아주거나 대신 배상해 주지 않는다. 그렇지 않으면 아이는 아무도 자신을 무너트릴 수 없다고 믿게 될 것이다.
② 아이가 받은 상처를 달래 주고 갈구하는 소속감을 채워 주는 것이 체벌을 하는 것보다 효과적으로 문제를 해결할 수 있다.

### 훈육 도우미

지은 씨는 낙심하여 상담사를 찾았다. 그녀는 딸 수정이가 그녀의 화장품과 오빠의 돈을 훔치고 있다고 생각했다. 학교에서 학급 모금함에서 물건이 사라지고 있다는 전화를 받았을 때 그녀는 딸의 문제를 확신했다. 그녀는 필요하다면 수정이를 경찰서로 데려갈 준비가 되어 있었다.

과거에도 지은 씨는 수정이가 물건을 훔치는 문제로 대화를 나눈 적이 있다. 수정이는 훔친 물건과 돈이 그녀의 방에서 발견되었는데도 끝까지 자신은 결백하다고 주장하였다. 지은 씨는 화가 나서 수정이를 거짓말쟁이라고 부르고 일주일간 외출을 금지했다.

지은 씨는 이 상황을 좀 다르게 대처하기로 결심했다. 그녀는 수정이에게 학교에서 수정이가 모금함에 채워야 할 물건이 다 채워지지 않았다고 연락이 왔다고 말했다. 그리고 부족한 물건을 채우기 위해서 돈을 미리 주고 수정이의 용돈에서 매주 조금씩 차감하는 방법을 제안했다. 지은 씨는 수정이에게 일주일에 오백 원이나 천 원씩 갚아 나갈 수 있는지 물어보았다.

수정이는 예상치 못한 상황에 어찌할 바를 몰랐다. 그녀는 핑계를 대기 시작했고 엄마는 "수정아, 물건을 어떻게 채울지에 대해 이야기해 보자."라고 말했고 수정이는 "알겠어요. 일주일에 천 원씩 갚는 건 어때요?"라고 답하였다.

수정이 엄마는 "누군가가 네가 모금함에서 없어진 물건들을 친구들과 나누고 있는 모습을 보았다고 하더구나."라고 대화를 이어 나갔다.

수정이는 계속 자신을 방어했다. 과거에 지은 씨는 수정이를 거짓말쟁이라고 불렀고 이는 말다툼으로 이어졌다. 하지만 지은 씨는 이번에 "수정아, 네 친구들은 네가 주는 것이 아니라 너 자체를 좋아할 거야. 친구들을 즐겁게 해 주고 싶다면 집으로 초대해서 쿠키를 만들거나 게임을 하는 건 어떠니?"라고 물어보았다.

수정이는 "생각해 볼게요."라고 말하며 엄마에게 포옹을 하고 방을 나갔다.

수정이는 자신이 훔친 물건에 대한 책임을 져야 한다는 사실을 알게 되었고 훔치는 행동을 멈췄다. 그녀의 엄마는 무조건적인 사랑을 베푸는 동시에 직접적으로 문제를 다루어 아이의 방어적인 태도와 힘겨루기를 사전에 예방할 수 있었다. 또한 그녀는 수정이를 탓하는 대신 해결 방법에 초점을 맞춤으로써 그들의 관계와 수정이의 자존감을 개선하기 위해 노력했다.

# 77 재혼 가정

저는 두 아이의 아빠고 최근 세 아이의 엄마와 재혼을 했습니다. 아이들은 저희만큼 적응을 잘 하고 있는 것 같지 않습니다. 아내의 두 아이는 저를 매우 싫어하는 것 같고 제 아들은 아내를 매우 싫어합니다. 아이들의 태도는 저와 아내의 관계에 큰 부담을 주고 있어요. 어떻게 해야 할지 모르겠습니다.

## ☞ 당신 자신과 자녀 그리고 상황 이해하기

재혼 가정이 자리 잡기 위해서는 시간이 필요하다. 여러 관계가 재형성되는 복잡한 과정에 매일 일어나는 일상적인 문제가 더해지기 때문에 부담감과 스트레스는 피할 수 없다. 아이들은 새로운 역할과 다른 양육 방식에 적응해야만 한다. 어른들은 전 배우자와 자신이 비교당하고 있다고 생각하며 소외감을 느낀다. 당신과 새 배우자는 양육 방법에 대해 논의하고 책임감을 나눌 필요가 있다. 재혼이라는 변화에 추가로 전 배우자가 양육권을 가지고 있는 아이들과 당신의 아이들의 방문권에 대해서도 생각해야 하며, 매일 일어나는 문제도 대처할 수 있어야 한다. 재혼과 동시에 가족 구성원 모두가 하나의 행복한 가정을 꾸릴 준비가 되었다고 생각한다면 당신은 앞으로 엄청난 실망감을 느끼게 될 것이다.

## ✌ 실전! 생활 속 긍정 훈육법

① 적응하는 과정을 위해 충분한 시간을 갖는다. 분노, 질투, 경쟁, 슬픔을 견뎌야 할 수도 있지만 섬세하게 대처한다면 언젠가는 끝날 과정이다. 변화에 적응하는 데 시간이 걸린다는 사실만 기억해도 좌절감은 줄어들 수 있다.

② 아이들과 현 배우자가 자신의 감정을 표현할 수 있게 해 준다. 비판하거나 판단해선 안 된다. 그런 감정을 느껴서는 안 된다고 말하는 대신 이해심을 보여 준다. 좋은 경청자가 되어 아이들과 새 부모 사이에 끼어들어 문제를 해결하려고 하지 마라.

③ 경청만으로 문제를 해결하기엔 상황이 심각하다면 모두가 있는 자리에서 문제에 대해 의논할 수 있는 시간을 정한다. 아이들에게 말하기가 겁이 난다면 당신이 논의를 시작할 수는 있지만 문제에 대해 아무 말도 하지 않는 것은 선택사항이 아니라고 말해 준다.

④ 새 아이들과 충분한 시간을 갖는다. 아이들과 함께 외식을 하거나 친구들을 데려와서 자고 갈 수 있게 해 준다. 질문을 최대한 삼가되 아이들이 대화를 나누고 싶어 할 땐 진심으로 경청해 준다.

⑤ 융통성 있고 창의적으로 집안일을 할당하고 일과를 정한다.


## ✌ 문제를 예방하는 좋은 습관 기르는 법

① 아이가 친부모를 사랑하는 것은 당연하며 당신은 이 사실을 존중해야 한다. 아이에게 전 배우자의 안 좋은 점에 대해 말하지 않는다. 아이가 선택해야 한다고 느끼게 하지 않는다. 그들에게는 두 쌍의 부모를 사랑하는 것이 한 쌍의 부모를 선택하는 것보다 쉽다.

② 결혼을 한 부부는 모든 아이를 사랑하고 훈육할 책임을 동등하게 가져야 한다. 어

떤 사람들은 친부모만이 아이의 훈육을 담당해야 한다고 생각한다. 어떤 사람들은 새 부모가 훈육을 책임져 권위를 얻어야 한다고 생각한다. 두 경우 모두 존중적인 협동보다는 분열을 일으킨다. 양육에 대해 일치된 행동을 취하는 것이 중요하다. 체벌이 없는 훈육 방법을 선택하여 아이가 문제해결 과정에 참여할 수 있게 한다면 아이의 분노는 조금씩 줄어들 것이다.

③ 아이는 당신의 태도를 반영한다. 아이에게 "이 상황이 견디기 어렵다는 것을 알아. 네가 왜 상처를 받았고 화가 나 있는지도 알아. 이 새로운 관계는 나에게 매우 중요하고 시간이 지나면 우리는 건강하고 행복한 가정을 꾸릴 수 있을 거야."라는 메시지를 전달한다.

④ 당신의 아이를 새 배우자나 그/그녀의 아이보다 먼저 생각하는 것은 옳지 않다. 이는 관계에도, 아이들에게도 도움이 되지 않는다. 아이들은 부모와 새 부모가 서로를 존중하며 그들의 관계를 소중하게 여긴다는 사실을 알아야 한다. 또한 아이들은 그들이 사랑 받고 있지만 부모 사이를 이간질해서는 안 된다는 사실을 알아야 한다.

⑤ 정기적으로 가족회의를 가져 문제를 함께 해결하고 새로운 일과를 정한다(아직 아이들은 가족이라는 단어를 꺼릴 수도 있으니 모임에 다른 이름을 붙인다). 지금의 생활방식이 이전의 생활방식과는 다르다는 사실을 인정하고 새 가족에 맞는 지침서를 만드는 데 아이들의 도움이 필요하다고 말해 본다.


## ❀ 아이들이 배울 수 있는 삶의 기술

갑작스러운 삶의 변화를 맞이했을 때는 상처와 분노를 경험하는 것이 정상이며, 그래도 괜찮다는 사실을 배울 것이다. 아이들은 생산적인 방법으로 자신의 상처와 분노에 대처할 수 있게 된다.

## 🌱 양육 포인트

① 체벌을 하지 않는 동시에 부드러우면서도 단호한 훈육 태도를 갖는다면 새 부모도 친부모만큼이나 올바른 훈육을 할 수 있다.

② 당신이 아이들의 친부모로서 아이들이 당신의 새로운 배우자를 대하는 태도에 부끄러움을 느낀다면 새 배우자와 아이들이 당신의 방해나 보호 없이도 어려움을 이겨 낼 거라는 믿음을 가진다.

### 훈 육 도 우 미

재현 씨와 경선 씨가 재혼했을 때 그들은 각각 세 아이를 데려왔다. 여섯 아이 중 막내는 일곱 살이었고 첫째는 열여섯 살이었다. 많은 변화가 그들을 기다리고 있었다.

경선 씨는 회사에 다녔다. 그녀는 새로운 가족을 매우 좋아했고 그들을 만날 생각에 퇴근 시간만을 기다렸지만 한 가지 문제점이 있었다. 퇴근 후 집에 가면 엉망진창이 된 집을 마주해야 하는 것이다. 아이들은 학교에서 돌아오면 책과 옷과 신발을 집안 곳곳에 던져두었다. 게다가 음식물 부스러기, 사용한 컵과 장난감은 집을 더욱 난장판으로 만들었다.

경선 씨는 잔소리를 했다. "너희 물건들을 좀 정리할 수 없니? 이 문제가 엄마를 화나게 한다는 것 잘 알고 있잖니. 너희와 함께 있는 것은 정말 좋지만 난장판인 집을 보면 그 기쁨이 사라져." 그제야 아이들은 물건을 정리하기 시작했지만 이미 경선 씨는 자신과 아이들에게 화가 난 상태였다.

경선 씨는 결국 매주 월요일에 진행되는 가족회의 계획표에 문제를 적어 두었다. 그녀는 이것이 그녀의 문제라는 사실을 인정했다. 아이들은 어질러진 집에 대해 아무런 문제가 없었으니까. 그녀는 아이들에게 문제를 해결하는 데 도움을 달라고 부탁했다.

아이들은 '안전 금고'를 만들기로 결정했다. 이것은 창고에 둘 큰 종이 박스였다. 주방이나 거실 같이 가족이 함께 사용하는 공간에 놓인 물건은 먼저 발견한 사람이 안전 금고에 넣어 두기로 했다. 그 물건은 주인이 가져가기 전까지 일주일 동안 박스 안에 머물러야 했다.

계획은 완벽하게 진행되었다. 정리 문제는 해결되었고 안전 금고는 물건들로 가득 찼다. 이것은 가족이 함께 생각해 낸 방법이었기 때문에 구성원 모두가 열심히 지켰다. 한 아이는 신발 한쪽이 안전 금고에 들어가는 바람에 일주일 동안 슬리퍼를 신고 등교해야 했지만, 가족은 문제해결에 함께 참여하면서 더욱 가까워졌다.

# 78 자살과 자해

청소년인 제 아이는 자살을 하겠다고 협박합니다. 저는 너무 두렵습니다. 아이가 스스로 목숨을 끊는 건 생각조차 하고 싶지 않아요.

## ✋ 당신 자신과 자녀 그리고 상황 이해하기

자살과 자해는 어린아이보다는 사춘기를 겪고 있는 아이들 사이에서 더 자주 논의되는 문제다. 자살 협박은 심각하게 받아들여야 한다. 모든 협박이 자살로 이어지진 않지만 아이의 말을 무시하여 아이를 시험해 보고 싶지는 않을 것이다. 일부 아이는 친구나 유명인이 자해를 하는 것을 보고 자해를 시도하지만 자해는 단순한 동향이 아니다. 아이들은 자해를 통해 자신의 능력을 표출하고 고통에서 해방되려고 노력한다. 사춘기 때 나오는 호르몬은 심각한 감정 기복을 일으킨다. 아이들의 가라앉은 기분이 부모에 기대치에 미치지 못해 생기는 자신감 부족이나 넘지 못할 산처럼 보이는 문제를 해결할 능력이 부족하거나 애정 결핍 혹은 약물 중독과 겹치면 자살이라는 끔찍한 상황을 초래할 수 있다. 아이들은 용기와 자신감이 필요하며 삶의 기복에 대처할 수 있는 기술이 필요하다.

## 🐰 실전! 생활 속 긍정 훈육법

① 자살의 경고신호를 기억하고 이러한 상황이 일어났을 때에는 전문가의 도움을 받는다.

- 자살 협박
- 장기간의 우울증 현상, 식욕 저하, 평소보다 긴 수면 시간, 비위생적인 생활, 평소보다 긴 혼자만의 시간, 자포자기
- 절도, 방화, 폭행, 자퇴, 구토, 약물 남용 같은 극단적인 행동
- 자살 시도 흔적, 칼로 그은 듯한 자해의 흔적, 임신, 항상 취한 듯한 모습
- 생활 태도를 바로잡고 소유하고 있는 물건을 모두 나누어 주는 행동

② 많은 청소년이 사춘기를 겪으면서 앞에 제시한 경고 신호를 보일 것이다. 아이의 행동이 심각하다고 생각되는 즉시 전문가의 도움을 받는다. 약물을 처방하지 않는 전문가의 도움을 받아야 한다. 호르몬 분비가 왕성한 아이에게 약을 처방하는 것은 상황을 악화시킬 수 있다. 연구 결과에 의하면 항우울제를 처방 받은 사춘기 청소년의 자살률이 더 높은 것으로 나타났다고 한다.

③ 아이에게 자살에 대해 설명할 때에는 아이가 아직 자살이라는 개념에 대해 알지 못할 거라고 생각하며 간접적이고 자극적이지 않은 단어를 사용하는 대신 '자살' 혹은 '죽음' 같은 직접적인 단어를 사용하는 것이 중요하다.

④아이가 자살을 생각한다는 의심이 들면 아이에게 그럴 계획이 있는지 아니면 시도
　를 해 본 적이 있는지 물어본다. 아이의 자살 계획에 대해 물어보면 그들이 어디까
　지 생각하고 있는지 알 수 있다. 아이가 계획을 세우고 있다고 말하면 즉시 전문가
　의 도움을 받는다.

⑤아이가 자살을 하면 어떤 것들이 변할지에 대해 생각해 보게 해 준다. 아이는 자신
　의 답변을 통해 자살을 생각하게 하는 원인을 찾아낼 수 있다.

⑥자살을 하겠다고 협박하거나 자해를 하는 아이와 일대일 시간을 가져 삶의 네 가
　지 영역에 대한 아이의 생각을 들어 본다. 네 가지 영역은 학교, 가정, 친구와 연
　인 관계다. 이 영역 중 어느 한 부분이라도 문제가 있고 아이가 이 문제를 자살 시
　도와 자해를 통해 해결하려고 한다면 아이는 전문가의 도움이 필요한 것이다.

⑦자해의 흔적을 발견하거나 아이가 날씨에 상관없이 항상 긴 소매 셔츠를 입는다면
　아이에게 당신의 걱정과 두려움을 표현하고 아이를 도와줄 수 있는 전문가에게 연
　락할 거라고 말한다. 당신은 문제를 이해하고, 아이는 상황에 대처할 수 있는 올바
　른 방법을 깨닫게 될 것이다. 자해하는 아이를 혼내지 않는다.


## ❦ 문제를 예방하는 좋은 습관 기르는 법

①아이가 어떤 실수를 하더라도 실수는 배우고 다시 도전할 수 있는 기회라는 사실
　을 반복적으로 말해 준다. 실수를 기회라고 계속 생각하게 되면 완벽을 추구하려
　는 마음은 줄어든다. 완벽주의적인 생각은 자살의 동기가 될 수 있다.

②가족회의는 자살을 방지할 수 있는 훌륭한 방법이다. 아이들은 정기적으로 소중함
　과 특별함을 느낄 수 있는 기회를 갖게 되고 자신의 잘못을 탓하지 않는 분위기에
　서 문제해결에 집중하는 방법을 배우게 된다.

③자살이 문제가 되기 전에 아이에게 자살은 일시적인 문제를 겪고 있는 삶을 영구
　적으로 끝내는 행동이라는 사실을 가르쳐 준다.

④ 아이에게 당신이 힘들었던 시절에 대해 이야기해 주어 힘든 시간은 지나간다는 사실을 알려 준다. 자살을 생각하고 있는 딸에게 한 엄마는 "○○아, 엄마도 자살을 하고 싶을 때가 몇 번 있었어. 처한 상황이 나아질 것 같지 않아서 정말 답답했어. 하지만 그 시간도 지나가더구나. 내가 만일 목숨을 끊었다면 얼마나 많은 것을 잃었을지 상상이 안 가. 확실한 건 우리가 만나지 못했을 거라는 거야." 라고 말했다.

## 🖐 아이들이 배울 수 있는 삶의 기술

아이들은 그들이 신뢰하고 그들을 판단하지 않는 사람과 이야기하는 것이 얼마나 많은 도움이 되는지 깨닫게 된다. 또한 인생의 굴곡에 대처하는 더 나은 방법을 찾을 수 있게 된다. 그리고 자살은 일시적인 문제를 겪고 있는 삶을 영구적으로 끝내는 행동이며, 옳지 않은 선택이라는 사실을 알게 된다.

## 🖐 양육 포인트

① 아이의 말을 심각하게 받아들인다. 아이가 당신 혹은 아이가 편한 사람과 감정을 나눌 수 있도록 격려해 준다. 아이의 잘못을 묻거나 판단하는 대신 아이를 도와주고 이해할 것이라고 말해 아이가 스스로를 해치고 싶은 마음이 들면 당신에게 털어놓을 수 있도록 격려한다.

② 아이의 자살을 방지하는 가장 좋은 방법은 타인을 생각할 수 있는 활동에 참여시키는 것이다. 타인을 배려하는 마음이 많아질수록 아이는 정신적으로 건강해질 수 있다.

③ 부모로서 느끼는 부끄러움과 죄책감 때문에 전문가의 도움을 피하는 것은 좋지 않다. 양육 방법과 아이의 자살충동은 연관이 없을 수도 있다. 아이는 친구와 절교했

거나 남자친구 혹은 여자친구와 헤어져서 자살충동이 든 것일 수도 있다. 호르몬의 영향을 과소평가하지 않는다.

훈 육   도 우 미

다음 대화는 청소년을 위한 긍정 훈육법에 포함된 내용으로, 아이가 표현하는 감정에 대한 잘못된 반응을 보여 준다. 우리가 이 내용을 나누는 이유는 이 반응이 매우 해롭지만 많은 부모가 보이는 반응이기 때문이다. 다음 대화에 나오는 아빠의 태도에는 동정심과 올바른 판단력이 부족하다. 또한 그는 아이의 말을 경청하지 않는다.

재석: 아무도 내가 죽든지 살든지 신경 쓰지 않아요.

아빠: 너는 항상 피해의식에 사로잡혀 있어.

재석: 엄마와 아빠가 이혼하고 아빠는 새엄마라고 부르는 역겨운 사람이랑 살길 기대하고 있죠.

아빠: 새엄마한테 그게 무슨 말버릇이냐! 새엄마는 최선을 다하고 있어!

재석: 그래요? 그러면 왜 그 사람은 항상 나에게 소리를 지르고 화를 내죠?

아빠: 재석아, 나는 네 새엄마를 알아. 그리고 그게 사실이 아니라는 것도 알지. 왜 나한테 거짓말을 하는 거냐?

재석: 아무도 날 믿지 않아요. 아빠랑 새엄마를 모두 증오해요. 난 자살할 거예요. 그래도 누가 신경이나 쓸지 모르겠네요.

아빠: 또 과장하기 시작하는구나. 넌 네가 하는 말이 무슨 뜻인지도 모르고 있어. 이제 진정하고 들어가서 새엄마랑 잘 지내볼 방법을 생각해 보도록 해라.

재석이는 자살을 하진 않았지만 열다섯 살에 집을 나간 뒤 돌아오지 않았다.

열네 살 유민이는 자해를 하다가 들켰다. 아빠는 그녀에게 소리를 질렀다. 엄마는 그녀의 뺨을 때렸다. 그녀의 동생들은 오열했다. 자해가 멈추지 않자 부모는 그녀를 상담사에게 보냈다.

상담 중 몇 가지 문제가 제기되었다. 유민이의 친구들도 자해를 했고 그녀는 자해가 어떤 기분인지 알고 싶었다. 그녀는 육체적 고통이 그녀가 현재 사춘기 소녀로서 겪고 있는 문제들에 대한 고통을 잊게 해 주었기 때문에 자해의 느낌을 즐겼다고 답했다. 또한 상담사는 유민이는 부모가 자신을 싫어한다고 생각한다는 사실을 알게 되었다. 그녀의 부모는 학업에 대해 잔소리를 했고, 그녀가 토라지면 뺨을 때렸고, 그녀가 문제를 일으키면 외출을 금지했고 이때는 가족 외식에도 참석하지 못하게 했다. 그녀는 더 이상 가족의 존재를 느끼지 못한다고 답하였다. 유민이의 친구들 중 일부는 상담을 받아보았지만 상담사들은 아이들에게 조울증 진단을 내리고 약을 처방해 주었다. 유민이는 그녀도 조울증을 앓고 있다고 생각했다.

유민이의 상담사는 그녀에게 이 문제를 그녀가 있는 자리에서 그녀의 부모와 상의해 보아도 될지 물어봤다. 유민이는 동의했고, 상담 이후에 부모님과 문제가 생기면 상담사에게 전화를 해서 부모님이 그와 이야기를 나누게 하겠다고 했다.

두 번 정도의 감정적인 상담 시간을 가진 뒤 그녀의 부모는 외출 금지와 뺨 때리기와 감정적 폭행을 멈추겠다고 약속했다. 그리고 유민이는 자해를 멈추기로 약속했다. 유민이는 이후 몇 차례 더 상담을 받아야 했지만 상태는 호전되었다. 그녀는 더욱 사랑받고 이해받고 있다고 느꼈고 그녀의 부모는 상담사에게 가족 문제를 얘기한 것에 대해 그녀에게 화를 내지 않았으며 동생들은 유민이의 문제가 해결된 것에 안도했다.

# 79 여름방학

여름방학은 도대체 언제 끝나는 걸까요? 아이들 때문에 미쳐 버릴 것 같습니다. 심심하다고 저에게 이것저것 요구하는데, 정말 당장 방학이 끝났으면 좋겠어요. 하지만 방학이 시작한 지는 일주일밖에 되지 않았습니다. 도와주세요!

## ☝ 당신 자신과 자녀 그리고 상황 이해하기

부모 세대 때의 여름방학은 늦잠을 자고, 친구를 만나고, 집에서 노는 시간을 의미했다. 하지만 오늘 날 62%의 가정은 맞벌이이거나 한부모 가정이다. 여름방학 동안 부모들은 친척집에 아이를 맡기거나, 여름 캠프에 보내거나, 아이 혼자 집에 두어야 한다. 당신이 그랬듯이 아이들이 재미있는 여름방학을 보내길 바라지만 방학 내내 친척집에 맡기거나 돈이 많지 않은 이상 이는 거의 불가능에 가깝다. 당신이 집에 있다고 해도 여름방학은 편안한 시간이 아닐 수 있다. 아이들을 즐겁게 하고 그들이 항상 무엇을 하게 하는 것이 당신의 역할이라고 생각하고 있을지도 모른다('따분함' 참조). 아이의 필요를 채워 주려고 노력하거나 아이들을 바깥으로 내보내는 행동을 반복하고 있지는 않은가? 당신이 어떤 상황에 처해 있든 아이들이 여름방학을 효율적으로 보내기 위해서는 당신의 도움이 필요하다.

## 🐰 실전! 생활 속 긍정 훈육법

① 방학 일과를 정하고 유지한다. 이 일과는 여름방학에만 해당될 수도 있다. 아이가 일과를 정하는 과정에 참여하게 해 준다.

② 당신과 아이가 함께 즐길 수 있는 활동을 할 수 있는 둘만의 시간을 갖는다. 직장이 집에서 가까우면 가끔 아이와 점심 데이트를 즐겨 본다. 또는 아이들과 함께 저녁 식사를 준비하고 식사 후 가족 시간을 갖는 것도 좋은 방법이다.

③ 가족 구성원이 함께 청소하는 시간을 정하고 그 이외의 시간에는 청소를 하지 않는다(아이에게 언제 청소를 할 건지 말해 놓고 먼저 청소를 한다면 아이는 당신의 말을 믿지 않을 것이다). 청소하기에 좋은 시간은 모두가 집에 있는 아침 식사 전이나 저녁 식사 전이다.

④ 집 근처 문화센터를 방문하여 개설된 프로그램과 여름 활동을 확인해 본다. 등록하기 전 아이가 결정을 내릴 수 있게 한다.

⑤ 휴식과 명상의 중요성을 과소평가하지 마라. 학교를 다니는 동안 아이들은 정신없는 스케줄은 견뎌야 했다. 당신도 하루 종일 아무것도 하고 싶지 않다고 생각한 적이 있지 않은가? 아이가 하루 종일 집에 있다고 조바심을 낼 필요는 없다.

⑥ 아이와 함께 텔레비전 시청 시간을 정하고 시청 시간이 아닐 때는 텔레비전을 끄게 한다. 텔레비전이 아이의 보모가 되지 않도록 한다.

## 🐰 문제를 예방하는 좋은 습관 기르는 법

① 아이들과 함께 심심할 때 할 수 있는 활동에 대해 생각해 본다. 아이들이 심심하다고 불평하면 "우리가 저번에 적어 놓은 활동 목록을 확인해 보렴." 이라고 말하면 된다.

② 여름방학 동안 아이들은 친구들과 시간을 보내야 한다. 당신이 집에 없는 동안 아이들이 친구를 초대하는 것이 불안하다면 아이들이 친구와 시간을 보낼 수 있도록 누군가에게 집을 봐 달라고 부탁한다. 아이의 친구네 가족과 의논을 해서 어른이 있는 집에서 번갈아 노는 것도 좋은 방법이다.

③ 보모에게 아이를 맡겨야 한다면 보모가 아이를 위해 모든 걸 해 주길 바라지 말고 보모에게 아이의 일과를 말해 준다. 큰 아이에게 동생들을 맡기고 싶다면 꼭 아이의 의견을 물어보고 그에 대한 대가를 준다.

④ 처음엔 어렵겠지만 퇴근 후 바로 집안일을 하는 대신 아이들과 시간을 보내 본다. 아이들에게 보고 싶었다고 말하고 그들의 하루에 대해 질문해 본다. 불만을 토로하는 시간이 아닌 서로의 이야기를 나누는 시간이 되어야 한다.

⑤ 여름방학을 위한 가족 여행이나 활동을 준비해 본다.

⑥ 아이들이 여름방학을 어떻게 보낼 것인지 대화를 통해 알아내 본다. 아이들은 게임을 하기 위해, 전집을 읽기 위해, 영화를 보기 위해 혹은 충분한 휴식을 취하기 위해 여름방학을 기다린다. 아이들의 여름방학 계획을 판단하거나 아이들의 계획보다 당신이 생각하는 계획이 더 재미있을 거라고 생각하지 않는다. 아이들과 대화를 통해서 그들이 원하는 활동을 할 수 있는 시간을 정해 본다.

⑦ 아이들이 몇 달간 쉬는 것이 못마땅하다면 여름방학 특강을 제공하는 학교를 알아본다. 집 근처에 그런 학교가 없다면 학원을 알아보자.


## ✋ 아이들이 배울 수 있는 삶의 기술

아이들은 즐거운 일을 스스로 찾거나 편안하게 쉴 수 있다. 아이들은 여름방학 동안에도 집안일에 대한 책임감을 잃어선 안 된다는 사실을 깨닫게 된다. 또한 부모가 그들이 즐겁고 안전한 여름방학을 보낼 수 있도록 도와줄 것이라는 사실을 알게 된다.

## ❤ 양육 포인트

① 많은 부모가 맞벌이를 시작하면서 여름방학은 예전 같지 않아졌다. 아이들은 학교 활동에서 한 걸음 물러나 휴식이 필요하지만 여름방학을 효율적으로 보낼 수 있는 기회를 얻지 못한다. 효율적인 시간 활용을 위한 계획(휴식 시간 포함)을 세우는 것이 중요하다.

② 어떤 아이들은 생산적이지 못한 여름방학 때문에 우울해한다. 어떤 아이들은 이 심심함을 절도나 비행같이 올바르지 못한 행동으로 해소한다. 이러한 상황을 방지하기 위해 아이를 생산적인 활동에 참여하게 해야 한다.


### 훈 육 도 우 미

매년 여름, 긴 시간 동안 수업을 중단하며 방학을 갖는 이유는 선생님과 학생들이 푹 쉬고 돌아와 생산적으로 수업을 진행하고 공부하기 위함이다. 여름방학은 아이들이 여름 농사를 돕기 위한 취지로 시작되었지만 그건 오래전 일이다. 우리는 형식은 유지하였지만 기능을 잃어버렸다. 미국의 경우 이 기간은 세 달로 정해져 있으며 다른 선진국에 비해 학생들은 40일에서 60일 정도 수업을 적게 듣는다.

미국은 일 년을 세 학기로 나눠 짧은 방학을 여러 번 갖는 제도를 고려하고 있다. 그때까지는 아이들이 여름방학 동안 아르바이트, 봉사 활동, 여름 강좌 등의 생산적인 활동을 고려해 볼 수 있도록 사전에 아이들과 이야기를 나누어 본다.

# 80 고자질하는 아이

고자질하는 버릇은 어떻게 고칠 수 있나요? 제 하루에 반은 아이가 고자질한 일을 해결하면서 지나가는 것 같아요.

## ☝ 당신 자신과 자녀 그리고 상황 이해하기

아이는 문제를 스스로 해결할 수 있는 능력이 부족할 때나 얼마나 자신이 착한지 보여 주어 관심을 받고 싶을 때 고자질을 한다. 어떤 어른은 아이가 고자질을 할 때 아이에게 수치심을 준다. 어떤 어른은 아이가 문제를 해결할 수 없다고 생각하여 상황을 대신 해결해 준다. 아이의 고자질 때문에 피곤해하는 대신 아이에게 중요한 삶의 기술을 가르쳐 줄 기회라고 생각하자.

## ✌ 실전! 생활 속 긍정 훈육법

①아무 말 없이 아이의 말에 진심으로 귀 기울이되 문제를 직접 해결해 주지 않는다. 해결해 주지 않는 것과 무시하는 것은 다르다. 어른이 아무 말 없이 들어줄 때 아

이는 스스로 해결책을 찾기도 한다.

② 반사적 경청을 통해 아이에게 당신이 아이의 감정을 이해한다는 메시지를 전달한다. "_____에 대해서 무척 화가 난 것 같구나."라고만 이야기하면 된다. 문제를 해결해 주지 말아야 한다는 사실을 기억한다.

③ 아이가 고자질을 하려고 다가오면 친절하게 "왜 나에게 말해 주는 거니?" 혹은 "그 일이 너에게 문제가 되는 일이니?"라고 물어본다. 그리고 조용히 아이의 답변을 기다린다. 몇몇 아이는 이러한 질문을 통해 고자질의 이유에 대해서 생각해 볼 수 있고 고자질에 좋은 이유가 없거나 자신에게 아무런 문제가 되지 않는다는 사실을 깨닫는다.

④ 다른 방안은 아이에게 문제를 해결할 수 있는 방법을 가르쳐 주는 것이다. 당신은 "이 문제를 어떻게 해결할 수 있을까?" 혹은 "가족 모두가 함께 생각해 볼 수 있도록 가족회의 표에 이 문제를 적어 놓을까?"라고 물어볼 수 있다.

⑤ 아이에 대한 믿음을 표현하는 것만으로 충분할 수도 있다. 아이에게 "네가 스스로 해결할 수 있다고 믿어."라고 말하고 아이의 곁을 떠난다.

⑥ 고자질한 아이를 포함하여 문제와 관련된 아이들을 모두 불러 모은다. 그들에게 "어떤 문제가 있는 것 같은데, 나는 너희가 스스로 해결할 수 있다고 믿어. 이 자리에서 함께 이야기해 보렴."이라고 말해 본다. 조용히 앉아 아이들이 해결책에 대해 의논하는 모습을 바라보거나 아이들에게 문제를 해결하면 알려 달라고 말한 뒤 자리에서 떠난다.

⑦아이가 말다툼을 한다면 문제를 해결할 수 있는 방법을 찾을 때까지 문제를 일으
   킨 활동을 할 수 없다고 말한다. 만일 아이가 텔레비전 프로그램을 정하는 것 때문
   에 다투고 있다면 해결 방법을 찾을 때까지 텔레비전을 꺼 둔다.


## ✌ 문제를 예방하는 좋은 습관 기르는 법

①고자질에 대한 생각을 바꿔 본다. 아이가 좀 더 크면 당신은 자신의 삶에 대해 사
   사건건 이야기하던 과거의 아이를 그리워할지도 모른다. 아이의 말을 무시하는 대
   신 아이에게 삶의 기술을 가르쳐 주고 충분한 관심을 보여 줄 수 있는 좋은 기회라
   고 생각해 본다.
②첫째 아이에게 동생들을 맡기지 않는다. 첫째 아이가 느끼는 책임감은 당신이 생
   각하는 것보다 훨씬 클 수 있고 아이들은 고자질로 이 문제를 해결하려 할 수도
   있다.
③냉장고에 아이들이 겪고 있는 문제를 적을 수 있는 노트를 붙여 놓는다. 그리고 가
   족회의를 정기적으로 가져 아이들이 타인의 책임을 묻는 대신 해결 방법을 찾는
   연습을 할 수 있게 해 준다.


## ✌ 아이들이 배울 수 있는 삶의 기술

아이들은 부모가 체벌을 하거나 수치심을 주지 않기 때문에 부모에게 무엇이든지
말할 수 있다는 사실을 알게 된다. 아이들은 타인이 자신의 맘에 들지 않게 행동할 때
문제를 스스로 해결하거나 현장을 떠나면 된다는 사실을 깨달을 것이다. 속상한 것은
지극히 정상이다. 그리고 가족회의는 자신이 속상한 일에 대해 이야기하기에 매우 적
합한 시간이다.

## 🖐 양육 포인트

① 낙심한 아이를 격려하고 싶다면 잘못된 행동을 탓하지 않으면서 관심을 주어야 한다. "나는 너를 사랑하고 네가 스스로 문제를 해결할 수 있을 거라 믿어."라는 메시지를 전달한다.

② 아이는 어른이 참견하지 않을 때 문제를 더욱 빠르고 창의적으로 해결할 수 있다. 문제에 개입하기 전에 아이가 스스로 할 수 있는 일에 대해 생각해 볼 시간을 준다.

### 훈 육 도 우 미

부모 교육 강좌에 참여했던 한 엄마는 아이가 고자질을 하면 "네가 문제를 스스로 해결할 수 있다고 믿어."라고 말하기로 결심했다. 몇 주 후 그녀는 조카들을 집으로 초대해 아이들과 놀게 했다. 그녀는 한 조카가 한 시간에 평균 여섯 번은 고자질을 하는 모습을 발견했고 새 기술을 사용해 보기로 했다. 그녀는 조카에게 "너희들이 스스로 문제를 해결할 수 있다고 믿어."라고 말했다. 조카는 그녀를 세상에서 가장 못된 사람을 보듯이 쳐다보았고 쿵쿵거리며 밖으로 나가 10분 정도 혼자 시간을 보냈다.

한 시간 후 그녀는 아이가 고자질을 한 조카에게 "엄마한테 다 이를 거야."라고 말하는 것을 들었다.

고자질을 했던 조카는 "아무 소용 없을걸. 이모는 '너희가 스스로 해결할 수 있어.'라고 말할 테니까. 그냥 우리끼리 해결해 보자."라고 말했다.

"그래." 다른 아이가 말했다. "우리 돌아가면서 장난감을 고르자."

"좋은 생각이야." 조카는 말했다.

# 81 성질을 부리는 아이

아이가 바닥에 누워 발을 구르고 소리를 지르기 시작하면 어찌할 바를 모르겠습니다. 특히 공공장소에서는 정말 당황스럽습니다.

## ☝ 당신 자신과 자녀 그리고 상황 이해하기

아이가 성질을 부리면 화가 나고 부끄러울 것이다. 때로 아이들은 피곤하거나 부모가 감당하기 어려운 장소에 데려갔을 때 성질을 부린다. 아이는 티가 나지 않게 자신의 필요와 욕구를 표현했고 당신이 그것을 알아채지 못한 것일 수도 있다. 부모가 아이에게 너무 많은 것을 요구하고 잔소리를 할 때에도 아이는 불안감과 반항심을 느낄 수 있다. 아이의 행동 뒤에 어떤 목적이 숨어 있을 수 있다는 사실을 기억한다('행동의 목적에 대한 네 가지 오해' 참조).

성질을 부리는 행동은 일종의 소통 방법이다. 첫 시도가 당신의 관심을 끌고, 당신을 속상하게 했다면 아이는 성질을 부리는 것이 당신과의 연결고리라고 생각하게 될 수 있다. 이 문제를 효과적으로 해결하기 위해서는 더 이상의 성질을 부릴 수 없게 해야 한다. 나중에 당신은 아이의 성질 뒤에 숨겨진 메시지를 이해하고 당신의 양육 태도가 문제를 부추기고 있었을 수도 있다는 사실을 깨달을 것이다.

# ✌ 실전! 생활 속 긍정 훈육법

① 아이가 결과적으로 자신의 감정에 대처할 수 있을 거라는 믿음을 가진다. 아이의 실수를 항상 용서하고 모든 문제를 대신 해결해 주면 아이는 자신의 능력에 대한 믿음을 가질 기회를 잃게 된다. 아이를 바꾸거나 보호해야 한다고 생각하는 대신 아이가 자신의 감정을 느낄 수 있게 해 준다. 아이가 성질을 부린다고 마음이 흔들려선 안 된다. 이 책에서 제시한 방법을 실천하기로 결정했다면 통제나 구제의 마음이 아닌 공감의 마음으로 실천한다.

② 아이가 성질을 부릴 때 아이를 붙잡고 달래는 것이 도움이 될 수도 있다. "속상해도 괜찮아. 누구나 느끼는 감정이야. 너를 사랑하고 네 곁에 있을게."라고 말하며 아이의 감정을 이해해 준다. 반면 붙잡히는 걸 싫어하는 아이도 있다. 이럴 경우 가까이 앉아 아무 말 없이 감정적으로 지지해 준다.

③ 아이에게 안 된다고 말해도 괜찮고, 당신에 대답에 대해 아이가 화를 내도 괜찮다 (당신도 원하는 것을 가질 수 없을 때 화가 나지 않는가?). 아이에게 "화가 났다는 거 알고 그래도 괜찮아. 네가 원하는 걸 갖고 싶을 거야. 엄마도 너와 같은 상황이라면 아마 같은 기분이었을걸."이라고 말해 본다. 그리고 아이의 답변을 기다리거나 대화 주제를 바꾸어 본다.

④ 성질 부리는 아이를 대하는 또 다른 방법은 아이의 행동에 반응하지 않는 것이다. 공감의 태도를 갖고 조용히 아이 곁에 서서 아이의 투정이 끝날 때까지 기다린다.

⑤ 때론 아무 말 없이 행동에 임하는 것이 가장 좋다. 아이를 밖으로 데리고 나가 차에 태우고 속상함을 느끼는 건 괜찮지만 아이의 흥분이 가라앉았을 때 다시 나갈 거라고 말해 준다.

⑥ 어린아이에게는 주의를 딴 데로 돌리는 방법이 매우 효과적이다. 아이와 다투는 대신 웃긴 소리를 내거나, 노래를 부르거나 "저기 저건 뭐지?"라고 말하며 아이의 관심을 끌어본다.

⑦ 아이가 성질을 가라앉히면 지난 상황에 대해 이야기하지 않는 것이 좋다. 아이가 성질을 부리면서 감정적인 협박을 하는 거라면 단순히 신경을 끄는 것만으로도 문제를 해결할 수 있다. 혹은 아이가 진정했을 때 앞으로 일어날 수 있는 비슷한 문제에 대처할 수 있는 방법을 생각해 보게 해 준다. 호기심 질문을 통해 아이가 해결 방법을 찾을 수 있도록 도움을 줄 수 있다.

## ✌ 문제를 예방하는 좋은 습관 기르는 법

① 제안사항 1번에서 언급했듯이 부모가 하는 가장 큰 착각은 아이를 속상함과 실망감에서 보호해야 한다는 생각이다. 미래에 일어날 수 있는 문제를 예방할 수 있는 가장 좋은 방법은 당신의 태도를 바꾸고 아이가 자신의 감정을 느낄 수 있도록 허락해 주는 것일지도 모른다. 아이가 감정을 느끼기 시작하면 자신의 의사를 표현하기 위해서 성질을 부려야 할 일은 거의 생기지 않을 것이다.

② 아이가 화가 나지 않은 시간에 아이에게 분노에 대처할 수 있는 방법을 배우고 싶은지 물어본다. 아이가 알려달라고 한다면 감정을 몸으로 표현하는 대신 말로 표현하라고 말해 준다.

③ 아이가 성질을 부릴 만한 상황을 만들고 있진 않은지 당신의 태도를 확인해 본다. 당신은 아이가 성질을 부릴 때까지 말다툼을 하거나, 끊임없이 요구하거나, 통제하려 하거나, 싸우고 있을지도 모른다.

④ 함께 계획을 세워 본다. 아이에게 아이가 성질을 부릴 때 당신이 어떻게 행동했으면 좋겠는지 물어본다. 아이가 감정적으로 편안한 시간에 이야기를 한다. 아이에게 제한된 선택권을 준다. 예를 들어, 아이에게 "네가 기분이 나아질 때까지 안아 줬으면 좋겠니? 기다렸으면 좋겠니? 아니면 네 '행복해지는 공간'으로 가 있을래?"라고 물어볼 수 있다. 아이들은 사전에 함께 세운 계획을 더 수용적으로 받아들인다.

⑤ 당신이 어떤 행동을 취할 것인지 결정하고 아이에게 미리 말해 준다. 예를 들어, 아이가 성질을 부리면 조용히 차로 데려가 아이가 흥분을 가라앉히고 당신에게 준비가 되었다고 말해 줄 때까지 책을 읽고 있을 수 있다. 또 다른 방법은 집으로 돌아가 다음날 다시 가는 것이다. 당신이 어떤 결정을 하든 단호한 태도로 행동에 임한다. 말을 하는 대신 행동으로 보여 준다. 아이에게 해야 할 말은 (차로 데려갈 경우) "준비가 되었을 때 다시 가 보도록 하자." 혹은 (집에 갈 경우) "내일 혹은 다음 주에 다시 오자." 면 충분하다. 대화는 당신과 아이가 모두 진정했을 때 시도하는 것이 좋다.

⑥ 공공장소에 가기 전 역할 놀이를 하는 것도 도움이 될 수 있다. 당신이 기대하는 행동을 설명하고 아이가 공공장소에 있다고 생각하고 당신이 설명해 준 행동을 해 볼 수 있게 해 준다. 또한 아이는 성질을 부리는 척 해 보면서 엄마와 함께 세운 계획을 실천해 볼 수 있다. 역할을 바꿔보면서 놀이를 즐겨 본다. 당신이 성질을 부리는 아이의 역할을 맡고, 아이가 부모의 역할을 해 볼 수 있게 해 준다.

⑦ 가족회의 때 성질을 부리는 문제에 대해 이야기해 본다. 문제를 해결할 수 있는 방법에 대해 의논해 본다. 몇 가지 해결 방법이 제시되면 성질을 자주 부리는 아이가 직접 가장 효과적일 것 같은 방법을 선택할 수 있게 해 준다.

## 🖐 아이들이 배울 수 있는 삶의 기술

아이들은 삶에는 많은 굴곡이 있다는 사실과 자신의 감정을 스스로 대처할 수 있다는 사실을 깨닫게 된다. 성질을 부리거나 감정적으로 부모를 협박하는 행동을 통해서는 그들이 원하는 것을 얻을 수 없다는 사실을 깨닫고 자신의 감정을 올바르게 표현하는 방법을 배우게 된다.

## 🖐 양육 포인트

① 감정을 느껴도 괜찮다는 사실을 깨닫는 건 아이에게 큰 위로가 된다. 아이가 난리를 일으켜도 사랑하고 수용해 준다.

② 어떤 아이들은 (어떤 어른들은) 피할 수 없는 일을 마주하기 전에 크게 화를 낸다. 이는 아이의 삶의 방식이고 아무도 해치지 않는다. 이 과정이 끝나면 아이는 힘차게 해야 할 일을 하곤 한다. 아이의 방식이 당신을 흔들지 못하게 한 걸음 물러나 본다.

### 훈 육 도 우 미

희경 씨와 다섯 살 딸 은수는 아침 일과에 대한 약속을 했다. 만일 은수가 집을 나서야 하는 시간인 7시 30분까지 옷을 입지 않고 있으면 엄마는 옷을 가방에 넣어 차에 싣고 은수는 유치원에 도착한 후 차에서 옷을 갈아입기로 했다(희경 씨 가족은 안전벨트 착용은 엄격하게 지키고 있었기 때문에 은수는 차가 움직이는 동안 옷을 입을 수 없었다). 엄마는 은수가 감정적으로 편안한 시간에 이 이야기를 꺼냈기 때문에 은수는 쉽게 동의했다.

이 주 후 은수는 제시간에 옷을 갈아입지 않았다. 그녀는 나가야 할 시간에 아직 잠옷을 입고 있었다. 엄마는 그녀의 옷을 가방에 담고 "나갈 시간이야. 유치원에 도착해서 차 안에서 옷을 갈아입게 해 줄게."라고 말했다.

은수는 성질을 조금 부렸다. "싫어요! 그러기 싫어요!"

희경 씨는 "가야 할 시간이야. 혼자 차 안으로 들어갈래? 엄마가 도와줄까?"라고 말했다.

은수는 엄마가 말한 대로 행동한다는 사실을 알고 있었기 때문에 차에 탔지만 여전히 차 안에서 "옷 갈아입기 싫어요! 엄마는 나빴어요. 미워요!"라고 소리를 질렀다.

희경 씨는 "화가 날 수도 있어. 나도 네 상황이라면 그랬을 거야."라고 감정을 인정해 주었지만 더 이상 말을 하지 않았다. 그녀는 아무 말도 하지 않으며 은수가 감정을 표현하게 해 주었다.

그들이 유치원에 도착했을 때 은수는 조용히 투덜대고 있었다. 그녀는 차에서 내리기를 거부했다. 희경 씨는 "엄마 먼저 들어가 있을게. 준비가 되면 나오렴."이라고 말했다. (엄마는 원장실 창문을 통해 보이는 곳에 주차를 해 놓았기 때문에 은수가 안전한지 확인할 수 있었다.)

은수는 차 안에 앉아 3분 정도 계속 투덜거렸다. 그러고는 옷을 입고 유치원 안으로 들어왔다. 엄마는 "약속을 지켜줘서 고마워."라는 말만 전했다.

은수는 몇 주 뒤에 또 다시 나갈 시간에 잠옷을 입고 있었다. 하지만 이번에는 성질을 부리지 않고 차에 탔다. 그녀와 엄마는 등굣길에 대화를 나누었다. 유치원에 도착했을 때 희경 씨는 "옷을 갈아입는 동안 차 안에 있을까 아니면 원장 선생님 방에서 기다릴까?"라고 물어보았다. 은수는 "기다려 주세요."라고 답했다. 엄마는 은수가 늦장을 부리면 원장실에서 기다리겠다고 말했기 때문에 은수는 빨리 옷을 갈아입고 엄마와 함께 유치원에 들어갔다. 그리고 엄마에게 뽀뽀를 하고 친구들에게로 달려갔다.

# 82 미운 세 살

▶ "싫어요!" 참조

제 아이는 작은 천사 같지만 이제 곧 세 살이 됩니다. 미운 세 살에 대한 안 좋은 이야기를 많이 들었기 때문에 앞으로 다가올 나날이 걱정입니다. 세 살 아이를 훈육하는 방법을 알려 주시겠어요?

## ☝ 당신 자신과 자녀 그리고 상황 이해하기

통제하고 보호하려고 하는 부모가 있는 한 미운 세 살은 존재할 것이다. 아이들은 스스로 능력을 발달시키도록 도움을 주는 부모가 필요하다. 아이의 개성화를 존중한다면 세 살만큼 좋은 나이도 없다. 미운 세 살이 아니라 사랑스러운 세 살이 될 것이다. 아이의 독립심이 증가하기 시작할 때 당신이 긍정 훈육법의 기초를 잘 이해하고 있다면 이 나이의 아이와 즐거운 시간을 보낼 수 있을 것이다. 안 된다고 말하고, 무조건 타임아웃 시간을 갖고, 엉덩이를 때리고, 아이의 행동을 무시하는 것이 당신이 아는 훈육 방법의 전부라면 아이는 시간이 지날수록 짜증과 분노만 늘어갈 것이다. 지금 아이는 개인적인 힘을 느끼기 시작했고 이는 매우 좋은 현상이지만 아직 아이는 가족 내에서 목소리를 내기에는 부족한 세 살 아이다. 아이는 여러 가지를 시도해 볼 공간이 필요하지만 안전한 경계를 필요로 한다. 이러한 환경을 제공하는 것이 당신의 역할이다. 이 책이 제안하는 사항들을 따른다면 세 살은 온 가족에게 소중한 기억이 될 것이다.

## 🐰 실전! 생활 속 긍정 훈육법

① 아이가 '미운' 행동을 할 거라는 눈빛으로 당신을 바라보면 아무 말도 하지 않는다. 중요한 요구사항이 있는 것이 아니라면 반응하지 않는다. 중요하다고 판단되면 아무 말 없이 필요한 행동(주의를 돌리거나, 물건을 옮기는 행동)만 한다.

② 아이가 모든 일에 "싫어요."라고 말한다면 아이에게 너무 많은 것을 요구하고 있거나 좋거나 싫다고 밖에 대답할 수 없는 질문을 너무 자주 하고 있진 않은지 자신을 돌아본다. 이런 태도 대신 아이에게 제한된 선택권을 준다. "길을 건널 땐 내 손을 잡아."라고 말하는 대신 "길을 건너는 동안 내 오른손을 잡을래? 왼손을 잡을래?"라고 물어봄으로써 협동심을 이끌어 낸다.

③ 세 살이면 사회질서를 어느 정도 이해하고 있다. 예를 들어, 아이는 '지금은 목욕 시간이야.' '장난감을 가지러 갈 시간이라고 시계가 말하고 있어.' '자명종이 울리면 연극에 늦지 않기 위해 차에 타야 해.' '바지를 먼저 입고 신발을 신어야 해.' '시동을 걸기 전에 안전벨트를 매야 해.' '음식을 가지고 장난을 친다는 건 식사를 더 이상 할 수 없다는 말이야.' 등의 생각을 할 수 있다('일과 정하기' 참조).

④ 아이가 할 수 없는 일에 대해 이야기하는 대신 할 수 있는 일에 집중한다. 아이의 행동에 대해 말할 때 "강아지는 안아 주는 동물이야." "음식은 먹는 거야." "음식을 안에 넣은 다음에 전자레인지 버튼을 누를 수 있어." 같은 표현을 사용한다. 아이가 할 수 있는 일에 초점을 맞추는 연습을 하다 보면 당신은 부정적인 표현을 얼마나 자주 사용했는지 깨달을 것이다.

⑤ 세 살 된 아이는 도움을 주고 싶어 한다. 도와주는 행동을 통해 아이는 자신의 힘을 느낀다. 아이가 낮잠을 자야 한다고 말하는 대신 당신이 쉴 수 있게 도와달라고 해 본다. 아이들이 뛰지 못하게 소리 지르는 대신 당신의 안전을 위해 곁에서 함께

걸어달라고 부탁해 본다. 소리를 지르는 아이에게 작은 목소리로 당신을 도와줄 수 있냐고 말해 본다.

⑥ 당신이 아이를 이해력이 있는 한 명의 사람으로 대한다면 아이는 당신의 말을 놀라울 정도로 잘 이해할 것이다. 세 살 된 아이가 당신을 따라 하면서 "기다려." 혹은 "도서관에서는 조용히 말해야 해." 같은 말을 한 적이 있을 것이다. 그들은 당신의 말과 행동을 이해하고 있다.

⑦ "다시 한 번 해 보렴."이라는 말은 세 살 아이에게 매우 효과적으로 작용한다. 이 말은 지금 아이가 하고 있는 방법이 효과가 없고, 하나의 실수이며, 나중에 다시 기회가 주어질 것이라는 의미를 모두 포함하고 있다.


## ✌ 문제를 예방하는 좋은 습관 기르는 법

① 힘겨루기와 통제를 최소화하고 용기와 권한을 준다.
② 세 살 아이는 서두르는 것을 싫어한다. 아이의 연령에 맞는 스케줄을 정한다. 활동을 끝낼 수 있는 충분한 시간을 제공하여 아이가 협동심을 발휘할 수 있게 해 준다.
③ 할 말은 한 번만 하고 행동으로 보여 준다. 한 말을 반복하거나 협박하지 않는다.
④ 아이가 당신의 필요를 이해하지 못한다면 당신과 아이가 모두 감정적으로 편안할 때 역할 놀이를 통해 연습해 본다. 저녁 식사 시간이라고 가정하고 식사 예절을 연습하거나 목욕 시간이라고 가정하고 목욕 일과를 연습해 볼 수 있다.
⑤ 아이가 원하는 것을 얻지 못했을 때 자신의 감정을 충분히 느낄 수 있게 해 준다. 분노를 표출하는 아이의 모습에 마음을 고쳐먹거나 상황을 해결해 주는 대신 아이의 감정을 이해해 준다.
⑥ 세 살 된 아이는 유머감각이 뛰어나다. 아이가 토라진다면 "나도 그 표정을 갖고 싶어."라고 말하며 아이의 표정을 가져와서 당신 얼굴에 붙이는 시늉을 해 본다.

아마 곧바로 아이의 웃음소리를 들을 수 있을 것이다.

⑦ 매일 아이와 시간을 보내는 것을 잊지 않는다. 세 살 된 아이는 아직 어리며 여러 활동에 노출되는 것보다 당신과 시간을 보내는 것이 더 중요하다.

## 🖐 아이들이 배울 수 있는 삶의 기술

아이들은 상처를 받거나 온 가족을 힘들게 하지 않고도 여러 가지를 시도해 볼 수 있는 공간을 갖게 된다. 스스로 여러 활동을 시도해 봄으로써 자신감과 능력을 기를 수 있게 된다.

## 🖐 양육 포인트

① 세 살 된 아이가 가족을 조종하게 해선 안 된다. 부드럽지만 단호한 태도로 허용 범위를 정해 말한 대로 실행해 본다.

② 아이가 배워 나가는 과정을 즐겨라. 안전이 걱정되는 이유가 아니라면 간섭하지 않는다. 아이가 이미 얼마나 많은 것을 알고 있는지 깨닫는다면 놀라움을 감추지 못할 것이다.

엄마는 하루에 열 번은 병욱이와 애완견 호야를 떨어뜨려 놓아야 했다. 엄마는 그럴 때마다 "강아지는 쓰다듬어야 하는 존재지 발로 차는 존재가 아니야. 부드럽게 쓰다듬거나 잠시 쉬었다가 나중에 다시 보도록 해."라고 말했다. 그녀는 언젠가는 호야가 자신을 꼬집고 찌르는 병욱이를 피하기를 바랐지만 호야는 병욱이의 행동을 개의치 않는 듯 했고 병욱이는 계속해서 호야를 괴롭혔다. 엄마는 병욱이가 호야를 괴롭히는 것을 원치 않았기 때문에 필요할 때마다 둘을 떼어 놓았다.

이 행동이 지속된 지 삼 주 정도 지났을 때 엄마는 병욱이가 부르는 소리를 들었다. "엄마, 여기 와서 제가 호야를 얼마나 부드럽게 대하고 있는지 보세요." 그녀는 병욱이가 있는 방으로 가서 호야의 쿠션에서 아이와 호야가 친구처럼 껴안고 있는 모습을 발견했다. 엄마는 병욱이도 올바른 행동을 하고 싶어 했다는 사실을 깨달았다. 아이는 방법을 찾기까지 시간이 조금 필요했을 뿐이다.

은희 씨는 쌍둥이 아이들이 부정적인 표현을 사용하지 않길 바라는 마음에서 아이들 앞에서 "싫어.", "안 돼."라는 표현을 사용하지 않기로 했다. 부부는 아이들에게 할 수 없는 것을 말하는 대신 할 수 있는 것이 무엇인지 알려 주기 위해 그들의 주위를 다른 곳으로 돌리는 방법을 사용했다. 그리고 말 대신 행동(조용히 다른 활동으로 아이를 이끌어 주는 행동)으로 보여 주기 위해 노력했다. 하지만 어느 날 그들은 쌍둥이 중 한 아이가 "안 돼! 나쁜 강아지!"라고 말하는 것을 듣고 충격을 받았다. 그들은 강아지한테까지 "안 돼."라고 말하지 않는 것을 잊어버렸던 것이다.

# 83 집안 물건을 이것저것 만지는 아이

저는 칠 개월 된 제 아이에게 텔레비전 버튼을 만지지 말라고 백 번은 넘게 말한 것 같지만 제 말을 절대 듣지 않습니다. 셋을 세 보기도 하고 손을 때리기도 하지만 아무 소용이 없어요. 어떻게 해야 할까요?

## ☝ 당신 자신과 자녀 그리고 상황 이해하기

아이들이 세상을 탐색하면서 여러 물건을 만지고 싶어 하는 건 정상적인 현상이다. 부모가 정상적인 행동을 하는 아이를 체벌한다는 건 안타까운 사실이다. 지능 관련 연구 결과에 의하면 발달적으로 정상적인 행동에 대한 체벌은 아이의 두뇌 발달을 저하시킨다고 한다. 그리고 체벌은 아이에게 건강한 자존감 대신 의심과 수치심을 배우게 한다.

그렇다고 해서 아이가 만지고 싶은 모든 것을 만져도 되는 것은 아니다. 우리는 체벌 대신 부드럽지만 단호한 방법을 사용하여 아이에게 만져도 되는 물건과 만지면 안 되는 물건이 무엇인지 가르쳐 주어야 한다.

## 🖐 실전! 생활 속 긍정 훈육법

① 어린아이에게는 말 대신 행동으로 보여 주는 것이 효과적이다. 아이가 어떤 물건을 만지지 않길 원한다면 만지지 말라는 말은 한 번이면 충분하다. 아이가 그 물건을 다시 만지면 부드럽지만 단호하게 아이로부터 물건을 옮기고 아이가 만질 수 있는 다른 물건을 보여 준다.

② 물건을 망가트리거나 아이가 다치지 않도록 주의하면서 아이에게 물건을 만지는 방법을 보여 준다. 예를 들어, "꽃향기를 맡아도 되지만 꽃을 꺾어선 안 돼." 혹은 "엄마가 컵을 아래에 두면 정수기의 버튼을 눌러도 좋아."라고 말할 수 있다.

## 🖐 문제를 예방하는 좋은 습관 기르는 법

① 집 분위기를 아이에게 맞추는 방법으로 잔소리를 줄이고 두뇌 발달을 도울 수 있다. 귀중품은 아이의 손이 닿지 않는 곳에 보관하고 콘센트는 가려 둔다. 또한 아이가 망가트리거나 다칠 수 있는 물건들은 안전한 곳에 둔다. 아이가 만져도 괜찮은 물건들만 낮은 곳에 보관한다.

② 아이가 편하게 놀 수 있는 안전한 공간을 마련해 본다. 그 공간 내에서는 아이가 원하는 물건을 쉽게 꺼내고 어지럽힐 수 있어야 한다. 하지만 어린아이의 경우 장시간 이런 놀이공간에 방치해 두어선 안 된다.

## 🖐 아이들이 배울 수 있는 삶의 기술

아이들은 어떤 물건은 그들이 만져선 안 된다는 사실을 깨닫고 그 물건들이 무엇인지

476

알아 가는 과정 동안 충분한 배려를 경험한다. 아이들의 필요를 존중하고 그들이 안전하게 집안을 탐색할 수 있도록 부모는 아이들에게 알맞은 공간을 제공한다.

## 🖐 양육 포인트

① 많은 부모는 아이가 물건을 만지지 않도록 가르치며 아이를 키우기에 적합한 집안 환경을 만들려고 노력하지 않는다. 이러한 부모는 아동 발달을 이해하지 못하고 아이의 연령에 적합한 행동이 뭔지 알지 못하는 것이다. 이럴 경우 아이는 자신의 필요가 중요하지 않으며 부모에게 방해가 되고 있다고 믿게 된다.

② 아이에게 무엇을 할 수 없는지 말해 주는 대신 무엇을 할 수 있는지 말해 주면 힘겨루기를 방지할 수 있다. 지금 아이가 관심을 보이는 대부분의 물건은 아이가 조금만 자라면 흥미를 잃을 물건들이라는 사실을 기억한다.

### 훈 육 도 우 미

"우리는 호성이가 아기였을 때 집안 물건을 망가트리지 못하도록 크리스털 수집품 같은 귀중품은 창고에 넣어 두었어요. 아이가 자라면서 다시 그 물건들을 꺼낼 생각도 몇 번 해 보았지만 그때마다 그러지 말아야 할 이유가 생기더군요. 두 살 된 호성이는 걸음걸이가 안 정적이지 못했고, 다섯 살이 되었을 땐 활동적으로 놀기 시작했고, 더 커서는 야구, 축구, 농 구 등을 배우기 시작했거든요. 아이가 대학에 갔을 때 저는 수집품 중 일부를 서재에 올려 두었습니다. 하지만 제 남편이 사전을 찾다가 깨트리고 말았어요. 그다음에는 제가 청소를 하다가 깨트렸고요. 이제 저에게는 손주들이 생겼습니다. 저는 귀중품은 아이가 아니라 사 람들로부터 보호해야 하는 것이라는 사실을 깨달았어요. 아이가 자라고 독립했을 때에도 귀 중품을 위한 보관함은 필요한 것 같습니다."

# 84 장난감 정리

아이들의 장난감을 줍는 데 진저리가 납니다. 특히 아이가 친구들을 데려와서 집에 있는 모든 장난감을 꺼내 놓고 치우지 않을 땐 정말 화가 납니다. 잔소리를 하고 장난 감을 다 버리겠다고 협박을 해도 아무 소용이 없어요.

## ☝ 당신 자신과 자녀 그리고 상황 이해하기

대부분의 부모는 집이 놀이터가 되는 것을 원치 않는다. 대부분의 아이는 정리정돈을 싫어한다. 대부분의 친구들은 놀이가 끝나고 정리를 도와주는 것을 잊어버린다. 이것은 나이에 맞는 행동이지만 당신은 아이를 정리에 참여시킬 권리가 있다. 아이를 체벌하거 나 비현실적인 기대치를 갖는 대신 협동심을 불러일으킬 수 있는 방법을 사용하여 아이 를 가르쳐야 한다.

## ✌ 실전! 생활 속 긍정 훈육법

① 아이를 위해서 대신 정리하지 않는다. 정리를 하지 않은 아이를 체벌해서도 안 된다.

② 세 살에서 여섯 살 사이의 아이는 당신의 도움이 필요하다. 당신의 요구에 따라 스스로 정리를 하길 바라는 건 비현실적인 기대다. 대신 아이에게 "장난감을 줍는 걸 도와줄게. 어떤 걸 내가 줍고 어떤 걸 네가 줍는 게 좋을까?" 혹은 "타이머로 시간을 정해 놓고 소리가 나기 전에 몇 개나 주울 수 있는지 확인해 볼까?"라고 말해 본다.

③ 대부분의 경우 어린아이들은 '정리정돈 노래'에 반응할 것이다. 당신이 해야 할 일은 정리를 시작할 때 아이들과 "정리하자, 정리하자. 정리를 할 시간이야."라는 노래를 함께 부르는 것이다. 또한 타이머를 사용하여 아이에게 정리정돈 시간을 일깨우거나 아이가 스스로 정리에 필요한 시간을 타이머로 맞추는 것도 좋은 방법이다.

④ 일곱 살에서 열세 살 사이의 아이에게는 "네 방은 정리정돈이 필요해. 스스로 정리할래? 아니면 함께 논 친구를 데려와서 같이 정리할래?"라고 물어본다.

⑤ 아이에게 스스로 장난감을 치우고 싶은지 당신이 대신 해 주길 바라는지 물어본다. 사전에 아이에게 당신이 대신 정리를 할 때는 모든 장난감을 바구니에 담아 일주일 뒤에 돌려줄 것이라고 말하고 아이의 동의를 얻었을 때만 이 방법을 사용한다(문제를 예방하는 좋은 습관 기르는 법 ②번 참조).

⑥ 아이의 친구가 집에서 놀고 간 뒤에 아이의 물건이 사라졌다면 아이가 친구의 집에 전화를 걸어 실수로 아이의 물건을 가져간 것이 아닌지 확인해 볼 수 있도록 도와준다. 만일 친구가 아이의 물건을 가지고 있다면 '잃어버린' 장난감을 가지러 가겠다고 말해 준다.

## 🐰 문제를 예방하는 좋은 습관 기르는 법

① 가족회의를 통해 아이가 정리 문제를 해결할 수 있는 방법을 사전에 생각해 볼 수 있게 해 준다. 아이들은 그들이 세운 계획을 따르는 것을 더 좋아한다.

② 당신이 어떻게 행동할 건지 결정한다. 사전에 아이에게 스스로 정리하지 않으면 당신이 할 것이라고 말한다. 당신이 정리를 하면 바닥에 있는 장난감을 모두 한 바구니에 넣어 일주일 동안 돌려주지 않을 것이라고도 말해 주어야 한다. 아이가 정리를 하지 않아 이 방법을 사용해야 할 때 당신은 아이가 없어져도 신경도 쓰지 않을 장난감을 얼마나 많이 가지고 있는지 알게 될 것이다. 너무 많은 장난감을 사준 것은 당신의 잘못이다.

③ 세 살에서 일곱 살 사이의 아이의 경우에는 하나의 장난감 혹은 장난감 세트를 비닐봉지 하나에 넣어 걸어 둔다. 그리고 아이가 한 번에 하나 혹은 두 개의 봉지만 선택하여 놀 수 있도록 지도한다. 다른 장난감을 가지고 놀고 싶을 경우 이전에 꺼낸 장난감을 봉지에 넣어 제자리에 걸어두고 다른 봉지를 꺼내야 한다고 가르쳐 준다.

④ 아이의 친구들이 놀러 왔을 땐 당신이 기대하는 바를 이야기하고 그렇게 할 수 있도록 함께 계획을 세워 본다. "정리를 하는 데 얼마나 걸릴까?" "타이머를 맞춰둘래? 아니면 정리할 시간이 되면 엄마가 말해 줄까?" 같은 질문을 통해 아이를 도와준다. 아이의 친구가 집에 가기 전 아이와 함께 방을 확인해 본다.

⑤ 아이의 방에 놀이 공간을 마련해 준다. 아이에게 장난감은 그 공간 내에서만 허락된다고 알려 준다. 청소년 아이가 동생들이 다루기에는 위험한 장난감을 가지고 있다면 더욱이 그 공간 혹은 집 밖에서만 장난감을 가지고 놀 수 있게 지도한다.

## ✋ 아이들이 배울 수 있는 삶의 기술

아이들은 특권에는 책임이 따른다는 사실을 배우게 된다. 아이들은 부모의 도움을 받아 친구와 함께 협동하여 사전에 계획을 세울 수 있게 된다.

## ✋ 양육 포인트

① 잔소리나 협박, 체벌은 삼간다. 책임을 묻는 대신 해결 방법을 찾아본다.
② 아이는 정리에 대한 책임감을 느끼지만 아이 친구들은 집에서 정리를 하지 않아도 될지도 모른다. 아이가 스스로 상황을 감당하도록 하는 대신 친구들도 정리 과정에 참여하도록 도와준다.

### 훈 육 도 우 미

한 엄마는 그녀의 경험을 나누었다. "제 아이들은 제가 말한 대로 실행한다는 사실을 일찍 배웠어요. 그래서 저를 시험해 보지 않죠. 얼마 전 아이들의 친구들이 왔을 때는 그들이 장난감을 정리하길 거부하자 제 아이들이 '청소를 하는 게 좋을 거야. 엄마가 청소를 할 시간이라고 말할 땐 청소를 해야 한다는 뜻이야. 엄마는 들어와서 청소가 끝날 때까지 기다리면서 방 밖으로 나가지 못하게 할 거야.'라고 말하는 걸 들었어요. 때론 어떤 아이는 한계를 시험해 보려고 하죠. 그럴 땐 제 아이들은 저에게 와서 친구가 정리를 하도록 도와달라고 말해요. 그럼 저는 방으로 들어가서 한 번에 하나씩 장난감을 들고 정리하길 거부하는 아이에게 건네줘요. 그리고 '누가 이 장난감을 치울래? 정리를 도와줘서 정말 고마워. 이 장난감은? 이 인형은?'이라고 말해요. 저는 모든 장난감이 정리될 때까지 방을 나가지 않습니다."

# 85 여행

아이들과 함께 여행을 가고 싶지만 감당할 수 있을지 모르겠습니다. 아이들과 함께 하는 여행을 즐겁고 편안하게 만들 수 있는 방법이 있을까요?

## ☝ 당신 자신과 자녀 그리고 상황 이해하기

여행은 추억을 쌓을 수 있는 소중한 시간이다. 부모의 태도와 사전에 세운 계획의 양에 따라 악몽이 될 수도 있고 즐거운 시간이 될 수도 있다. 무엇을 하고 어디를 가느냐에 따라 여행의 분위기는 달라질 수 있다. 어른 중심적인 여행을 아이들이 즐기길 바라고 있진 않은지 생각해 본다. 아이들은 여행 중에도 여전히 아이들이다. 성공적인 여행이 되기 위해서는 아이들의 요구도 고려해 주어야 한다. 여행지에서 부모는 아이들이 어른처럼 행동하길 기대하며 아이들이 아이처럼 행동할 때 실망한다. 많은 경우 부모는 여행에 대해 기대하는 바가 있으며 그것이 아이들이 기대하는 여행과 다를 때 놀라고 실망한다. 여행의 질을 높이기 위해서는 사전에 서로의 기대치를 맞춰 보아야 한다.

# ✌ 실전! 생활 속 긍정 훈육법

① 아이들과 함께 여행할 때는 집에 있을 때보다 더 많은 준비가 필요할 수 있다. 여행을 준비하고 계획하는 과정에 아이들을 참여시켜 모두가 즐길 수 있는 여행을 만들 수 있다. 가족회의 시간을 사용하여 여행 계획에 대해 의논해 본다. 짐을 싸고, 차에 싣는 과정에 대해 이야기해 보고 각 일원이 맡고 싶은 역할을 정해 보게 한다.

② 어린아이들이 당신의 도움 없이 스스로 짐을 싸 볼 수 있게 해 준다. 당신은 아이들을 위해 체크리스트를 준비하거나 계획한 활동에 적합한 옷과 날씨에 대한 정보를 제공해 줄 수 있다.

③ 자동차 여행을 할 땐 앞자리와 뒷자리를 번갈아 가면서 앉을 수 있게 해 준다. 자리를 바꾸기 위한 정차 시간도 여행 시간에 포함시킨다. 만일 아이들이 싸우고 있다면 정차 시간 동안 흥분을 가라앉힐 수 있다.

④ 너무 촉박하게 여행 계획을 진행하지 않는다. 충분한 휴식 시간을 가져 긴장을 풀어 준다.

⑤ 아이들 몰래 가방을 하나 더 준비하여 색칠 공부와 색연필, 카드, 껌, 스티커, 게임기 같은 비싸지 않은 물건들로 채워 본다. 아이들이 한 시간에 하나씩 꺼내볼 수 있도록 해 준다.

⑥ 여행이 끝날 무렵 아이들과 가장 즐거웠던 일에 대해 이야기하는 시간을 갖는다. 가족이 함께 여행 앨범을 만들어 보는 것도 좋다.


# ✌ 문제를 예방하는 좋은 습관 기르는 법

① 가능할 때마다 아이들과 단거리 여행을 떠나 아이들이 자동차 여행에 익숙해질 수 있게 해 준다. 한 시간 정도 걸리는 곳으로 무박 여행을 가본다. 어린아이들의 경

우 처음에는 차 안에서 울지도 모르지만 아마 곧 적응할 것이다. 단거리 여행을 시도하기에 너무 어린 나이는 없다. 어떤 가정의 경우 아기와 함께 여행을 자주 다니기도 한다.

② 아이들이 여행 가방을 고르고 비행기나 차 안에서 가지고 놀 수 있는 장난감을 스스로 쌀 수 있게 해 준다. 필요에 따라 간식도 함께 준비해 본다. 아이를 위해서 카메라나 일기장을 체크리스트에 포함하는 것이 좋다.

③ 말로만 여행을 갈 거라고 말하지 않는다. 말한 대로 실행하지 않는 것은 아이에게 큰 실망감을 준다. 보름 동안 가는 해외여행만 여행이 아니다. 집에서 멀지 않은 관광지로 가는 무박 여행이든, 일박 이일 여행이든, 캠핑이든 아이에게는 기억에 남는 여행이 될 수 있다. 때론 당신이 살고 있는 도시 내에 있는 호텔에서의 일박도 아이에게는 좋은 선물이 될 수 있다.

④ 아이와 함께 비행기를 탈 땐 통로 쪽 좌석을 예약하고 항공사에 추가 도움이 필요하다고 사전에 말한다. 가능하다면 아이의 장난감과 기저귀 가방을 제외한 짐은 짐칸에 둔다.

⑤ 가능하다면 휴대용 동영상 플레이어를 준비해서 당신이 운전하는 동안 아이들이 영화를 볼 수 있게 해 준다.

⑥ 아이를 위한 활동이 준비되어 있는 가족 유람선 여행, 가족 캠프 혹은 가족 휴양지를 선택하여 개인적인 휴식 시간을 갖는다.

⑦ 당신과 여행하기를 극도로 싫어하는 청소년 아이를 위해서는 다른 계획을 세워본다. 가기 싫어하는 아이를 억지로 데려가는 것은 악몽 같은 여행의 시작이 될 수 있다.

## 🖐 아이들이 배울 수 있는 삶의 기술

아이들은 가족과 여행하는 것이 얼마나 소중한 일인지 깨달을 것이다. 아이들은 다른 지역의 문화를 경험하고 그들을 사랑해 주는 친척들과 오랜만에 즐거운 시간을 보낼 수 있다.

## 🖐 양육 포인트

① 가끔은 아이 없이 여행을 가는 것도 괜찮다.
② 캠핑을 싫어한다면 아이를 캠프에 보내거나 친척이나 이웃과 함께 캠핑을 갈 수 있게 허락해 준다.
③ 꼭 많은 돈을 써야 즐거운 여행이 되는 것은 아니지만 집에서는 할 수 없는 활동을 하여 아이에게 여행의 특별함을 느끼게 해 주는 것이 중요하다.

### 훈육 도우미

우리는 다섯 살과 세 살 된 아이들을 데리고 반 년 간 밴을 타고 국내 여행을 다녀왔다. 자주 멈춰서 아이들이 주변을 탐험하는 방법을 익히면서 우리 가족은 매우 특별한 시간을 보낼 수 있었다. 또한 우리는 아이들이 기대할 만한 일과를 세웠다. 4시가 되면 캠핑할 장소를 물색했고, 음식점에 들어가기 전 활동적인 계획을 세웠다. 그리고 차 안에서 질문에 답을 하지 않거나 게임을 하지 않을 땐 조용한 시간을 갖는 것으로 이해했고, 아이들은 차 안에서 자리를 바꿔 가며 앉았으며, 캠핑 장소에 아이들을 데리고 온 가족이 머물고 있으면 계획보다 며칠 더 머무는 것으로 정했다. 아이들은 근처 도서관에서 책을 읽고, 자연을 벗 삼아 놀고, 캠핑 기술을 배웠다. 제한된 예산으로 떠난 여행이었기 때문에 우리는 돈이 들지 않는 활동을 통해 즐거움을 얻었다. 우리는 해변에 가거나, 등산을 하거나, 함께 요리를 하거나, 낚시를 했다. 아이들의 요구를 고려하고 그에 맞는 계획을 세웠을 때 아이들과의 여행은 매우 행복한 경험이 될 수 있다.

이제 나는 손자와 매우 목요일마다 짧은 여행을 떠난다. 그는 어려서부터 장거리 여행을 자주 했기 때문에 차를 타는 것이 익숙하다. 우리는 노래를 부르고, 게임을 하고, 주변 차를 구경하고, 재미있는 소리를 내기도 하고 조용한 시간을 즐기기도 한다. 그는 새로운 환경에 적응하는 방법과 집의 소중함을 배우고 있다. 우리는 함께 추억을 만들어 나가고 있다. 나는 아이를 '목요일의 신사'라고 부르며 아이는 세 살밖에 안됐지만 자신의 별명을 이해하고 좋아한다.

# 86 의욕이 없는 아이

제 아이는 겨우 낙제를 면할 정도로 최소한의 공부만 합니다. 그리고 집에서는 아무 일도 하지 않아요. 상을 줘 보기도 했고 아이가 좋아하는 물건을 압수해 보기도 했지만 아무 소용이 없었습니다. 어떤 일에도 동기와 흥미를 보이지 않아요. 이럴 땐 어떻게 해야 할까요?

## ☝ 당신 자신과 자녀 그리고 상황 이해하기

동기가 부족한 아이의 경우 아이의 세계로 들어가 아이의 행동의 목적을 파악하는 것이 중요하다. 동기 부족은 아이가 하고 싶지 않은 일과 연관되어 있다. 아이는 자신이 선택한 분야에 대해서는 높은 관심을 보일 수도 있다. 아마 아이는 자신이 무능력하다고 느끼며 힘겨루기에서 이기기 위해 "날 그렇게 만들 수 없어요."라는 태도를 취하고 있는지도 모른다. 아이는 당신의 압박과 기대치에 상처를 받고 시도하지 않음으로써 상처를 되돌려주려고 하는지도 모른다. 만일 당신이 아이를 위해 너무 많은 것을 해 주고 있다면 아이는 자신이 무능력하고 실패를 경험하는 것보다 회피하는 것이 쉽다는 믿음을 갖게 되었을 수도 있다. 아이는 동기가 넘치는 형제자매와 자신을 비교하며 가족에 소속될 수 있는 방법은 그들과 다르게 행동하는 것이라고 생각하고 있는지도 모른다.

또 다른 가능성은 아이가 과도한 텔레비전 시청과 게임을 통해 나쁜 습관이 생긴 경우다. 이유가 무엇이든 동기가 부족한 아이의 부모는 매우 감당하기 어려운 상황을 마주하게 된다. 일반적으로 부모는 이러한 상황에서 아이를 위해 무언가를 해 주거나, 더 큰 압박을 주거나, 체벌을 하거나 아이의 행동을 바꾸기 위해 죄책감을 심어 준다. 하지만 이 방법들은 상황을 더 악화시킨다. 부모는 효과적이지 않은 행동을 멈추고 아이를 격려할 수 있는 방법을 찾기 위해 시간을 투자해야 한다.

## 🐰 실전! 생활 속 긍정 훈육법

① 당신의 행동을 돌아본다. 아이를 있는 그대로 받아들이고 둘만의 시간을 충분히 보내고 있는가? 아이를 통제하려고 해서 힘겨루기와 반항심을 불러일으키고 있진 않은가? 아이가 만족시킬 수 없는 기대치를 갖고 있거나 조건부 사랑으로 아이에게 상처를 주고 있진 않은가? 아이가 무능력함을 느낄 만큼 아이를 위해 모든 걸 해 주고 있진 않은가? 이 질문들에 대한 답을 생각해 보고 더 존중적인 관계를 형성하기 위해 다음 제안을 고려해 보길 바란다.

② 아이가 말한 대로 실행하길 바라기 전에 당신이 먼저 말한 대로 실행해 본다('말한 대로 실행하기' 참조). 부드럽지만 단호한 태도를 갖고 실행해야 한다. 아이가 해야 할 일에 대해 많은 말을 하는 대신 '숙제' '청소' 같이 한 단어만 사용한다. 눈을 맞추고 단호한 표현을 사용한다. 아이가 반항을 한다면 아무 말도 하지 않은 채 미소를 띤 얼굴로 아이에게 윙크를 하며 해야 할 일을 손가락으로 가리킨다. 이 방법은 매우 효율적인 반면 많은 말을 사용하는 방법은 힘겨루기를 일으킬 수 있다.

③ 행동한다. 아이가 어릴 경우 아이의 손을 잡고 해야 할 일이 있는 곳으로 데려간다. 많은 경우 부모는 말을 많이 하거나 멀리서 말로만 지시하지만 이러한 방법은 소용이 없다.

④ 아이 앞에서 감정적으로 솔직해져라. 아이에게 "나는 네가 매번 숙제를 하지 않아

서 속상해. 네 우선순위에 숙제가 포함되었으면 좋겠어."라고 말해 준다.

⑤ 행동에 대한 결과가 아이의 선생이 될 수 있게 해 준다(여기서 결과란 당신이 강요한 행동의 결과가 아닌 아이가 선택한 행동의 결과를 뜻한다). 아이가 숙제를 하지 않는다면 아이는 좋지 않은 점수를 받을 것이고 특정 기회를 얻지 못할 것이다. 실패를 통해 배울 수 있는 것들을 과소평가하지 않는다. 아이가 선택한 행동의 결과를 경험했을 때 공감해 준다. "거 봐, 내가 뭐랬어."라고 말하거나 그런 태도를 가져선 안 된다.

⑥ 아이가 원인과 결과에 대해 생각하고 이해할 수 있도록 호기심 질문을 해 본다. 그리고 질문에 대한 답변을 통해 문제를 해결할 수 있는 방법을 생각해 보게 도와준다. "일어난 일에 대해 어떤 기분이 드니?" "너에게 중요한 게 뭐니?" "이 일을 하거나 하지 않았을 때 네가 얻을 수 있는 것들이 뭐가 있을까?" "네 목표를 이루기 위해 할 수 있는 일이 뭐가 있을까?" (만일 아이가 "몰라요."라고 말한다면 "넌 훌륭한 문제해결사니까 천천히 생각해 보고 나중에 나에게 알려 줘."라고 말한다.)

⑦ 함께 문제를 해결해 보려고 노력한다. 문제를 찾아내고 가능한 해결 방법이 무엇인지 함께 결정한다. "네가 공부하는 데 어떤 노력도 들이지 않고 있고 집안일을 전혀 돕지 않는다는 사실을 알게 됐어."라고 말하며 당신의 의견을 먼저 나누어 본다. 그리고 같은 상황을 아이의 입장에서 들어본다. 아이를 비판하지 말아야 하며 아이의 말에 귀 기울여야 한다. 함께 가능한 해결 방법을 생각해 보고 당신과 아이에게 모두 유익한 방법을 선택하게 한다.

⑧ 아이가 성공할 수 있는 자질이 충분하다는 사실을 반복적으로 상기시켜 준다.

## ✌ 문제를 예방하는 좋은 습관 기르는 법

① 평소에 가족 활동에 잘 참여하던 아이가 갑자기 비협조적으로 변한다는 건 학교나 집에서 무슨 일이 일어나고 있다는 신호일 수도 있다. 아이는 부모의 이혼, 질병

혹은 교우관계의 문제를 겪고 있을지도 모른다.

② 아이가 목표를 설정할 수 있도록 도와준다. 아이에게 마법의 지팡이가 있다면 무엇을 할 것인지 물어본다. 이 질문을 통해 아이가 흥미를 느끼는 분야를 알게 될 수 있다.

③ 정기적인 가족 모임을 통해 함께 문제를 해결하는 연습을 해 본다. 이때 세 가지를 기억한다. 첫째, 아이를 의사결정 과정에 참여시켜 동기를 부여할 수 있다. 둘째, 아이는 의논하는 사항과 자신의 삶 사이의 연관성을 이해할 때 더욱 열심히 참여한다. 셋째, 도움을 주고 배려하는 분위기에서 해결 방법에 대해 생각해 볼 때 아이는 소중한 삶의 기술을 배우게 된다.

④ 아이가 잘하고 있는 일에 대해 먼저 이야기하면서 대화를 시작해 본다. 그리고 개선이 필요한 부분이 있는지 아이의 의견을 물어본다. 아이가 할 수 있는 일에 대해 이야기해 보고 당신이 도움을 줄 수 있는 방법에 대해서도 함께 생각해 본다.

⑤ 아이와 함께 일과를 정해 본다('일과 정하기' 참조). 아이는 자신이 세운 계획을 더욱 적극적으로 실천해 나간다.

⑥ 아이의 장점을 살려 준다. 아이가 잘하는 분야를 찾아 아이가 이 분야에 더 많은 시간을 투자할 수 있게 해 준다(아이가 당신이 원하는 과목에서 좋은 성과를 낼 때까지 원하는 분야에 시간을 투자하는 것을 막아선 안 된다). 아이는 자신이 잘하는 일에 대한 격려가 필요하다. 아이가 자신의 약점을 보완할 수 있게 도와주고 아이가 잘하는 분야에서 좋은 결과를 낸다면 가끔은 다른 과목에서 안 좋은 점수를 받더라도 이해해 준다.

⑦ 아이가 실패를 경험했을 땐 잔소리를 하는 대신 공감해 준다. 실수는 교훈을 얻을 수 있는 좋은 기회라는 사실을 알려 준다.

⑧ 한 걸음 물러나 아이가 스스로 문제를 해결할 수 있게 허락해 준다. 놓아 주는 것과 포기하는 것은 다르다. 포기한다는 말은 당신이 더 이상 아이를 돕지 않겠다는 의미를 갖지만 놓아 주는 것은 문제에 대한 책임은 아이에게 넘기지만 여전히 아이와 연결되어 있음을 뜻한다.

## ✋ 아이들이 배울 수 있는 삶의 기술

아이들은 스스로 목표를 설정하고 목표를 이루기 위한 기술을 배울 수 있으며 부모가 그들 곁에서 도움을 줄 거라는 사실을 알게 된다. 아이들은 부모가 자신을 무조건적으로 사랑하며 문제를 스스로 해결하고 실수에서 배울 수 있다는 믿음을 가지고 있다는 사실을 깨닫는다.

## ✋ 양육 포인트

① 문제는 실패가 아닌 실패 뒤에 하는 행동이라는 사실을 알려 주어 아이가 용기를 잃지 않도록 도와준다.
② 아이의 삶을 당신의 삶과 동일시하지 않는다. 당신의 역할은 아이가 자신의 자아를 찾고 스스로의 목표를 설정하게 도와주는 것이다.

### 훈 육 도 우 미

중학교 2학년 때 준수는 공부에 흥미를 잃었다. 준수 엄마는 준수를 깨우기 위해 그를 달래거나 그에게 소리를 질렀다. 준수는 결국 일어났지만 화를 내고 시무룩해 있었다. 그는 학업에 최선을 다하기를 거부했고, 수업에 빠졌으며, 성적은 떨어지고 있었다.

결국 엄마는 아이와 힘겨루기를 이어 나가지 않기로 결심했다. 대신 그녀는 준수와 거실에 앉아 상냥한 말투로 호기심 질문을 시작했다. "좋은 교육을 받지 않으면 삶이 어떨 것 같아?" 그녀가 물었다. 준수는 퉁명스럽게 "좋은 교육을 받지 않은 백만장자도 많다고요."라고 답했다. 엄마는 "네 말이 맞아. 네 주위에 중퇴한 사람이 몇 명이나 되니?"라고 물어보았고 아이는 "몇 명 있어요."라고 말했다. 엄마는 "그들은 무엇을 하고 있니?"라고 되물었고 아이는 작아진 목소리로 "한 명은 보호소에 있고 다른 한 명은 아르바이트를 하고 있어요."라고 답했다.

엄마는 "그게 네가 원하는 삶이니?"라고 묻고 싶었지만 대신 아이가 가능한 기회를 탐색해 볼 수 있도록 도와주었다. 그녀는 "교육을 받지 않았을 때 네가 가질 수 있는 직업이 뭐가 있다고 생각하니?"라고 물어보았고 준수는 "건설업자가 될 수 있을 거 같아요."라고 답했다. 엄마는 "그럴 수 있겠지. 그러면 교육을 받지 않았을 때 네가 가질 수 없는 직업이 뭐가 있을까?"라고 되물었고 아이는 "엔지니어나 조종사는 될 수 없어요."라고 답했다. 엄마는 아이가 생각에 빠진 모습을 보았다. 몇 분 뒤 준수는 "알았어요. 학교에 갈게요. 하지만 좋아서 가는 건 아니에요."라고 답했다. 엄마는 "좋은 생각이구나. 너는 지금 미래의 성공을 위해 현재 하고 싶지 않은 일을 시도하는 성공의 원칙을 깨달은 거야."

# 87 가치관과 예의범절

제가 너무 보수적인지는 모르겠지만 저는 제 아이들을 포함한 요즘 아이들의 가치관 부재에 대해 걱정이 많습니다. 아이들을 둘러싼 물질주의사상, 쾌락주의사상과 성적 메시지로부터 아이들을 보호할 수 있는 방법이 없을까요? 요즘 세상은 제가 자라온 환경이 강조하던 성적 금기사항을 강조하고 있지 않습니다. 물론 그건 너무 극단적이었지만 차라리 저는 그때가 아이들이 자라기에는 더 건전한 환경이었다고 생각해요. 어떻게 하면 아이들이 올바른 가치관을 형성할 수 있을까요?

## 👆 당신 자신과 자녀 그리고 상황 이해하기

가치관은 자기 자신, 타인, 삶 그리고 사회질서에 대한 내적 믿음이다. 사람들은 두 가지 방법을 통해 가치관을 습득한다. 첫 번째 방법은 관찰을 통해서이고, 두 번째 방법은 경청을 통해서이다. 중심적인 가치관은 여섯 살쯤 형성된다(물론 형성된 가치관은 시간이 지나면서 조금씩 변화한다).

아이들이 성장하면서 형성된 가치관은 점점 발달하고 확장하며 친척, 친구, 학교와 매체의 영향을 받는다. 대부분의 아이는 사춘기를 겪으면서 몇 년간 가족의 가치와 반대되는 의견을 갖는다. 이 기간 동안 힘겨루기를 겪지 않는다면 아이는 곧 가족의 가치관을 다시 받아들이게 된다.

아이들은 우리가 자라온 환경과는 매우 다른 환경에 살고 있다. 지난 이십 년간 세상은 매우 빠르게 변화했다. 이 사실을 부정적으로 받아들이는 대신 훈육 방법과 아이들과의 관계를 개선시킬 수 있는 기회라고 생각해 본다. 외적 요소에 아이들을 맡기는 것은 더 이상 안전하지 않다. 아이들은 컴퓨터 게임, 텔레비전, 친구들과의 관계를 통해 당신이 중요하게 여기는 가치들을 배우지 못하고 있을 수도 있다. 아이들이 배우길 바라는 가치들을 정하여 목표를 세워야 한다. 많은 경우 부모는 존중, 배려, 진솔함, 독립심, 회복력, 성취동기, 넓은 아량, 책임감, 자기 훈련, 믿음과 예의 등을 중요한 가치라고 생각한다. 우리는 여기에 사회적 책임감과 기여를 더하고 싶다.

당신이 가르치는 것이 당신의 삶의 방식과 다르다면 아이들은 당신이 말한 대로 실천하지 않는다는 사실을 깨닫고는 아이들도 그러한 생활방식을 배울 거라는 사실을 기억한다.

## ✌ 실전! 생활 속 긍정 훈육법

① 아이에게 당신의 가치관을 가르칠 땐 "우리는 이걸 이런 방법으로 할 거야."라고 말해 본다. 예를 들어, 아이가 장난감 선물을 받았을 땐 감사 편지를 작성할 때까지는 선물을 가지고 놀지 못하게 할 수 있다. 크리스마스 같은 공휴일에는 도움이 필요한 사람들을 위한 선물을 먼저 준비한 뒤 가족 선물을 준비할 거라고 말해 볼 수 있다. 어린아이들은 당신의 단호한 태도가 의미하는 메시지를 이해할 것이다. 아이가 당신의 의견에 동의하지 않는다면 이 또한 아이와 가치관에 대해서 의논해 볼 수 있는 좋은 기회다.

② 아이가 무례하게 행동한다면 "예의 바른 행동이 뭔지 기억하고 있지? 다시 한 번 말해 볼까?"라고 말해 본다.

③ 아이가 무례하게 행동할 때 사용할 수 있는 또 다른 표현은 "진짜 너를 표현하는

예절을 사용해서 다시 한 번 말해 볼까?"다.

④ 예의를 갖춰야 한다는 사실을 부드럽게 일깨워 주어도 괜찮다. "여성을 배려하고 여성분이 식탁에 앉을 때는 의자를 잡아드리렴." "누군가 너를 위해 무언가를 해 주었을 땐 뭐라고 해야 하지?" 같은 표현을 사용할 수 있다.

⑤ 만일 아이가 당신을 엄마/아빠라고 부르는 대신 이름이나 별명을 부른다면 아이와 눈을 맞추고 "그건 엄마/아빠를 부르는 올바른 방법이 아니야. 나를 그렇게 부르지 않았으면 좋겠어. 네가 그러면 기분이 상하거든. 다신 나를 그렇게 부르지 말아줘. 사랑한다."라고 속삭여 준다.


## 🐾 문제를 예방하는 좋은 습관 기르는 법

① 당신이 가르치고 싶은 가치관의 본보기가 되어 준다. 아이가 배려를 배우길 바란다면 먼저 당신 자신과 타인을 배려한다. 아이는 당신의 말이 아닌 행동을 따라 하기 때문에 당신은 말한 대로 행동하는 방법을 연습해야 한다.

② 가치와 예절을 가르치는 훈육 방법을 사용한다. 긍정 훈육법은 아이들에게 소중한 사회적 가치와 삶의 기술을 가르쳐 주기 위해 설계되었다.

③ 당신에게 강한 종교적 믿음이 있고 이를 당신의 아이들과 나누고 싶다면 타인에게 그 믿음을 배울 수 있도록 종교 과목을 가르치는 학교에 보낸다. 어린아이들은 자신이 노출된 환경과 지식을 쉽게 수용하므로 학교 수업이 당신의 신념을 반영하는지 확실히 확인해야 한다.

④ 아이와 함께 사고와 재난으로 인해 피해를 입은 사람들을 도와줄 수 있는 방법을 생각해 본다. 주변 자원봉사센터를 방문하여 봉사에 참여할 수 있는 방법을 찾아본다.

⑤ 가족회의는 가치를 가장 효과적으로 가르칠 수 있는 시간이다. 아이는 여러 의견을 듣고 함께 해결 방법을 생각해 보면서 타인을 배려하는 방법을 배우게 된다. 아

이는 타인의 장점을 보고 칭찬할 수 있는 능력을 기르게 된다. 또한 모두에게 도움이 되는 해결 방법을 찾을 수 있게 된다. 그렇기 때문에 정기적인 가족회의를 갖는 것은 매우 중요하다.

⑥ 가족회의 동안 전자기기 사용 시간을 줄이는 방법에 대해 생각해 본다('스마트폰 중독' 참조). 아이가 텔레비전을 보거나, 음악을 듣거나, 비디오 게임을 할 때 옆에 앉아 매체가 전달하는 가치에 대한 아이의 생각을 물어본다. 아이의 의견을 듣고 당신의 생각을 솔직히 표현해 본다.

⑦ 호기심 질문을 통해 아이가 자신이 선택한 행동의 결과에 대해 생각해 볼 수 있게 도와준다. 이 시간을 통해 아이는 자신의 목표와 가치관, 그리고 자신이 바라는 삶을 사는 방법에 대해 생각해 볼 수 있다.

⑧ 아이에게 예절을 가르치는 시간을 갖되 잔소리는 삼간다. 일주일에 한 번씩 '식사 예절의 밤'을 가져 식사예절을 연습한다. 즐거운 시간이 되도록 노력해야 한다. 당신을 시작으로 가족 구성원 모두가 식사 예절을 과장해서 표현할 수 있게 해 준다. 먹으면서 말하거나, 다른 사람의 말을 방해하거나, 음식에 대해 불평하거나, 식탁에 팔꿈치가 닿는 사람을 잡을 때마다 점수를 주는 게임을 해 본다. 그리고 가장 높은 점수를 받은 사람이 식사 후에 할 게임을 정할 수 있게 해 준다. 가족 모두가 식탁에서 식사를 하게 한다. 특별한 식사 시간이 될 수 있도록 식탁을 근사하게 꾸며 보는 것도 좋은 방법이다.

⑨ 잃어버린 지갑을 되돌려 준 사람이나 자신의 신념을 지킨 사람 같은 정직한 사람에 대한 이야기를 다룬 영화나 뉴스를 찾아본다. 그리고 아이에게 "정직보다 중요한 게 있다고 생각하니? 돈이 더 중요하다고 생각하니? 너에 대한 타인의 생각이 더 중요하다고 생각하니?"라고 물어본다.

⑩ 훈련의 시간을 갖는다. 감정적으로 편안한 시간에 아이가 동의했을 경우 짧은 설교를 하는 정도는 괜찮다. 예를 들어, 당신은 아이에게 "유명한 사람과 함께하는 저녁 식사 자리에서 창피당하지 않는 방법을 알려 줄까?" 혹은 "네 이상형과 꼭 맞는 여자를 만났을 때 '무례한 사람'이라고 불리는 대신 '신사'라는 말을 들을 수

있는 방법을 알려 줄까?"라고 말해 볼 수 있다. 설교가 끝난 후에도 가끔씩 부드러운 톤으로 예절을 상기시켜 준다. 예를 들어, 아이에게 "할머니가 오셨을 때 인사하는 것을 잊지 말도록 하렴." "네 엄마를 위해 자동차 문을 열어 주렴."이라고 말하며 예절을 상기시켜 줄 수 있다.

⑪ 역할극을 통해 아이에게 여러 상황에 대처하는 방법을 가르쳐 준다. 친구들이나 어른들이 담배, 절도 및 성관계를 권유하는 상황에 대한 역할극을 해 볼 수 있다. 손님을 대접하는 방법과 손님으로서 갖춰야 하는 예의범절을 연습해 볼 수도 있다. 역할극을 통해 갖춘 기술은 오랫동안 기억에 남아 있으며 실제 상황에서 아이에게 큰 도움을 줄 수 있다.


## ✋ 아이들이 배울 수 있는 삶의 기술

아이들은 가치관과 예의범절을 삶의 일부로 갖추고 있을 때 자신의 삶에 더욱 만족할 수 있다는 사실을 배운다.


## ✋ 양육 포인트

① 진실함과 예의범절은 하루아침에 배울 수 있는 것이 아니다. 훈련을 위한 시간을 충분히 갖는다.

② 알프레드 아들러는 '사회적 관심(gemeinschaftsgefühl)'이 정신건강의 척도가 될 수 있다고 가르쳤다. 인간은 타인에게 집중하고 기여할 때 좋은 감정을 갖게 된다.

유나는 친구들의 놀림에 눈물을 흘리며 집에 왔다. 그녀는 친구들이 곱슬머리를 놀렸다고 말했고 엄마는 "속이 많이 상했겠구나."라고 말하며 그녀의 감정을 확인했다.

유나가 흥분을 가라앉힌 후 엄마는 이 상황을 아이가 가치를 탐색할 수 있는 기회로 삼았다. 엄마는 "유나야, 너만 놀림을 당하는 거니?"라고 물어봤다.

유나는 생각을 해 본 뒤 "아뇨. 모두가 무언가에 대해서는 놀림을 받아요."라고 답하였다. 유나는 뭔가 깨달은 것 같았고 "인기가 많은 아이들도 놀림을 받아요. 소정이도 '토끼 이빨' 때문에 놀림을 당하는 걸요."라고 답하였다.

엄마는 "다른 아이들은 놀림을 받았을 때 어떻게 하니?"라고 물어보았다.

유나는 "잘 모르겠어요. 그 아이들도 화가 나겠죠. 저는 화가 나는 동시에 정말 슬퍼요. 아마 그 아이들도 똑같겠죠?"라고 말했다.

엄마는 "너도 다른 아이들을 놀리니?"라고 되물었다. 아이는 조금 부끄러워하면서 "가끔은요. 제가 시작하진 않지만 아이들이 놀릴 때 같이 놀릴 때도 있어요. 악의는 없어요. 상처를 받을 거라고는 생각도 못했어요."라고 답하였다.

엄마는 "생각해 보니 기분이 어때?"라고 질문했다.

유나는 "저는 놀림받는 게 정말 싫어요. 다른 아이들도 놀리지 않을래요."라고 말했다.

엄마는 더 나아가 "네가 놀림을 받을 때 누군가가 네 편에 서 주었으면 좋겠니?"라고 물어보았다. 그러자 아이는 "네. 친한 친구가 제가 놀림을 받을 때 저를 같이 놀려서 정말 속상했어요. 그 아이가 제 편을 들어주지 않아서 상처를 받았어요."라고 답했다.

엄마는 말했다. "너는 놀림을 당하는 아이의 편에 서 줄 용기가 있다고 생각하니? 만일 그렇다면 놀리던 아이들은 자신의 행동을 지적받았다는 것이 부끄러워서 너에게서 멀어질지도 몰라."

유나는 이에 대해 "신경 쓰지 않아요. 이제 놀림받는 것이 어떤 기분인지 알았으니 다른 사람들에게 상처를 주는 행동은 하지 않을래요. 그리고 다른 사람들의 편에 서 줄 수 있는 용기가 생겼으면 좋겠어요."라고 말했다.

이 대화를 통해 엄마는 간접적이지만 효과적인 방법으로 그녀의 가치관을 유나와 나누었다.

# 88 젖떼기와 유아기 습관 고치기

네 살 된 제 아이는 아직도 젖병과 담요와 곰 인형을 들고 다닙니다. 사람들의 시선과 친척들의 간섭 때문에 아이를 공공장소나 친척들 앞에 데려가는 것이 부끄럽습니다. 네 살이면 젖떼기를 시작할 나이인가요? 그렇다면 어떤 방법이 올바른 방법인가요?

## 👆 당신 자신과 자녀 그리고 상황 이해하기

아이에게 젖떼기가 쉽지 않은 이유는 간단하다. 하지만 왜 부모들은 복잡하게 생각하는 걸까? 젖을 떼는 과정은 쉽지 않지만 젖떼기가 아이에게 유익하다는 사실을 이해하는 것이 왜 이렇게 어려울까? 많은 부모가 아이를 사랑하기 때문에 아이의 습관을 고치는 것이 어렵다고 말하지만, 해야 할 때 하지 않으면 나중에 아이는 당신을 원망할 것이다. 부모는 그들이 아이를 위해 하는 일을 모두 아이가 고마워할 것이라고 생각하지만 아이가 버릇없는 아이가 되면 상처를 받고 실망한다. 다행인 건 반대 상황도 사실이라는 것이다. 현재의 어려움을 극복해서 아이의 젖떼기를 돕고 독립심과 자신감을 가르치면 아이는 궁극적으로 당신을 존중하고 고마워할 것이다. 젖떼기는 아이와 부모가 모두 힘들어하는 과정이지만 모두의 성장과 발전을 위해 꼭 필요한 과정이다.

## ✌ 실전! 생활 속 긍정 훈육법

① 목표와 시간표를 포함한 계획을 세운다(아이의 연령에 따라 가능하다면 함께). 새로운 기술을 배우는 데에는 충분한 시간이 필요하다는 사실을 기억한다. 첫 번째 목표는 장을 보러 갈 때 담요를 집에 두고 가는 것이 될 수 있고 다음 목표는 하루 종일 옷장 안에 넣어 두는 것이 될 수 있다. 스트레스를 받고 있거나 갈등을 겪고 있는 때를 피해서 계획을 세워 본다.

② 아이의 반항을 예상하고 자신의 감정을 받아들일 수 있게 해 준다. 아이에게 "젖병을 다시 갖고 싶어 한다는 거 알아. 하지만 이젠 빨대 컵을 사용해야 해. 빨대 컵으로 우유를 마시는 동안 엄마가 옆에 있어 줄까?"라고 말해 본다.

③ 자신감과 일관성을 가지고 행동에 임한다. 행동의 일관성을 잃으면 모두가 힘들어진다.

④ 도전을 과감히 받아들이고 훈련을 위해 충분한 시간을 갖는다. 습관은 하루아침에 바뀌지 않는다.


## ✌ 문제를 예방하는 좋은 습관 기르는 법

① 당신이 나중에 싫어할 습관이라면 애초에 아이가 그런 습관을 들이지 못하게 한다. 아이가 당신과 같은 침대를 사용하는 것을 원치 않는다면 허락하지 않는다. 아이가 따로 일어나 아침 식사를 요구하는 것이 싫거나 아이가 방에서 혼자 우는 것을 견딜 수 없다면 습관을 고치는 방법밖엔 없다.

② 아이가 독립심을 기르길 바란다면 변화를 위한 용품을 준비한다. 아이가 스스로 옷을 입길 원한다면 고무줄 바지를 사고 아이가 스스로 밥을 덜어먹길 바란다면 플라스틱 접시와 컵을 구매한다. 아이가 즐겁게 독립심을 기를 수 있게 해 준다.

③ 당신 자신의 태도를 바꾸고 스스로를 보호적인 부모가 아닌 격려하는 부모라고 생각한다. 아이가 준비가 되었다고 생각하면 안전이 확보된 환경에서 스스로 새로운 것들을 시도해 볼 수 있게 허락해 준다(아이를 방치하거나 안전과 건강과 기본적인 필요를 무시하라는 것이 아니다).

④ 아이가 필요한 것과 원하는 것의 차이를 이해해야 한다. 아이는 가는 곳마다 곰 인형을 가져가고 싶어 하지만 그럴 필요는 없다. 아이는 당신이 같은 침대에서 자길 원하지만 그럴 필요는 없다.


## 🖐 아이들이 배울 수 있는 삶의 기술

아이들은 익숙한 행동에서 벗어나 그것을 대체할 수 있는 행동을 배운다. 또한 작은 과정을 통해 변화를 경험할 수 있다는 사실을 깨닫는다.


## 🖐 양육 포인트

① 아이들은 젖떼기를 통해 사회생활에 필요한 독립심을 얻는다. 유아기 습관이 유지되는 기간이 늘어날수록 주변 사람들의 불편함과 나중에 표출할 아이의 분노도 늘어날 것이다.

② 젖떼기는 엄마의 가슴이나 젖병에 국한되지 않는다(물론 대부분의 엄마는 이 과정만으로도 힘에 겨울 것이다). 부모는 사랑으로 아이의 감정적·신체적 독립을 도와야 한다.

③ 건강한 사랑 표현은 때론 불편할 수 있다는 사실을 이해하기 힘들 수 있다. 하지만 이 사실을 꼭 이해하고 받아들여야 한다. 아이의 문제를 대신 해결해 주고, 실수를 눈감아주고, 아이의 요구를 들어주는 것이 훨씬 쉽고 편안할 것이다. 하지만 젖떼

기 과정에서 당신이 하는 행동이 아이에게 편안함을 준다면 그것은 건강하지 못한 방법일 수 있다. 아이가 불편함을 느끼는 방법이 장기적으로 보았을 땐 가장 애정 어린 방법일 수 있다.

## 훈육 도우미

인간을 제외한 동물계의 모든 동물은 젖떼기의 중요성을 알고 있다. 그들은 본능적으로 어린 새끼들이 부모에게서 독립하지 않으면 살아남지 못할 것이라는 것을 알고 있다. 어미는 새끼가 젖을 떼는 과정을 좋아하지 않는다는 사실에 전혀 영향을 받지 않는다(실제로 어미도 그 과정을 좋아하지 않는다). 젖을 떼는 과정에서 새끼가 어미에게 의지하려는 모습을 본 적이 있는가? 송아지나 망아지가 어미의 젖을 물려고 할 때마다 어미는 머리를 사용해서 새끼를 밀어낸다. 새끼가 아무리 노력해도 어미는 허락하지 않는다. 어미는 본능적으로 젖떼기가 독립심과 생존에 필수적이라는 사실을 알고 있기 때문이다.

# 89 징징대는 아이

항상 징징대는 아이 때문에 미쳐 버릴 것 같습니다. 체벌을 하거나 상을 주는 방법은 아무 소용이 없었습니다. 이젠 제가 징징대고 있는 것 같네요. 하지만 누군가 도와주지 않는다면 이보다 더한 것도 할 것 같아요!

## ☝ 당신 자신과 자녀 그리고 상황 이해하기

아이가 특정 행동을 하는 이유는 그 행동이 효과가 있기 때문이다. 아이가 징징댈 때 아이는 당신의 반응을 얻는다. 신기하게도 아이들은 아무 반응을 얻지 못하는 것보다는 체벌과 분노를 선호한다. 아이들은 끊임없는 관심을 받기 위해 징징댄다. 아이는 '엄마, 아빠가 나에게 관심을 줄 때만 나는 소중해.'라고 믿고 있다. 어떤 아이들은 징징대는 것이 원하는 것을 얻을 수 있는 유일한 방법이라고 생각한다. 어떤 아이들은 징징대는 시기를 잠시 겪었다가 곧 멈춘다. 다음에 소개한 제안사항 중 일부는 믿음에 기반을 두는지 행동에 기반을 두는지에 따라 서로 모순될 수 있다. 당신에게 맞는 방법을 사용하자.

## ✌ 실전! 생활 속 긍정 훈육법

① 아이가 징징댈 때마다 아이를 무릎에 앉히고 "우리 ○○가 포옹이 필요한 것 같구나."라고 말해 준다. 징징대는 행동이나 행동의 이유에 대해서는 아무 말도 하지 않은 채 당신과 아이의 기분이 나아질 때까지 아이를 안아 준다.

② 아이를 사랑하지만 징징대는 목소리는 듣고 싶지 않다고 말해 준다. 그리고 아이의 기분이 나아질 때까지 기다렸다가 문제에 대해서 이야기해 보고 싶다고 말해 아이가 정상적인 목소리로 이야기할 수 있게 해 준다. 아이가 계속 징징댄다면 아이에게 사랑한다고 말하고 계속 징징대면 방을 나가겠다고 말한다. 아이의 행동이 바뀌지 않는다면 아무 말 없이 방을 나간다.

③ 아이에게 "가족회의 계획표에 문제를 적고 다음 회의 때 기쁘고 좋은 마음으로 해결 방법을 찾아보자."라고 말하여 아이가 징징대는 문제를 언급한다.

④ 유머감각을 사용한다. 아이를 향해 두 팔을 쭉 뻗고 손가락을 꿈틀거리며 "간지럼 괴물이 나타났다!"라고 말한다. 아이의 에너지 대상이 바뀌었기 때문에 아마 아이는 곧 웃을 것이다.

⑤ 아이의 행동에 너무 많은 신경을 쓰지 않는다. 이는 다른 제안사항을 실천할 때도 병행되어야 하는 부분이다. 아이는 언제 당신의 심기를 건드리는지 알고 있으며 당신의 반응을 얻기 위해 같은 행동을 반복할 것이다.


## ✌ 문제를 예방하는 좋은 습관 기르는 법

① 징징대는 아이의 행동 뒤에 숨겨진 메시지를 찾아본다. 아이는 징징댐으로써 충분한 사랑을 받지 않고 있다고 말하는 걸지도 모른다. 당신은 너무 바빠서 아이의 외로움을 깨닫지 못하고 있는지도 모른다. 이런 경우 아이가 특별함과 사랑을 느낄

504

수 있도록 아이와 정기적으로 둘만의 시간을 갖는다. 또 다른 경우 아이는 징징대는 행동이 원하는 것을 얻을 수 있는 유일한 방법이라고 생각하고 있을 수도 있으며, 이런 경우 아이는 효과적인 소통 방법을 배워야 한다.

② 아이가 감정적으로 편안하고 행복한 시간에 아이와 함께 그가 징징댈 때 당신이 보낼 신호에 대해 생각해 본다. 당신은 아이를 보며 귀를 잡을 수도 있고 이는 당신이 징징대는 목소리는 듣지 않겠다는 걸 의미할 수 있다. 손가락으로 귀를 막고 미소를 지을 수도 있다. 손을 심장이 있는 곳에 얹어 사랑한다는 메시지를 전달해 볼 수도 있다. 아이가 자신에게 가장 잘 맞는 신호를 선택할 수 있게 해 준다. 아이가 신호를 선택할 때 이 방법은 더욱 효과적일 수 있다.

③ 사전에 아이에게 당신이 취할 행동을 알려 준다. 아이에게 "네가 징징대면 나는 방에서 나갈 거야. 차분한 목소리로 말할 준비가 되었을 때 나에게 말해 줘. 나는 네가 징징대지 않을 때 네 이야기를 듣는 걸 좋아하거든." 이라고 말해 본다. 또 다른 방법은 아이에게 "네 말을 듣지 않으려는 게 아니야. 그저 네가 정상적인 목소리로 말할 때까지 이야기를 듣고 싶지 않은 것뿐이야. 징징대는 목소리에는 답하지 않아. 진지하게 대화에 임하길 기대할게." 라고 말하는 것이다.

④ 자신의 좌절감을 징징거림으로 표출하는 아이는 충분한 소속감과 존재감을 얻으면 징징대는 행동을 멈춘다. 징징거리는 행동은 무시하고 아이를 격려할 수 있는 방법을 찾는 데 초점을 맞춘다.

## ✋ 아이들이 배울 수 있는 삶의 기술

아이들은 부모가 그들을 사랑하지만 그들의 영악한 계략에 빠져들지는 않을 거라는 사실을 배운다. 자신의 필요와 욕구에 대처할 수 있는 효과적인 방법을 배울 때 아이들의 자신감은 높아질 것이다.

## 🤚 양육 포인트

① 청각장애가 있는 부모와 그들의 아이들에 대한 흥미로운 연구가 진행된 적이 있다. 연구 결과에 의하면 아이들은 우는 것 같은 얼굴 표정을 지었지만 아무 소리도 내지 않았다고 한다. 아이들은 경험을 통해 부모가 자신의 소리가 아니라 표정에 반응한다는 사실을 알게 된 것이다. 아이들은 효과가 있는 방법과 없는 방법을 빠르게 터득한다.

② 올바르지 않은 행동을 하는 아이는 좌절한 아이다. 협동하는 아이는 격려를 통해 존중적인 사회적 기술을 배운 아이다.

### 훈 육 도 우 미

선희 씨의 딸 세영이는 끊임없이 징징대고 지속적인 관심을 요구했다. 선희 씨는 혼자서 놀 수 있는 방법을 찾으라고 말하며 아이를 혼내고 밀어냈다.

어느 날 선희 씨의 친구는 선희 씨에 대해 점쟁이가 한 말을 전달했다. 친구는 선희 씨가 이듬해 꽃이 피는 모습을 보지 못한다는 말을 들었다고 했다. 선희 씨는 그 말을 믿지 않았지만 어린 딸이 자라는 모습을 보지 못할지도 모른다는 생각에 겁이 났다. 그리고 세영이에게 온 관심을 쏟게 되었다. 그녀는 딸과 더 많은 시간을 보내고자 했고, 아이를 항상 안고, 아이와 책을 읽고, 게임을 했다. 세영이는 한동안 그녀가 원하던 관심을 충분히 받았다. 하지만 곧 엄마의 관심을 부담스러워하기 시작했다. 지속적인 관심을 요구하는 대신 세영이는 엄마를 밀어내고 혼자만의 시간을 원했다. 아이는 관심을 위해 징징대는 행동을 멈췄고 더 이상 지속적인 관심을 요구하지 않았다.

# 90 부모에게 말을 하지 않는 아이

열두 살 된 제 아이는 저에게 말을 하지 않습니다. 아이가 학교에서 돌아오면 전 학교생활에 대해 이것저것 물어보며 아이에 대한 관심을 표현하려 합니다. 하지만 아이는 '네,' '아니요,' '그냥 그랬어요,' '몰라요,' 같은 대답만 해요. 예전에는 저와 대화를 나누곤 했는데 이젠 저를 싫어하나 봐요.

## ☝ 당신 자신과 자녀 그리고 상황 이해하기

당신의 아이는 사춘기를 앞둔 정상적인 아이다. 그는 당신을 싫어하는 것이 아니라 심문을 싫어하는 것이다. 이 나이 때 아이들은 질문을 심문으로 받아들인다. 그들은 갑자기 소중해진 사생활을 보호하려고 하거나, 당신의 거절을 두려워하거나, 자신의 생각과 감정과 욕구를 정리하는 과정에서 내적 혼란을 느끼거나 충성심의 대상이 가족에서 친구로 옮겨 갔기 때문에 당신과의 대화를 피하게 되었을 수 있다. 어린아이들이 부모의 말을 듣지 않는 이유는 부모의 말이 실제로는 아무 의미 없다는 사실을 깨달았기 때문이다. 또 다른 이유는 통제적인 부모에게 보복할 수 있는 방법은 부모의 말을 듣지 않는 것이라는 걸 터득했기 때문이다. 어떤 아이들은 내성적이라서 말하는 것을 별로 좋아하지 않기도 한다. 아이들이 불확실한 시기를 겪고 있을 땐 무조건적인 사랑을 표현하는 것이 매우 중요하다.


## 🐰 실전! 생활 속 긍정 훈육법

① 사춘기를 겪고 있거나 사춘기를 앞둔 아이의 행동을 개인적으로 받아들이지 않는다. 아이의 행동이 정상이라는 사실을 받아들이고 경청 기술을 향상시킨다면 이 시기는 곧 지나갈 것이다.

② 아이가 말을 할 땐 경청한다. 아이가 이야기하고 있는 주제가 게임이나 당신이 잘 모르는 것이라고 해도 그 주제에 대해 질문을 하여 아이에게 관심을 표현한다. 많은 경우 아이들은 부모가 너무 빨리 대답을 하거나 의심의 눈초리를 보내기 때문에 대화를 끝낸다. 아무 말도 하지 않고 경청하려고 노력해 본다. "응. 어. 그래?" 같이 짧은 반응만으로 관심을 표현한다. 아이는 누군가가 자신에게 귀 기울이고 있다고 느낄 때 많은 말을 하게 될 것이다.

③ 아이에게 소리를 지르는 행동을 당장 멈춘다. 당당하고 존중하는 태도로 아이에게 말하고 대답을 기다린다. 아이는 어른의 행동에서 많은 것을 배운다.

④ 유머감각을 사용해 본다. 어린아이에게는 팔을 뻗어 손가락을 꿈틀거리며 "대답을 하지 않는 아이를 간질이는 간지럼 괴물이 나타났다!"라고 말해 본다.

⑤ 말을 멈추고 손으로 표현하거나 쪽지를 사용해 볼 수도 있다.


## 🐰 문제를 예방하는 좋은 습관 기르는 법

① 저녁 시간 때 아이를 불러 당신 옆에 앉힌 뒤 "그냥 너랑 함께 있고 싶어서."라고 말해 본다. 아무 질문도 하지 말고 그저 아이가 사랑과 수용을 느낄 수 있게 해 준다.

② 정기적인 가족회의를 가져 아이가 상호 존중을 바탕으로 소통과 문제해결 능력을

배울 수 있는 기회를 가질 수 있게 해 준다.

③ 아이의 세계로 들어가 본다. 아이가 말을 할 땐 아이의 말 속에 담긴 깊은 뜻을 이해하려고 노력한다. "＿＿＿를 말하는 거니?" 같은 방법으로 아이의 말을 다른 말로 바꾸어 표현해 본다.

④ 조용한 경청자가 되어 본다. 아이의 주위를 맴돌지만 아무 말도 하지 않는다. 어떤 엄마는 아이가 학교에 갈 준비를 하는 동안 아이의 침대에 앉아 있었다. 그녀는 아무 질문도 하지 않았다. 곧 아이는 자신의 삶에 대해 말하기 시작했다. 어떤 아빠는 아이가 집에 돌아와서 인사를 하면 읽고 있던 신문을 내려놓았다. 그는 신문을 다시 펴지 않았지만 아무 말도 하지 않았다. 때로 아이는 아빠 옆에 조용히 앉아 있었고 때론 자신의 하루에 대해 이야기를 했다. 아이가 학교에서 집에 오면 조용히 간식을 건네는 것도 좋은 방법이다. 차로 아이를 데려다 주는 시간도 좋은 경청의 기회가 될 수 있다.

⑤ 호기심을 가져라. 대화를 이끌어 나갈 수 있는 질문만 한다. 아이에게 "네 말의 뜻을 제대로 이해했는지 모르겠어." "더 말해 줘." "예를 들어 줄래?" "그 일이 마지막으로 일어난 게 언제니?" "더 해 줄 말은 없니?" 같은 말을 해 본다. 호기심 가득한 태도는 필수다.


## ✋ 아이들이 배울 수 있는 삶의 기술

아이들은 어떤 상황에서도 사랑 받고 있다는 사실을 깨닫는다. 그들이 말하고 싶을 때 부모는 그들의 말에 귀 기울이고, 관심을 보이며, 그들의 생각과 감정과 의견에 공감한다. 아이들에게는 성장하고, 변화하고, 스스로를 탐색할 수 있는 안전한 공간이 주어진다.

## 🖐 양육 포인트

①아이가 건강한 자존감을 발달시키기 위해선 당신이 항상 동의하지 않더라도 아이의 생각과 감정과 의견을 경청하고 진지하게 받아들여야 한다.
②아이는 당신이 경청할 때만 당신의 말을 경청할 것이다.


### 훈 육  도 우 미

동하의 엄마는 가정, 결혼, 아동 전문상담사다. 하지만 동하는 엄마와 대화를 나누기를 거부했다. 엄마는 "동하야, 다른 아이들은 나와 대화를 나누기 위해 돈을 지불하고 그 시간을 매우 즐거워한단다."라고 말하며 불만을 토로했다.

동하는 "엄마가 그 아이들을 대하는 것처럼 나를 대하면 저도 엄마와 이야기하는 걸 즐거워할지도 몰라요."라고 지적했다

"내가 졌구나." 엄마는 말했다.

# 91 일하는 부모

제 친구는 어쩔 수 없이 직장에 다니고, 저는 제가 원해서 직장에 다닙니다. 직장 생활을 하는 엄마 때문에 아이들이 상처를 받을까 걱정이 됩니다. 도와주세요.

## ☝ 당신 자신과 자녀 그리고 상황 이해하기

세상의 문제에 대해 우리는 일하는 부모, 한부모, 물질주의, 텔레비전, 컴퓨터와 여러 '상황'을 탓하곤 한다. 하지만 많은 아이가 상황에 상관없이 훌륭한 어른으로 자라난다. 그리고 같은 환경에서 자라난 아이들도 서로 다른 문제를 가지고 살아간다. 무엇이 이러한 차이를 만드는 걸까? 긍정 훈육법만이 유일한 훈육 방법은 아니지만 아이의 삶에 큰 영향을 미치는 조절 가능한 변수인 것은 확실하다.

최근 연구 결과에 의하면 직장에선 일에 100% 충실하고 집에서는 가정에 100% 충실한 부모의 아이는 그렇지 않은 부모의 아이에 비해 올바르게 자란다고 한다. 엘렌 갈린스키(Ellen Galinsky)는 맞벌이 부모의 아이들에게 일하는 엄마에 대해 어떻게 생각하냐고 질문했다. 그녀는 엄마가 집에 있을 때 아이들에게 충분한 관심을 보이면 아이들은 일하는 엄마를 자랑스럽게 생각한다는 사실을 발견하였다. 이 결과를 바탕으로 아이들이 일하는 아빠를 어떻게 생각하는지도 예측해 볼 수 있다.

생각해 보자. 일을 하지 않는 엄마도 우울증을 겪고 있거나, 드라마에 빠져 있거나, 바쁜 사교 생활 때문에 아이에게 충분한 관심을 주지 못하고 있을 수도 있다. 직장에 다니거나 다니지 않거나 부모는 너무 관대하거나, 너무 통제적일 수 있으며 과잉보호를 하고 있을 수도 있다. 그렇기 때문에 올바른 훈육 방법을 사용한다면 아이들은 부모의 직업에 상관없이 훌륭하게 성장할 수 있다.

## 🐰 실전! 생활 속 긍정 훈육법

① 죄책감을 내려놓자. 당신이 아이에 대해 죄책감을 느낀다는 사실을 아이가 알게 되면 아이는 당신의 죄책감을 악용할 수 있다. 아이는 당신이 반응을 보이는 행동을 한다는 사실을 기억하라. 당신의 죄책감을 이용하여 당신을 조종할 수 있다고 생각되면 아이는 그렇게 할 것이다.

② 아이가 부족함을 느낄 거라는 생각은 버린다. 대신 '우리 집 상황은 이렇고 이러한 상황을 통해서도 행복하고 협동적인 가족 분위기를 만들 수 있을 거야. 가족 구성원 모두가 각자의 역할을 맡으면 돼.'라는 믿음을 가지고 행동에 임한다.

## 🐰 문제를 예방하는 좋은 습관 기르는 법

① 아이들이 가정에 기여할 수 있는 방법을 함께 생각하고 계획해 본다. 그들은 일과를 정하고 집안일을 도울 수 있다.

② 아이들과 보내는 시간을 우선순위에 둔다. 가족회의 때마다 가족 계획을 세운다. 또한 축구 시합, 댄스 경연, 학교 행사, 개인 약속 같은 아이들의 계획을 적어 놓고 당신이 참가해야 하는 행사를 확인한다. 아이와 일

대일 시간을 정기적으로 갖는 것도 매우 중요하다.

③ 아이와 당신 자신을 배려하고 존중해 주면 아이가 처한 상황에서도 많은 것을 배울 거라는 믿음을 갖는다.

④ 전업 주부라면 가정 이외의 활동에도 관심을 가져본다. 아르바이트, 취미생활, 봉사활동 혹은 직장생활을 시작해 볼 수 있다. 집과 직장 사이의 균형을 맞추는 것이 처음에는 순조롭지 않겠지만 아무것도 하지 않으며 당신의 삶을 아이의 삶과 동일시하고 아이만 바라보고 사는 건 옳지 않다. 부모라는 역할은 당신의 삶의 일부이지 전부가 아니다.

## 🖐 아이들이 배울 수 있는 삶의 기술

아이들은 가정에 의미 있는 기여를 할 때 자신의 능력과 책임감을 깨달으며 만족할 것이다.

## 🖐 양육 포인트

① 당신이 직장생활을 하면서 채워 주지 못한다고 생각하는 부분을 물건이나 관대함으로 채워 주는 것은 당신과 아이 모두에게 좋지 않은 방법이다.

② 많은 부모가 좋은 부모가 되기 위해 항상 아이 곁에 있으면서 아이의 필요를 채워 주려 한다. 하지만 이러한 행동은 아이에게 독립심과 협동심을 배울 수 있는 기회를 앗아갈 수 있다.

③ 친구나 친척이 말해 주는 옳고 그름의 정의를 따르는 대신 당신의 가슴이 하는 말에 귀 기울인다. 당신과 당신의 가정을 위해 옳은 결정을 내릴 수 있다고 자신을 믿어라.

## 훈 육 도 우 미

워킹맘으로서 당신은 아이에게 좋은 영향 혹은 나쁜 영향을 미칠 수 있다. 이는 당신이 다음 요소들에 어떻게 대처하는지에 달려 있다.

| 해로운 요소 | 이로운 요소 |
| --- | --- |
| 죄책감을 느낀다. | 자신 있게 행동한다. |
| 부실한 보육 | 충분한 보육 |
| 자녀의 동기 오해 | 자녀의 동기 이해 |
| 과잉보호 | 자녀의 독립심 추구 |
| 체벌, 모욕, 무시 | 효과적인 훈육 기술 |
| 비체계적인 일정 | 자녀와 함께 계획한 일과 |
| 방임 | 자녀와의 특별한 시간 마련 |
| 일중독 | 일과 가정의 균형 |

이 이야기는 앞서 소개했던 죄책감을 가지고 일을 하는 부모의 경험과 이어지는 이야기다.

아이가 청소년이 뇌었을 때 일에 대한 죄책감은 다시 수면 위로 떠올랐어요. 이번에 저는 한동안 일을 그만 두고 아이가 청소년기를 보내는 동안 아이를 위해 집에 있기로 결심했어요. 그리고 가족회의 때 이 결정에 대해 말했습니다. 그리고 제가 일을 그만두면 모두 허리띠를 조금씩 졸라매야 하고 용돈과 외식과 여행 경비를 줄일 거라는 말도 덧붙였지요.

저는 아이들의 반응에 놀랐습니다. 아이는 "안 돼요 엄마. 일을 그만두시는 걸 원치 않아요. 우리는 엄마와 엄마가 하는 모든 일을 자랑스럽게 생각하고 있어요. 집에 있으면서 항상 잔소리를 하는 엄마는 생각하고 싶지 않아요."라고 말했어요(왜 제가 잔소리를 할 거라고 생각했는지는 모르겠지만요).

저는 이 기회를 놓치지 않았어요. 저는 "너희가 워킹맘을 갖는 기회를 얻고 싶다면 집안일에 책임감을 더 갖고 나를 도와줘야 해. 너희들이 집안일을 해 왔다는 것은 알지만 바닥을 닦거나 빨래도 도와줬으면 좋겠어."라고 말했습니다.

그들은 "문제없어요, 엄마."라고 답했습니다.

# 여드름

아이들 얼굴에 여드름이 나기 시작했는데 어떻게 해야 할지 모르겠습니다. 아이들을 어떻게 도와줄 수 있을까요? 건강한 식사를 하고 탄산음료와 초콜릿 섭취를 줄이고 잠을 더 자면 도움이 될 거라고 말해 주었지만 아이들은 제 조언을 진지하게 받아들이지 않습니다.

## 👆 당신 자신과 자녀 그리고 상황 이해하기

생각보다 많은 부모가 아이의 얼굴에 여드름이 나면 아이가 소심해지거나 친구들과 어울리기 어려워질지도 모른다고 생각한다. 아이들도 생각이 비슷하다. 여드름은 사춘기 때 나오는 호르몬에 의해 쌓이는 기름과 균에 의해 생기는 자연스러운 현상이지만 부끄러운 존재로 여길 수 있다. 부모는 상황을 해결하려고 노력하면서 아이를 도와주려 한다. 부모가 아이를 도와주는 가장 일반적인 방법은 설교를 하는 것이다. 하지만 아이는 부모의 설교가 시작되자마자 귀를 닫아 버린다.

## ✌ 실전! 생활 속 긍정 훈육법

① 설교를 그만둔다. 대신 아이의 의사를 물어본 뒤 중요한 정보를 공유하는 방법을 사용해 본다. 아이에게 "여드름에 대한 정보를 알고 있는데 한번 들어 볼래?"라고 물어본다. 아이가 듣고 싶다면 당신의 말에 귀 기울일 것이다. 아이가 듣고 싶지 않아 한다면 아이는 듣지 않을 것이다.

② 아이에게 "내 도움이 필요하니 아니면 피부과 의사나 피부 관리사에게 전화를 해 볼래?"라고 물어본다.

③ 아이가 당신에게 도움을 요청한다면 한 번에 하나씩 제안한다. 간단하게 설명해 주어야 한다. 예를 들어, "인터넷을 검색해서 정보를 함께 찾아보자."라고 말해 볼 수 있다. 그리고 아이 옆에 앉아 함께 인터넷을 검색해 본다.

④ 아이에게 학교에서 이 문제를 겪고 있는 사람이 아이밖에 없는지 물어본다. 아이는 이 질문에 답하면서 여드름이 자신의 나이에 겪는 정상적인 현상이며 자신이 이상한 아이가 아니라는 사실을 깨달을 것이다.

⑤ 아이가 하면 안 되는 행동을 말하는 대신 무엇이 도움이 될지 말해 준다. 예를 들어, 여드름을 짜는 것보다 순한 클렌저로 하루에 두 번 세수를 하는 것이 도움이 될 것이라고 말해 준다.

⑥ 시중에 나와 있는 여드름 치료제는 효과가 있지만 효과가 나타나기까지는 4주에서 6주 정도가 걸린다.

⑦ 문제가 심각해지면 아이를 피부과에 데려간다. 약을 처방해 주면 사용하기 전에 약에 대해 조사해 본다. 피부과 의사가 장기간 사용 시 부작용이 있는 약을 처방했던 사건이 있었다.

## ✌ 문제를 예방하는 좋은 습관 기르는 법

① 피부 관리 일과를 아이와의 일대일 시간의 일부로 정해 놓자. 아이와 함께 얼굴을 씻거나 마사지를 해 볼 수 있다.
② 아이가 물을 자주 마시게 지도한다. 물을 마시는 습관은 아이가 청소년이 되어서 여드름을 치료할 때 큰 도움이 될 것이다.
③ 아이가 사용하는 화장품이나 보습제의 유분 함량을 확인한다.

## ✌ 아이들이 배울 수 있는 삶의 기술

아이들은 혼자 감당하기 어려운 문제를 해결하기 위해 친구들, 인터넷, 의사와 부모로부터 정보를 수집할 수 있다는 사실을 배우게 된다. 또한 비극적으로 보이는 문제도 이겨 낼 수 있다는 사실을 깨닫는다.

## ✌ 양육 포인트

① 당신이 감당할 수 없는 문제라면 아이의 동의를 구한 뒤 전문가의 도움을 받는다.
② 아이를 보호할 수 없는 상황도 있고 보호하지 말아야 하는 상황도 있다. 이럴 땐 사랑으로 아이의 말에 귀 기울여 준다. 경청의 힘을 과소평가하지 않는다.

윤주는 졸업 파티에 가기 위해 준비하던 중 발견한 여드름 때문에 몹시 흥분한 상태였다. 그녀의 엄마는 윤주에게 전신거울 앞에 서 보라고 말했다. 그러고는 옷을 벗어 그녀의 셀룰라이트를 보여 주며 "여드름이랑 내 셀룰라이트랑 바꿀래?"라고 말했다.

윤주는 크게 웃으며 여드름을 화장품으로 가리고 졸업 파티에 참석했다.

## 저자 소개

**제인 넬슨**(Jane Nelson ED. D)은 아들러심리학파로서 '긍정 훈육법(Positive Discipline)'의 창시자다. 일곱 자녀와 스물두 명의 손주들과 행복한 그녀는 교육심리학 박사로서 초등학교에서도 상담교사 일을 한 경험도 있다. 30년 이상 연구하고 현장에 적용한 '긍정 훈육법'에 대한 개념과 방법론을 담은 책과 교육 프로그램은 47개국에서 다양한 언어로 번역되어 바른 인격을 갖춘 사회적으로 건강한 자녀를 훈육하는 데 활용되고 있다.
**린 로트**(Lynn Lott), **스테판 그렌**(H. Stephen Glenn)과 함께 이 책을 집필하였다.

## 역자 소개

**박예진**(Dr.Yejin Park)은 아들러코리아 대표다. 세계 정통 아들러학파의 한국 대표로, 한국아들러협회를 설립하고 아들러심리학의 철학과 사회공동체 사상을 실천하고 있다. 아들러심리학을 현장에서 적용하기 위해 각국의 아들러심리학 전문가들과 함께 노력하고 있다. 행복한 가족, 신뢰 있는 기업과 건강한 사회공동체를 위해 책, 심리교육, 상담센터 운영 및 코칭 등에 아들러심리학을 접목하여 보급하고 있다.

우리 아이 인성교육을 위한
# 아들러의 긍정 훈육법
## Positive Discipline A~Z

2016년 1월 15일 1판 1쇄 발행
2020년 4월 10일 1판 5쇄 발행

지은이 • 제인 넬슨 · 린 로트 · 스테판 그렌
옮긴이 • 박 예 진
펴낸이 • 김 진 환
펴낸곳 • (주)**학지사**

　　　　04031 서울특별시 마포구 양화로 15길 20 마인드월드빌딩 5층
대표전화 • 02) 330-5114　　　팩스 • 02) 324-2345
등록번호 • 제313-2006-000265호
홈페이지 • http://www.hakjisa.co.kr
페이스북 • https://www.facebook.com/hakjisabook

ISBN 978-89-997-0843-5 03180

정가 17,000원

이 도서의 국립중앙도서관 출판시도서목록(CIP)은 서지정보유통지원시스템
홈페이지(http://seoji.nl.go.kr)와 국가자료공동목록시스템(http://www.nl.go.kr/kolisnet)
에서 이용하실 수 있습니다.
(CIP제어번호: CIP2015030676)

출판 · 교육 · 미디어기업 **학지사**

간호보건의학출판 **학지사메디컬** www.hakjisamd.co.kr
심리검사연구소 **인싸이트** www.inpsyt.co.kr
학술논문서비스 **뉴논문** www.newnonmun.com
원격교육연수원 **카운피아** www.counpia.com